本书由教育部哲学社会科学研究后期资助
重点项目资助出版

六朝道教古灵宝经的基础研究

王承文 著

中华书局

图书在版编目(CIP)数据

六朝道教古灵宝经的基础研究/王承文著. —北京：中华书
局,2024.10. —(中大史学文丛). —ISBN 978-7-101-16878-5

Ⅰ. B958

中国国家版本馆 CIP 数据核字第 202448C33K 号

书　　　名　六朝道教古灵宝经的基础研究
著　　　者　王承文
丛 书 名　中大史学文丛
责任编辑　杜艳茹
装帧设计　王铭基
责任印制　陈丽娜
出版发行　中华书局
　　　　　　（北京市丰台区太平桥西里 38 号　100073）
　　　　　　http://www.zhbc.com.cn
　　　　　　E-mail:zhbc@zhbc.com.cn
印　　　刷　河北新华第一印刷有限责任公司
版　　　次　2024 年 10 月第 1 版
　　　　　　2024 年 10 月第 1 次印刷
规　　　格　开本/920×1250 毫米　1/32
　　　　　　印张 15⅝　插页 2　字数 402 千字
印　　　数　1-1500 册
国际书号　ISBN 978-7-101-16878-5
定　　　价　88.00 元

《中大史学文丛》编辑说明

　　中山大学历史学科肇始于学校创立之日，近百年来，始终在中国学术界占有重要的一席之地。在中国现代学术史上影响深远的"中研院历史语言研究所"，即在中山大学筹设。1952 年，岭南大学并入中山大学，历史系由此兼祧两校史学之学脉。傅斯年、顾颉刚、陈寅恪、岑仲勉、梁方仲、朱希祖、刘节、朱谦之、陈序经、罗香林、容肇祖、端木正、戴裔煊、梁钊韬、朱杰勤、金应熙、陈锡祺、蒋湘泽、何肇发等多位大师、名家，先后在历史系任教，为历史系奠定了丰厚的基础和优秀的传统。他们的学术事业，构成中国现代史学史上的精彩篇章，他们创设并发展的诸多学术领域，至今仍为历史系具有特色和优势的学术园地。其教泽绵长，历史系历代学人均受沾溉，濡染浸润，以研求学问为职志，以守护学风为己任。

　　近数十年来，历史系同仁奋发有为，在继承前辈学术传统基础上，依托新时期不断改善的治学条件，把握当代史学发展趋势，在学术道路上艰辛求索，在秦汉史、魏晋南北朝史、隋唐史与敦煌学、宋史、明清史、中国近现代史、中国社会经济史、中外关系史、历史人类学、东南亚史、国际关系史、世界古代中世纪史等学术领域，勤奋治学，作育英才，取得了丰硕的成果。历史系学者的研究既体现了深耕细作、发幽阐微的朴实学风，也突出了跨学科交叉的特色，以及对学术理念和方法执着追求的精神。近年，历史系之中国古代史、中国近现代史均曾被评为国家重点学科,世界史学科亦被评为广东省重点学科,显示了历史系学术实力整体上的提升。

在这一发展过程中,历史系教师出版、发表了众多学术成果。编辑出版这套《中大史学文丛》的目的,是将各位学者所发表的专题研究论文,按照各自的主题编辑成册,以集中展现他们多年治学的成就,供学界同行参考、指正。此次出版的是这套《文丛》的第一批,仅为历史系部分在职教师的研究成果。收入其中的论文均发表于改革开放时期,是在中国史学迅速发展并与国际史学界频繁交流的背景下所取得的学术成果。将这些成果结集出版,既可使各位学者得以借此机会对自己多年来的研究进行总结,也可以使我们回顾这一时期历史系学术发展的历程,以更好地筹划未来之大计。由于各位教师治学领域各异,故《文丛》并无统一的主题,但这样也许更能体现历史系作为一个学术集体的风貌。我们希望今后能继续编辑,以将其他同仁的学术作品渐次结集出版,持续地推进历史系的学术研究和学科建设工作。

《中大史学文丛》自 2015 年开始筹划。这一计划提出后,得到各位作者的积极回应。中华书局对我们这一计划给予大力协助和支持,近代史编辑部主任欧阳红女士进行了悉心策划和组织编辑的工作,各位责任编辑亦付出了大量的心血和汗水。在此一并致以深切的谢意!

《中大史学文丛》编委会

2016 年 6 月

目 录

前　言

　　"古灵宝经"是指敦煌本《灵宝经目》所著录的一批早期灵宝经典。南朝陆修静（406－477）是最早整理古灵宝经的道教宗师。他于刘宋元嘉十四年（437）编成了《灵宝经目》，并撰写了《灵宝经目序》。其《灵宝经目序》仍然保存在北宋张君房编纂的《云笈七签》中，但《灵宝经目》大致在唐以后就失传了。1974 年，日本著名道教学者大渊忍尔先生通过对敦煌文书 P. 2861 和 P. 2256 的拼合和研究，基本恢复了陆修静《灵宝经目》[①]。这一研究在道教学术史上具有极为重要的里程碑意义，因为它使我们能够在《道藏》卷帙浩繁的经书中，甄别出数十部最早的古灵宝经，而国际古灵宝经研究也因此进入了一个新的发展时期。

　　随着学术研究的不断展开，我们越来越清楚地认识到，古灵宝经之所以能够成为自中古以来对道教发展影响最大的一批道经，其最根本的原因，不仅在于它为道教提供了其发展成为一种全国性宗教所需要的核心内容和框架体系，而且至今仍然在各方面发挥着深刻影响。近半个世纪以来，国内外学术界虽然在诸多具体问题上仍然存在不少分歧，但是从整体上来看，已经形成了相当成熟而稳定的基本认知、基本

---

　　① 　Ôfuchi Ninji（大渊忍尔），"On Ku Ling-pao Ching," *Acta Asiatica*, 27 (1974), pp. 33-56. 译文见刘波译、王承文校《论古灵宝经》，载陈鼓应主编《道家文化研究》第 13 辑"敦煌道教文献专辑"，北京：生活·读书·新知三联书店，1998 年，第 485—506 页。

框架、基本方法和基本理念。正因为如此,古灵宝经研究的学术成果也为道教其他众多领域的研究提供了重要参照和支持。

然而,最近十多年以来,国内的古灵宝经研究发生了急遽而具有颠覆性的重大变化。一是古灵宝经研究从原来仅有极少数人参与的十分冷僻的研究,变成了如今有众多研究者介入且非常热门的话题。二是少数研究者公开以颠覆和批判为导向,对古灵宝经现有的基本认知、基本框架、基本方法和基本理念等各方面都进行重新研究,得出了大量具有重大颠覆性和批判性的结论。而其最直接的结果,就是学术界对于古灵宝经所有主要问题的观点,不但形成了严重的分歧和尖锐的对立,而且还越来越南辕北辙。三是所有道教研究者都一致认为,当前古灵宝经研究已经陷入一种前所未有的严重混乱状态。例如,有研究者就批评“时至今日,不少关于灵宝道教的研究还在现代概念扭曲的历史画面中徘徊”①。而其他领域的研究者则公开批评和抱怨,“灵宝经的研究越来越纷乱了,越来越让人感到无所适从”②。很显然,这种局面不仅严重影响了古灵宝经研究的正常发展,而且也在极大程度上妨碍了对道教的整体认知和研究。未来古灵宝经研究究竟是遵循近一百多年来的学术传统而继续推进发展,还是要彻底推倒这种学术传统而另起炉灶,在当前面临着十分严峻和困难的选择。

我们认为要使古灵宝经研究真正走出当前的困境,除了需要对古灵宝经的基本问题进行更加深入的研究之外,更需要在研究方法等方面进行系统性总结和深刻反思,真正弄清导致当前学术界出现重大分歧和混乱失序的根源,真正弄清目前这些极具颠覆性和批判性的研究体系究竟是如何建立起来的,包括其研究方法究竟是否真正符合古灵宝经的实际情况等。

---

① 郝光明《从道术之教到普度之教》,《中国道教》2019年第1期。
② 刘屹《六朝道教古灵宝经的历史学研究》,上海:上海古籍出版社,2018年,第805页。

　　总之，国内外古灵宝经研究发展到今天，已经无须再作知识性介绍或一般性的学术史梳理。而本书的所有专题研究，一方面试图在对古灵宝经文本进行更加详细解读的基础上，对古灵宝经的基本问题进行更加专门也更加深入的研究；另一方面则以尽可能正本清源为目标，直面当前国内外学术界的各种重大分歧，特别强调从对研究方法的总结和反思入手，深入探究产生这些重大分歧的根源并加以解决，进而推动古灵宝经研究沿着健康的轨道向前发展。

第一章 古灵宝经对佛教"劫"的借鉴与道教宇宙论的构建

——以《灵宝五篇真文》与"劫运"的关系为中心

一 引言

东晋末年,古灵宝经将《灵宝五篇真文》确定为具有宇宙本源意义的"道",并使之成为阐发其教义思想最重要的基础和核心,因此对中古道教经教体系的形成和发展产生了极为广泛而深远的影响[①]。印度佛教"劫"的观念属于其宇宙论最典型的表现形态。古灵宝经借鉴佛教"劫"的观念创立了独具特色的"劫运"学说,国内外学术界对此有较多

---

① 王承文《敦煌古灵宝经与晋唐道教》,北京:中华书局,2002年,第740—765页;Wang Chengwen,"The Revelation and Classification of Daoist Scriptures," in *Early Chinese Religion*:*The Period of Division*(*220-589AD*),Leiden:Brill,2010,pp. 775-809;王承文《"灵宝天文"与中古道教经教体系的构建》,载香港道教学院编《道教星斗信仰》,济南:齐鲁书社,2014年,第46—106页;王承文《汉晋道教仪式与古灵宝经研究》,北京:中国社会科学出版社,2017年,第601—652页。

关注和研究①。然而近年来,刘屹博士公开否定《灵宝五篇真文》具有宇宙本源性质。由于佛教"劫"的观念极力强调宇宙世界要经历无数次生成与毁灭过程,因此他强调"'五篇真文'所谓的开天辟地,并不是指宇宙初成时那第一次天地的创立和万物的滋生",并进而判定"在灵宝经'劫'的时间观念下来看'五篇真文',更可相信它并不具有宇宙本源的性质"②。其论点的核心,就是古灵宝经"元始旧经"因为吸收"劫"的观念而最终确立了佛教宇宙论。而他又以此为基础,对古灵宝经的形成过程以及内在关系等诸多重大问题都作了极具颠覆性和批判性的研究。我们认为,如果把古灵宝经对《灵宝五篇真文》的性质以及"劫运"的论述,置于佛道两种根本不同的宇宙论中来考察,就能发现古灵宝经对佛教"劫"的观念并非简单的模仿或全盘吸收,而是以道教宇宙论为基础,对其作了关键性的取舍和改造。因此,其"劫运"学说并不是对《灵宝五篇真文》宇宙本源性质的否定,而恰恰是对其宇宙论意义的极

---

① 关于佛教"劫"的观念对早期道教和古灵宝经影响的讨论,参见 Erik Zürcher, "Buddhist Influence on Early Taoism: A Survey of Scriptural Evidence," *T'oung Pao*, 66 (1980), p. 128; Stephen Bokenkamp, "Sources of the Ling-pao Scriptures," in M. Strickmann (ed.), *Tantric and Taoist Studies in Honor of R. A. Stein*, Bruxelles: Institut Belges des Hautes tudes Chinoises, 1983, Vol. 2, pp. 434-486;李丰楙《六朝道教的终末论——末世、阳九百六与劫运说》,《道家文化研究》第九辑,上海:上海古籍出版社,1996 年,第 82—99 页;Stephen Bokenkamp, *Early Taoist Scriptures*, University of California Press, 1997, pp. 295-299, 380-382;神冢淑子《开劫度人说の形成》,收入氏著《六朝道教思想の研究》,东京:创文社, 1999 年,第 370—378 页;[日]小林正美著,李庆译《六朝道教史研究》,成都:四川人民出版社,2001 年,第 387—458 页;菊地章太《六朝道教における终末思想の形成》,《樱花学园大学研究纪要》2000 年第 2 期,第 131—169 页;Yamada Toshiaki (山田利明), "The Lingbao School," in Livia Kohn (ed.), *Daoism Handbook*, Leiden: Brill, 2000, pp. 225-255;王承文《敦煌古灵宝经与晋唐道教》,第 631—660 页;Stephen Bokenkamp, "Jie(劫)," in Fabrizio Pregadio (ed.), *The Routledge Encyclopedia of Taoism*, London, 2011, pp. 545-546.

② 刘屹《六朝道教古灵宝经的历史学研究》,第 420、429 页。

大丰富和拓展。弄清古灵宝经中"劫运"学说的真正含义及其本质,对于我们完整而准确地理解古灵宝经一系列根本性教义思想及其对中古道教的影响具有十分重要的意义。

二　汉晋佛教和道教"劫"的观念以及问题的提出

宇宙论又称宇宙观,是指对宇宙的起源、发生、构造和变化等问题加以系统说明的学说。佛教和道教作为两种宗教,其最根本的差别就在于宇宙论。佛教宇宙论的基础是缘起论,即认为宇宙中一切事物和现象都因为因缘和合而产生、消长和灭亡,强调宇宙世界在本质上并无真正的实体,唯有空性永恒不变。而空性和永恒也就意味着既没有开始也没有终结。正因为如此,佛教并没有宇宙起源的说法。佛教认为宇宙世界无始无终,就如同圆环一样没有起点和终点。早期佛教也不承认有最初的因果,强调因上有因,因因无始,至于一切众生以及诸法之原始,皆不可得,故云"无始"。《增一阿含经》记载释迦牟尼所说"四不可思议",其中之一就是"世界不可思议"①。意即宇宙的起源以及一切世界皆因众生业力而成,成而复坏,坏而复成,始终相续,无有断绝,其生成以及终始皆不可思议。

"劫"的观念是佛教宇宙论最主要的表现形式。"劫",梵语 kalpa,巴利语 kappa,最初为古代印度婆罗门教中一种极大的时间单位,婆罗门教认为世界应经历无数劫。其中一说一劫相当于大梵天的一个白昼,即人世间的四十三亿二千万年,在劫末有劫火出现,烧毁一切,又复重创世界。另有一说则认为一劫有四时(即圆满时、三分时、二分时、争

_____

①　(后秦)鸠摩罗什译《增一阿含经》卷 21,《大正新修大藏经》第 2 册,台北:财团法人佛陀教育基金会出版部,1990 年,第 657 页。

斗时),四时共四百三十二万年。四时相较,时间上愈形短少,人类道德亦日趋低落,若争斗时结束即劫末,世界即将毁灭。佛教对婆罗门教"劫"的观念加以沿用并有重要发展。佛经对于"劫"的具体含义有各种各样的解说。然而,其中最主要的说法,是认为每一个世界从成立到毁灭的过程都可分为成、住、坏、空四个时期,称为"四劫"。四劫之中各有二十中劫,总合为八十中劫,称为一大劫。待世界又成,又是一个成、住、坏、空的大劫。宇宙就在成、住、坏、空的过程中反复生灭循环①。

《隋书·经籍志·佛经序》对佛教"劫"的思想观念作了非常概括性的论述,其文曰:

> 天地之外,四维上下,更有天地,亦无终极,然皆有成有败。一成一败,谓之一劫。自此天地已前,则有无量劫矣。每劫必有诸佛得道,出世教化,其数不同。今此劫中,当有千佛。自初至于释迦,已七佛矣。其次当有弥勒出世,必经三会,演说法藏,开度众生。由其道者,有四等之果。一曰须陀洹,二曰斯陀含,三曰阿那含,四曰阿罗汉。至罗汉者,则出入生死,去来隐显,而不为累。阿罗汉已上,至菩萨者,深见佛性,以至成道。每佛灭度,遗法相传,有正、象、末三等淳醨之异。年岁远近,亦各不同。末法已后,众生愚钝,无复佛教,而业行转恶,年寿渐短,经数百千载间,乃至朝生夕死。然后有大水、大火、大风之灾,一切除去之,而更立生人,又归淳朴,谓之小劫。每一小劫,则一佛出世。②

以上论述包含这样一些核心内容:一是所有天地世界都必然要不断地经历生成与毁灭的过程。其称"自此天地已前,则有无量劫矣",就是说"劫"本身也属于一种既无始无终也无穷无尽的永恒存在。二是其称"自初至于释迦,已七佛矣",是指释迦佛及其出世前所出现之佛,共

---

① 慈怡主编《佛光大辞典》,高雄:佛光山出版社,1989年,第2811—2815页。

② 《隋书》卷35《经籍志》,北京:中华书局,1973年,第1095页。

有七位(即毗婆尸佛、尸弃佛、毗舍浮佛、拘留孙佛、拘那含牟尼佛、迦叶佛与释迦牟尼佛)。而佛在每一劫中的出现,都代表佛法的传播和兴盛发展,即所谓"每劫必有诸佛得道,出世教化",以及"弥勒出世,必经三会,演说法藏,开度众生"。三是其称"每佛灭度,遗法相传,有正、象、末三等淳醨之异",是指佛尊灭度之后,佛法都要经历正法、像法和末法三个阶段。至末法时期,则"众生愚钝,无复佛教,而业行转恶,年寿渐短","然后有大水、大火、大风之灾,一切除去之"。宇宙世界将因此重新归于空寂虚无的状态,直至另一次因缘和合的出现。总之,"劫"的观念非常典型地诠释了佛教宇宙论最基本的内涵:一方面,"劫"的循环往复证明了宇宙世界的"无常"即变化不息;另一方面,"劫"的永恒存在证明了宇宙世界都是因缘和合的产物以及其虚无空幻的本质。

中国本土"劫"字的最初含义,仅仅代表一种强制性的力量。例如,汉代许慎《说文解字》解释"劫"字称:"劫,人欲去,以力胁止曰劫。或曰以力止去曰劫。"道教借鉴外来佛教"劫"的观念并使之具有时间久远以及灾难的含义,最早见于东晋中后期最终成书的《太上灵宝五符序》以及早期上清派著作中[1]。而道教大规模地使用"劫"的概念并使之成为其教义思想极为重要的组成部分,应开始于东晋末年的古灵宝经。古灵宝经认为天地世界必然要经历从生成到毁灭这样周而复始的过程,同时还创造了"龙汉""延康""赤明""开皇""上皇"五种"劫运"名称。古灵宝经《度人经》称:"生身受度,劫劫长存。随劫轮转,与天齐年。"唐代李少微注解称:"按天地一成一败,谓之一劫。"薛幽栖注解称:"天地世界,一期运终,是名为一劫也。"又称:"夫每一劫运终,则三光幽暝,天地世界,混

---

① 《太上灵宝五符序》中多次出现"大劫"和"万劫"的概念;陶弘景编《登真隐诀》卷中提到"杨书"即杨羲称:"万劫结缘,今有此生,此生一失,复应万劫,何可不勇猛精勤,使于此遂常生乎。"(《道藏》第6册,北京、上海、天津:文物出版社、上海书店、天津古籍出版社,1988年,第615页)

沌如初,道归本源。"①《魏书·释老志》亦称道教"又称劫数,颇类佛经,其延康、龙汉、赤明、开皇之属,皆其名也。及其劫终,称天地俱坏"②。可见,古灵宝经对"劫运"的描述与佛教"劫"的观念确实有很多相似之处。

《隋书·经籍志·道经序》的道教教义主要是依据古灵宝经写成的③。其称:

> 道经者,云有元始天尊,生于太元之先,禀自然之气,冲虚凝远,莫知其极。所以说天地沦坏,劫数终尽,略与佛经同。以为天尊之体,常存不灭。每至天地初开,或在玉京之上,或在穷桑之野,授以秘道,谓之开劫度人。然其开劫,非一度矣,故有延康、赤明、龙汉、开皇,是其年号。其间相去经四十一亿万载。所度皆诸天仙上品,有太上老君、太上丈人、天真皇人、五方天帝及诸仙官,转共承受,世人莫之豫也。所说之经,亦禀元一之气,自然而有,非所造为,亦与天尊常在不灭。天地不坏,则蕴而莫传,劫运若开,其文自见。凡八字,尽道体之奥,谓之天书。字方一丈,八角垂芒,光辉照耀,惊心眩目,虽诸天仙,不能省视。天尊之开劫也,乃命天真皇人,改啭天音而辩析之。自天真已下,至于诸仙,展转节级,以次相授。诸仙得之,始授世人。④

在以上论述中,"劫"的思想占有极其重要而突出的地位。一是其称"所以说天地沦坏,劫数终尽,略与佛经同",就是说道教对宇宙世界的解说与佛经大致相同;二是其称"天尊之体,常存不灭。每至天地初开,或在玉京之上,或在穷桑之野,授以秘道,谓之开劫度人","所度皆

---

① 《元始无量度人上品妙经四注》卷3,《道藏》第2册,第201、224页。
② 《魏书》卷114《释老志》,北京:中华书局,1974年,第3048页。
③ 王承文《敦煌古灵宝经与晋唐道教》,第631—823页。
④ 《隋书》卷35《经籍志》,第1091—1092页。

诸天仙上品",与《隋书·经籍志·佛经序》所称"每劫必有诸佛得道,出世教化"也有很多相似之处。可见,正是基于佛教"劫"的观念对古灵宝经的重大影响,因此刘屹博士强调《灵宝五篇真文》并不真正具有宇宙本源的性质,而《灵宝五篇真文》的开天辟地也"不是指宇宙初成时那第一次天地的创立和万物的滋生"。应该说,刘屹博士最主要的贡献,是提出了这一十分重要却长期为国内外学术界所忽略的问题。但是,如果刘屹博士的判定能够成立的话,那么由此得出的结论也是极其惊人的。因为这就意味着古灵宝经作为自中古以来对道教影响最大的一批道经,已经彻底否定了道教自身的宇宙论,而是直接以佛教缘起论为基础构建其宇宙论,并因此与所有其他道派和道经都存在根本性的差别。

正因为如此,我们需要进一步探讨的问题包括:《灵宝五篇真文》在古灵宝经中是否真正具有宇宙本源的性质?古灵宝经"劫运"学说究竟是对《灵宝五篇真文》宇宙本源性质的否定还是肯定?古灵宝经"劫运"学说究竟是如何使佛道两种根本不同的宗教宇宙观的相关内容契合在一起的?而要回答这些问题,就必须将古灵宝经对《灵宝五篇真文》的性质以及"劫运"学说的论述,置于道教和佛教两种根本不同的宗教宇宙论中来考察。

三　关于古灵宝经对《灵宝五篇真文》宇宙本源性的论述

(一)如何在佛道两种不同宇宙论中理解《灵宝五篇真文》的宇宙本源性?

对于《灵宝五篇真文》究竟是否具备"道"的性质和"绝对宇宙本源性"的问题,刘屹博士实际上提出了两种截然相反的观点。一方面,他完全认同我们所提出的《灵宝五篇真文》本身具有"道"的性质以及"绝对宇宙本源性"的观点。例如,他提出:"'元始旧经'之所以被称为'旧经'，是因为根据灵宝经的说法，灵宝之文是在宇宙开辟之前的道气所凝结而成的天文玉字。"①所谓"在宇宙开辟之前的道气所凝结而成的天文玉字"，实际上就是指《灵宝五篇真文》。他又称："为了突出灵宝经法的绝对本源性，灵宝经一定要将其产生的源头追溯到宇宙、天地初始之前的状态，实际上就是把灵宝经法当作'道'的一种体现。"②他认为"元始旧经"特别强调"灵宝经就是'道'的体现，具有创立天地、敷演众经的绝对本源性质"③。由于在古灵宝经中，真正"具有创立天地、敷演众经的绝对本源性质"的始终只有《灵宝五篇真文》，因此他实际上肯定《灵宝五篇真文》本身具有"道"的性质和"绝对宇宙本源性"。他又根据陆修静《灵宝经目序》称：

> 陆氏认为灵宝之文，是宇宙初开之前就存在的道气所化。道气化成天文玉字，形成天文宝经。……本来，元始天尊将天文玉字衍化成三十六卷灵宝经，教化天人。……元始天尊所传的三十六卷灵宝经，其所依据的灵宝天文可以追溯到宇宙开辟之时。④

以上所谓由"宇宙初开之前就存在的道气所化"的"灵宝之文"，以及"衍化成三十六卷灵宝经"的"天文玉字"，都是指《灵宝五篇真文》。据此可见，刘屹博士其实完全肯定《灵宝五篇真文》本身具有"道"的性质和"绝对宇宙本源性"。

然而，另一方面，我们又看到刘屹博士从多方面对《灵宝五篇真文》作为"道"的性质以及"绝对宇宙本源性"作了最彻底的否定。他提出：

> 《真文天书经》并不认为"五篇真文"具有绝对本源性，灵宝经对"五篇真文"的推崇，也并不是要在"道"之外重新塑造一个神学

---

① 刘屹《六朝道教古灵宝经的历史学研究》，第 302 页。
② 刘屹《六朝道教古灵宝经的历史学研究》，第 632 页。
③ 刘屹《六朝道教古灵宝经的历史学研究》，第 293 页。
④ 刘屹《六朝道教古灵宝经的历史学研究》，第 312 页。

上的本源性概念。从本质上讲,"五篇真文"不是宇宙万物产生的根源和依据,而只是以其本身具有的符咒神力,能够确保宇宙万物得以顺利地运行和生衍。灵宝经强调的是"五篇真文"作为天文符图的功能性,而非其生成万物的本源性。①

他依据《真文天书经》对此还作了大量否定性的论述。例如,他称《灵宝五篇真文》"并不是宇宙万物的根源和它们生成的前提,只是因为'五篇真文'历经四万劫的周期,应期出世","从'十二灵瑞'和'二十四应'来看,'五篇真文'更像是一种祥瑞,而非生成天地万物的绝对本源"②;"'五篇真文'所谓的开天辟地,并不是指宇宙初成时那第一次天地的创立和万物的滋生";"如果灵宝经认为宇宙时空之中只能有一次天地开立,那么'五篇真文'具有开辟天地日月的功能,自然具有本源性。但灵宝经引入佛教'劫'的概念后,宇宙时空已经被无限地扩大了,天地的开立和毁灭都不止一次";"因此,在灵宝经'劫'的时间观念下来看'五篇真文',更可相信它并不具备宇宙本源的性质"③;"如果关注到《真文天书经》中有关'劫'的神话时间观念,就会发现'五篇真文'根本不是在原初的宇宙诞生时就存在的,它只有特定阶段的功能性,而不具有贯穿宇宙时空的本源性。唯其如此,它才可能被后出的'旧经'又以'五方天文'来超出"④。他强调《灵宝五篇真文》"被放置在道教'劫'的时间观念之下,只不过是在道炁生成原初起点之后,若干劫内的一种阶段性、功能性的符图,并不是贯穿宇宙始终的本源性存在"⑤。

据此可见,刘屹博士之所以完全否定《灵宝五篇真文》具有"道"的性质以及"绝对宇宙本源性",其最根本的原因,还是因为"元始旧经"吸

---

① 刘屹《六朝道教古灵宝经的历史学研究》,第417—418页。
② 刘屹《六朝道教古灵宝经的历史学研究》,第419页。
③ 刘屹《六朝道教古灵宝经的历史学研究》,第420页。
④ 刘屹《六朝道教古灵宝经的历史学研究》,第431页。
⑤ 刘屹《六朝道教古灵宝经的历史学研究》,第423页。

收借鉴了佛教"劫"的观念。如前所述,佛教"劫"的观念最根本的理论依据,就是作为其宇宙论根基的缘起论。佛教缘起论否认宇宙有任何本体或独立的实在自体,认为世界万物都是依据一定条件自然生成的。因此,佛教既不承认有宇宙起源的说法,也不承认有造物主,认为所有神灵都只是世界万物的组成部分。例如,与东晋末年古灵宝经创作大致同时代的鸠摩罗什就称:"诸佛所见之佛,亦从众缘和合而生,虚妄非实,毕竟性空,同如法性。"①可见,佛陀也不是造物主,而且其本身因为"从众缘和合而生",也同样具有"虚妄非实,毕竟性空"的本质。因此,刘屹博士最终彻底否定了《灵宝五篇真文》具有"道"的性质和"绝对宇宙本源性"。

然而,如果我们把古灵宝经对《灵宝五篇真文》的相关论述置于道教宇宙观中来考察,就可以得出完全不同的结论。早期道家和道教都坚持以"道"为核心的宇宙生成论,认为宇宙世界的一切都是真实的存在,而且都是由"道"演化而成的。《道德经》称"道生一,一生二,二生三,三生万物"。即认为宇宙万物的本源就是道,道生一,就是无生出有,亦即宇宙创生的开始。一生二,就是又生出阴阳二气,世间万事万物都是阴阳二气造化的产物。因此,"道"是宇宙的本源和创造者。道生成宇宙,又演化出元气、天地、阴阳、四时、五行等,并由此化生万物。二生三,阴气浑浊,下降为地,阳气清轻,上升为天,故"三"指天、地、人三才,万物皆在其中。

众所周知,汉晋天师道将老子尊奉为人格化的"道"或"大道",又称太上老君。太上老君就是宇宙的创造者。与汉晋天师道有很大的不同的是,古灵宝经将《灵宝五篇真文》尊崇为作为宇宙本源的"道",而且就是直接以《道德经》为依据来论述其性质的。《道德经》第一章称"道"为

① 《鸠摩罗什法师大义》卷上《次问修三十二相并答》,《大正新修大藏经》第45册,第129页。

"万物之母";第四章将"道"比喻为"渊兮似万物之宗";第六章称:"谷神不死,是谓玄牝。玄牝之门,是谓天地根",所谓"谷神",本为"道之别名也"①;第二十五章称:"有物混成,先天地生,寂兮寥兮,独立不改,周行而不殆,可以为天地母。吾不知其名,字之曰道。"庄子对此也有相关论述。《庄子·大宗师》称道"自本自根,未有天地,自古以固存;神鬼神帝,生天生地"②;《庄子·渔父》认为道为"万物之所由也"③。《庄子·天地》又称道能"覆载万物"和"行于万物"④。世间一切都是表象,唯有"道"才是一切的本源。

而《元始五老赤书玉篇真文天书经》(以下简称《真文天书经》)作为"元始旧经"中出世最早也最重要的经典,对此作了明确的论述。其文称:

> 《元始洞玄灵宝赤书玉篇真文》,生于元始之先,空洞之中。天地未根,日月未光,幽幽冥冥,无祖无宗,灵文晻蔼,乍存乍亡。二仪待之以分,太阳待之以明。灵图革运,玄象推迁,乘机应会,于是存焉。天地得之而分判,三景得之而发光……实灵文之妙德,乃天地之玄根。……《元始五老赤书玉篇》,出于空洞自然之中,生天立地,开化神明。⑤

以上强调《灵宝五篇真文》出现在古灵宝经所创造的最高神灵元始天尊出世之前,形成在"空洞"即化生元气的太虚之境。所谓"天地未根,日月未光"等,均代表宇宙尚未生成的混沌状态。而"二仪待之以分,太阳待之以明","天地得之而分判,三景得之而发光","实灵文之妙

---

① (魏)王弼注,楼宇烈校释《老子道德经注校释》引高亨《老子正诂》,北京:中华书局,2011 年,第 18 页。

② (晋)郭象注,(唐)成玄英疏,曹础基、黄兰法整理《庄子》,北京:中华书局,2011 年,第 136—137 页。

③ (晋)郭象注,(唐)成玄英疏,曹础基、黄兰法整理《庄子》,第 540 页。

④ (晋)郭象注,(唐)成玄英疏,曹础基、黄兰法整理《庄子》,第 220 页。

⑤ 《元始五老赤书玉篇真文天书经》卷上,《道藏》第 1 册,第 774—775 页。

德,乃天地之玄根","生天立地,开化神明",以及"天地乘之以分判,三光从之以开明","为万气之根",等等,均反复强调宇宙世界以及其中的一切,都是依靠《灵宝五篇真文》才得以创造出来的。"二仪"即是指天地,"三光"和"三景"都指日、月、星。而其称"实灵文之妙德,乃天地之玄根",也是强调其为宇宙和天地的根本。虽然《真文天书经》始终都没有将《灵宝五篇真文》直接称之为"道",然而其将《灵宝五篇真文》作为宇宙本源的"道"的目的是极为明显的。《真文天书经》卷上又称:

> 《元始赤书玉篇真文》,上清自然之灵书,九天始生之玄札,空洞之灵章。成天立地,开张万真,安神镇灵,生成兆民,匡御运度,保天长生。上制天机,中检五灵,下策地祇。啸命河源,运役阴阳,召神使仙。此至真之文,妙应自然,致天高澄,使地固安,五岳保镇,万品存焉。①

以上进一步阐述《灵宝五篇真文》的神圣性质,所谓"成天立地,开张万真,安神镇灵,生成兆民",也是强调其作为宇宙万物包括神灵和人类的创造者。该经卷下亦称:"五老灵宝五篇真文,元始天书,生于空洞之中,为天地之根,灵尊妙贵,法教威严。三元开张,德冠诸天。"②因此,《灵宝五篇真文》始终都是与作为最根本最崇高的"道"紧密相关的。

《太上洞玄灵宝赤书玉诀妙经》对于《灵宝五篇真文》的宇宙论意义也有专门论述。其称:"《元始赤书五篇真文》,生于太空之中,天地未光,开辟未明,潜结元根,三景成立,五气行焉。五色分彩,焕照五方,置以五帝,导以阴阳,轮转九天之纽,运明五星之光。"③所谓"生于太空之中,天地未光,开辟未明",也是指《灵宝五篇真文》早在宇宙形成之前就已经存在。而"潜结元根,三景成立,五气行焉",即代表宇宙世界依赖

① 《元始五老赤书玉篇真文天书经》卷上,《道藏》第1册,第784页。
② 《元始五老赤书玉篇真文天书经》卷下,《道藏》第1册,第797页。
③ 《太上洞玄灵宝赤书玉诀妙经》卷下,《道藏》第6册,第195页。

《灵宝五篇真文》才得以形成。

需要指出的是,"元始旧经"对《灵宝五篇真文》的高度神化,其实也直接参照了《道德经》对"道"极端重要性的论述。例如,《道德经》第三十九章称:

> 昔之得一者,天得一以清,地得一以宁,神得一以灵,谷得一以盈,万物得一以生,侯王得一以为天下贞。其致之。天无以清将恐裂,地无以宁将恐发,神无以灵将恐歇,谷无以盈将恐竭,万物无以生将恐灭,侯王无以贵高将恐蹶。①

老子在此所说的"一"其实就是指"道"。老子列举大量自古得到"一"的例子,称天得到"一"而清明,地得到"一"而稳定,神得到"一"而神灵,河谷得到"一"而充盈,万物得到"一"而孳生,侯王得到"一"才能当国家的首领。他们都从"一"得到他们所要得到的。但是如果离开了"一",天不能保持清明,怕要破裂;地不能保持稳定,怕要震动;神不能保持神灵,怕要绝灭;河谷不能保持充盈,怕要涸竭;万物不能孳生,怕要灭绝;侯王失去高贵,怕要失国。总之。离开了"一"即道,一切都无法成立。而《真文天书经》就称:"天无《五文》,三光不明。人无《五文》,无以立形。地无《五文》,五岳不灵。"②《度人经》亦称:"无文不光,无文不明,无文不立,无文不成,无文不度,无文不生。"③可见,离开了《灵宝五篇真文》,宇宙天地以及其中所有一切都无法生成,也根本就无从谈起。由此可见,古灵宝经创作者就是直接将《灵宝五篇真文》当作"道"本身的。

《度人经》还对《灵宝五篇真文》作为"道"的宇宙本源性质有进一步阐述,其文称:

---

① 　(魏)王弼注,楼宇烈校释《老子道德经注校释》,第 109 页。
② 　《元始五老赤书玉篇真文天书经》卷上,《道藏》第 1 册,第 787 页。
③ 　《灵宝无量度人上品妙经》,《道藏》第 1 册,第 3 页。

> 混洞《赤文》，无无上真，元始祖劫，化生诸天，开明三景，是为
> 天根。上无复祖，唯道为身。《五文》开廓，普殖神灵。①

以上"《赤文》"和"《五文》"，均指《灵宝五篇真文》。《度人经》强调《灵宝五篇真文》"是为天根"，即为宇宙的根本。在此要特别指出的是，《度人经》直接将《灵宝五篇真文》与"道"相联系，其称"上无复祖，唯道为身"，就是指《灵宝五篇真文》就是"道"的本体。南齐时期灵宝经学者严东注解《度人经》，称其"唯道炁结精而后成其身也"。唐代薛幽栖称："真文之质即道真之体为文，故云唯道为身也。"成玄英称："此举真文之体为诸天之根本，禀元始妙炁之自然而化成大道之法身。"②可见，《度人经》明确将《灵宝五篇真文》看成是"道"的本体和"法身"。

前引《隋书·经籍志·道经序》称元始天尊"所说之经"，即作为"天书"的《灵宝五篇真文》"亦禀元一之气，自然而有"，证明《灵宝五篇真文》的经教神学也与汉代气化宇宙论密切相关。所谓"元一之气"的说法，最早也见于《真文天书经》③。"元一之气"就是指"元气"和"一气"。《庄子·大宗师》最早提出了"一气"的概念，其《知北游》提出"通天下一气"的思想，即宇宙万物都是"一气"变化的结果。汉代则进一步将"一气"发展为"元气"。"元气"就是指天地未分前的混沌之气，是构成天地万物的本原。至于"道"与"元气"的关系，《太平经》称："夫道何等也？万物之元首，不可得名者。六极之中，无道不能变化。元气行道，以生万物，天地大小，无不由道而生者也。故元气无形，以制有形，以舒元气。"④意即"道"是万物的首脑，无法给它具体的名称。在六极之中，没有真道就不能变化。元气行用道而化生万物。天地等大小物体，无不经由道才能出现。因此元气没有具体的形状，凭此去创造有形的物体，

---

① 《元始无量度人上品妙经》，《道藏》第 1 册，第 3 页。
② 《元始无量度人上品妙经四注》卷 2，《道藏》第 2 册，第 202 页。
③ 《元始五老赤书玉篇真文天书经》卷中，《道藏》第 1 册，第 780 页。
④ 王明编《太平经合校》卷 18—34，北京：中华书局，1960 年，第 16 页。

并将元气散布到有形物体的体内①。前引南齐严东注解《度人经》称《灵宝五篇真文》"唯道炁结精而后成其身也",又进一步称"元气始结而成玉字"②,就是说《灵宝五篇真文》是由先天的"元气"凝结而成的。因此,《灵宝五篇真文》就是"道"与"元气"的统一。在此还要强调的是,与佛教将佛陀归结为"从众缘和合而生"以及在本质上"虚妄非实,毕竟性空"完全不同,《隋书·经籍志·道经序》则明确称"元始天尊,生于太元之先,禀自然之气",意即元始天尊以及所有道教神灵本身其实也是"元气"演化的结果③。

总之,古灵宝经自始至终都是以道家和道教的宇宙论来论述《灵宝五篇真文》的宇宙本源性的。因此,古灵宝经虽然在很大程度上吸收借鉴了佛教"劫"的观念,但是决不代表其对《灵宝五篇真文》之"绝对宇宙本源性"的否定。

(二)如何从老庄道家对"道"与神灵关系的论述中理解《灵宝五篇真文》的宇宙本源性?

古灵宝经构建了以元始天尊为最高神灵而且具有统一性的神灵体系。对于《灵宝五篇真文》和元始天尊二者究竟谁更具有"绝对宇宙本源性"的问题,刘屹博士也提出了两种完全相反的观点。

一方面,他认为《灵宝五篇真文》比元始天尊更具有宇宙本源性。例如,他称:

"元始旧经"之所以被称为"旧经",是因为根据灵宝经的说法,灵宝之文是在宇宙开辟之前的道气所凝结而成的天文玉字。道气

① 关于《太平经》对"道"与"元气"和"天"等关系的论述,参见王承文《汉晋道教仪式与古灵宝经研究》,第658—663页。
② 《元始无量度人上品妙经四注》卷2,《道藏》第2册,第200页。
③ 王承文《敦煌古灵宝经与晋唐道教》,第740—781页;王承文《"灵宝天文"与中古道教经教体系的构建》,载香港道教学院编《道教星斗信仰》,第46—106页。

又化成元始天尊,在开皇劫期的上皇元年,元始天尊为教化天人,
将天文玉字演化成十部三十六卷的灵宝经。①

他认为作为"灵宝之文"或"天文玉字"的《灵宝五篇真文》,"是在宇宙开
辟之前的道气所凝结而成的",此后"道气又化成元始天尊"。从"道气"
演化宇宙世界的过程来看,《灵宝五篇真文》无疑要比元始天尊更具有
宇宙本源性。对此他还有不少其他论述。

另一方面,刘屹博士却又在公开否定《灵宝五篇真文》具有"绝对宇
宙本源性"的同时,提出元始天尊以及"五老帝君"都要比《灵宝五篇真
文》更具有"绝对宇宙本源性"。例如,他称:

> 在中古时期的道教观念中,应该没有什么可以比"道"或"道
> 炁"更加元始和本源。元始天尊禀自然之气,生于太元之先,并永
> 存不灭,其实就是"道"体的一种存在形式。其作为中古道教绝对
> 主神的地位,绝非"五篇真文"可以奠定。②

所谓"元始天尊禀自然之气,生于太元之先,并永存不灭"等,直接出自
前引《隋书·经籍志·道经序》。至于其提出以上论点的主要理由,是
因为根据《真文天书经》的记载,元始天尊和"五老帝君"二者都直接参
与了《灵宝五篇真文》从"道炁"演化成具有形质的"赤书玉篇"的过程。
他称"无论如何,显然不能认为《真文天书经》所载的'赤书玉篇',会比
元始天尊和五老帝君更具本源性"③。因此他强调"元始天尊"和"五老
帝君"要比《灵宝五篇真文》更体现"道"的性质和宇宙本源性。由于刘
屹博士所提出的问题,直接关系到古灵宝经构建其神灵体系的理论根
据以及元始天尊在中古道教中地位的变化等一系列重大问题,因此我
们需要作专门讨论。

---

① 刘屹《六朝道教古灵宝经的历史学研究》,第 302 页。
② 刘屹《六朝道教古灵宝经的历史学研究》,第 418—419 页。
③ 刘屹《六朝道教古灵宝经的历史学研究》,第 419 页。

我们认为古灵宝经中《灵宝五篇真文》与"元始天尊"和"五老帝君"等主要神灵之间的关系,其实都是直接以老庄道家思想为基础而构建的。这是古灵宝经一种极其重要而独特的思想。然而迄今为止,国内外学术界却还未有人关注和研究,因此我们将作较为详细的讨论。老庄道家对"道"与宇宙神灵之间关系的论述,最有代表性的有三处。

其一,《道德经》第四章说:

> 道冲……吾不知谁之子,象帝之先。

所谓"道冲"就是指道不可见。而"帝"指上帝,又称天帝。老子的原意是说我不知道它(即"道")来自何处,只知道它出现在上帝之先。东汉时期成书的《老子道德经河上公章句》也称:"道似在天帝之前,此言道乃先天地生也。"[1]老子的这一说法在中国思想文化史上具有极其重要的意义。因为自商周以来,代表"天"的上帝就具有至高无上的权威性。上帝就是宇宙万物的主宰。然而,老子第一次将"道"置于上帝之上,认为"道"比上帝更早存在,也更具有本源性。因而没有"道"也就没有上帝,上帝也必须服从于"道"[2]。

其二,前引《道德经》第三十九章又说:

> 昔之得一者,天得一以清,地得一以宁,神得一以灵……其致之。天无以清将恐裂,地无以宁将恐发,神无以灵将恐歇……

如前所述,所谓"得一"就是指得道。老子称神因为得到"一"所以灵验。《老子道德经河上公章句》亦称:"言神得一故能变化无形。"[3]意

---

① 王卡点校《老子道德经河上公章句》卷 1,北京:中华书局,1993 年,第 15 页。

② 陈鼓应先生认为:"老子关于宇宙创生的说法,在思想史上也具有重大意义。'道'的预设,破除了神造之说,他说'道'为'象帝之先'(四章),他不给'上帝'留下地盘;他说'天法道,道法自然'(二十五章),人格神的观念在他哲学的园地上销声匿迹。"(《老庄新论》,上海:上海古籍出版社,1992 年,第 37 页)

③ 王卡点校《老子道德经河上公章句》卷 3,第 155 页。

即神灵正是因为得到了"一",所以才具备"变化无形"的能力。至于老子所称"神无以灵将恐歇",就是说如果离开了"一",神灵就不能保持灵验有效,恐怕还要彻底灭绝。由此可见,"道"对于神灵本身的存在及其灵验等都具有极端重要性。如果离开了"道",所有神灵都将不复存在。

其三,庄子对"道"与神灵的关系也有专门论述。《庄子·大宗师》称:

> 夫道……自本自根,未有天地,自古以固存;神鬼神帝,生天生地。

意即"道"是自为根本的,早在天地形成之前,道就一直存在着。至于"神鬼神帝,生天生地",唐代成玄英疏曰:"言大道能神于鬼灵,神于天帝,开明三景,生立二仪。至无之力,有兹功用,斯乃不神而神,不生而生,非神之而神、生之而生者也。故《老经》云'天得一以清,神得一以灵'也。"[①]因此,所谓"神鬼神帝",就是指"道"创造了鬼神和上帝,并赋予它们以力量和灵气。由此可见,老子和庄子不仅认为"道"是宇宙万物的根本,而且认为上帝和鬼神与宇宙万物一样,都是"道"演化的结果。如果离开了"道",上帝和鬼神都将不复存在。因此上帝和鬼神都必须绝对尊崇于"道"。

在前面,我们讨论了古灵宝经将《灵宝五篇真文》确定为具有宇宙本源意义的"道",那么古灵宝经中的《灵宝五篇真文》与其神灵体系之间究竟是什么关系呢?

首先,古灵宝经认为《灵宝五篇真文》不仅是宇宙世界的本源,而且也是道教各种神灵的创造者。而《灵宝五篇真文》最主要的神圣功能之一,恰恰就是"开张万真"和"普殖神灵"。例如,《真文天书经》称《灵宝

---

① （晋）郭象注,（唐）成玄英疏,曹础基、黄兰法整理《庄子》,第 136—137 页。

五篇真文》是"空洞之灵章,成天立地,开张万真,安神镇灵"①。其意指《灵宝五篇真文》除了创造出天地世界之外,还能使各种各样的神灵出世,并且将它们都安置在恰当的位置。而《度人经》记载《灵宝五篇真文》的经德称:"上无复祖,唯道为身。《五文》开廓,普殖神灵。"②所谓"普殖神灵"也可以作"普植神灵"③。"殖",《玉篇》称:"殖,生也,种也"④,指生育、生长、孳生、繁殖;而"植",《广雅·释地》称:"植,种也"⑤,也是指栽种、种植、生长。《度人经》是说,由于《灵宝五篇真文》本身就是最根本的"道",所以能够创造出各种各样的神灵。唐代薛幽栖注解《度人经》称:"《五文》者,即真文五篇也。以应五方五老之所偿录者。既开朗三光,亦开廓五篇玉字真文,各植神灵者也。"李少微注称:"妙本自成,无复先祖,括囊无外,尽是道身。《五篇真文》开廓形状,普生天地,安置神灵也。"⑥明代初年张宇初注解《度人经》称:"《五文》者,《五篇真文》也。即五篇敷落之文。生天立地,飞潜动植,蠢动含灵,凡有形气之物,皆由之以生化,故自阴阳分判以来,其文开廓,普植万类。"⑦因此,宇宙世界的万事万物包括神灵与人类等,均由《灵宝五篇真文》所创造。《真文天书经》又称:

> 《元始五老赤书玉篇》,出于空洞自然之中,生天立地,开化神明。⑧

---

① 《元始五老赤书玉篇真文天书经》卷上,《道藏》第 1 册,第 784 页。
② 《元始无量度人上品妙经》,《道藏》第 1 册,第 3 页。
③ 《元始无量度人上品妙经四注》卷 2 作"《五文》开廓,普植神灵"。(《道藏》第 2 册,第 202 页)
④ 《宋本玉篇》卷 11,北京:中国书店,1983 年,第 223 页。
⑤ 宗福邦等主编《故训汇纂》,北京:商务印书馆,2003 年,第 1115 页。
⑥ 《元始无量度人上品妙经四注》卷 2,《道藏》第 2 册,第 202 页。
⑦ (明)张宇初《元始无量度人上品妙经通义》卷 2,《道藏》第 2 册,第 304 页。
⑧ 《元始五老赤书玉篇真文天书经》卷上,《道藏》第 1 册,第 774 页。

所谓"开化神明",就是说《灵宝五篇真文》又启发教化了所有神灵。而神灵之所以具有各种神圣功能,都直接归功于《灵宝五篇真文》的授予。此与前引《道德经》称"神得一以灵"的说法相同。

陆修静《洞玄灵宝斋说光烛戒罚灯祝愿仪》也称:

> 《经》言:夫斋法之大者,莫先太上灵宝斋。灵宝之文,是天地之元根,神明之户牖,众经之祖宗,无量大法桥也。①

根据研究,陆修静所引之"《经》",是指"元始旧经"《太上洞玄灵宝金箓简文三元威仪自然真一经》②。敦煌文书 S. 6841 号《灵宝自然斋仪》也有同样的征引。所谓"灵宝之文,是天地之元根,神明之户牖,众经之祖宗",就是指《灵宝五篇真文》既是宇宙世界的根本,也是各种神灵得以生成和出世的门户,而且还是所有道教经典的祖宗。由于道能生神,所以在古灵宝经创作者看来,道教所有神灵都应看成是《灵宝五篇真文》演化的结果,而所有神灵的各种功能亦都源自《灵宝五篇真文》的赋予。因此所有神灵也应高度尊崇《灵宝五篇真文》。

其次,对于《灵宝五篇真文》与"最高主神"即元始天尊之间的关系,古灵宝经自始至终都强调唯有《灵宝五篇真文》才具有"道"的性质并创造了宇宙世界,也因此具有至高无上的神圣性。而与此相对应的是,"元始旧经"从未说过元始天尊具有"道"的性质,也从未说过元始天尊与宇宙世界的创造存在任何关系。前引《真文天书经》称《灵宝五篇真文》"生于元始之先,空洞之中,天地未根,日月未光,幽幽冥冥,无祖无宗"③。所谓"生于元始之先",就是指《灵宝五篇真文》比"元始天尊"更早存在。此与前引《老子》所称"象帝之先"具有相同的含义。而"无祖无宗"与前

---

① (南朝宋)陆修静《洞玄灵宝斋说光烛戒罚灯祝愿仪》,《道藏》第 9 册,第 824 页。

② 王承文《汉晋道教仪式与古灵宝经研究》,第 467—474 页。

③ 《元始五老赤书玉篇真文天书经》卷上,《道藏》第 1 册,第 774 页。

引庄子所称"自本自根"的含义相同,指《灵宝五篇真文》本身就是作为宇宙根源的"道"。前引《度人经》称:"混洞《赤文》,无无上真。元始祖劫,化生诸天。"根据严东注解,《灵宝五篇真文》早在元始天尊"未受号之先,已化生天地,但龙汉久远,劫运始开,天地亦分",意即早在"龙汉劫"初元始天尊以"无形常存之君"的身份"出世教化"之前,《灵宝五篇真文》已经"化生天地"。而《太上诸天灵书度命妙经》也记载,元始天尊告太上道君曰:"龙汉之时,我为无形常存之君,出世教化。尔时有天有地,日月光明,三象备足。"也就是说,早在元始天尊出世之前,《灵宝五篇真文》就已经创造了宇宙世界。因此《灵宝五篇真文》才是宇宙世界的真正创造者。《太上灵宝诸天内音自然玉字》亦称:"元始空中而出,既有天地,日月三光,而知空中有《真文》也。"①意即由"天地"和"日月三光"等所代表的宇宙世界,早在元始天尊出世之前就已经存在。因为宇宙世界的真正创造者是"《真文》",即《灵宝五篇真文》。法国著名汉学家马伯乐对于珍藏在最高天界——紫微宫——作为"紫书金简"的经书(实指《灵宝五篇真文》)与元始天尊的关系也有讨论,他认为:"这些经书不是被创造的,乃是元气自然结成,是在混沌分解劫运初开之时,与元始天尊在同一时间、以同样的方式形成的。"②马伯乐的这一观点并不真正准确,因为《灵宝五篇真文》作为"道"的本体,是先于"元始天尊"而存在的。

《真文天书经》还多次用"玄根"这一概念来强调《灵宝五篇真文》的根本性意义。"玄根"一词,道家最初用以指"道"的根本。例如,《道德经》第六章称:"谷神(即道)不死,是谓玄牝。玄牝之门,是谓天地根。"而《真文天书经》称《灵宝五篇真文》"实灵文之妙德,乃天地之玄根。威灵恢廓,普加无穷,荡荡大化,为神明之宗";"固三景于玄根,保天地以

---

① 《太上洞玄灵宝诸天内音自然玉字》卷3,《道藏》第2册,第551页。
② [法]马伯乐著,胡锐译《马伯乐道教学术论著》,北京:宗教文化出版社,2019年,第162页。

长存,镇五岳于灵馆,制劫运于三关,建国祚以应图,导五气以育民。敷弘天元,普教十方"。可见《灵宝五篇真文》就是天地的根本。而《真文天书经》还通过元始天尊自己称《灵宝五篇真文》"此元始之玄根,空洞自然之文"①。意即《灵宝五篇真文》也是元始天尊的根本,因而元始天尊也是《灵宝五篇真文》演化的结果。古灵宝经的这种神学本源思想虽然与汉晋天师道等道派有重要区别,但在本质上仍然符合道家和早期道教"大道"演化宇宙万物的宇宙观。

至此,我们应该可以回答刘屹博士所提出的关键问题:在《灵宝五篇真文》从作为最本源的"道炁"向具有形质的《赤书真文》演变过程中,元始天尊虽然发挥了重要作用,并且始终扮演着《灵宝五篇真文》"开示者"的角色,但是古灵宝经为什么仍然强调《灵宝五篇真文》才真正具有本源性呢? 这是因为《灵宝五篇真文》与元始天尊之间的关系,在本质上仍然属于作为宇宙本源的"道"与作为神灵的元始天尊的关系。至于元始天尊的神圣性和崇高地位等,其实均是由作为"道"的《灵宝五篇真文》赋予的。而这一点恰恰完全符合《道德经》对"道"与"上帝"关系的论述。由此可见,与汉魏两晋南北朝天师道将"太上老君"塑造成为人格化的"道"和宇宙的创造者迥然不同,古灵宝经所要尊崇并特别突出的,自始至终都是作为宇宙本源和道教经法本源的《灵宝五篇真文》②。

复次,古灵宝经中"五老帝君"又称"元始五老""五老天帝""五老上真"等,是其将汉代谶纬中的"五方天帝"重新改造而成的。而刘屹博士认为"五老帝君"也要比《灵宝五篇真文》更具有宇宙本源性③。但是,从《灵宝五篇真文》与"五老帝君"的关系来看,"五老帝君"应该不具有任何宇宙本源性。前引《太上洞玄灵宝赤书玉诀妙经》称:

---

① 《元始五老赤书玉篇真文天书经》卷上,《道藏》第 1 册,第 776 页。
② 王承文《汉晋道教仪式与古灵宝经研究》,第 427—431 页。
③ 刘屹《六朝道教古灵宝经的历史学研究》,第 419 页。

《元始赤书五篇真文》,生于太空之中,天地未光,开辟未明,潜结元根,三景成玄,五气行焉,五色分彩,焕照五方,置以五帝,导以阴阳。轮转九天之纽,运明五星之光,殖地五岳以安镇。①

所谓"生于太空之中,天地未光,开辟未明,潜结元根",是指《灵宝五篇真文》从最初作为虚无玄妙的"道",到最具有根本性的"元气"秘密的凝结过程。"三景"又称"三光",指日、月、星。"三景成玄"即指由"三景"所代表的"天"得以形成,而"五气行焉"指五行之气亦从此开始运化,也代表"地"的形成。至于"置以五帝",则是指作为"道炁"的《灵宝五篇真文》在演化天地的过程中,创造出"五老帝君",并将其安置在适当的位置。此与前引《真文天书经》所称"成天立地,开张万真,安神镇灵"的记载是一致的。

应该说,《灵宝五篇真文》在从最初创化宇宙的"道炁"向具有形质的"赤书真文"的演变过程中,元始天尊和"五老帝君"都发挥了重要作用。但却不能因此认为元始天尊和"五老帝君"比作为"道"的《灵宝五篇真文》更具有宇宙本源性。"五老帝君"最主要的职掌,恰恰就是专门掌管和守护《灵宝五篇真文》。《太上诸天灵书度命妙经》记载天尊告太上道君曰:"五老帝君与《灵宝》因缘,生死亿劫,世世相值,教化不绝。《真文》既与五老帝君,各受一通真经妙诀,安镇五方。"②而"新经"《太上洞玄灵宝真文要解上经》亦称:"夫《灵宝五文》,皆天地之根,化生五老。"③即《灵宝五篇真文》才是宇宙世界的根本,而"化生五老",就是说《灵宝五篇真文》演化生成了"五老帝君"。敦煌本《灵宝经目》著录而《正统道藏》失载的"元始旧经"《太上洞玄灵宝真文度人本行妙经》,对"五老帝君"与《灵宝五篇真文》的因缘关系以及被元

① 《太上洞玄灵宝赤书玉诀妙经》卷下,《道藏》第6册,第195页。
② 《太上洞玄灵宝诸天灵书度命妙经》,《道藏》第1册,第802页。
③ 《太上洞玄灵宝真文要解上经》,《道藏》第5册,第904页。

始天尊任命为"五帝"的过程,有非常详尽的论述①。因此,《真文天书经》开篇称:"五老玉篇,皆空洞自然之书,秘于九天灵都紫微宫七宝玄台,侍卫五帝神官,依玄科四万劫一出。"②其"五帝神官"就是指"五老帝君"。

我们认为,最能够证明古灵宝经中"元始天尊"和"五老帝君"不可能真正具有宇宙本源性的,是两部"元始旧经"直接仿效佛祖释迦牟尼的本生故事,分别为"元始天尊"和"五老帝君"创作了道教版的本生故事。在《太上洞玄灵宝智慧定志通微经》的开篇,元始天尊在玄都紫微宫对左玄真人和右玄真人讲述了自己的"本行"事迹,提到其前生曾经以道士"乐净信"的身份修道,并且经历过无数次轮转,"或卖身供法,或身投饿虎,或割肉饴禽,或杀身施虫,或质致妻子,或以头施人。诸如此例"③。这些内容与佛教本生故事几乎没有差别。如前所述,佛教由于强调因缘和合,因此根本没有宇宙本源和宇宙创造者的观念。而这里的元始天尊与释迦牟尼一样,实际上已经被塑造成一位通过虔诚修道而最终成道的楷模。敦煌文书 P.3022v 号《太上洞玄灵宝真文度人本行妙经》,《正统道藏》未加收录。该经也将太上大道君和"五老帝君"等神灵塑造成具有佛陀本生故事色彩的神格。其经名中的"本行"一词就直接源于佛教,指释迦牟尼成佛以前尚在菩萨位(因位)时的行迹,是作为成佛之因的根本行法。"五老帝君"的每一位都各自经历过无数次轮转,其修道过程坎坷曲折,有的甚至还有"转女为男"的经历,但最终都

---

① 王承文《灵宝"天文"信仰と古灵宝经教义の展开—敦煌本〈太上洞玄灵宝真文度人本行妙经〉を中心に—》,载日本京都大学人文科学研究所编《中国宗教文献研究》,京都:临川书店,2007 年;王承文《古灵宝经"五老帝君"与中古道教经教学说的建构》,载《2006 年道文化国际学术讨论会论文集》,台北:昶景文化出版社,2006 年。

② 《元始五老赤书玉篇真文天书经》卷上,《道藏》第 1 册,第 774 页。

③ 《太上洞玄灵宝智慧定志通微经》,《道藏》第 5 册,第 893 页。

因为始终虔诚地尊奉《灵宝五篇真文》而得以成为修道证道的样板①。

　　敦煌文书 P.2861 号南朝宋文明《灵宝经义疏》对"元始旧经"之"十部妙经"各部义旨作了概括。其中,《太上灵宝智慧定志通微经》《太上洞玄灵宝真文度人本行妙经》与《太上洞玄灵宝真一劝戒法轮妙经》三经共同构成了"十部妙经"的第六部,宗教神学义旨即"明人行业之由从"。也就是说,这三经的宗旨是,通过阐述元始天尊、太上大道君、"五老帝君"、太极左仙公葛玄等神灵的本行事迹,让所有奉道者都明了修道的缘由以及根本途径。而尊奉《灵宝五篇真文》就是修道证道最重要、最根本的途径。因此,从古灵宝经对元始天尊和"五老帝君"、太上大道君等神格的塑造及其与《灵宝五篇真文》的关系来看,显然不能说这些神格反而要比《灵宝五篇真文》更具有宇宙本源性。而这也就充分说明,我们讨论古灵宝经的所有神格问题,都不能只抓住其中一两处孤立的论述就匆忙地作出具有概括性的结论,而应该在全面掌握历史资料的基础上作出真正具有综合性的判定。

　　在隋和唐初道教与佛教的激烈论战中,元始天尊开始被赋予"道"和宇宙创造者的色彩。而佛教中人恰恰也因此批判古灵宝经借鉴佛教"本行"观念所创立的元始天尊神格,与隋唐所确立的元始天尊创化世界的宇宙观存在直接矛盾②。例如,唐初法琳就特地征引作为"元始旧经"之一的《太上灵宝智慧定志通微经》,称:"天尊过去世是道民,姓乐名净信,由供养道士得成天尊。右玄真人者,过去时施比丘财帛饮食,今成真人者。"法琳认为:"是亦不可。何者? 道有十号,皆自然应化。天尊先天而生,不由业行而得。本无父母,不禀阴阳,何有过去修因,今成无极? 自相矛盾,伪妄可知。"③意即古灵宝经将元始天尊塑造成通

　　① 王承文《古灵宝经"五老帝君"与中古道教经教学说的建构,载《2006 年台湾道文化国际学术讨论会论文集》,第 233—260 页。
　　② 王承文《敦煌古灵宝经与晋唐道教》,第 49—51、675—689 页。
　　③ (唐)法琳《辩正论》卷 8,《大正新修大藏经》第 52 册,第 546 页。

过修证得道的楷模,与元始天尊本身作为宇宙本源的"道"和宇宙创造者之间是相互矛盾的。至武则天时期,玄嶷在其《甄正论》中也指责古灵宝经创立元始天尊,"自知无据,为佛经说释迦弃储后之位,出家修道,证得佛果,遂伪立乐静信,修道证得天尊"①。正因为如此,古灵宝经对元始天尊神格的塑造与隋唐时期元始天尊具有宇宙创造者的神格是有本质性差别的。对此我们将在后面作进一步讨论。

汉晋天师道将太上老君尊奉为人格化的"道",是宇宙的创造者。然而,古灵宝经却将太上老君直接改造成为尊奉《灵宝五篇真文》的神灵。作为"元始旧经"之一的《太上无极大道自然真一五称符上经》开篇即称:

> 老君曰:混沌之初,微妙之源,开辟以前,如有《灵宝自然真文》,象帝之先。吾为灵宝大道之渊门,受其精妙,即为天地人之神。……老君曰:《太上灵宝》,生乎天地万物之先,乘于无象空洞大道之常,运乎无极无为而混成自然,贵不可称,尊无有上,曰太上。大无不包,细无不经,理妙巨寻,天地人所由也。……是故万物芸芸,以吾为根,以我为门。何以为根门?吾有《灵宝文》。②

该经中的《灵宝自然真文》《灵宝文》《太上灵宝》以及《太上灵宝自然真文》等,其实都是指《灵宝五篇真文》。而该经中由"葛仙公"所作的注解,也证明就是专指《灵宝五篇真文》。其所谓"象帝之先",恰恰也直接援引《道德经》第四章所称:"吾不知谁之子,象帝之先。"老子的原意是指"大道"早在上帝出现之前即已创造了宇宙万物。众所周知,汉晋天师道一直都直接将"太上老君"尊奉为"道"和宇宙万物的创造者。这部古灵宝经与其他"元始旧经"完全相同,也是将《灵宝五篇真文》比喻

---

① (唐)玄嶷《甄正论》卷中,《大正新修大藏经》第 52 册,第 563 页。

② 《太上无极大道自然真一五称符上经》卷上,《道藏》第 11 册,第 632 页;《无上秘要》卷 31《经德品》引《洞玄五称经》,《道藏》第 25 册,第 100 页。

为至高无上的"道"。那么，原来被天师道尊奉为"道"和宇宙创造者的"老君"，与《灵宝赤书五篇真文》究竟是一种什么关系呢？这部古灵宝经实际上也作了非常有针对性的回答。该经借"老君"自己说："吾为灵宝大道之渊门，受其精妙，即为天地人之神。"又称："是故万物芸芸，以吾为根，以我为门。何以为根门？吾有《灵宝文》。"其意指"老君"之所以能够成为天地人共同敬奉的尊神，并被人们尊奉为宇宙万物的"根门"，其最根本的原因，还是因为其拥有《灵宝文》即《灵宝五篇真文》，因而获得了最精妙也是最高的"灵宝大道"。但小林正美和刘屹博士都"依靠某种因素谁'有'谁'无'的表象"[①]的比较，把该经与"元始旧经"本身的"十部妙经"体系割裂开来，认为该经创作者并不尊崇《灵宝五篇真文》和元始天尊，而专门尊崇《道德经》或"五称符"以及"老君"，这种认识应该说是一种误解[②]。至于古灵宝经中"太上大道君"的生成及其与《灵宝五篇真文》的关系，我们已有专门讨论[③]。

　　总之，从元始天尊、太上大道君、太上老君，到五老帝君等所有道教神灵，其实都是由《灵宝五篇真文》创造出来的。其根本原因就在于《灵宝五篇真文》本身就是创造宇宙万物的"道"。元始天尊和五老帝君虽然参与了《灵宝五篇真文》从具有本源意义的"道气"向具有形质的"赤书真文"演变的过程，但《真文天书经》创作者的真正目的，决不是要以此证明元始天尊和五老帝君比《灵宝五篇真文》更具有宇宙

①　刘屹《六朝道教古灵宝经的历史学研究》，第 425 页。

②　［日］小林正美著，李庆译《六朝道教史研究》，第 162—165 页；刘屹《六朝道教古灵宝经的历史学研究》，第 575—576 页。相关讨论见王承文《敦煌本〈灵宝经目〉与古灵宝经的分类及其内在关系考释——以〈灵宝赤书五篇真文〉和〈道德经〉的关系为中心》，《敦煌学辑刊》2012 年第 3 期；收入王承文《汉晋道教仪式与古灵宝经研究》，第 386—392 页。

③　王承文《灵宝"天文"信仰と古灵宝经教义の展开—敦煌本〈太上洞玄灵宝真文度人本行妙经〉を中心に—》，载日本京都大学人文科学研究所编《中国宗教文献研究》，第 293—336 页。

本源性。

最后，我们需要特地说明的是，在南北朝后期至隋唐佛道之间的激烈论战中，佛教批判和攻击道教最主要的方面之一，就是道教没有真正的"教主"。正是在此背景下，道教需要重新塑造自己的"教主"，而元始天尊在道教中的地位也因此逐步上升，并最终被确立为道教的共同教主①。在此过程中，道教内部出现了一种直接将"元始天尊"与具有宇宙本源性的"道"相联系的倾向。前引唐初成书的《隋书·经籍志·道经序》称元始天尊"生于太元之先，禀自然之气，冲虚凝远，莫知其极"，恰恰就代表了这种趋势。孟安排《道教义枢》撰成于武周时期。该书《序》除了征引《隋书·经籍志·道经序》之外，又直接将元始天尊看作是"道"的法身和化身。例如其称："夫道者，至虚至寂，甚真甚妙，而虚无不通，寂无不应，于是有元始天尊应气成象，自寂而动，从真起应，出乎混沌之际，窈冥之中，含养元和，化贷阴阳也。"即元始天尊感应道气而成形象，其含养元和之气，演化阴阳二气。《道德经》二十五章称："有物混成，先天地生，寂兮寥兮，独立不改，周行而不殆，可以为天下母。"而《道教义枢序》亦称"盖明元始天尊于混沌之际，应气成象，故有物混成也"。元始天尊因与"道"合为一体，因此是"道"的形象化和人格化的体现。《道教义枢序》又称元始天尊"以金刚妙质，乘运天气，布化陶钧"②。至此，元始天尊已具有"道"化生万物的功能。唐玄宗即位之初，史崇玄奉敕撰成《一切道经音义妙门由起》。该书就称："元始者，道之应化，一之凝精……因气感生，转变自然。"③即元始天尊本身就可以看成是"道之应化"以及"一气"或"元气"演化的结果，因而是"道炁"的统一。大致唐代成书的《三清图》亦称："《道德经》云'道生一'，一是元

① 参见王承文《敦煌古灵宝经与晋唐道教》，第 675—689 页。
② （唐）孟安排《道教义枢序》，《道藏》第 24 册，第 803 页。
③ （唐）史崇玄《一切道经音义妙门由起》，《道藏》第 24 册，第 724 页。

气,一是应化元始天尊也。"①总而言之,《隋书·经籍志·道经序》等文献对元始天尊的记载,确实代表了元始天尊在隋唐道教中地位的重要变化②。但是,我们却不能因此只抓住这些唐代才出世的资料,直接否定东晋末年古灵宝经对《灵宝五篇真文》本身具有绝对宇宙本源性的大量论述。

(三)小结

根据以上讨论,古灵宝经虽然直接吸收了佛教"劫"的观念,但是在宇宙起源问题上却始终坚持老庄道家和早期道教的基本立场,一方面,都把"道"和"元气"的思想置于最核心的地位,都强调"道"是宇宙的本源和创造者,是天地世界存在的根据;另一方面,又强调《灵宝五篇真文》就是具有宇宙本源意义的"道",是宇宙万物的创造者。正因为如此,古灵宝经围绕《灵宝五篇真文》所说的"开天辟地"和"宇宙生成",毫无疑问就是指"宇宙初成时那第一次天地的创立和万物的滋生",而不是指宇宙"劫运"循环过程中的某一次"宇宙初成"和"开天辟地"。至于古灵宝经对"元始天尊""五老帝君""太上大道君""太上老君"等主要神格的塑造,也充分证明了《灵宝五篇真文》所具有的"绝对宇宙本源性"。但是,需要进一步探究的问题是,古灵宝经既然一方面如此强调《灵宝五篇真文》作为宇宙本源的意义,另一方面其"劫运"学说又反复强调宇宙世界周期性的生成和毁灭,那么,这两种本身存在根本性矛盾的宗教宇宙论究竟是如何契合起来的呢?

---

①　(宋)张君房编,李永晟点校《云笈七签》卷 21《天地部》引,北京:中华书局,2003 年,第 491 页。

②　王承文《敦煌古灵宝经与晋唐道教》,第 631—691 页;王承文《汉晋道教仪式与古灵宝经研究》,第 359—431 页。

四　关于《灵宝五篇真文》的宇宙本源性
在"劫运"中的体现

古灵宝经"劫运"学说除了吸收和借鉴佛教"劫"的观念之外，也与汉魏两晋时期流行的"阳九百六"岁灾观念密切相关。根据天文历算之学，天道自然运度导致大阳九、大百六以及小阳九、小百六。其中九千九百年为大阳九、大百六，而三千三百年为小阳九、小百六。天道轮回，每隔一段时间人间就有水旱灾厄出现。天厄谓之阳九，地厄谓之百六。此二灾代表天地否泰、阴阳勃蚀。六朝道教各派对此都有发挥[①]。特别是早期上清派借鉴魏晋历学推算的成果，以阳九百六为原型构建了其独特的终末论。至东晋末期，随着佛教在江南社会中的传播和发展，佛教"劫"的观念比起本土岁灾观念具有更加广泛的影响。正是在此背景下，古灵宝经将佛教"劫"的观念与"阳九百六"岁灾观念结合起来，创立了"劫运"学说。而其最突出的特点，一方面是公开接纳佛教所主张的"劫"的存在，并将其看成是宇宙世界演化过程中不可避免的结果，另一方面则以道教本身的宇宙论对之加以具有关键意义的改造。

（一）关于《灵宝五篇真文》在"劫运"之前的存在及其"保制劫运"的意义

古灵宝经认为《灵宝五篇真文》作为宇宙本源的"道"，早在天地世界正式形成之前就已经存在，而"劫运"的开端则是与天地世界的正式形成同步的。因此，《灵宝五篇真文》早在"劫运"开始之前就已经长久

---

① 参见［日］小林正美著、李庆译《六朝道教史研究》，第 387—409 页；杨子路、盖建民《晋末南朝灵宝派经教仪式与天文历算关系新论》，《科学技术哲学研究》2015 年第 3 期；吴羽《"阳九百六"对中古政治、社会与宗教的影响》，《学术月刊》2014 年第 2 期。

存在。前引《真文天书经》记载称：

> 《元始洞玄灵宝赤书玉篇真文》，生于元始之先，空洞之中。天地未根，日月未光，幽幽冥冥，无祖无宗，灵文晻蔼，乍存乍亡。二仪待之以分，太阳待之以明。灵图革运，玄象推迁，乘机应会，于是存焉。天地得之而分判，三景得之而发光。

可见，《灵宝五篇真文》作为"道"的表现形态，从其生于"空洞之中"即化生元气的太虚之境，到"天地得之而分判"即天地的正式形成，本身经历了一个极为漫长的生长过程。该经对此还作了更加形象的阐述。其文称：

> 《元始五老赤书玉篇》，出于空洞自然之中……上启十二灵瑞……一者是时无天无地，幽幽冥冥，灵文晻蔼，无有祖宗，运推自来，为万气之根，空洞结真，气清高澄，成天广覆，倏欻自玄。二者是时二象分仪，气流下凝，开张厚载，一时成形。①

据此可知，《灵宝五篇真文》最初出现在"空洞自然"亦即"无天无地，幽幽冥冥"的太虚状态中，所谓"无有祖宗"，是指它本身就是"道"的法身，因此没有更早的来源。所谓"运推自来，为万气之根"，是指《灵宝五篇真文》依据"道"本身的力量而生发出"元气"。而化生宇宙万物的"元气"即为"万气之根"。至于所谓"空洞结真，气清高澄，成天广覆，倏欻自玄"，就是指"天"的形成。而"气流下凝，开张厚载，一时成形"，则是指"地"的形成。因此，《灵宝五篇真文》的存在要远远早于天地世界的正式形成。前引《太上洞玄灵宝赤书玉诀妙经》称《灵宝五篇真文》"生于太空之中，天地未光，开辟未明"，也是指《灵宝五篇真文》在宇宙形成之前早就已经存在了。

至于宇宙"劫运"的开端，《度人经》称："混洞《赤文》，无无上真。元

---

① 《元始五老赤书玉篇真文天书经》卷上，《道藏》第 1 册，第 774 页。

始祖劫，化生诸天。"根据前引严东的注解，《灵宝五篇真文》早在元始天尊"未受号之先，已化生天地，但龙汉久远，劫运始开，天地亦分"，意即早在元始天尊拥有"元始天尊"这样的尊号之前，《灵宝五篇真文》就已经"化生天地"。而最初"龙汉劫"的开端则是与天地的正式形成同步的。唐代薛幽栖注《度人经》称《灵宝五篇真文》"开运祖始之劫"，意即《灵宝五篇真文》开启最初"劫运"。李少微亦称："按天地一成一败，谓之一劫，言始劫者是世界初生，未经成败也。"①也是说"始劫"即"劫运"开端，与"世界初生"即天地世界的诞生是同时的。因此，古灵宝经接纳"劫运"学说并不影响其对《灵宝五篇真文》作为宇宙本源的认定。

而古灵宝经认为《灵宝五篇真文》恰恰就是避免宇宙世界被"劫运"彻底毁灭最重要的保证②。《真文天书经》称《灵宝五篇真文》为"元始之玄根，空洞自然之文，保劫运于天机"③；又称其"固三景于玄根，保天地以长存，镇五岳于灵馆，制劫运于三关"④。可见《灵宝五篇真文》本身就是为了抵御和化解"劫运"而存在的。《度人经》称："元始安镇，敷落《五篇》。赤书玉字，八威龙文。保制劫运，使天长存。"⑤南齐严东注解曰："元始安镇五岳，建天地之根，以却众灾；制神召龙，以申劫运。天高而不倾，地重而不沦，始终安立，故得长存也。"又称："元始安立五岳，布置《五篇真文》，镇于五方，五帝镇守，制神召龙，以禳劫运之期也。"⑥唐代薛幽栖注亦称："言此赤书真符龙文等，并能制御劫运，消劫否终，

① 《元始无量度人上品妙经四注》卷2，《道藏》第2册，第201页。
② 许理和(Erik Zürcher)亦注意到早期道教经典在使用来自佛教的"劫灾"概念时有不同于佛教的地方，例如，由于受到灵宝经典力量的保护，天地不会在"劫灾"中完全毁灭。参见 Erik Zürcher, "Buddhist Influence on Early Taoism: A Survey of Scriptural Evidence," *T'oung Pao*, 66(1980), p. 128.
③ 《元始五老赤书玉篇真文天书经》卷上，《道藏》第1册，第776页。
④ 《元始五老赤书玉篇真文天书经》卷上，《道藏》第1册，第775页。
⑤ 《元始无量度人上品妙经》，《道藏》第1册，第4页。
⑥ 《元始无量度人上品妙经四注》卷3，《道藏》第2册，第225页。

使天地长久而无倾覆。"①以上说明天地世界之所以能够长久存在，并避免在"劫运"末期被彻底毁灭，恰恰都缘于《灵宝五篇真文》的神圣力量。

(二)《灵宝五篇真文》和最高天界"紫微上宫"不受"劫末"浩劫的影响

古灵宝经对于"劫运"末期所出现的天地毁灭情形有大量论述，却特别强调不会对《灵宝五篇真文》本身产生任何损害和影响。《真文天书经》称：

> 《元始赤书玉篇真文》，元始刻题上帝灵都之馆，累经劫运，而其文保固天根，无有毁沦。与运推迁，混之不浊，秽之愈清，毁之不灭，灭之极明。②

以上所谓"元始刻题上帝灵都之馆"，是指《灵宝五篇真文》作为"秘篆文"的"天文玉字"在出世之后，被元始天尊镌刻在最高天界——无上大罗天太玄都玉京山紫微上宫——所属的各种楼台馆所的墙壁上③。而"累经劫运，而其文保固天根，无有毁沦"，则是说在各种"劫末"到来时，恰恰是《灵宝五篇真文》保存和巩固了天地的根本，并使之免于被彻底毁灭。其称"与运推迁，混之不浊，秽之愈清，毁之不灭，灭之极明"，则是强调《灵宝五篇真文》本身能够随着"劫运"一起推移变迁，并不存在任何湮灭毁伤的情形。至于天间的各种混乱、污秽和损毁，反而使之更加清白和光明。众所周知，老子《道德经》强调"道"能"独立不改，周行而不殆"，就是说"道"不依靠任何外力而独立长存永不停息，能循环运行而永不衰竭。从这一点来看，《灵宝五篇真文》也体现了"道"永

---

① 《元始无量度人上品妙经四注》卷3，《道藏》第2册，第225页。
② 《元始五老赤书玉篇真文天书经》卷上，《道藏》第1册，第784页。
③ 王承文《汉晋道教仪式与古灵宝经研究》，第611—613页。

恒长存的性质。

与佛教"劫"的观念主张宇宙世界彻底毁灭不同,古灵宝经强调其最高天界紫微上宫也完全不受"劫运"的任何影响。关于"劫运"末期天地沦坏的意象,前引薛幽栖称:"夫每一劫运终,则三光幽暝,天地世界混沌如初,道归本源,万物失一。则上有何色,下有何渊?"李少微称:"每至劫终,上尽二十八天,无复光色,下终九垒三十六地,无复泉源也。"①在宇宙这种巨大的浩劫中,作为最高天界的紫微上宫却完全能够避免。古灵宝经的"紫微上宫",实际上是由中国传统宗教的最高天界"紫微宫"发展而来。中国古代将北极星所在的天区称为紫微宫、紫微垣,又称中宫。北极星就在紫微宫中。北极星又称北辰、帝座等,所以"紫微宫"一直都是最高天神昊天上帝、太一、天皇大帝耀魄宝等的居所,具有非常突出的象征意义。而"紫微上宫"也因此成为古灵宝经最高神灵元始天尊的居住地②。

至于"紫微上宫"之所以能够避免天地彻底毁灭的根本原因,恰恰就在于其中有《灵宝五篇真文》的存在。前引《真文天书经》称:"《元始赤书玉篇真文》,元始刻题上帝灵都之馆,累经劫运,其文保固天根,无有毁沦。"该经又称:"《元始自然赤书玉篇真文》开明之后,各付一文安镇五岳。旧本封于玄都紫微宫。"③《灵宝五篇真文》的"旧本"即原本被珍藏在紫微宫中,其副本则被封存在五岳圣山之内。该经称《灵宝五篇真文》"皆空洞自然之书,秘于九天灵都紫微宫七宝玄台"④。而"九天灵都紫微上宫七宝玄台"以及"九天灵都之宫""灵都紫微上宫"等,都是指太玄都玉京山紫微上宫。敦煌文书 S. 6841 号

---

① 《元始无量度人上品妙经四注》卷3,《道藏》第2册,第224页。

② 王承文《古灵宝经"五老帝君"与中古道教经教学说的建构》,载《2006年台湾道文化国际学术讨论会论文集》,第233—260页。

③ 《元始五老赤书玉篇真文天书经》卷下,《道藏》第1册,第799页。

④ 《元始五老赤书玉篇真文天书经》卷上,《道藏》第1册,第774页。

《灵宝自然斋仪》所引"元始旧经"《金篆简文三元威仪自然真一经》，称"灵宝之文，是天地之元根，神明之户牖，众经之祖宗，无量大法桥也"，"太上所重，众真所尊。皆铸金为字，刻书玉篇，封之于无上大罗天玄都玉京山紫微上宫七宝玄台"。这里的"灵宝之文"就是指《灵宝五篇真文》。

对于"紫微上宫"在抵御宇宙"浩劫"时的重要意义，古灵宝经也有大量论述。《度人经》称："三界之上，眇眇大罗。上无色根，云层峨峨。唯有元始，浩劫之家。"严东注曰："元始者，天尊也。浩劫者，浩浩无数也。元始之道，经无数之劫，常居大罗之天也。"①以上"大罗"就是指大罗天中的紫微上宫。前引《隋书·经籍志·道经序》称："以为天尊之体，常存不灭。每至天地初开，或在玉京之上。"所谓"玉京之上"，也是指紫微上宫。紫微上宫也是大量灵宝经尊神的居住地，《太上洞玄灵宝智慧上品大戒经》称："诸天上圣、至真大神、诸天帝王，及已过去尘沙之辈，得道之者，莫不由施散布德，作诸善功，功满德足，以致善报，轮转不绝。皆得道真，超陵三界，逍遥上清大罗之天玉京玄台七宝林中。"②因此，进入紫微上宫的所有神灵以及"得道之者"，不但超越了生死轮回，也超越了宇宙"浩劫"的毁灭性影响。

（三）最高天界"紫微上宫"是道教经法在"劫末"中的避难地

道教和佛教在宇宙观上的根本性差别，亦反映在二者对待其各自经典教法的态度上。佛教认为其经法均随因缘而生，也必然随因缘而灭。佛教经典对此有大量论述。例如，昙无谶译《佛所行赞》称："诸法因缘生，无有自在故。因缘生故苦，因缘灭亦然。"③鸠摩罗什译《大智

---

① 《元始无量度人上品妙经四注》卷 3，《道藏》第 2 册，第 224 页。
② 《太上洞真（玄）智慧上品大诫》，《道藏》第 3 册，第 395 页。
③ 马鸣菩萨造，（北凉）昙无谶译《佛所行赞》卷 5，《大正新修大藏经》第 4 册，第 47 页。

度论》称:"一切诸法,因缘生故,无有自性,是为实空。"①菩提流支译
《弥勒菩萨所问经论》称:"诸法因缘生,彼法无实体。法若实无体,彼法
实不生。"②因此,佛教不承认有所谓永恒的经典和经法,认为随着宇宙
"大劫"的到来,一切经法都将与宇宙一起荡然无存。

汉魏六朝道教各派都认为其经典教法具有天长地久永恒长存的特
质。然而,古灵宝经则因为借鉴了佛教"劫"的观念和"判教"观念,故而
特别强调"劫运"对于道教不同经法具有完全不同的影响。《太上诸天
灵书度命妙经》对此有专门论述,其文曰:

> 斯经尊妙,度人无量,大劫交周,天崩地沦,四海冥合,金玉化
> 消,万道势讫,而此经独存,其法不绝。凡是诸杂法,导引养生法
> 术,变化经方及〔支〕散杂俗,并系六天之中、欲界之内,遇小劫一
> 会,其法并灭,无复遗余。其是太清杂化符图,太平道经,杂道法
> 术,佛《法华》《大小品经》,并周旋上下十八天中,在色界之内。至
> 大劫之交,天地改度,其文仍没,无复遗余。其玉清上道、三洞神
> 经、神真虎文、金书玉字、灵宝真经,并出元始,处于二十八天无色
> 之上。大劫周时,其文并还无上大罗(天)中玉京之山七宝玄台,灾
> 所不及。大罗天是五亿五万五千五百五十五天之上天也。故《大
> 洞真经》《灵宝洞玄洞虚洞无自然之文》,与运同灭,与运同生,包罗
> 众经,诸天之宗。③

---

① 龙树菩萨造,(后秦)鸠摩罗什译《大智度论》卷19,《大正新修大藏经》第
25册,第204页。

② (北魏)菩提流支译《弥勒菩萨所问经论》卷1,《大正新修大藏经》第26
册,第236页。

③ 《太上诸天灵书度命妙经》,《道藏》第1册,第804页;引文据《无上秘要》
卷31《经文存废品》引《洞玄灵书度命经》(《道藏》第25册,第101页)、北周甄鸾
《笑道论》卷下所引《度命妙经》(《广弘明集》卷9,《大正新修大藏经》第52册,第
150页)、唐代史崇玄《一切道经音义妙门由起》所引《灵宝灵书经》(《道藏》第24
册,第733页)校勘。参见王承文《敦煌古灵宝经与晋唐道教》,第55—56页。

以上内容非常重要。首先，该经称"斯经尊妙，度人无量，大劫交周，天崩地沦，四海冥合，金玉化消，万道势讫，而此经独存，其法不绝"，其中"斯经尊妙"和"此经独存"，既是指《灵宝五篇真文》，也是指由《灵宝五篇真文》演绎而成的作为"十部妙经"的全部"元始旧经"。该经前面大部分内容，都在论述元始天尊依据《灵宝五篇真文》多次演绎"十部妙经"以及"度人无量"的过程。因此，该经强调《灵宝五篇真文》以及所有"元始旧经"都能克服宇宙"浩劫"的影响，具有永恒长存的特质。

其次，该经称"凡是诸杂法，导引养生法术，变化经方及〔支〕散杂俗，并系六天之中、欲界之内，遇小劫一会，其法并灭，无复遗余。其是太清杂化符图，太平道经，杂道法术，佛《法华》《大小品经》，并周旋上下十八天中，在色界之内。至大劫之交，天地改度，其文仍没，无复遗余"，则是强调宇宙"大劫"和"小劫"到来时，原出于"六天"和"十八天"之中的"诸杂法"，包括导引养生法术和变化经方等，以及与天师道有关的"太清杂化符图"、《太平经》和佛教《法华经》乃至《般若经》大、小品等，都将彻底毁灭。在古灵宝经的判教体系中，以上这些经书的地位都要明显低于"三洞神经"等经典教法①。

最后，该经称"其玉清上道、三洞神经、神真虎文、金书玉字、灵宝真经，并出元始，处于二十八天无色之上。大劫周时，其文并还无上大罗中玉京之山七宝玄台，灾所不及。大罗天是五亿五万五千五百五十五天之上天也。故《大洞真经》《灵宝洞玄洞虚洞无自然之文》，与运同灭，与运同生，包罗众经，诸天之宗"，以上所谓"玉清上道"、《神真虎文》、《大洞真经》，均代表早期上清派经典②；"三洞神经"即"三洞经书"，指

①　关于"太清杂化符图"与天师道的关系，参见王承文《南朝天师道"七部经书"分类体制考释》，《文史》2008年第1辑。

②　《云笈七签》卷4《道教经法传授部》记载清虚真人王褒传授魏华存《大洞真经》《神真虎文》等经三十一卷，见（宋）张君房编，李永晟点校《云笈七签》卷4，第56页。

上清经、灵宝经和三皇经三组经典;"金书玉字、灵宝真经",则是指由《灵宝赤书五篇真文》演绎而成的作为"十部三十六卷"的"元始旧经"。特别值得注意的是,该经所称"并出元始",即指以上"三洞经书"等经典均出自元始天尊。而这一点对于中古道教统一性经教体系的形成和发展具有极其重要的意义①。当宇宙浩劫降临时,"三洞神经"等将回归元始天尊所在的大罗天玉京山紫微上宫中。《洞玄灵宝玉京山步虚经》对此也有大致相同的表述,其文称:

> 三界九地,大劫之周,阳九百六之运,水火之灾,亦皆消化。玉清上道、三洞真经、神真宝文、金书玉字、凤篆龙编,并还无上大罗天中,玉京之中七宝玄台,灾所不及。劫历再开,混沌重判,传授真圣,下化人间。②

以上"三洞真经"的含义与"三洞神经"相同。该经将受佛教"劫"的观念影响所确立的"大劫之周"观念与中国传统岁灾观念"阳九百六之运"相提并论。特别是其所称"劫历再开,混沌重判,传授真圣,下化人间",说明这些经典教法将在下一次天地形成以及"劫运"开启之后,再次在紫微上宫"传授真圣",并"下化人间"。因此,最高天界紫微上宫实际上成为每次"大劫"之后灵宝教法传授的起点。

而"三洞神经"等经典在"大劫"到来时都回归紫微上宫,从表面上看是源于"三洞经书"等"出元始处",即由元始天尊所讲说。然而从根本上来看,则源于这些经书本身都是由《灵宝五篇真文》演绎出来的。古灵宝经认为《灵宝五篇真文》是道教"三洞经书"等一系列经典教法的根源③。《度人经》称:"三界之上,眇眇大罗。上无色根,云层峨峨。唯有元始,浩劫之家。"前引严东注曰:"元始者,天尊也。浩劫者,浩浩无

---

① 王承文《敦煌古灵宝经与晋唐道教》,第768—769页。
② 《洞玄灵宝玉京山步虚经》,《道藏》第34册,第625页。
③ 王承文《敦煌古灵宝经与晋唐道教》,第740—781页。

数也。元始之道,经无数之劫,常居大罗之天也。"所谓"元始之道",就是指元始天尊依据《灵宝五篇真文》所演绎的各种经法,而"经无数之劫,常居大罗之天也",就是指当宇宙各种"浩劫"到来时,这些经典教法都回归最高天界,从而能够避免被毁灭的命运。

(四)《灵宝五篇真文》在"劫末"对人间"种民"的救度

六朝道教各派都有"种民"得到救度的说法。古灵宝经的所谓"种民",一般是指修奉《灵宝五篇真文》和灵宝教法而得道的人间道士。其"种民"还有"至学之人""得道之者""得道之人""圣君种民"和"种臣"等不同名称。《真文天书经》称:"天地大劫之欲交,诸天至真尊神、妙行真人,下游五岳,遥观天下至学之人,洪流滔天,皆以五龙迎之,上登福堂,令得与元始同没同生也。"①所谓"至学之人",是指修奉《灵宝五篇真文》而得道的道士。而"上登福堂,令得与元始同没同生也",就是指这些人最终超升进入紫微上宫,与元始天尊一起同时出世和隐没。《度人经》所称"元始符命,时刻升迁,北都寒池,部卫形魂,制魔保举,度品南宫,死魂受炼,仙化成人,生身受度,劫劫长存。随劫轮转,与天齐年"②,也是指这些亡魂因为有《灵宝五篇真文》的护佑而得以转生为人,并升入天界得到永生。《洞玄灵宝二十四生图经》称修奉灵宝经法并"每行大慈,广度一切",即可"大劫运终,同飞上清,逍遥金阙七宝林中"③。所谓"逍遥金阙七宝林中",也是指进入紫微上宫得到永生。

与《灵宝五篇真文》有关的某些"神符"也具有这样的神圣功能。《真文天书经》记载"灵宝黄帝上元符命"称:"大劫交周,天地改易,金玉山海,人民鸟兽,一时消灭,天地溟涬,无复光明,以此文故固天元始之

---

① 《元始五老赤书玉篇真文天书经》卷中,《道藏》第1册,第790页。
② 《灵宝无量度人上品妙经》卷1,《道藏》第1册,第3页。
③ 《洞玄灵宝二十四生图经》,《道藏》第34册,第343页。

炁。佩之皆即得化生始分之中。"①又称"元始五老三元玉符","与《灵宝玉篇真文》、大劫、小劫符命,同出太玄都玉京山紫微上宫。此文固天三元之炁,以禳大小阳九、大小百六、大小劫会之灾,度学者之身。玄都宿有金名,皆得见此文。佩之得免大灾,为圣君种民,皆白日升天,上朝玄都上宫"②。可见,这些"神符"与《灵宝五篇真文》一样,均出自太玄都玉京山紫微上宫,当大劫来临时佩带即"为圣君种民,皆白日升天,上朝玄都上宫"。

《太上洞玄灵宝赤书玉诀妙经》记载太上大道君称:

> 天地大劫之交,洪水四出,荡秽除恶,万无遗一。当此之时,天地冥合,人民漂流,无复善恶。唯有志学之士,得《灵宝真文》,大劫、小劫之符,乃可乘飞羽而高观,登灵岳而浮翔。当此之时,神人自当使蛟龙为通路,开水径以渡身,河伯伺迎,不罣津梁也。乃明灵文之妙,岂拘大劫之交。③

该经称"天地大劫之交"出现后,天地世界都要经历巨大的破坏,特别是洪水将毁灭一切,然而"志学之士"因为有《灵宝五篇真文》以及相关神符的护佑,却能够"乘飞羽而高观,登灵岳而浮翔"。其称"乃明灵文之妙,岂拘大劫之交",也是强调《灵宝五篇真文》以及"大劫、小劫之符"本身具有完全超越"劫运"的神圣功能。该经又称:

> 大劫倾汒,荡秽除氛,九河受对,洪灾激川,水母徘徊,鸟马合群,日月冥会,三景停关。上选种臣,推校玉文,弃恶遗善,清浊永分。我参帝简,名列九天,大灾四会,赤书所镯,是日告命,万神咸

---

① 《元始五老赤书玉篇真文天书经》卷中,《道藏》第 1 册,第 791 页。

② 《元始五老赤书玉篇真文天书经》卷中,《道藏》第 1 册,第 793 页。《魏书·释老志》称:"其中能修身练药,学长生之术,即为真君种民。"(《魏书》卷 114 《释老志》,第 3051 页)

③ 《太上洞玄灵宝赤书玉诀妙经》卷上,《道藏》第 6 册,第 190 页。

闻，日月五星，照明我魂，五岳灵山，浮渡我身，九河水府，溟泠大神，开除水径，通利河津，蛟龙应符，摄山送灵，负我渡我，惊驰四奔。丹书赤字，元始真文，金龙驿呈，时刻无间，立须告御，上对帝尊。①

可见，《灵宝五篇真文》在洪水等巨大浩劫到来时"上选种臣，推校玉文"，而其称"丹书赤字，元始真文，金龙驿呈，时刻无间，立须告御，上对帝尊"，也是强调《灵宝五篇真文》对于修道者超度"大劫"和成仙升天中的决定性意义。

总之，古灵宝经所创立的"劫运"学说，一方面承认佛教所主张的宇宙"劫"的存在，另一方面又以此为基础重新构建道教经教体系，而其最核心的内容就是以此说明《灵宝五篇真文》本身所具有的宇宙本源特性以及至高无上的神圣性。

五　从"劫运"交替看《灵宝五篇真文》的宇宙本源性质

（一）从"龙汉劫"到"开皇劫"交替中的《灵宝五篇真文》

《太上诸天灵书度命妙经》和《太上洞玄灵宝智慧罪根上品大戒经》是两部论述"劫运"交替问题最有代表性的"元始旧经"，其内容大致相同。《太上诸天灵书度命妙经》称：

> 天尊告太上道君曰：龙汉之时，我为无形常存之君，出世教化。尔时有天有地，日月光明，三象备足。有男有女，有生有死，虽有阴阳，无有礼典，亦无五味衣被之具，混沌自生。我以道化喻，渐渐开悟，知行仁义，归心信向，是时年命皆得长远。不信法者，命皆短

① 《太上洞玄灵宝赤书玉诀妙经》卷上，《道藏》第6册，第190页。

促。我过去后，天地破坏，其中眇眇，亿劫无光，上无复色，下无复
渊。风泽洞虚，幽幽冥冥，无形无影，无极无穷。混沌无期，号为延
康。逮至赤明开光，天地复位，始有阴阳，人民备足，而有死生。我
又出世，号无名之君，以灵宝教化，度诸天人。其时男女有至心好
慕，承奉经戒，颇不怠倦，皆得道真，骨肉俱飞，空行自然。纵未得
道，皆寿命长远，死上天堂，世世更生，转轮不灭，后皆得仙。吾过
去后，一劫之周，天地又坏，复无光明。五劫之中，幽幽冥冥，三气
混沌，乘运而生。逮至开皇，《灵宝真文》开通三象，天地复位，《五
文》焕明，日月星宿，于是朗曜，四时五行，阴阳而生。我于始青天
中，号元始天尊，开张法教，成就诸天。始有人民，男女纯朴，结绳
而行，无有礼典，亦无五味，亦无衣裳，亦无五彩，亦无文章；裸身露
宿，鸟兽同群。以道开化，渐渐生心，知有仁义，礼乐转兴，蔽形食
味，参以五行，于是宣化，流演法音，广施经典，劝戒愚蒙，归心信
向，渐入法门。……至上皇元年，诸天男女形改纯朴，心渐怠坏。
恐至凋落，正教不全，是故我身国国之造，成就诸心。我过去后，半
劫之中，来生男女，心当破坏，转相疑贰，不信经教，生诸嫉害，争竞
胜已，更相攻伐，口是心非，自作一法，不敬天地，轻慢神明，杀生淫
祀，祷求邪精。是男是女，互相祝诅，色欲放荡，窃盗无端，不愿宿
命，自取残伤，身入恶道，履诸苦难，生寿无几，而忧恼自婴，展转三
涂五道之中。自生自死，殃对相寻，骨肉分离，实为痛心。今说是
经，为诸来生以度可度，善心之人，明受谛听，深忆我言。太上道君
稽首受命。①

以上内容，国内外学术界很多研究者都有关注和研究，但迄今为
止，似乎还未能作出恰当的解读。我们认为以上最核心的内容，其实都
是在强调《灵宝五篇真文》在"劫运"交替过程中所发挥的决定性作用。

---

① 《太上诸天灵书度命妙经》，《道藏》第 1 册，第 801 页。

　　首先,该经对"龙汉劫"的阐述证明了《灵宝五篇真文》作为宇宙本源的性质。例如,该经通过元始天尊称:"龙汉之时,我为无形常存之君,出世教化。尔时有天有地,日月光明,三象备足。"所谓"龙汉之时",就是指作为"劫运"开端的"龙汉元年"。元始天尊以"无形常存之君"的身份"出世教化"。而最值得注意的是其所称"尔时有天有地,日月光明,三象备足",其真实用意就是说早在元始天尊出世之前,《灵宝五篇真文》就已经创造了宇宙世界。因为前引《真文天书经》也称"《元始洞玄灵宝赤书玉篇真文》,生于元始之先",此是强调《灵宝五篇真文》才是宇宙世界的真正创造者,是"道"的法身。因为"有天有地"和"日月光明"代表的宇宙世界,早在元始天尊之前就已经存在。根据《太上诸天灵书度命妙经》前半部分的记载,元始天尊在"龙汉元年",将《灵宝五篇真文》演绎成"十部三十六卷"的"元始旧经",并以此教化天人。于是就有所谓"我以道化喻,渐渐开悟,知行仁义,归心信向"。因此,所谓"我以道化喻",其实就是指元始天尊以《灵宝五篇真文》以及"元始旧经"教化天人。

　　其次,该经将"龙汉劫"向"延康劫"等"劫运"交替的根本原因,归结为《灵宝五篇真文》本身周期性的出世和隐藏。而这一点与佛教将宇宙"劫"的变换归结于宇宙世界本身的因缘和合迥然不同。该经记载元始天尊称:"我过去后,天地破坏,其中眇眇,亿劫无光,上无复色,下无复渊。风泽洞虚,幽幽冥冥,无形无影,无极无穷。混沌无期,号为延康。"而《太上洞玄灵宝智慧罪根上品大戒经》则记载为:"我过去后,天地破坏,无复光明,男女灰灭,沦于延康,幽幽冥冥,亿劫之中。"①元始天尊所称"我过去后",是指"龙汉劫"的末期元始天尊回到了最高天界"紫微上宫"。至于"天地破坏,其中眇眇,亿劫无光,上无复色,下无复渊。风泽洞虚,幽幽冥冥,无形无影,无极无穷"出现的根本原因,就在于《灵宝

----

① 《太上洞玄灵宝智慧罪根上品大戒经》,《道藏》第 6 册,第 886 页。

五篇真文》已经按照其本身的周期隐藏到"紫微上宫"中了。而《度人经》则明显直接参照了两部"元始旧经"的相关内容,对"龙汉劫"向"延康劫"的转变作了专门论述:

> 元洞玉历,龙汉延康,眇眇亿劫,混沌之中,上无复色,下复无渊。风泽洞虚,金刚乘天。天上天下,无幽无冥。无形无影,无极无穷。溟涬大梵,寥廓无光。①

根据南齐严东的注解,所谓"元洞玉历"是指天界专门记载"天地之劫运,推历度数"的历法②。在"龙汉劫"之后,为什么会出现宇宙世界长久迷离昏暗的状态呢? 严东注解称:"龙汉运讫,天书玉字隐其精光,日月灭景,天地冥然,无所分别,长宁久远,故号延康也。"③又称:"龙汉之年,玉字始出大福堂国,日月始明。元始撰集玉文,出法度人。其国风雅,非可称名;人民始治,礼乐亦兴,人寿三万六千岁。荡荡大化,劫运既终,经于延康,一沦亿劫,眇莽久远。"④可见,"龙汉劫"向"延康劫"演变的根本原因,恰恰就是"天书玉字隐其精光",即《灵宝五篇真文》本身的隐藏。唐代李少微注解《度人经》亦称:"元始昔沦于延康之中,天书玉字,翳而不彰,眇眇然也。莽者,龙汉开运,其文复明,莽莽然也。"⑤以上强调"龙汉劫"的开端以及向"延康劫"的演进,都是"玉字"即《灵宝五篇真文》出世和隐藏的结果。而陆修静《灵宝经目序》将这一过程概括为:

> 夫灵宝之文,始于龙汉。龙汉之前,莫之追记。延康长劫,混沌无期。道之隐沦,宝经不彰。⑥

---

① 《灵宝无量度人上品妙经》卷1,《道藏》第1册,第4页。
② 《元始无量度人上品妙经四注》卷3,《道藏》第2册,第223页。
③ 《元始无量度人上品妙经四注》卷3,《道藏》第2册,第223页。
④ 《元始无量度人上品妙经四注》卷3,《道藏》第2册,第234页。
⑤ 《元始无量度人上品妙经四注》卷4,《道藏》第2册,第243页。
⑥ (宋)张君房编,李永晟点校《云笈七签》卷4,第51页。

　　所谓"灵宝之文"就是指《灵宝五篇真文》。以上是说"龙汉劫"终结而进入"延康劫"之后,而"道之隐沦,宝经不彰",就是指由于《灵宝五篇真文》本身的隐藏,所以才导致宇宙世界长久呈现出迷离暗昧的样子。

　　最后,该经通过"延康劫"向"赤明劫"和"开皇劫"的演进,进一步证明《灵宝五篇真文》在"劫运"交替转换中的决定性意义。为了讨论方便,我们将其分为几个不同阶段:

　　1. 关于"赤明劫"

　　《太上诸天灵书度命妙经》称:"逮至赤明开光,天地复位,始有阴阳,人民备足,而有死生。我又出世,号无名之君,以灵宝教化,度诸天人。其时男女有至心好慕,承奉经戒,颇不怠倦,皆得道真,骨肉俱飞,空行自然。纵未得道,皆寿命长远,死上天堂,世世更生,转轮不灭,后皆得仙。吾过去后,一劫之周,天地又坏,复无光明。"《太上洞玄灵宝智慧罪根上品大戒经》称:"至赤明开光,天地复位,我又出世,号无名之君,出法教化,度诸天人。"以上所谓"逮至赤明开光,天地复位",就是指《灵宝五篇真文》重新出世,使得天地世界得以重新建立。而元始天尊也以"无名之君"的身份,依据《灵宝五篇真文》来施行教化,度诸天人。我们来看看《度人经》对此所作的专门论述:

　　　　赤明开图,运度自然。元始安镇,敷落《五篇》。赤书玉字,八威龙文。保制劫运,使天长存。梵炁弥罗,万范开张。①

　　以上都是在强调《灵宝五篇真文》在"劫运"演变中的重大意义:(1)所谓"赤明开图,运度自然",根据严东的解说,"元始在于延康之中,开启赤明之运,因禅黎世界与高上大圣玉帝以火炼《真文》,莹发光芒,玉精流澳,为洞阳之宫,万物立像,号为赤明也"。薛幽栖注称:"是时《赤书真文》,开图箓之焕烂,运阴阳之分度。天因之以晖三光,地因之

────────────

　　① 《灵宝无量度人上品妙经》卷1,《道藏》第1册,第5页。

以生万物,故知天地有成败休废,非复此时草创开辟也。于是四时迁谢,万化亭育,不知所以,故云自然也。因此遂号赤明之劫。"成玄英注称:"赤明者,即前玉历《真文》也。元始天尊以火炼之,《真文》明而色赤,因号赤明。用此《真文》,开列天地,运化乾坤,三光运度有常,各是自然之理,非关造作之功也。"①由此可见,不但"赤明劫"时期天地世界的重新创造源于《灵宝五篇真文》,而且"赤明劫"名称的来源亦与《灵宝五篇真文》密不可分。(2)所谓"元始安镇,敷落《五篇》",根据薛幽栖的注解:"元始以赤书玉字,敷张《真文》,安天之根,镇地之源,敷落五方之色位,陶铸阴阳之器物,敷张元化,靡有不备。"(3)所谓"赤书玉字,八威龙文",严东注解为:"元始安立五岳,布置《五篇》,《真文》镇于五方,五帝镇守,制神召龙,以禳劫运之期也。"(4)所谓"保制劫运,使天长存",严东注解称:"元始安镇五岳,建天地之根,以却众灾;制神召龙,以申劫运。天高而不倾,地重而不沦,始终安立,故得长存也。"(5)所谓"梵炁弥罗,万范开张",薛幽栖注解为:"元始即安镇二像,敷落《五篇》,又以玉字龙文保制劫运,则布真梵之炁于十方,开玄化之文于宇宙,故天下品类,触物齐兴。"可见,《度人经》始终都在强调《灵宝五篇真文》在"劫运"交替中的决定性作用。

2. 关于"开皇劫"

《太上诸天灵书度命妙经》称:"逮至开皇,《灵宝真文》开通三象,天地复位,《五文》焕明,日月星宿,于是朗曜,四时五行,阴阳而生。我于始青天中,号元始天尊,开张法教,成就诸天。"《罪根上品大戒经》则记载为:"至开皇元年,《灵宝真文》开通三象,天地复正,《五文》焕明,我于始青天中,号元始天尊,流演法教,化度诸天。"以上均强调至"开皇劫"时,《灵宝五篇真文》"开通三象,天地复位",使天地世界和四时五行等得以重新建立。而元始天尊也开始直接以"元始天尊"的名号"开张法

---

① 《元始无量度人上品妙经四注》卷 3,《道藏》第 2 册,第 225 页。

教"和"化度诸天"。而陆修静《灵宝经目序》将这一过程归纳为："赤明革运，灵文兴焉。诸天宗奉，各有科典。一劫之周，又复改运。遂积五劫，迫于开皇已后。"所谓"灵文兴焉"就是指《灵宝五篇真文》和"元始旧经"的重新出世。可见，《灵宝五篇真文》在从"龙汉劫"到"开皇劫"的交替转换过程中具有决定性意义。

（二）如何理解《灵宝五篇真文》在"上皇元年"和"上皇劫"的出世？

我们之所以特地将《灵宝五篇真文》与"上皇劫"和"上皇元年"的关系作为一个重要问题来讨论，其最主要的原因有两点。

第一，刘屹博士对于"开皇劫"之后究竟还有没有一个专门的"上皇劫"的存在，提出了两种截然相反的意见。他一方面肯定灵宝经的"劫运"为"五劫"，因此认为有专门的"上皇劫"的存在[①]；另一方面，又在大量场合非常强调灵宝经只有四种"劫运"，直接否定有专门的"上皇劫"独立存在，并将"上皇元年"看作是"开皇劫"内部的一个年号。为什么刘屹博士特别强调古灵宝经的"劫运"只有"四劫"呢？应该与他强调佛教"四劫"（成、住、坏、空）观念对灵宝经的影响有关。

第二，刘屹博士对于"上皇元年"究竟是《灵宝五篇真文》和"元始旧经"重新出世的开端，还是其隐藏而返回天宫的开始，也提出了两种截然不同的观点。一方面，他认为"上皇元年"属于《灵宝五篇真文》和"元始旧经"重新出世的开始。例如，他称"在开皇劫期的上皇元年，元始天尊为教化天人，将天文玉字演化成十部三十六卷的灵宝经"[②]。另一方面，他在大量场合特别强调"上皇元年"恰恰是《灵宝五篇真文》和"元始旧经"回归隐藏天宫的开始，并为此作了大量论证。例如，（1）他称："龙汉

---

① 刘屹《六朝道教古灵宝经的历史学研究》，第 622—625 页。
② 刘屹《六朝道教古灵宝经的历史学研究》，第 302 页。

一延康一赤明一开皇是四个依次出现的劫期,上皇元年算不算一个劫期的开始,在道教中说法不一","最高道神只是从开皇劫期,才开始以元始天尊的称号现世度人。按此说法,从三皇五帝至东晋末年的历史时期,属于灵宝经所谓的开皇劫期之内"①;"三皇五帝到东晋的这几千年间,只是众多劫期中的开皇劫期中的一个时段"②。因此他判定"开皇劫"之后并没有一个专门的"上皇劫"真正存在过。(2)他解读陆修静《灵宝经目序》称:"'元始旧经'在龙汉之前就已存在,到开皇劫期的上皇元年,曾经下世教人。上皇以后,因为六天运行,人心背道,元始天尊等仙真众圣上升天宫,'元始旧经'也随之还归大罗天上。"③(3)他称:"陆修静不仅完全接受了龙汉一延康一赤明一开皇的四劫期说,而且还将四劫期说作为十部三十六卷灵宝经(即'元始旧经')出世的背景,阐扬了'元始旧经'随劫改运、重复隐现的思想。"④(4)他称:"陆氏认为灵宝之文","最近一次回归天宫,是在开皇劫期中的上皇元年之后。"⑤(5)他称:"按照陆修静在《灵宝经目序》中所讲的灵宝经源流,三十六卷元始旧经,从上皇元年以后就一直被隐藏在天宫,在刘宋建立之前,人间是没有'五篇真文'或'元始旧经'行世的。"⑥(6)他称:"实际上,陆修静在《灵宝经目序》中说得明白,当开皇劫期的上皇之后,六天气行之际,'元始旧经'与元始天尊都已还归大罗天上,不显于人间。"⑦(7)同样也是对陆修静《灵宝经目序》的解读,他又称:

　　　　元始天尊所传的灵宝经,早在龙汉劫期就已存在,历经四大劫

① 刘屹《六朝道教古灵宝经的历史学研究》,第 522 页。
② 刘屹《六朝道教古灵宝经的历史学研究》,第 524—525 页。
③ 刘屹《六朝道教古灵宝经的历史学研究》,第 523—524 页。
④ 刘屹《六朝道教古灵宝经的历史学研究》,第 523 页。
⑤ 刘屹《六朝道教古灵宝经的历史学研究》,第 312 页。
⑥ 刘屹《六朝道教古灵宝经的历史学研究》,第 372 页。
⑦ 刘屹《六朝道教古灵宝经的历史学研究》,第 527 页。

期的无数年岁,一次次重复出世和隐世。进入开皇劫期,元始天尊所传的经典原本已经再度降世度人,但到了上皇元年,人间进入六天乱世,这批灵宝经就还归天宫之上,不再显行于世了。①

可见,他判定古灵宝经根本就没有"上皇劫"存在,而"上皇元年"就是"人间进入六天乱世"以及"这批灵宝经就还归天宫之上"的开始。由于"上皇劫"和"上皇元年"问题对于完整而准确地理解古灵宝经"劫运"学说以及古灵宝经出世等极为重要,因此我们试作专门讨论。

首先,所有"元始旧经"和陆修静始终都是强调"劫运"是"五劫"而决非"四劫"。而"上皇元年"恰恰是《灵宝五篇真文》和灵宝教法重新出世和传播的开始。前引《太上诸天灵书度命妙经》明确记载:"至上皇元年,诸天男女形改纯朴,心渐怠坏。恐至凋落,正教不全,是故我身国国之造,成就诸心。"②《太上洞玄灵宝智慧罪根上品大戒经》也记载:"至上皇元年,心渐颓坏,恐至凋落,正法不全。故国国周行,宣授《天文》,咸令入法,成就诸心。"③很可能是经文中"至上皇元年","诸天男女形改纯朴,心渐怠坏"以及"心渐颓坏,恐至凋落"的表述,直接影响了刘屹博士的判断。然而,这恰恰是元始天尊重新传授《灵宝五篇真文》和灵宝教法的真正原因。所谓"我身国国之造,成就诸心",以及"国国周行,宣授《天文》,咸令入法,成就诸心",都是指"上皇元年"元始天尊又重新在天界福堂世界各国宣扬《灵宝五篇真文》以及灵宝教法,且取得了良好的成效。

其次,按照"元始旧经"的经典神话,现在人世间所流传的"元始旧经",其实均属于"上皇元年"所形成的版本。《真文天书经》记载,元始天尊"至五劫周末,乃传太上大道君、高上大圣众、诸天至真,奉修灵文,

---

① 刘屹《六朝道教古灵宝经的历史学研究》,第 324 页。
② 《太上诸天灵书度命妙经》,《道藏》第 1 册,第 803 页。
③ 《太上洞玄灵宝智慧罪根上品大戒经》卷上,《道藏》第 6 册,第 886 页。

敷演玄义,论解曲逮,有十部妙经三十六卷"①。所谓"至五劫周末",其实就是指"上皇元年"。

而陆修静《灵宝经目序》正是在此基础上称:

> 上皇元年,元始下教。大法流行,众圣演畅,修集杂要,以备十部三十六帙,引导后学,救度天人。

以上非常明确地记载"上皇元年"恰恰是《灵宝五篇真文》重新出世和"元始旧经"传授的开始。其称"众圣演畅,修集杂要,以备十部三十六帙"的含义,与《真文天书经》所称元始天尊等神灵"奉修灵文,敷演玄义,论解曲逮,有十部妙经三十六卷"完全相同。而且大量其他"元始旧经"也能证明,"上皇元年"恰恰属于灵宝经法传授的开始。敦煌 P.3022 号《太上洞玄灵宝真文度人本行妙经》记载太上大道君讲述自己的身世称:"自元始开光以来,至于赤明元年,经九千九百九亿万劫,度人有尘沙之众,不可胜量。赤光(明)之前,于眇莽之中,劫劫出化,非可思议。赤明之后,至上皇元年,宗范大法,得度者众,终天说之,亦当不尽。"所谓"至上皇元年,宗范大法,得度者众",就是指太上大道君在上皇元年得以接受元始天尊传授经法,并救度了大量天人。《太上洞玄灵宝金箓简文三元威仪自然真一经》开首即记载,太上大道君以上皇元年九月一日西游玉国龙崛山中,时有元始天尊率众真忽乘碧霞浮云而来,并为太上大道君等说法称:"《大洞真经》,幽升之道,拔度七玄,福流一门。《灵宝大乘》,普度天人,生死获恩。《皇文大字》,通神致灵。三洞宝经自然天文,并是度人升玄之法。修之者驰骋龙驾,白日登晨;奉之者免诸苦厄,七祖生天;见之者精心信向,生生善缘。君今方当戒教三世,搜选真人,宜备天仪,教导三乘,使有心者得成神仙。今当以《灵宝金箓简文三元威仪自然真经》相授。"②可见,元始天尊在上皇元年九月一日除

---

① 《元始五老赤书玉篇真文天书经》卷下,《道藏》第 1 册,第 799 页。

② (唐)史崇玄《一切道经音义妙门由起》之《明经法》引,《道藏》第 24 册,第 731 页。

了讲授"三洞经书",还传授了《灵宝金箓简文三元威仪自然真一经》等经书。

《洞玄灵宝自然九天生神章经》记载"三洞经书"的起源称:

> (灵宝丈人)后至龙汉开图,化生灵宝君。经一劫至赤明元年,出书度人,时号上清玄都玉京七宝紫微宫。……(神宝丈人)后至赤明元年,化生神宝君,经二劫至上皇元年出书,时号三皇洞神太清太极宫。①

以上所谓灵宝丈人"至龙汉开图,化生灵宝君。经一劫至赤明元年",从"龙汉劫"之后"经一劫至赤明元年",就是指经过"延康劫"而到"赤明劫"开端的"赤明元年";神宝丈人"后至赤明元年,化生神宝君,经二劫至上皇元年出书",就是指经过"赤明劫"和"开皇劫"两劫,到作为"上皇劫"开端的"上皇元年",神宝君又将其经书披露于世。《洞玄灵宝二十四生图经》也记载,"上皇元年九月二日,后圣李君出游西河,历观八门。值元始天王乘八景玉舆",后圣李君遂向元始天王请受出自元始天尊的教法②。《太上洞玄灵宝诸天内音自然玉字》记载"大梵隐语自然天书"的传授,称"西王母以上皇元年七月丙午,于南浮洞室下教,以授清虚真人王君,传于禹,封于南浮洞室石碛之中"③。可见,"上皇元年"属于灵宝经教演化过程中极其重要的时间节点。然而这一切却又都归结于《灵宝五篇真文》及其对灵宝经法的演化。

南齐灵宝经学者严东注解《度人经》称:

> 元炁始结而成玉字,在空玄之中,通达照乎四方,显乎龙汉,隐乎延康,先乎赤明,耀乎开皇,逮至上皇也。④

---

① 《洞玄灵宝自然九天生神章经》,《道藏》第 5 册,第 843 页。
② 《洞玄灵宝二十四生图经》,《道藏》第 34 册,第 338 页。
③ 《太上洞玄灵宝诸天内音自然玉字》卷 4,《道藏》第 2 册,第 563 页。
④ 《元始无量度人上品妙经四注》卷 2,《道藏》第 2 册,第 200 页。

所谓"元炁始结而成玉字",就是指《灵宝五篇真文》是"元炁"凝结而成。
而《灵宝五篇真文》本身周期性的或"显"或"隐"状态,就直接决定了从
"龙汉"到"上皇"五种"劫运"的交替演变过程。而宋代道教学者萧应叟
正是在此基础上进一步解说称:

> 严东云:元炁始结而成玉字,显乎龙汉,隐乎延康,光乎赤明,
> 耀乎开皇,逮至上皇也。夫龙汉之劫,玉字初显,类乎人之分炁初
> 生也。延康之劫,玉字沦隐,类人身之没也。赤明之劫开图,玉字
> 复光,类乎人之再出世也。开皇上皇之劫,玉字耀明,类乎人之处
> 世也。所谓劫运五周,复归其一,五劫既周,昊天成象者也。①

以上所谓"五劫既周,昊天成象者也",是指"五劫"之后,就是我们所知
道的天地世界的正式形成了。

最后,至于"上皇劫"后半期直至"劫末"的基本情形,应与"龙汉劫"
"赤明劫"和"开皇劫"的后半期大致相同。《太上诸天灵书度命妙经》记
载元始天尊说:

> 我过去后,半劫之中,来生男女,心当破坏,转相疑贰,不信经
> 教……今说是经,为诸来生以度可度,善心之人,明受谛听,深忆我
> 言。太上道君稽首受命。②

《太上洞玄灵宝智慧罪根上品大戒经》也记载元始天尊说:

> 半劫之中,命渐凋落,寿得一万八千余年。我过去后,天运转
> 促,人心破坏,更相谋逆。③

> 天尊告太上道君曰:……吾过去后,其文当还大罗之上七宝玄
> 台紫微宫中。如明真玄科,四万劫当行下世,教度天人。今以相

---

① (宋)萧应叟《元始无量度人上品妙经内义》卷4,《道藏》第2册,第367页。
② 《太上诸天灵书度命妙经》,《道藏》第1册,第803—804页。
③ 《太上洞玄灵宝智慧罪根上品大戒经》卷上,《道藏》第6册,第886页。

告,明识之焉。①

以上两经所载"半劫之中",就是指"上皇劫"过半以后,运势重新开始转差。《诸天灵书度命妙经》记载元始天尊称"吾过去后,经道当还三界之上大罗天中";《罪根上品大戒经》则记载元始天尊称"吾过去后,其文当还大罗之上七宝玄台紫微宫中"。陆修静《灵宝经目序》的相关叙述就是直接在此基础上形成的。其文称:"上皇之后,六天运行。众圣幽升,经还大罗。自兹以来,回绝元法。"也是指随着"上皇劫"之末期的临近,《灵宝五篇真文》以及"元始旧经"又重新回归隐藏到了最高天界——无上大罗天玉京紫微宫七宝玄台。

(三)小结

如果说佛教"劫"的观念更强调的是"劫"与"劫"之间的巨大时间断裂以及宇宙世界虚无空幻的本质,那么在古灵宝经作者以及严东和萧应叟等道教中人看来,"劫运"交替转换所体现的却是《灵宝五篇真文》演化宇宙世界的不同阶段。前引唐薛幽栖称元始天尊"敷落《五篇》,又以玉字龙文保制劫运,则布真梵之炁于十方,开玄化之文于宇宙,故天下品类,触物齐兴"②。可见《灵宝五篇真文》对于每一次"劫运"开启以及宇宙的重新创造都具有决定性意义。佛教"劫"的观念将宇宙世界的生成毁灭都归结为宇宙世界本身的因缘和合,早期道教"阳九百六"观念将周期性"岁灾"归结为天道本身运行结果,而古灵宝经则将天地世界的生成和毁灭最终都归结为《灵宝五篇真文》本身周期性的出世和隐藏。因此,《灵宝五篇真文》作为宇宙创造者,既代表"宇宙初成时那第一次天地的创立和万物的滋生",也指每一次"劫运"中宇宙世界的创造。正因为如此,"劫运"学说在本质上决不是对《灵宝五篇真文》宇宙本源性

---

① 《太上洞玄灵宝智慧罪根上品大戒经》卷下,《道藏》第 6 册,第 895 页。
② 《元始无量度人上品妙经四注》卷 3,《道藏》第 2 册,第 225 页。

质的否定,而恰恰是对其宇宙论意义的极大丰富和拓展。

六　从"劫运"的"时间模式"再看《灵宝五篇真文》的宇宙本源性质

(一)关于"劫运"观念所体现的"单线、单向发展的时间模式"

道教和佛教在"时间模式"上存在着根本性差别。从佛教宇宙观来看,宇宙"劫"的轮回循环是一种永恒的存在,既无始无终,亦无穷无尽。前引《隋书·经籍志·佛经序》即称"自此天地已前,则有无量劫矣"。汉晋道教则遵循了中国本土"时间模式"。刘屹博士将其界定为"一种宇宙自然和人类历史的单线、单向发展的时间模式,宇宙天地和人类历史只有开始而没有结束"[1]。他进而认为更早出世的"新经"就遵循了这一模式,并称"新经"中"万劫""历劫"等概念,"指的是从气化宇宙、天地开辟到三皇五帝人类历史之间的漫长时间段",但他认为较后出世的"元始旧经"则"有无数个这样从天地开辟到天地毁灭的轮回曾经存在"[2]。他为此作了大量论证,称"在劫期说的理论背景下","这就构成了无数个天地从生到灭的宇宙大周期"[3];又称"按照灵宝经的理论,尊崇元始天尊的这些灵宝经,早在天地开辟之前就已存在无数个劫期了"[4]。其论点的核心都是强调"元始旧经"因为吸收佛教"劫"的观念,所以在"时间模式"上与佛教完全相同。他称:"如果说'新经'的'历劫'只是在天地开辟以来的单线演进时间轴上发生的,那么'旧经'的'历劫'则是在无数次天地从生到灭的宇宙大周期的循环之内发生的。"[5]

---

① 刘屹《六朝道教古灵宝经的历史学研究》,第 632 页。
② 刘屹《六朝道教古灵宝经的历史学研究》,第 634 页。
③ 刘屹《六朝道教古灵宝经的历史学研究》,第 524 页。
④ 刘屹《六朝道教古灵宝经的历史学研究》,第 264 页。
⑤ 刘屹《六朝道教古灵宝经的历史学研究》,第 525 页。

他强调"元始旧经"中"劫运"代表"亘久不变的周期轮换",并称"如果灵宝经认为宇宙时空之中只能有一次天地开立,那么'五篇真文'具有开辟天地日月的功能,自然具有本源性。但灵宝经引入佛教'劫'的概念后,宇宙时空已经被无限地扩大了,天地的开立和毁灭都不止一次","因此,在灵宝经'劫'的时间观念下来看'五篇真文',更可相信它并不具备宇宙本源的性质"①。又称:"如果关注到《真文天书经》中有关'劫'的神话时间观念,就会发现'五篇真文'根本不是在原初的宇宙诞生时就存在的,它只有特定阶段的功能性,而不具有贯穿宇宙时空的本源性。"②当《灵宝五篇真文》"被放置在道教'劫'的时间观念之下,只不过是在道炁生成原初起点之后,若干劫内的一种阶段性、功能性的符图,并不是贯穿宇宙始终的本源性存在"。③

我们认为"元始旧经"其实也遵循了中国本土"时间模式"。一方面,与佛教强调"劫"的无穷无尽不同,"元始旧经"认为所有的"劫运"总共为"五劫",而且不存在"五劫"本身的反复轮回;另一方面,与佛教强调"劫"的无始无终不同,"元始旧经"把《灵宝五篇真文》的最初出世以及在"五劫"中的出现,包括其在人世间的传授,从整体上都看成是一个连续发展的过程,因而其所体现的恰恰就是一种"单线、单向发展的时间模式"。

"元始旧经"五种"劫运"的划分,既与中国传统宇宙论中的"五行"观念有关④,也与汉代谶纬神学中的"五运"观念直接相关。成书于战国时期的《易传·系辞上》论述宇宙生成的模式称:"易有太极,是生两

---

① 刘屹《六朝道教古灵宝经的历史学研究》,第 420 页。
② 刘屹《六朝道教古灵宝经的历史学研究》,第 431 页。
③ 刘屹《六朝道教古灵宝经的历史学研究》,第 423 页。
④ 唐代间丘方远《太上洞玄灵宝大纲钞》称:"大道既分,离为五行,流为五劫。每至劫终劫初,大圣出世,垂教说经,以度天人。所谓五劫者,龙汉木劫,赤明火劫,延康金劫,开皇水劫,上皇土劫。"(《道藏》第 6 册,第 376 页)

仪。两仪生四象,四象生八卦。"意即天地未生之前只有原始混沌之气,混沌中生出阴阳二气,从而逐渐演变出春夏秋冬四时和八卦。《易纬》论述宇宙的起源,在时间上则使之更加虚无久远。《易纬·乾凿度》称:

> 昔者圣人因阴阳,定消息,立乾坤,以统天地也。夫有形生于无形,乾坤安从生。故曰:有太易,有太初,有太始,有太素也。太易者,未见气也。太初者,气之始也。太始者,形之始也。太素者,质之始也。气形质具而未离,故曰混沦。混沦者,言万物相混成而未相离。①

《易纬》在太极之前,增加了太易、太初、太始、太素四个阶段,而元气的变化在五个阶段都各有其特点。太极是由无生有的阶段,太极之后生出两仪,天地乾坤才得以确立。

《孝经·钩命诀》在此基础上进一步称:

> 天地未分之前,有太易,有太初,有太始,有太素,有太极,是为五运。形象未分,谓之太易。元气始萌,谓之太初。气形之端,谓之太始。形变有质,谓之太素。质形已具,谓之太极。五气渐变,谓之五运。②

以上"太极"代表天地未分之前五个阶段的最后一个阶段,而"五运"在整体上则属于天地生成之前的元气阶段。"五运"之后就是"开天辟地"以及三皇五帝直到秦汉的历史。"元始旧经"对五种"劫运"之后的历史叙述与此相同。对此,我们将在后面作进一步讨论。

(二)关于"劫运"学说中"大劫"和"小劫"的区分问题

古灵宝经特别强调"五劫"的观念。《真文天书经》作为最早出世的

---

① [日]安居香山、中村璋八辑《纬书集成》,石家庄:河北人民出版社,1994年,第10—12页。

② [日]安居香山、中村璋八辑《纬书集成》,第1016页。

"元始旧经",其中先后三次提到了"五劫",并在经末正式提到了"赤明"这一"劫运"名称。而多部"元始旧经"对于"五劫"的具体名称和内容作了进一步完善。在"五劫"之外,"元始旧经"反复提到了"万劫"特别是"亿劫"等概念。例如,《度人经》就称"上解祖考,亿劫种亲",又称"元洞玉历,龙汉延康,眇眇亿劫"①。《太上诸天灵书度命妙经》记载,元始天尊称"生值此世,与经道相遇,真为亿劫宿世因缘",又称"我历观诸天,从亿劫以来,至于今日"②。而《无上秘要》对《太上诸天灵书度命妙经》中这种类型的"劫"专门作了归纳,称:

> 太上道君在大福堂国长乐舍七百五十万劫,苍帝天君在东极碧落空歌大浮黎国九百九十万劫,赤帝天君在南极禅黎世界赤明国〔三百〕三十万劫,白帝天君在西极卫罗大堂世界极乐国七百万劫,黑帝天君在元福弃贤世界郁单国五百万劫。③

以上这样的表述确实颇类似佛教"劫"的观念,即强调"劫"的无穷无尽和无始无终。而这也正是很多研究者错误地将古灵宝经的"劫运"观念直接等同于佛教"劫"的主要原因之一。

然而,以上这些"劫"其实都是指"大劫"之中所包含的无数"小劫"。敦煌 P. 3022 号《太上洞玄灵宝真文度人本行妙经》记载太上大道君讲述自己的身世称:

> 天元转轮,劫劫改运,一成一败,一死一生,灭而不绝,幽而复明,《灵宝》出法,随世度人。自元始开光以来,至于赤明元年,经九千九百九亿万劫,度人有尘沙之众,不可胜量。赤光(明)之前,于眇莽之中,劫劫出化,非可思议。赤明之后,至上皇元年,宗范大

① 《元始无量度人上品妙经》卷1,《道藏》第1册,第3、4页。
② 《太上诸天灵书度命妙经》,《道藏》第1册,第800、804页。
③ 《无上秘要》卷6《劫运品》引《洞玄灵书经》,《道藏》第25册,第18页。根据《道藏》本《太上诸天灵书度命妙经》校勘。

法,得度者众,终天说之,亦当不尽。……我濯紫晨之流芳,盖皇上之胄。我随劫死生,世世不绝,恒与《灵宝》相值同出。经七百亿劫,中会青帝劫终,九炁改运,于是托胎于洪氏之胞,凝神琼胎之府,积三千七百年,至赤明开运,岁在甲子,诞于扶刀盖天西那王(玉)国浮罗之岳,复与灵宝同出度人。元始天尊以我因缘之勋,锡我太上之号。①

以上实际上涉及两种"劫"的概念。根据该经记载,太上大道君诞生在"赤明开运"即"赤明元年",而所谓"天元轮转,劫劫改运,一成一败",就是指各种"大劫";至于"自元始开光以来,至于赤明元年,经九千九百九亿万劫,度人有尘沙之众",则是指元始天尊以《灵宝五篇真文》救度无数众生,从最初的"龙汉之年"至"赤明元年",经历了九千九百九亿万个"小劫"。

又如,天真皇人是古灵宝经中一位极其重要而又特殊的神真,《洞玄诸天内音自然玉字》记载其身世经历称:

天真皇人稽首上白天尊:自受日月,随运流迁,去来转轮,一光一冥,一灭一度,一死一生,身受破坏,一败一成,经履天地,改易光明,幽幽眇邈,非可思议。自龙汉以来,已九万九千九百万重劫。缘对相牵,世世不绝,至于今日……亿劫之中。诸恶漏尽,福德自生……超凌三界,位登天真。……天真皇人告五老帝君:我尝于龙汉之中,受文于无名常存之君。②

以上实际上也包含了两种不同的"劫"。一是天真皇人在最初的"龙汉劫"从"无名常存之君"即元始天尊那里接受灵宝经法,到所谓"至于今日",即"上皇元年",其中所谓"一败一成,经履天地",就是指其经历了

---

① 《太上洞玄灵宝度人真文本行妙经》,《中华道藏》第 4 册,北京:华夏出版社,2004 年,第 308 页。

② 《洞玄诸天内音自然玉字》卷 4,《道藏》第 2 册,第 561—563 页。

"龙汉""延康""赤明""开皇""上皇"等五种"大劫"。二是其称"一灭一度,一死一生,身受破坏",并称"自龙汉以来,已九万九千九百万重劫",均是指"小劫",又总称为"亿劫"。前引严东称"荡荡大化,劫运既终,经于延康,一沦亿劫,眇莽久远"①,也是指从"龙汉之年"到"延康劫"包含了上亿的"小劫"。

那么,古灵宝经究竟是如何区分"大劫"和"小劫"的呢? 大致在南朝后期至唐初成书的《太上洞玄灵宝业报因缘经》记载太上大道君曰:

> 劫者,天地改变之名。凡有二种。一者大劫,二者小劫。大劫者,谓上极三界一十八天,下极九垒三十六地,水火风灾,烧除漂荡,其中人物,无有遗余,杳杳冥冥,无光无像。三洞大法,学道证真,龙驾下迎,悉登梵行。诸杂小教,不入大乘,与劫同沦,化成灰烬。小劫者,谓有形之类,念念无常,改世易形,即名为劫。但众生果业,运遇因缘,有短有长,有延有促。②

可见,五种"劫运"均属于造成天地毁灭的"大劫",而五种"劫运"之外的各种"劫",一般都属于"有形之类,念念无常,改世易形"的"小劫"。唐代成玄英注解《度人经》亦称:"劫有大小,若大劫交周,即是天地败坏劫火起时是也。小劫是人之生死一期之尽,谓之为劫。"③可见"小劫"就是指"人之生死一期"。

《太上洞玄灵宝业报因缘经》又称:

> 道君曰:元始以一炁化生三炁……结飞玄之炁,自然成章,玉字金书,龙文凤篆,大方一丈,八角垂芒,教化诸天,流通世界,始终五劫,常转法轮,或实或权,有广有略,因机取悟,随世修行。④

① 《元始无量度人上品妙经四注》卷3,《道藏》第2册,第234页。
② 《太上洞玄灵宝业报因缘经》卷9《生化品》,《道藏》第6册,第125—126页。
③ 《元始无量度人上品妙经四注》卷2,《道藏》第2册,第212页。
④ 《太上洞玄灵宝业报因缘经》卷10《叙教品》,《道藏》第6册,第127页。

以上所谓"结飞玄之炁,自然成章,玉字金书,龙文凤篆,大方一丈,八角垂芒,教化诸天",均是按照古灵宝经教义思想论述《灵宝五篇真文》演化宇宙的过程。该经强调"始终五劫",就是说所有"劫运"总共为"五劫"。而前引宋代萧应叟亦称:"所谓劫运五周,复归其一,五劫既周,昊天成象者也。"[1]因此,古灵宝经所主张的"劫运"实为"五劫",而在"五劫"之后就是所谓"昊天成象",即"此次开天辟地"以来的历史过程。

七 如何理解"五劫"之后《灵宝五篇真文》 在人世间的传授?

(一)关于"黄帝"与《灵宝五篇真文》和"元始旧经"传授的关系

在古灵宝经中,"五劫"的顺序并不完全一致,但是都把"上皇劫"当作"五劫"中最后一个"劫运"。对于"上皇劫"之后直到南朝刘宋建立之前,《灵宝五篇真文》以及"元始旧经"的教法究竟有没有降授人间的问题,刘屹博士却提出了两种截然相反的观点。一方面,他提出《灵宝五篇真文》和"大梵隐语自然天书"所代表的"元始旧经"已经降授人间。例如,他明确称:

> 结合几部灵宝经的说法,大约"五篇真文"是在龙汉劫期中由元始天尊将梵炁凝结成文字,再经由帝喾、大禹这样的古圣贤王传布人间的。而"大梵隐语"出自赤明劫期,由天真皇人转写后传布人间。[2]

刘屹博士主要依据古灵宝经特别是陆修静《灵宝经目序》的记载,确定由《灵宝五篇真文》和"大梵隐语自然天书"等所代表的"元始旧经",已经由帝喾、大禹、天真皇人等传布人间。

另一方面,刘屹博士为了证明"葛氏道"和葛巢甫与"元始旧经"完

---

① (宋)萧应叟《元始无量度人上品妙经内义》卷4,《道藏》第2册,第367页。
② 刘屹《六朝道教古灵宝经的历史学研究》,第474页。

全无关,也为了证明所有"新经"都比"元始旧经"更早出世,又极力强调《灵宝五篇真文》和"元始旧经"在刘宋以前始终"隐在天宫",从未降授人间。刘屹博士对此作了大量论述。例如:

(1)他认为《灵宝五篇真文》以及所有"元始旧经"都"自有其源自远古劫期之前的神圣背景"①,"早在天地开辟之前就已存在无数个劫期了"②,因此既与"葛氏道"完全无关,又是"没有在人间的传承谱系可寻的"③。

(2)他称:"'元始旧经'却从上皇元年以后一直在天宫保存着,在刘宋建立之前,没有在人间传承的脉序。"④

(3)他提出:"按照陆修静在《灵宝经目序》中所讲的灵宝经源流,三十六卷元始旧经,从上皇元年以后就一直被隐藏在天宫,在刘宋建立之前,人间是没有'五篇真文'或'元始旧经'行世的。"⑤

(4)他称:

> 在我看来,上皇元年以来,因为地上世界进入六天时代,元始天尊所传的灵宝经已经返回天宫,要等适当的时机再度降世。而从帝喾到葛仙公的四次降授灵宝经,并不是元始天尊所传的部分,也不是又从大罗天下降人间的部分……陆修静原本要强调的这第五次降世的重要意义:以前四次传世的灵宝经,都只是"太上(大道君)"所传,不是元始天尊所传;只有这第五次,才是六天时代结束,隐在天宫的"旧经"作为刘宋建立的祥瑞重现人间。⑥

(5)通过对《灵宝经目序》的解读,他称:

> 实际上,陆修静在《灵宝经目序》中说得明白,当开皇劫期的上

---

① 刘屹《六朝道教古灵宝经的历史学研究》,第 295 页。
② 刘屹《六朝道教古灵宝经的历史学研究》,第 264 页。
③ 刘屹《六朝道教古灵宝经的历史学研究》,第 318 页。
④ 刘屹《六朝道教古灵宝经的历史学研究》,第 312 页。
⑤ 刘屹《六朝道教古灵宝经的历史学研究》,第 372 页。
⑥ 刘屹《六朝道教古灵宝经的历史学研究》,第 153 页。

皇之后,六天气行之际,"元始旧经"与元始天尊都已还归大罗天上,不显于人间。帝喾、大禹、张天师和葛玄所受的灵宝经,都不是"元始旧经"。只有到"期运既至,大法方隆"之时,"元始旧经"才又再度出世人间,而这一"旧经"重出于世的重要时机,就是刘宋的建立。因此,按照陆修静的理解,在刘宋建立之前,"元始旧经"尚在大罗天上,是不可能出世的。包括葛玄得道成仙的吴时,"元始旧经"也仍然隐在天宫,葛玄不可能领受到"元始旧经",也更不可能在"元始旧经"中作为仙真出场。①

(6)同样是对《灵宝经目序》的解读,他又称:

> 元始天尊所传的灵宝经,早在龙汉劫期就已存在,历经四大劫期的无数年岁,一次次重复出世和隐世。进入开皇劫期,元始天尊所传的经典原本已经再度降世度人,但到了上皇元年,人间进入六天乱世,这批灵宝经就还归天宫之上,不再显行于世了。所以,当葛仙公在吴时成仙,领受太极真人等传授的灵宝经,那时的元始天尊所传诸经,还隐在天宫,未得降世而行。只有当刘宋代晋之时,期运既至,天地澄清,这部分灵宝经才又降世度人。②

需要特别指出的是,刘屹博士为什么如此强调从"上皇元年"到南朝刘宋建立以前,《灵宝五篇真文》和"元始旧经"一直都隐藏在天宫,从来就没有降授人间呢? 其最主要的目的,就是证明其所提出的核心观点:

一是他认为东晋末年葛巢甫和"葛氏道"道士所创作的仅仅是"新经",而与"元始旧经"完全无关。至于史籍中所有关于葛玄接受"元始旧经"的记载,他认为都源自北宋初期张君房在《灵宝略纪》中的杜撰③。

二是他强调《灵宝五篇真文》和"元始旧经"的创作都与公元 420 年

---

① 刘屹《六朝道教古灵宝经的历史学研究》,第 527—528 页。
② 刘屹《六朝道教古灵宝经的历史学研究》,第 324 页。
③ 刘屹《六朝道教古灵宝经的历史学研究》,第 629—645 页。

刘宋王朝的建立紧密相关,并强调所有"元始旧经"都是"不知名的道教徒在420年左右开始造作的"①。他又称:

> 小林氏和我从不同的角度进行探讨,却得出基本相同的结论:元始诸经应该是在420年左右才开始问世的。道教在此时推出元始诸经,就是要宣扬元始诸经具有天文宝经和超越此前一切经教的独尊性质。②

三是他判定东晋末年葛巢甫和"葛氏道"的道士根本就不可能知道《灵宝五篇真文》和"元始旧经"的存在,因此所有"新经"都必然要比"元始旧经"更早出世③。

刘屹博士所构建的具有重大颠覆性和批判性的古灵宝经研究体系,实际上就是以此为基础建立起来的。由此可见,《灵宝五篇真文》和"元始旧经"在"五劫"之后和刘宋建立之前究竟有没有出世,虽然在表面上看起来只是一个宗教神话色彩极其浓厚的问题,然而却直接关系到古灵宝经一系列重大问题的研究。

我们认为刘屹博士的相关论点其实是对"元始旧经"教义思想一种很大的误解。因为无论是"元始旧经"本身,还是其后陆修静等道教中人,其实都致力于将《灵宝五篇真文》和"元始旧经"在天界的传授与在人间的传授结合起来。而且恰恰是《真文天书经》对此作了最早的论述。该经称:

> 《元始自然赤书玉篇真文》开明之后,各付一文安镇五岳。旧本封于玄都紫微宫,众真侍卫,置立玄科,有俯仰之仪。至五劫周末,乃传太上大道君、高上大圣众、诸天至真,奉修灵文,敷演玄义,

---

① 刘屹《六朝道教古灵宝经的历史学研究》,第317页。

② 刘屹《六朝道教古灵宝经的历史学研究》,第235页。

③ 至于刘屹博士的具体观点及相关讨论,参见王承文《论六朝道教"葛氏道"与"元始旧经"的关系——对刘屹博士〈六朝道教古灵宝经的历史学研究〉的商榷》,《学术研究》2019年第12期。

论解曲逮,有十部妙经三十六卷。《玉诀》二卷,以立要用。悉封紫
微上宫。众真并以上合天庆之日,清斋持戒,上会玄都,朝礼天文,
诵经行道……灵宝真文以赤明开玄之始,号曰空浑赤书景皇真文。
天地分判,天号之灵,地号之宝,故曰灵宝。至黄帝五劫下教,度得
道之人,令得升玄矣。①

以上记载具有极为重要的意义。首先,所谓"至五劫周末",就是指"五
劫"最后的"上皇劫",更具体地说就是指"上皇元年",元始天尊将《灵宝
五篇真文》传授给太上大道君等,并与太上大道君等神灵一起"敷演玄
义,论解曲逮,有十部妙经三十六卷。《玉诀》二卷,以立要用"。如前所
述,《太上诸天灵书度命妙经》和《罪根上品大戒经》以及陆修静《灵宝经
目序》等,均明确记载在"上皇劫"的后期,《灵宝五篇真文》和"元始旧
经"均已回归隐藏天宫。《罪根上品大戒经》还记载元始天尊称:"吾过
去后,其文当还大罗之上七宝玄台紫微宫中。如明真玄科,四万劫当行
下世,教度天人。今以相告,明识之焉。"②从理论上看,《灵宝五篇真
文》和"元始旧经"再次"下世"和"教度天人",是在"四万劫"以后。

其次,《真文天书经》在其经末明确称"至黄帝五劫下教,度得道之
人,令得升玄矣",是指当天界五种"劫运"届满,就到了人间传说中的黄
帝时代,《灵宝五篇真文》以及全部"元始旧经"都得以"下教",即从天界
向人世间传授,以度人世间的"得道之人"。由此可见,作为人间圣王的
黄帝最早接受了《灵宝五篇真文》和"元始旧经"。刘屹博士提出古灵宝
经"逐渐形成了以天真皇人传授黄帝,以及元始天尊与天真皇人之间的
问答,这两个不同的传统。基本上出现黄帝的道经,就不提元始天尊,
出现元始天尊的道经,也不提黄帝"③。但事实却与其结论完全相反。

① 《元始五老赤书玉篇真文天书经》卷下,《道藏》第 1 册,第 799 页。
② 《太上洞玄灵宝智慧罪根上品大戒经》卷下,《道藏》第 6 册,第 895 页。
③ 刘屹《六朝道教古灵宝经的历史学研究》,第 119 页。

《真文天书经》作为"元始旧经"中最早出世也最重要的经典，其实非常明确地把《灵宝五篇真文》和"元始旧经"的传授，与作为"历史人物"的"黄帝"以及人间世界联系起来了①。而这一关键的记载也证明，古灵宝经的创作者虽然极力证明其经典本身的至高无上，但是决不是因此要关上通往天国的大门，而是恰恰相反。

这里有一个非常值得深究的问题：《真文天书经》的创作者为什么偏偏选定黄帝作为《灵宝五篇真文》和"元始旧经"在人间的最早接受者呢？这是因为更早出世的《太上灵宝五符序》记载黄帝接受了作为"天书玉字"的《天皇真一之经》，并至峨嵋山请天真皇人解读②。古灵宝经内部由此确立了特有的"天书玉字"向人间传授的模式，而黄帝和天真皇人也成为其中最重要的中介。因此《真文天书经》专门记载《灵宝五篇真文》和"元始旧经""至黄帝五劫下教"，就是为了与《太上灵宝五符序》中黄帝接受"天书"的记载衔接起来。对于这种传经模式，我们将在后面作进一步讨论。

唐闾丘方远撰《太上洞玄灵宝大纲钞》称：

> 天尊于龙汉劫初，从碧落天降大浮黎国，在大地东方说法，演《灵宝自然天书五篇真文》。至轩辕黄帝时，天真皇人是前劫成真，于峨嵋山洞中，授黄帝及守三一法、黄帝《赤书》一篇，灵宝部中皆

---

①　按照"元始旧经"的说法，由《灵宝五篇真文》演绎而成的"十部妙经"即"元始旧经"，早在远古"劫运"时期就已经珍藏在人间五岳以及龟山西室和王屋山南洞。唐代史崇玄《一切道经音义妙门由起》所引《本行经》(即"元始旧经"《太上洞玄灵宝真文度人本行妙经》)即称："灵宝真文十部妙经，太上所秘，不尽传世。五岳所藏，亦多不具。龟山西室，王屋南洞，天经备足，皆万劫一开将来，故有可期之冀。但当勤心于祈请长斋，以期真至。大运之周，克得备其天仪。"(《道藏》第24册，第733页)以上指元始天尊早在"上皇元年"就将"十部妙经"传授给太上大道君等神灵。而太上大道君又将其珍藏在人间圣山，并未全部传世。
②　《太上灵宝五符序》卷下，《道藏》第6册，第341页。

天书古篆。黄帝道成,封此法于钟山。①

根据记载,元始天尊早在"龙汉劫"初期就演绎《灵宝五篇真文》。至黄帝时,天真皇人又在峨嵋山将《灵宝五篇真文》传授给黄帝。而"元始旧经"中的"天真皇人"则属于被重新塑造而且早在"劫运"初期就已成真的神灵②。《太上洞玄灵宝诸天内音自然玉字》就记载,天真皇人早在"龙汉劫"初期就从元始天尊接受了灵宝经法。天真皇人又受元始天尊之命,为太上大道君解读"大梵隐语自然天书"。该经末记载其传授称:

> 西王母以上皇元年七月丙午,于南浮洞室下教,以授清虚真人王君,传于禹,封于南浮洞室石磧之中。大劫交运,当出于世,以度得道之人。③

以上内容长期被一般研究者忽视,然而具有十分重要的意义。一是该经所列举的西王母是古代最著名的神话女神,"清虚真人王君"是指西汉著名方士同时也是早期上清经传人的王褒,而大禹则是众所周知的上古圣王。也就是说,"元始旧经"所宣扬的远古"劫运"神话,完全可以同现实世界中的"历史人物"结合在一起。特别是本为西汉方士的王褒,竟然可以向上古圣王大禹传授"大梵隐语自然天书",证明了"元始旧经"并不是按照一般的"时间逻辑"来叙述的④。二是该经强调大禹将"大梵隐语自然天书""封于南浮洞室石磧之中",其实也与《太上灵宝五符序》所确定的传经模式有关。

---

① (唐)闾丘方远《太上洞玄灵宝大纲钞》,《道藏》第 6 册,第 376 页。
② 王承文《论古灵宝经分类争论中的"历史人物"问题》,《魏晋南北朝隋唐史资料》第 46 辑,上海:上海古籍出版社,2022 年,第 85—87 页。
③ 《太上洞玄灵宝诸天内音自然玉字》卷 4,《道藏》第 2 册,第 563 页。
④ 王承文《敦煌本〈灵宝经目〉与古灵宝经分类时间逻辑问题论考》,《魏晋南北朝隋唐史资料》第 33 辑,上海:上海古籍出版社,2016 年,收入《汉晋道教仪式与古灵宝经研究》,第 518—547 页;王承文《再论"元始旧经"和"新经"出世先后问题——兼评刘屹博士〈六朝道教灵宝经的历史学研究〉》,《中山大学学报》2020 年第 2 期。

《太上灵宝五符序》中的“天书”降授大多与大禹有关。该经记载：

> 九天之灵书，三天之宝图……故帝喾祭天帝君于北阿之坛，藏于钟山之峰，欲令众庶有绝尘之歌耳。夏禹晚撰，其波未戢，其上真犹封于石碛，以待大劫，仙贤幽乎洞室，须期乃宣。①
>
> 九天灵书，三天真宝，夏禹撰为灵宝文，一通藏石碛中，一通幽洞室中。②
>
> 九天王长安飞符，道人佩之，以履阳九、百六，千毒不加身。昔夏禹藏之于石碛。③

《太上洞玄灵宝诸天内音自然玉字》将天真皇人和大禹等纳入“大梵隐语自然天书”的传授系统，也是为了与《太上灵宝五符序》的传经模式衔接起来。

总之，“元始旧经”本身非常明确地记载《灵宝五篇真文》和“元始旧经”在黄帝时已经降授人间，而黄帝恰恰就是最早的接受者。明了这一点，对于我们以下的讨论极为重要。

(二)关于“葛玄”和“葛氏道”与《灵宝五篇真文》及“元始旧经”的关系

葛玄和“葛氏道”与《灵宝五篇真文》及“元始旧经”具有不能分割的关系。陆修静在 437 年所撰《灵宝经目序》称：

> 夫灵宝之文，始于龙汉……上皇之后，六天运行。众圣幽升，经还大罗。自兹以来，回绝元法。虽高辛招云舆之校，大禹获钟山之书，老君降真于天师，仙公受文于天台，斯皆由勋感太上，指成圣业。……期运既至，大法方隆。但经始兴，未尽显行，十部《旧目》，

---

① 《太上灵宝五符序》卷下，《道藏》第 6 册，第 335 页。
② 《太上灵宝五符序》卷下，《道藏》第 6 册，第 338 页。
③ 《太上灵宝五符序》卷下，《道藏》第 6 册，第 339 页。

> 出者三(六)分。虽玄蕴未倾,然法轮已遍于八方,自非时交运会,
> 孰能若斯之盛哉!①

以上"灵宝之文"就是指《灵宝五篇真文》以及由此演绎的"元始旧经"。在经历"龙汉""延康""赤明""开皇""上皇"等"五劫"之后,即有"高辛招云舆之校,大禹获钟山之书"。而帝喾高辛和大禹接受"天书"事迹,在《太上灵宝五符序》均有相关记载,原来是指《灵宝五符》等的传授。《史记·五帝本纪》:"帝喾高辛者,黄帝之曾孙也。"至于"老君降真于天师",根据陆修静《道门科略》以及其他天师道经典记载,一般都是指东汉顺帝汉安元年(142)五月一日太上老君将"正一盟威之道"传授给张道陵。陆修静将这三个降经事件都说成与《灵宝五篇真文》和"元始旧经"的传授有关,其根本目的就是整合《灵宝五符经》所代表的灵宝经传统和早期天师道传统。"旧瓶装新酒"是汉魏六朝道教内部一种十分常见的做法,就是以历史上某些众所周知的道经传授事件为基础,重新加入新的经典传授。其目的,一是使新出的经典获得更大的神圣性和合法性;二是使信奉原有经书的信徒重新皈依于新出的经典②。至

---

① (宋)张君房编,李永晟点校《云笈七签》卷4,第51—52页。
② 在"元始旧经"中,大量灵宝经法的传授都是直接以早期上清经中神灵之间的经法传授为基础而构造的。而众多上清经神灵也因此被重新塑造成为信奉并传授灵宝经的神灵。(参见王承文《再论"元始旧经"和"新经"出世先后问题——兼评刘屹博士〈六朝道教古灵宝经的历史学研究〉》,《中山大学学报》2020年第2期)又如《抱朴子内篇》和《真诰》等早期资料,都记载了上古时代高丘子、石公、洪崖先生等人服食金丹成仙的事迹。而"元始旧经"《太上洞玄灵宝灭度五炼生尸妙经》却完全抛开其修炼金丹的内容,直接将他们重新塑造成因修炼"灵宝五炼生尸法"而得道成仙。(参见王承文《汉晋道教仪式与古灵宝经研究》,第518—521页)六朝时期大量天师道新经典都将其出世追溯到东汉顺帝汉安元年(142)五月一日太上老君将"正一盟威之道"传授给张道陵。至于陆修静称"老君降真于天师",就是指东汉顺帝汉安元年(142)五月一日太上老君传授给张道陵,其中就包含了《灵宝五篇真文》和"元始旧经"。其目的就是要所有天师道信徒都信奉《灵宝五篇真文》和"元始旧经"。

于"仙公受文于天台",则指三国孙吴赤乌年间（238－250），徐来勒等天界神真在天台山将《灵宝五篇真文》和"元始旧经"传授给葛仙公即葛玄。在陆修静看来，"仙公受文于天台"，应该是《灵宝五篇真文》和"元始旧经"自黄帝以来多次降授中最近的一次。"元始旧经"《太上洞玄灵宝真一劝诫法轮妙经》记载"三圣真人"和徐来勒等神灵于孙吴赤乌年间在天台山的传经，就是指将《灵宝五篇真文》和"元始旧经"传授给葛仙公葛玄①。至于陆修静《灵宝经目序》所称"十部《旧目》，出者三（六）分"等，论述的始终都是"元始旧经"从远古"劫运"时期直至刘宋初年的传授过程。

陆修静《太上洞玄灵宝授度仪》之"师告丹水文"云：

> 某岳先生大洞法师臣某甲告弟子某甲等：元始天尊于眇莽之中，敷演《真文》，结成妙经。劫劫济度，无有穷已，如尘沙巨亿无绝。灵文隐奥，秘于金阁，众真宗奉，诸天所仰。逮于赤乌，降授仙公，灵宝妙经，于是出世度人。②

以上所谓"元始天尊于眇莽之中，敷演《真文》，结成妙经"，指元始天尊早在最初的"龙汉元年"，就依据《灵宝五篇真文》而演绎成作为"十部妙经三十六卷"的"元始旧经"。对此，多部"元始旧经"都有明确的论述。至于其称"逮于赤乌，降授仙公，灵宝妙经，于是出世度人"，则是说《灵宝五篇真文》和"元始旧经"从天界向作为"葛氏道"代表人物的葛玄传授是在孙吴赤乌年间③。因此，无论是"元始旧经"还是陆修静，都没有将远古"劫运"神话与"此次开天辟地"以来直至汉晋的历史分割

————————

① 《太上洞玄灵宝真一劝诫法轮妙经》，《道藏》第 6 册，第 170－171 页。对该经性质的讨论，参见王承文《论古灵宝经分类争议中的"历史人物"问题》，《魏晋南北朝隋唐史资料》第 46 辑。

② （南朝宋）陆修静《太上洞玄灵宝授度仪》，《道藏》第 9 册，第 852 页。

③ 王承文《论六朝道教"葛氏道"与"元始旧经"的关系——对刘屹博士〈六朝道教古灵宝经的历史学研究〉的商榷》，《学术研究》2019 年第 12 期。

开来。

唐高宗时期道士潘师正撰《道门经法相承次序》，对于灵宝经传承有专门记载，也证明"葛氏道"接受"元始旧经"并非始于北宋初张君房《灵宝略纪》的"杜撰"。其文曰：

> 寻道家经诰，起自三元，从本降迹，成于五德，以三就五，乃成八会。其八会之字，妙气所成，八角垂芒，凝空云篆，太真按笔，玉妃拂筵，黄金为书，白玉为简，秘于诸天之上，藏于七宝玄台，有道即现，无道即隐。盖是自然天书，非关苍颉所作。今传《灵宝经》者，则是天真皇人，于峨嵋山受于轩辕黄帝。又天真皇人受帝喾于牧德之台。夏禹感降于钟山，阖闾窃窥于句曲。其后有葛孝先之类，郑思远之徒，师资相承，缠联不绝。①

以上"寻道家经诰，起自三元"等，即代表道教经法的最早起源。根据其记载，灵宝经经历了从最初的"自然天书"即《灵宝五篇真文》出世到三国孙吴时期葛玄的传授过程。但刘屹博士对此作了完全不同的解读，他称：

> 《道门经法相承次序》应是出自唐代上清派道士之手，也就不难理解它对灵宝经传承的概述，并不是完全按照灵宝经派的立场来叙述。这里有意无意地略去了"劫运说"和天尊、道君主神说，把灵宝经的历史只从黄帝讲起。……《道门经法相承次序》的作者认为，灵宝经根本不是什么元始天尊从龙汉开始就有的，只是从黄帝开始，才一代代经由帝王之手，传到了葛仙公为首的葛氏道之手。②

我们认为，刘屹博士以上解读其实是对《道门经法相承次序》相关

---

① （唐）潘师正《道门经法相承次序》卷上，《道藏》第 24 册，第 783 页。
② 刘屹《六朝道教古灵宝经的历史学研究》，第 638—639 页。

内容的一种误解。

首先，《道门经法相承次序》所称"寻道家经诰，起自三元，从本降迹，成于五德，以三就五，乃成八会。其八会之字，妙气所成，八角垂芒，凝空云篆，太真按笔，玉妃拂筵，黄金为书，白玉为简，秘于诸天之上，藏于七宝玄台，有道即现，无道即隐。盖是自然天书，非关苍颉所作"等等，其实都是将道教经法的起源直接追溯到《灵宝五篇真文》的最初出世。《灵宝五篇真文》最初形态为一种"秘篆文"，又称"自然天书""天文玉字"或"三元八会之字"等。所谓"八会之字"，陆修静在敦煌本《灵宝经目》中将灵宝经划分为十二部，将《灵宝五篇真文》等"秘篆文"称为"第一经之本源，自然天书八会之文"。至于潘师正所称"八角垂芒，凝空云篆，太真按笔，玉妃拂筵，黄金为书，白玉为简，秘于诸天之上，藏于七宝玄台"等，其实直接出自《真文天书经》卷上。该经记载：

> 《元始洞玄灵宝赤书玉篇真文》，生于元始之先、空洞之中。……灵图既焕，万帝朝真，飞空步虚，旋行上宫，烧香散花，口咏灵章。是时天启十二玄瑞，地发二十四应，上庆九天之灵奥，下赞三天之宝文。神风既鼓，皇道咸畅，元始登命，太真按笔，玉妃拂筵，铸金为简，刻书玉篇，五老掌录，秘于九天灵都之宫。[①]

潘师正所称"秘于诸天之上，藏于七宝玄台"，与《真文天书经》所称"秘于九天灵都之宫"含义相同，都是指《灵宝五篇真文》被珍藏在最高天界——无上大罗天太玄都玉京山紫微上宫七宝玄台。所谓"有道即现，无道即隐"，则是对《灵宝五篇真文》主要特性的说明。根据"元始旧经"记载，每当"劫运"开启，《灵宝五篇真文》就出现并演化创造宇宙世界。"劫运"初期的人们都拥有极高的德行，而当"劫末"来临，人们的道德也沦丧殆尽，《灵宝五篇真文》也回归隐藏于最高天界——紫微宫。

---

① 《元始五老赤书玉篇真文天书经》卷上，《道藏》第 1 册，第 774 页。

从《灵宝五篇真文》显现或隐藏的模式来看,即形成了所谓"有道即现,无道即隐"。至于所谓"妙气所成,八角垂芒,凝空云篆",则是"元始旧经"对这种"自然天书"最初形态的描述。正因为如此,潘师正强调《灵宝五篇真文》所代表的"自然天书",与苍颉造字所代表的上古文字起源的神话具有根本不同的性质①。虽然《道门经法相承次序》的这一段叙述没有直接提到元始天尊以及"龙汉劫"的名称,但决不能依靠"谁'有'谁'无'"的比较即判定潘师正是"有意无意地略去了'劫运说'和天尊、道君主神说",或者根本就不承认《灵宝五篇真文》的神圣来源及其与元始天尊的关系。因为该书在其他地方都大量叙述了"劫运说"和"元始天尊"。

其次,刘屹博士提出,《道门经法相承次序》因为"出自唐代上清派道士之手",所以"把灵宝经的历史只从黄帝讲起",强调其"作者认为,灵宝经根本不是什么元始天尊从龙汉开始就有的,只是从黄帝开始,才一代代经由帝王之手,传到了葛仙公为首的葛氏道之手"。然而,前引《真文天书经》本身其实非常明确地记载黄帝恰恰就是《灵宝五篇真文》和"元始旧经"在人间最早的接受者。因此,《道门经法相承次序》"对灵宝经传承的概述",其实完全是按照"灵宝经派的立场来叙述"的。而且其相关记载,既证明了"葛孝先"即太极左仙公葛玄等所传承的其实就是"元始旧经",也证明了古灵宝经构建的以《灵宝五篇真文》为中心的道教宇宙论和道教起源论,已经在隋唐道教中确立了最重要和最核心的地位②。对此,我们还将另有专门的讨论。

根据以上讨论,"元始旧经"虽然大量吸收借鉴了佛教"劫"的观念,

---

① Wang Chengwen, "The Revelation and Classification of Daoist Scriptures," in *Early Chinese Religion: The Period of Division (220-589 AD)*, pp. 775-809;王承文《"灵宝天文"与中古道教经教体系的构建》,载香港道教学院编《道教星斗信仰》,第 46—106 页。

② 王承文《敦煌古灵宝经与晋唐道教》,第 631—823 页。

但是在"元始旧经"的创作者以及陆修静等道教中人看来,从《灵宝五篇真文》所代表的宇宙世界的最初创造,到《灵宝五篇真文》在五种"劫运"交替中重新创造宇宙世界,再到三国孙吴赤乌年间葛玄在天台山接受《灵宝五篇真文》和"元始旧经",本身就构成了一个连续且完整的历史过程。在这一过程中,《灵宝五篇真文》自始至终都占有最重要也最核心的地位。而《灵宝五篇真文》的宇宙本源意义,不但体现"在宇宙初成时第一次天地的创立和万物的滋生",而且"在灵宝经'劫'的时间观念下来看'五篇真文'",也是"贯穿宇宙始终的本源性存在",并完全"具有贯穿宇宙时空的本源性"。因此可以这样说,一个研究者只有真正深入地理解了《灵宝五篇真文》在古灵宝经中最核心的地位和作用,才能对古灵宝经一系列重大问题作出合乎实际的判断。

八　结论

在南北朝至隋唐道教与佛教之间激烈的论战中,古灵宝经因为其中有大量佛教术语和概念而被佛教徒用作攻击道教公开"剽窃"和"抄袭"佛教的证据。例如,唐释玄嶷《甄正论》就称:"至于灵宝伪经,亦具论'劫'事,并是(陆)修静等盗写佛经以益其教。"[1]长期以来,国内外不少研究者亦以古灵宝经中"劫"等概念来证明佛教对道教的决定性影响。刘屹博士则因为古灵宝经吸收了佛教"劫"的观念,一方面直接否定《灵宝五篇真文》所具有的宇宙本源性质,由此判定学术界过分夸大了《灵宝五篇真文》在古灵宝经中的地位和作用;另一方面则在此基础上否定《灵宝五篇真文》与古灵宝经的经教体系以及中古道教经教体系之间存在任何关系[2]。

---

① (唐)释玄嶷《甄正论》卷中,《大正新修大藏经》第 52 册,第 567 页。
② 刘屹《六朝道教古灵宝经的历史学研究》,第 412—431 页。

我们通过对《灵宝五篇真文》与"劫运"关系的考察,可以证明古灵宝经对佛教"劫"的观念并非简单的模仿或全盘吸收,而是作了极为重要的取舍和改造。其主要内容包括:一是在宇宙本源问题上,与佛教缘起论认为宇宙没有起源完全不同,古灵宝经既坚持道家和道教以"道"为核心的宇宙生成论,又认为《灵宝五篇真文》本身就是创造宇宙世界的"道",因而具有"最初的"宇宙本源意义。二是古灵宝经虽然借鉴佛教"劫"的观念,承认宇宙世界的演化包含了多次生成与毁灭的过程,却不认同宇宙世界的彻底毁灭,并强调《灵宝五篇真文》本身以及最高天界"紫微上宫"不受"劫运"的影响;而且认为"三洞经书"等道经以及人间得道的"种民",都因为与《灵宝五篇真文》的关系而得到拯救。三是与佛教主张"劫"的无始无终和无穷无尽截然不同,古灵宝经强调在《灵宝五篇真文》最初出世之后即是五种"劫运"的递进发展,而在"五劫"之后则是以"黄帝"为起点在人世间的传授过程,因而其历史叙述在本质上仍属于中国传统的"单线、单向发展的时间模式"。四是与佛教"劫"之观念的根本目的是说明宇宙世界因缘和合的本质不同,古灵宝经认为,宇宙世界"劫运"的存在根源于《灵宝五篇真文》本身的周期性出现和隐藏,其根本目的恰恰是突出《灵宝五篇真文》在宇宙世界演化过程中的决定性作用。

陈寅恪先生认为自六朝以来道教"对输入之思想,如佛教摩尼教等,无不尽量吸收,然仍不忘其本来民族之地位。既融成一家之说以后,则坚持夷夏之论,以排斥外来之教义";又称道教"一方面吸收输入外来之学说,一方面不忘本来民族之地位。此二种相反而适相成之态度,乃道教之真精神"[①]。古灵宝经直接借鉴和融摄佛教"劫"的观念,但是又坚持道家和道教的本位立场,构建了以《灵宝五篇真文》为核心

---

① 陈寅恪《冯友兰〈中国哲学史〉下册审查报告》,《金明馆丛稿二编》,北京:生活·读书·新知三联书店,2001年,第284—285页。

的宇宙论。《灵宝五篇真文》也因此成为古灵宝经阐发其教义思想最重要的基础和核心。而这一点既可以看成是对道教宇宙论的极大丰富和拓展,也可以看成是其对"道教之真精神"的具体诠释。敦煌本陆修静《灵宝经目》将包含有《灵宝五篇真文》的《真文天书经》置于首位,就是为了突出《灵宝五篇真文》作为宇宙本源和道教经教本源的意义。汉晋时代,虽然道教各派都提出了对宇宙论的解说,然而唯有古灵宝经所创立的包含了"劫运"学说的宇宙论成为中古以来道教宇宙论的主流和核心,并因此对道教具有统一性的经教体系的形成和发展产生了极其广泛而深远的影响①。

---

① 王承文《敦煌古灵宝经与晋唐道教》,第 740—765 页;Wang Chengwen, "The Revelation and Classification of Daoist Scriptures," in *Early Chinese Religion*:*The Period of Division (220-589 AD)*, pp. 775-809;王承文《"灵宝天文"与中古道教经教体系的构建》,载香港道教学院编《道教星斗信仰》,第 46—106 页。

第二章 论古灵宝经"十部妙经"观念及其内在结构（上）

——兼论古灵宝经的研究方法问题

一 引言

"十部妙经"是"元始旧经"的作者在其创作之初就提出的一种极其重要的观念。一方面，它把具有宇宙本源性质的《灵宝五篇真文》看成是"元始旧经"的神圣来源和教义思想的基础；另一方面，它又极力强调"元始旧经"本身属于"十部妙经三十六卷"（简称"十部妙经"）的内在结构。这种观念对于"元始旧经"的整个创作过程都产生了极为重要而深刻的影响。陆修静（406—477）是最早整理古灵宝经的道教宗师，他在敦煌本《灵宝经目》中，以《元始旧经紫微金格目》的形式具体著录了作为"十部妙经三十六卷"的"元始旧经"。至南朝中期，宋文明又撰《灵宝经义疏》，对"十部妙经三十六卷"的义旨作了高度概括，进一步证明"十部妙经"本身属于一种具有深刻内在关联和逻辑性的经典体系。因此，"十部妙经"观念是我们从整体上理解"元始旧经"及其内在关系最重要的基础和前提。然而，长期以来，国内外学术界对于"十部妙经"观念及其内在结构等问题缺乏关注和研究。

近十多年来，刘屹博士采用了一种完全不同的研究路径，其最主要的特点，就是将包括"元始旧经"在内的古灵宝经判定为一批"繁杂多源"又各自具有很强独立性的经典，然后再通过比较这些经典内容的各种差异，从而得出了一系列极具颠覆性和批判性的结论。首先，他认为古灵宝经在"源头"和"派系"上就存在重大差异。近一百多年来，国内外学术界一般都认为古灵宝经均为"葛氏道"所创作。但是他却认为仅有一部分"新经"为"葛氏道"所创作，至于"元始旧经"则均与"葛氏道"完全无关，并判定其是"不知名的道教徒在420年左右开始造作的"[1]。他又称"灵宝经最初的源头不只一个，并不是只有葛氏道的人才能造作灵宝经"；"灵宝经被归并为'新经'和'旧经'两组"，"是来自不同源头和派系的灵宝经被逐渐规范和整编后的结果"。至于陆修静的主要作用，"就在于把晋宋之际繁杂多源的灵宝经逐步规整化"[2]。其次，他特别强调《灵宝五篇真文》并不构成古灵宝经教义思想的基础和核心。而其最主要的理由包括：一是认为"新经"和"元始旧经"都各自拥有版本完全不同的《灵宝五篇真文》[3]；二是强调古灵宝经中存在多种不同的"天文玉字"，而《灵宝五篇真文》仅仅属于《真文天书经》和《赤书玉诀妙经》两部"元始旧经"的核心信仰，其他绝大多数的"元始旧经"并不真正尊崇《灵宝五篇真文》。因此，他认为古灵宝经包括"元始旧经"并不真正存在一种以《灵宝五篇真文》为核心的经教体系。至于《灵宝五篇真文》，也与中古道教经教体系的形成和发展没有任何关系[4]。

---

[1]　刘屹《六朝道教古灵宝经的历史学研究》，第317页。

[2]　刘屹《六朝道教古灵宝经的历史学研究》，第260页。

[3]　刘屹《六朝道教古灵宝经的历史学研究》，第371—372、421页。对这一问题的重新讨论，参见王承文《再论"元始旧经"和"新经"出世先后问题——兼评刘屹博士〈六朝道教古灵宝经的历史学研究〉》，《中山大学学报》2020年第2期。

[4]　刘屹《六朝道教古灵宝经的历史学研究》，第430—431、577—585页。

应该说,刘屹博士极具颠覆性和批判性的研究方法及其结论,既在学术界引发了极大的震撼和争议,也提出了一系列亟待深入讨论的问题:一是我们究竟应该如何理解"十部妙经"的确切含义以及"元始旧经"之间的内在关系?二是《灵宝五篇真文》是否真正构成了"元始旧经"教义思想的基础和核心,以及如何理解《灵宝五篇真文》与中古道教经教体系之间的关系?三是国内外古灵宝经研究发展到今天,刘屹博士无论对于"元始旧经"的整体认知,还是对于其中关键文本的解读,为什么都与国内外学术界存在如此巨大的差别?很显然,本章的讨论既关系到我们应该究竟如何从整体上认识"元始旧经"的教义思想及其在中古道教史上的地位等重大问题,也关系到古灵宝经研究的基本方法问题,并因此在当前的古灵宝经研究中具有非常基础性的意义。

二 《真文天书经》与"元始旧经"的神圣来源以及 "十部妙经三十六卷"结构的确立

(一)如何理解《灵宝五篇真文》是全部"元始旧经"的神圣来源?

《真文天书经》,被公认为是"元始旧经"中出世最早也最重要的经典。该经在中古道教史上最重要的意义之一,是确立了《灵宝五篇真文》作为"元始旧经"经教本源的地位,并进而影响到中古道教具有统一性的经教体系的形成和发展。而其最主要的表现之一,就是它明确提出作为"十部妙经三十六卷"的"元始旧经",都是由元始天尊等神灵依据《灵宝五篇真文》演绎而成的。该经称:

> 《元始自然赤书玉篇真文》开明之后,各付一文安镇五岳。旧本封于玄都紫微宫,众真侍卫,置立玄科,有俯仰之仪。至五劫周末,乃传太上大道君、高上大圣众、诸天至真,奉修灵文,敷演玄义,论解曲逮,有十部妙经三十六卷。《玉诀》二卷,以立要用。悉封紫

微上宫。①

以上论述对于我们研究"元始旧经"的神圣来源及其内在关系极其重要。然而迄今为止,国内外研究者却还很少关注,因此我们试作详细讨论。

该经提出具有宇宙本源意义的《灵宝五篇真文》在最初形成之后,存在两种不同版本,其中一种被安镇在五岳圣山之中,用于"保天地以长存"②;而其"旧本"即最初的原本,则被珍藏在最高天界——无上大罗天太玄都玉京山紫微宫,由众多天界神灵侍卫,并制定有各种朝觐礼拜的仪式。所谓"至五劫周末,乃传太上大道君"等神灵,是指在宇宙五种"劫运"最末的"上皇劫"初期,更具体地说就是指在"上皇元年",元始天尊将《灵宝五篇真文》传授给了太上大道君等神灵。

特别是其称"奉修灵文,敷演玄义,论解曲逮,有十部妙经三十六卷",对于我们理解《灵宝五篇真文》与"元始旧经"之间的源流关系最为关键。所谓"奉修灵文",是指元始天尊、太上大道君等尊奉并修习《灵宝五篇真文》。而"敷演"一词是指详尽的陈述和演绎,所谓"敷演玄义",就是指元始天尊等神灵依据《灵宝五篇真文》敷述和演绎其中玄妙精深的义理。至于"论解曲逮",所谓"曲",许慎《说文解字》称:"曲,象器曲受物之形。"《广雅·释诂一》称:"曲,折也。"《玉篇》称:"曲,不直也。"因此,"曲"指曲折,不直。"逮",《说文解字》称:"逮,唐逮,及也。"《尔雅·释言》亦称:"逮,及也。"可见"逮"的本义就是及,及至。"论解曲逮",就是指元始天尊等神灵对《灵宝五篇真文》精深义旨的演绎和阐释,是通过非常曲折婉转的方式进行的,并最终形成了"十部妙经三十六卷"这样的经典系列,即全部"元始旧经"。也可以这样说,作为"十部

① 《元始五老赤书玉篇真文天书经》卷下,《道藏》第1册,第799页。
② 该经即称《灵宝五篇真文》能"保天地以长存,镇五岳于灵馆"。(《道藏》第1册,第775页)

妙经三十六卷"的"元始旧经",其全部内容在本质上其实都是对《灵宝五篇真文》精深玄妙义理的阐释。

众所周知,中国自上古以来就有"圣人"依据《河图》《洛书》或"八卦"等演绎经书的神话①。因此,古灵宝经提出元始天尊等依据作为"秘篆文"的《灵宝五篇真文》演绎了全部"元始旧经",应在极大程度上仿效了中国上古宗教传统对《河图》《洛书》和"八卦"等"圣物"的神化②。至于《灵宝五篇真文》与"元始旧经"之间的源流关系,《太上诸天灵书度命妙经》等"元始旧经"以及南朝陆修静、严东、宋文明等灵宝经学者都有大量而专门的论述。隋朝《洞玄灵宝玄门大义》称"《五篇真文》有生天立地之能,是一切法本",又称《灵宝五篇真文》所代表的"本文是生法之本"③,都是特别强调《灵宝五篇真文》就是全部灵宝经法乃至所有道教经法得以生成的根源。

为了能够更好地说明《灵宝五篇真文》与"元始旧经"之间的源流关系,我们有必要对此作进一步申述。如所周知,敦煌本《灵宝经目》所著录的"元始旧经"存在两种不同的分类方法。第一种是依照"十部妙经"本身的结构,将全部"元始旧经"划分为"十部"。按照南朝宋文明对"十部妙经"义旨所作的概括,它们分别为"明应化之源本""明运会始终""明天功之广被""明圣德之威风""明戒律之差品""明人行业之由从""明济

---

① 《周易·系辞上》称:"河出图,洛出书,圣人则之。"《汉书》卷27《五行志》称:"《易》曰:'天垂象,见吉凶,圣人象之;河出图,洛出书,圣人则之。'刘歆以为虙羲氏继天而王,受《河图》,则而画之,八卦是也。禹治洪水,赐《洛书》,法而陈之,《洪范》是也。"伏羲氏依据《河图》画出八卦,而《周易》一书即由此而来。大禹对"洛书"进行阐释,即成《尚书》中的《洪范》篇。

② 参见 Wang Chengwen, "The Revelation and Classification of Daoist Scriptures," in *Early Chinese Religion: The Period of Division (220-589 AD)*, pp. 775-888;王承文《"灵宝天文"与中古道教经教体系的构建》,载香港道教学院编《道教星斗信仰》,第46—106页。

③ 《洞玄灵宝玄门大义》,《道藏》第24册,第735页。

物之弘远""明因果之途迹""明修行之方〔法〕""明治身之体用"。按照《真文天书经》等"元始旧经"的论述，除了由《灵宝五篇真文》所代表的"明应化之源本"以外，其他如"明运会始终"等"九部"在经教神学意义上，都是由《灵宝五篇真文》演绎而成的。第二种是根据敦煌本《灵宝经目》，陆修静将"元始旧经"的内容划分为"经之本源""神符""玉诀""灵图""谱录""戒律""威仪""方法""众术""记传""赞诵""表奏"等十二部（或十二类）。按照《真文天书经》等"元始旧经"的论述，除了由《灵宝五篇真文》所代表的"经之本源"之外，其他"十一部"在经教神学意义上都是对《灵宝五篇真文》精深义理的阐释。总之，无论是按照"元始旧经"本身的"十部妙经"来划分，还是按照陆修静的"十二部"划分，都体现了"道教"作为一种大的宗教所包含的各个方面。正是在这种经教神学意义上，《灵宝五篇真文》构成了全部"元始旧经"的神圣来源和教义思想的基础。

　　然而，这里就不可避免地牵涉到一个已经引发重大歧义的问题，即《灵宝五篇真文》的原文，本身属于一种形态奇异神秘的"秘篆文"，我们今天完全可以通过相关道经对其进行释读。而其相关内容很难说与"元始旧经"极其丰富的内容都存在直接关系。有研究者就提出，《灵宝五篇真文》属于一种"以符篆神咒招神弄鬼"的"巫术"①，因此其本身并不具有超越一般"巫术"或"方术"的经教神学意义。那么，我们究竟应该如何理解《真文天书经》等"元始旧经"，将《灵宝五篇真文》看作是全部"元始旧经"的神圣来源和教义思想的基础呢？由于这一问题正是我们在古灵宝经诸多重大问题上与刘屹博士存在根本性分歧的

---

　　①　任继愈主编《中国道教史》称："作为灵宝诸经之首的《赤书真文经》，实际与《三皇经》《五称符》类似，其内容讲的都是早期道士常用的巫术，即以符篆神咒招神弄鬼，求仙度灾的方术。"（上海：上海人民出版社，1990年，第132页）可见，其作者认为《赤书真文经》所论述的《灵宝五篇真文》与《三皇经》《五称符》一样，均属于"以符篆神咒招神弄鬼"的"巫术"或"方术"，本身并不具有任何超越一般"巫术"或"方术"的意义。

关键所在,因此,如果这一问题得不到合理的解答,那么古灵宝经经教体系乃至中古道教经教体系等一系列重大问题的讨论也就根本无从谈起。

我们认为最根本的原因就在于,《真文天书经》和《度人经》等"元始旧经"都直接将《灵宝五篇真文》尊奉为"道",将其视为宇宙世界以及道教经法的创造者。因此,在"元始旧经"创作者看来,《灵宝五篇真文》已经完全超越了作为一般道教符箓神咒文字的意义。它既渊深玄妙,又包罗万有,因此成为道教经典教法不断演绎和创造的"活力之源"。而元始天尊等神灵之所以能够依据《灵宝五篇真文》演绎出各种灵宝教法,在本质上都可以看成是《灵宝五篇真文》对道教经法的演绎和创造。正是在这种经教神学意义上,《真文天书经》等经的创作者认为所有"元始旧经"都是依据《灵宝五篇真文》而阐发出来的,而《灵宝五篇真文》亦因此构成了所有"元始旧经"的神圣来源和教法的基础。我们要特别强调的是,无论是《真文天书经》将《灵宝五篇真文》视为"元始旧经"的神圣来源,还是《灵宝五篇真文》与中古道教经教体系的关系,在本质上其实都属于一种宗教信仰和宗教神学性质的论述,就如同早期天师道把原本作为春秋时期的历史人物和哲学家的老子尊奉为"道"和宇宙的创造者一样。这种宗教信仰和宗教观念,是不适宜也根本不可能用一般历史学或文献学的方法来加以证明的。对于这样的宗教学问题,我们只能按照古灵宝经本身的经教神学观念来加以理解和研究。

(二)关于《真文天书经》与"十部妙经三十六卷"结构的确立

前引《真文天书经》记载,"至五劫周末",元始天尊和太上大道君等"奉修灵文,敷演玄义,论解曲逮,有十部妙经三十六卷。《玉诀》二卷,以立要用。悉封紫微上宫"。其中"十部妙经三十六卷"是一个极其重要的概念。因为这是该经创作者从一开始就确定的"元始旧经"创作数

量及其内部框架结构①,并且对 "元始旧经" 整个创作过程都有决定性
影响。至刘宋元嘉十四年(437),陆修静的《灵宝经目序》记载了在多种
"劫运" 交替过程中《灵宝五篇真文》的传授,其中将 "上皇元年" 的传授
记载为:

> 上皇元年,元始下教,大法流行,众圣演畅,修集杂要,以备十
> 部三十六帙,引导后学,救度天人。②

以上 "上皇元年,元始下教,大法流行",就是指《真文天书经》所记
载的《灵宝五篇真文》在 "五劫周末" 的重新出世。"十部三十六帙" 与
"十部妙经三十六卷" 的含义完全相同。而所谓 "众圣演畅,修集杂要,
以备十部三十六秩",也是指元始天尊和太上大道君等神灵依据《灵宝
五篇真文》演绎出作为 "十部妙经三十六卷" 的 "元始旧经"。因此,陆修
静完全是按照《真文天书经》原有的思想来论述的。

至于《真文天书经》所称《玉诀》二卷,以立要用"。悉封紫微上宫",
其 "《玉诀》二卷",是指《太上洞玄灵宝赤书玉诀妙经》(以下简称《赤书
玉诀妙经》)上下两卷。然而,在此要特别指出的是,其称 "《玉诀》二卷,
以立要用",并非指在 "十部妙经三十六卷" 之外,另有 "《玉诀》二卷" 存
在。但是,刘屹博士却将以上经文解读成 "元始旧经" 为 "十部妙经三十
六卷",再加上 "《玉诀》二卷",即 "元始旧经" 总共为三十八卷③。这种
解读应该属于一种很明显的误解。因为所谓 "《玉诀》二卷",即《赤书玉
诀妙经》上下两卷,自始至终都是 "十部妙经三十六卷" 不可或缺的组成
部分。而且无论是古灵宝经的创作者,还是陆修静和宋文明等道教中

---

① 汉代《太平经》的 "十部" 结构及其 "复文" 与 "十部" 之间的渊源关系,对 "元
始旧经" 的 "十部妙经" 观念及内在结构的形成有直接影响。参见王承文《汉晋道
教仪式与古灵宝经研究》,第 616—623 页。

② (宋)张君房编,李永晟点校《云笈七签》卷 4,第 51 页。

③ 刘屹《六朝道教古灵宝经的历史学研究》,第 272、273 页。

人,一直都把"十部妙经三十六卷"视为一种具有神圣意义的经典数目①。而且道教史上从来没有"元始旧经"总共为三十八卷的说法。《真文天书经》将"《玉诀》二卷"单独列出来,是要证明《真文天书经》和《赤书玉诀妙经》是"元始旧经"中两部最早出世的经典。在古灵宝经中,"玉诀"这一概念也有注解、决断等特定含义②。现存《赤书玉诀妙经》的全部内容都是对《灵宝五篇真文》具体运用方法的说明。因此,该经本身就是作为《真文天书经》最重要的辅助性经典而撰成的③。至于其称"悉封紫微上宫",则是说"十部妙经三十六卷"即全部"元始旧经"在形成后,都被珍藏在最高天界——大罗天太玄都玉京山紫微宫。"元始旧经"对此还有大量记载。

总之,《真文天书经》将"十部妙经三十六卷"都归结为是元始天尊等依据《灵宝五篇真文》演绎而成的,从而确立了《灵宝五篇真文》作为"元始旧经"的神圣来源和最核心的地位。而"十部妙经三十六卷"观念及其内在结构也充分证明,"元始旧经"从一开始就是以一种具有深刻内在关联和逻辑性的经典体系出现的。从《真文天书经》如此明确地提出"十部妙经三十六卷"这样的经典卷数及其内部结构来看,该经创作者决不可能仅仅创作了《真文天书经》这样一部或某几部经典,而应该是围绕这一计划进行过大规模创作。正因为如此,柏夷、大渊忍尔等研究者认为"元始旧经"主要是由东晋末年"葛氏道"的代表人物葛巢甫完

---

① 王承文《汉晋道教仪式与古灵宝经研究》,第 616—623 页。

② 王承文《汉晋道教仪式与古灵宝经研究》,第 626 页。

③ 刘屹提出:"'玉诀二卷'虽然也是解说'五篇真文'的,但恐怕不能看作是天上仙真的作品,里面有大量指导人间道士如何在仪式中使用'五篇真文'的内容"。(第 272—273 页)因此,他强调《真文天书经》提出的是 36+2=38 卷的结构"。这样的推断其实是一种很大的误解。因为《真文天书经》以及多部"元始旧经"中都有大量"指导人间道士如何在仪式中使用'五篇真文'"的内容。参见王承文《论古灵宝经分类争论中的"历史人物"问题》,《魏晋南北朝隋唐史资料》第 46 辑。

成的观点,应该说有其合理性①。我们认为,"元始旧经"即使不是全部由葛巢甫单独创作的,也应该是由他以及他身边的"葛氏道"道士们在一个不太长的时期内共同完成的。

三 关于"十部妙经"观念在"元始旧经" 中的深化和发展

(一)《灵书度命妙经》与"十部妙经"观念的进一步发展

《太上诸天灵书度命妙经》(以下简称《灵书度命妙经》),是一部比《真文天书经》稍晚出的"元始旧经"。该经主要论述《灵宝五篇真文》与宇宙"劫运"的关系,认为《灵宝五篇真文》在"龙汉"等五种"劫运"交替过程中,都起着"保制劫运"和拯救世界的作用。如果说《真文天书经》主要论述了元始天尊在"五劫周末"即"上皇元年"传授和演绎《灵宝五篇真文》情形的话,那么《灵书度命妙经》则将这一核心思想推及"龙汉劫"等更早的"劫运"中,因而是对《真文天书经》经教学说的重要发展。

该经记载元始天尊在大福堂国对太上大道君等神灵说法:

> 汝见《真文》在光中不?此文以龙汉之年出于此土。时与高上大圣玉帝撰十部妙经,出法度人,因名此土为大福堂国长乐之舍,灵音震响,泽被十方……今当为诸来生说十部妙经,以度天人。②

以上"《真文》",就是指《灵宝五篇真文》。所谓"龙汉之年",就是指"龙汉元年"。按照古灵宝经的解说,这一年既代表宇宙世界的正式形成,也标志着最早的"龙汉劫"的开端。其中"高上大圣玉帝"又称高上大

---

① Stephen R. Bokenkamp,"Sources of the Ling-pao Scriptures," in M. Strickmann (ed.), *Tantric and Taoist Studies in Honor of R. A. Stein*, Vol. 2, pp. 434-486;大渊忍尔《道教とその経典》,东京:创文社,1997 年,第 73—121 页。

② 《太上诸天灵书度命妙经》,《道藏》第 1 册,第 799—800 页。

圣，或高上玉帝，原是早期上清经所塑造的一位尊神，而"元始旧经"则将其改造成为传授灵宝经的神灵①。至于其称"时与高上大圣玉帝撰十部妙经，出法度人"，就是指元始天尊与高上玉帝一起在大福堂国，依据《灵宝五篇真文》演绎并写出"十部妙经"。因此，该经在《真文天书经》的基础上进一步强调《灵宝五篇真文》就是"十部妙经"的神圣来源和核心。

该经记载元始天尊在大浮黎国土对苍帝君等说法称：

> 昔龙汉之年，《灵宝真文》于此国土出法度人，高上大圣时撰出妙经，以紫笔书于空青之林，故风吹此树，其声成音。②

以上是说"龙汉元年"，元始天尊与高上玉帝在此依据《灵宝五篇真文》"撰出"了"十部妙经"，即依据《灵宝五篇真文》敷述演绎出全部"元始旧经"，并将它们书写在最高天界紫微上宫的空青之林中。

在此需要特别指出的是，南齐时期著名灵宝经学者严东注解《度人经》，就是在以上《灵书度命妙经》的基础上，提出了《灵宝五篇真文》作为道教经典"祖宗"的观点。其文称：

> 昔龙汉之年，玉字始出，日月始明，天地亦分，众真列位，元始出法度人，说经十遍，周回十方，度人无量之数，元始因撰作十部妙经，以紫笔书著空青之林，众圣所崇，为经之祖宗。③

严东所称"昔龙汉之年，玉字始出，日月始明，天地亦分"，即指"龙汉元年"《灵宝五篇真文》的出世，也代表宇宙世界的开端。至于"元始因撰作十部妙经，以紫笔书著空青之林"等，则直接源于《灵书度命妙经》。但是严东又特别强调其"为经之祖宗"，即强调《灵宝五篇真文》不仅是

---

① 王承文《再论"元始旧经"和"新经"出世先后问题——兼评刘屹博士〈六朝道教古灵宝经的历史学研究〉》，《中山大学学报》2020 年第 2 期。
② 《太上诸天灵书度命妙经》，《道藏》第 1 册，第 800 页。
③ 《元始无量度人上品妙经四注》卷 2，《道藏》第 2 册，第 200 页。

"十部妙经"即全部"元始旧经"的"祖宗",而且也是道教所有经典教法的"祖宗"。这种思想对于中古道教经教体系的形成和发展具有十分重要而深远的影响。

《灵书度命妙经》又记载元始天尊于西那玉国对白帝天君等说法:

> 我昔龙汉之年,与元始天王、高上玉帝,同于此土,遇《灵宝真文》出于浮罗空山之上……我于空山之上,演出《真文》,撰十部妙经,始于此土出法度人,欲令法音流化后生,其法开张。①

以上是说在"龙汉元年",元始天尊与元始天王和高上玉帝在此遇见《灵宝五篇真文》披露于世,于是元始天尊将《灵宝五篇真文》演绎并写成"十部妙经"。而元始天王和高上玉帝则是其中最重要的参与者。

该经还分别记载了《灵宝五篇真文》在"延康劫""赤明劫""开皇劫"的出世,并重点记载了"上皇元年"元始天尊向太上大道君传授《灵宝五篇真文》和"十部妙经"的情况。最后,该经记载元始天尊在西河之边和弱水之上说法,其文称:

> 天尊随其国土,口吐《灵宝五篇真文》,光彩焕烂,不可称视。说十部妙经,授以禁戒。②

以上称"口吐《灵宝五篇真文》",是指元始天尊亲自演说《灵宝五篇真文》。而"说十部妙经,授以禁戒",则是强调《灵宝五篇真文》与"十部妙经"经法之间存在密不可分的关系。

总之,《灵书度命妙经》强调,在宇宙世界的"五劫"交替中,《灵宝五篇真文》始终都是"十部妙经"的神圣来源,并因此在宇宙世界的拯救和重新生成中发挥了决定性的作用③。

----

① 《太上诸天灵书度命妙经》,《道藏》第1册,第801页。
② 《太上诸天灵书度命妙经》,《道藏》第1册,第803页。
③ 王承文《论古灵宝经对佛教"劫"的观念的吸收和改造——以〈灵宝五篇真文〉与"劫运"的关系为中心》,《宗教学研究》2020年第2期。

(二)关于其他"元始旧经"对"十部妙经"的论述

除了《真文天书经》和《灵书度命妙经》之外,其他"元始旧经"对"十部妙经"观念也有专门论述,对于我们进一步理解这一观念的具体内涵也有重要意义。

例如,《赤书玉诀妙经》开篇部分记载太上大道君为奉道者王龙赐传授经戒称:

> 今当为尔解说凝滞,十部妙经,使尔救度十方诸天人民……吾受元始真文旧经,说经度世,万劫当还无上宛利天。①

可见,"十部妙经"又称"元始真文旧经"。其"元始"即指元始天尊,而"真文旧经"即指由元始天尊根据《灵宝五篇真文》演绎而成的"十部妙经"。根据前引《真文天书经》的记载,元始天尊在"五劫周末"即"上皇元年",将《灵宝五篇真文》以及由此演绎成的"十部妙经三十六卷"一起传授给太上大道君等神灵。而《赤书玉诀妙经》则记载太上大道君将"十部妙经"一起传授给奉道者王龙赐,使之救度诸天人民。

《太上洞玄灵宝空洞灵章》之"赤明和阳天颂"和"始皇孝芒天颂"都提到了"十部妙经"观念,其文分别称:

> 赤明开元图,阳和回上虚。元始敷灵篇,十部飞天书。开度九幽祖,万遍道自居。
>
> 龙汉承康界,开图号赤明。妙哉元始公,倏欻敷三灵。五帝承符会,赤书朗长冥。十部大乘门,众圣赞洞经。飞步旋玄都,三洞绕宫城。②

以上所谓"赤明开元图",指《灵宝五篇真文》在"赤明劫"初期即"赤明元

---

① 《太上洞玄灵宝赤书玉诀妙经》卷上,《道藏》第 6 册,第 184 页。
② 《无上秘要》卷 29《三十二天赞颂品》引,《道藏》第 25 册,第 92—93 页。

年"重新出世。而"元始敷灵篇,十部飞天书",就是指元始天尊依据《灵宝五篇真文》进行敷述和演绎而成"十部妙经"。至于"龙汉承康界,开图号赤明",指在"龙汉劫"和"延康劫"两种劫运之后,即有《灵宝五篇真文》在"赤明劫"初期的出世。所谓"妙哉元始公,倏欻敷三灵",是指元始天尊演化了作为"三洞尊神"的天宝君、灵宝君和神宝君。"五帝承符会,赤书朗长冥",指由五老帝君分别掌握的五方《灵宝真文》,结束了"延康劫"时期长久黑暗迷离的状况,使宇宙世界重见光明。而"十部大乘门,众圣赞洞经。飞步旋玄都,三洞绕宫城",其称"十部大乘门"是指"十部妙经"均属于大乘度人的经典,而众神则在最高天界紫微宫内以"步虚"的形式表达对《灵宝五篇真文》和"十部妙经"的礼敬。

唐玄宗统治初期史崇玄奉敕撰《一切道经音义妙门由起》,其所引《本行经》就是指《正统道藏》阙收的"元始旧经"《太上洞玄灵宝真文度人本行妙经》。其文称:

> 灵宝真文十部妙经,太上所秘,不尽传世。五岳所藏,亦多不具。龟山西室、王屋南洞,天经备足,皆万劫一开,将来故有可期之冀,但当勤心于祈请长斋,以期真至。大运之周,克得备其天仪。①

以上指元始天尊在"上皇元年"将"十部妙经"传授给太上大道君等神灵。而太上大道君又将其秘密珍藏人间圣山,并未全部传世。所谓"五岳所藏,亦多不具",是指封存在五岳圣山中的"灵宝真文十部妙经"版本,其实亦不完备。但是作为传说中的圣地——龟山西室和王屋山的南洞,其经书却是完备充足的,需要经过"万劫"之后才有可能出世。因此,人间修道者唯有长斋祈请,虔诚地期待神真的降临,当这些经书到了应当出世降授的时间,就自然会得到补充和完备。

《洞玄灵宝长夜之府九幽玉匮明真科》记载传授"十部妙经"的礼仪

---

① (唐)史崇玄《一切道经音义妙门由起》引,《道藏》第24册,第733页。

和法信。该经称：

> 飞天神人曰：受灵宝真文十部妙经，以金龙三枚，投于水府及灵山、所住宅中，合三处，为学仙之信。不投此，三官拘人命籍，求乞不达。法依《玉诀》之文，有违考属地官九都曹。

> 飞天神人曰：受灵宝真文十部妙经，当以纹缯五方之彩，各四十尺，以关五帝，为告盟之信。阙则五帝不受人名，为五帝魔王所坏，使人志念不专。考属水官泉曲曹。

> 飞天神人曰：受灵宝真文十部妙经，法用上金五两，以盟五岳，为宝经之信。阙则犯慢经之科，五岳灵山不领人学籍。违者考属阴官曹。

> 飞天神人曰：受灵宝真文十部妙经，以金钱二百四十，以质二十四炁生官重真之信。阙则三部八景之神不度人命籍。无金钱者，铜钱六百准。犯之考属都神曹。①

以上所谓"灵宝真文十部妙经"，也是指元始天尊依据《灵宝五篇真文》演绎而成的全部"元始旧经"。以上传经仪式证明，"十部妙经"从一开始就是作为一个整体而传授的。

根据以上讨论，《真文天书经》最早提出"十部妙经三十六卷"观念和结构，其后则有更多"元始旧经"反复强调这一观念。这一方面证明"元始旧经"本身就是一个完整的经典体系，另一方面也证明"十部妙经"观念始终贯穿在"元始旧经"的整个创作过程中。然而，十多年来，刘屹博士对于我们以上研究结论提出大量质疑和批评。因此，如果我们不能对其所有质疑和批评都作出合理的回答的话，那么以上观点就不能说真正成立。

---

① 《洞玄灵宝长夜之府九幽玉匮明真科》，《道藏》第 34 册，第 391 页。

四　我们应该如何认识《灵宝五篇真文》在 "十部妙经"中的核心地位？

（一）如何看待《灵宝五篇真文》在"十部妙经"中的核心地位？

对于《灵宝五篇真文》究竟是否构成"元始旧经"教义思想的基础和核心的问题，刘屹博士其实表现了既完全肯定又彻底否定这样矛盾的态度，并作出了两种逻辑截然相反的论证。

一方面，我们可以看到他赞同《灵宝五篇真文》在古灵宝经中既具有"道"的性质也具有"敷演众经"的神圣功能。例如，他提出"为了突出灵宝经法的绝对本源性，灵宝经一定要将其产生的源头追溯到宇宙、天地初之前的状态，实际上就是把灵宝经法当作'道'的一种体现"[①]；又称，"元始旧经"强调"灵宝经就是'道'的体现，具有创立天地、敷演众经的绝对本源性质"[②]。由于古灵宝经中唯有《灵宝五篇真文》既是"'道'的体现"又"具有创立天地、敷演众经的绝对本源性质"，因此他实际上肯定了《灵宝五篇真文》具有宇宙本源性和演绎经典的功能。他还称：

> 因为所谓"元始旧经"三十六卷，都应该是"灵宝天文"从龙汉、开皇以来随劫应运出世而形成的，这些天书是先于天地万物而自然生成的。[③]

"元始旧经"之所以被称为"旧经"，是因为根据灵宝经的说法，灵宝之文是在宇宙开辟之前的道气所凝结而成的天文玉字。道气又化成元始天尊，在开皇劫期的上皇元年，元始天尊为教化天人，将天文玉字演化成十部三十六卷的灵宝经。因此，早在灵宝经出

---

① 刘屹《六朝道教古灵宝经的历史学研究》，第 632 页。

② 刘屹《六朝道教古灵宝经的历史学研究》，第 293 页。

③ 刘屹《六朝道教古灵宝经的历史学研究》，第 441 页。

世之前,元始天尊和三十六卷灵宝经,都早已存在于天宫。①

　　陆氏认为灵宝之文,是宇宙初开之前就存在的道气所化。道
气化成天文玉字,形成天文宝经……本来,元始天尊将天文玉字衍
化成三十六卷灵宝经,教化天人。……元始天尊所传的三十六卷
灵宝经,其所依据的灵宝天文可以追溯到宇宙开辟之时,并适用于
各个劫期,具有多次轮回降世度人的奇效。因而是具有最高权威
性和神圣性的一组道经。②

　　其以上论述可以归结为两点:一是其称"根据灵宝经的说法,灵宝
之文是在宇宙开辟之前的道气所凝结而成的天文玉字",以及"陆氏认
为灵宝之文,是宇宙初开之前就存在的道气所化。道气化成天文玉字,
形成天文宝经"等,都是指《灵宝五篇真文》本身属于"道气"凝结而成,
因而具有宇宙本源意义。二是其称"'元始旧经'三十六卷,都应该是
'灵宝天文'从龙汉、开皇以来随劫应运出世而形成的","在开皇劫期的
上皇元年,元始天尊为教化天人,将天文玉字演化成十部三十六卷的灵
宝经",以及"元始天尊将天文玉字衍化成三十六卷灵宝经,教化天人"
等,都是指元始天尊依据《灵宝五篇真文》演绎了作为"十部三十六卷"
的"元始旧经"。因此《灵宝五篇真文》就是"元始旧经"的神圣来源和教
义思想的基础。为此他还专门提出了"以灵宝真文为核心的'元始旧
经'"③这样的观点。可见,虽然刘屹博士非常刻意地回避直接提到《灵
宝五篇真文》,也刻意地回避说明其学术观点的真正来源,但是以上论
述都表明,他赞同我们所提出的核心观点,即"元始旧经"本身属于一种
以《灵宝五篇真文》为核心的经典体系,而《灵宝五篇真文》与"元始旧
经"在经教意义上存在本末源流关系。

---

① 刘屹《六朝道教古灵宝经的历史学研究》,第 303 页。
② 刘屹《六朝道教古灵宝经的历史学研究》,第 312 页。
③ 刘屹《六朝道教古灵宝经的历史学研究》,第 524 页。

另一方面,我们却又看到刘屹博士通过各种专题研究,公开否定《灵宝五篇真文》在"元始旧经"中具有核心地位。

首先,他否定《灵宝五篇真文》本身具有"道"的性质以及宇宙本源性,公开称:

> 《真文天书经》并不认为"五篇真文"具有绝对本源性,灵宝经对"五篇真文"的推崇,也并不是要在"道"之外重新塑造一个神学上的本源性概念。从本质上讲,"五篇真文"不是宇宙万物产生的根源和依据,而只是以其本身具有的符咒神力,能够确保宇宙万物得以顺利地运行和生衍。灵宝经强调的是"五篇真文"作为天文符图的功能性,而非其生成万物的本源性。[①]

很显然,他完全撇开了"元始旧经"本身的经教神学观念,强调"元始旧经"中所有关于《灵宝五篇真文》具有宇宙本源意义的论述都是不能真正成立的[②]。然而,这种做法就等同于一个研究者力图证明早期天师道所尊奉的太上老君不可能是宇宙世界的真正创造者,因为早在春秋时期作为历史人物的老子诞生之前宇宙世界就已经存在。这样的论证表面上看起来似乎符合"历史学"和"文献学"的逻辑,然而却不能说符合宗教学的逻辑。

其次,他强调具有符咒色彩的《灵宝五篇真文》与"元始旧经"大量内容并无直接关系,因此完全否定《灵宝五篇真文》具有作为"元始旧经"神圣来源的意义。为此,他特地罗列了很多例子来证明《灵宝五篇真文》在"元始旧经"中并不具有核心地位。例如,他称:

> 如果我们仔细考察除《真文天书经》和《赤书玉诀妙经》之外的"元始旧经"各经,似乎《洞玄灵宝长夜之府九幽玉匮明真科》提到

---

① 刘屹《六朝道教古灵宝经的历史学研究》,第417—418页。
② 刘屹《六朝道教古灵宝经的历史学研究》,第420、429页。

"当丹书灵宝真文五篇，于中庭。五案置五方，一案请一篇真文"。《太上洞玄灵宝真文度人本行妙经》也讲到了"灵宝赤书五方真文"，《太上洞玄灵宝无量度人上品妙经》提及有"赤明开图，元始安镇，敷落五篇，赤书玉字"。此外各经，并没有先把《灵宝赤书五篇真文》摆放在最高贵和最根本的位置，然后再展开自己的论说。有些经典根本不提"五篇真文"，有些经典则明显在强调与"五篇真文"不同的天文和玉字。①

因此，他特别强调"如果把'五篇真文'作为全部灵宝经教的核心看待，很可能只是看到了某一部分灵宝经作者的意愿，而忽略了'古灵宝经'在 4 世纪初到 5 世纪中后期这一时间段中一直在不断发展变化的事实"②；又称"'五篇真文'和'灵宝五符'在当时，都并不代表新的灵宝经教体系发展的方向，更谈不上作为全新的经教体系挺成的核心与基础"③。

应该说，刘屹博士的研究方法在近数十年来国内外灵宝经学术界具有相当大的代表性④。这种研究方法就是先把古灵宝经包括"元始旧经"分割成一批各自具有很强独立性的经典，然后再"依靠某种因素谁'有'谁'无'的表象"⑤进行比较。其最突出的特点，就是把"元始旧经"中"某种因素"的"有"与"某种因素"的"无"，看成是一种非此即彼、二者必然相互对立和相互否定的关系。而其最具体的表现，就是一部经典中如果出现了"某种因素"，就代表其创作者认同"某种因素"；反之，一部经典如果没有出现"某种因素"，就代表其创作者不知

---

① 刘屹《六朝道教古灵宝经的历史学研究》，第 586 页。
② 刘屹《六朝道教古灵宝经的历史学研究》，第 431 页。
③ 刘屹《六朝道教古灵宝经的历史学研究》，第 422 页。
④ 对于国内外古灵宝经领域这种研究方法的由来及其影响的专门讨论，参见本书第六章。
⑤ 刘屹《六朝道教古灵宝经的历史学研究》，第 425 页。

道或者根本就不认同"某种因素"。在此基础上,刘屹博士进而又将古灵宝经内部这种"有"与"无"的差别,上升为根本性教义思想以及"源头"和"道派"的重大差别①。然而,我们认为这种研究方法并不能反映"元始旧经"的实际情况,而且也是造成古灵宝经一系列重大问题长期争论不休的主要原因。因此,我们有必要作比较详细的讨论。

(二)为什么不能用"谁'有'谁'无'"的比较来否定《灵宝五篇真文》在"元始旧经"中的地位?

按照"元始旧经"的"十部妙经"体系,《真文天书经》在其中最重要的意义包括:一是该经将《灵宝五篇真文》确定为宇宙本源和灵宝经法的本源,《灵宝五篇真文》以及由此演绎的灵宝经法也因此被赋予了至高无上的神圣性和大乘度人的品格;二是该经提出元始天尊与《灵宝五篇真文》的形成和出世都具有不能分割的关系,而元始天尊也因此被尊奉为灵宝经乃至后来整个道教的共同教主;三是该经提出《灵宝五篇真文》出世过程与宇宙"劫运"交替转换密切相关,而这种包含了"劫运"观念的宇宙观也因此成为中古以来道教最重要的宇宙论。以上三方面相辅相成。至于其他"元始旧经",则以此为基础对灵宝经教义思想作进一步阐述。但是,其他"元始旧经"都各自有其论述的重点,在绝大多数情况下并非同时包含以上三个方面。按照常理,在"十部妙经"体系中,一部"元始旧经"只要其中出现了"元始天尊",或者出现了《灵宝五篇真文》,甚至只出现与此相关的"劫运"学说,就能说明其创作者本身尊崇《灵宝五篇真文》和元始天尊以及"劫运"学说,而且必定都是直接在《真

① 参见王承文《论六朝道教"葛氏道"与"元始旧经"的关系——对刘屹博士〈六朝道教古灵宝经的历史学研究〉的商榷》,《学术研究》2019年第12期;王承文、张晓雷《古灵宝经"新经"征引"元始旧经"问题新探》,《魏晋南北朝隋唐史资料》第40辑,上海:上海古籍出版社,2019年;王承文、张晓雷《论古灵宝经的报应观》,《敦煌学辑刊》2019年第3期。

文天书经》原有论述的基础上进一步展开的。

然而,刘屹博士因为坚持"依靠某种因素谁'有'谁'无'的表象"的比较,所以把"元始旧经"是否直接出现《灵宝五篇真文》以及出现的具体位置等的差别,看成是一种非此即彼、相互对立和相互否定的关系,并以此来证明"元始旧经"内部对于是否尊崇《灵宝五篇真文》存在重大差异。我们认为这种研究方法及其结论非常值得商讨。

首先,刘屹博士认为在"元始旧经"中,真正"把《灵宝赤书五篇真文》摆放在最高贵和最根本的位置"的,仅仅有《真文天书经》和《赤书玉诀妙经》两部经典。他认为只有全部"元始旧经"都一律"把《灵宝赤书五篇真文》摆放在最高贵和最根本的位置,然后再展开自己的论说",才能证明《灵宝五篇真文》在"元始旧经"中真正具有最核心的地位。然而,这种判定和结论其实是一种很大的误解。因为"元始旧经"这一最显著的特点,恰恰是由其本身的"十部妙经"观念及其内在结构决定的。另外,我们还要强调的是,除了《真文天书经》和《赤书玉诀妙经》之外,其实还有大量"元始旧经"都将《灵宝五篇真文》奉为最核心的信仰。对此,我们将在后面作进一步讨论。

其次,刘屹博士特别强调"元始旧经"中"有些经典根本不提'五篇真文'",并进而判定这些经典的创作者根本就不尊崇《灵宝五篇真文》。我们认为这种情况应分为两种。

第一种是相关"元始旧经"表面上没有直接提到《灵宝五篇真文》,但实际上已经把对《灵宝五篇真文》的信仰融贯在其经典叙述中。

以《洞玄灵宝二十四生图经》为例,该经主要论述"灵宝二十四生图"的由来及其宗教功能。该经虽然出现了元始天尊,也出现了一部分"劫运"年号,但是,刘屹博士判定该经"说元始天尊传度的是'洞玄金书紫字玉文丹章自然灵图'。'金书紫字'显然和'赤书'不同"①。因此他

---

① 刘屹《六朝道教古灵宝经的历史学研究》,第 585 页。

直接判定该经创作者只接受《真文天书经》中的"元始天尊"以及一部分"劫运"观念,却根本不承认和接受《灵宝五篇真文》的尊崇地位,并因此与《真文天书经》在是否尊崇《灵宝五篇真文》问题上存在重大差异,进而判定这两部经典的创作者及其最核心的信仰也完全不同。但是,如果我们对该经文本作更加深入的研读,就能发现该经其实有对《灵宝五篇真文》的高度尊崇。例如,该经"上部第二真炁"之《神仙五岳真形图》称:

> 妙哉元始道,五灵敷《真文》。上开龙汉劫,焕烂三景分。十部飞天书,安镇五帝神。①

以上所谓"元始道",就是指元始天尊依据《灵宝五篇真文》所演绎的灵宝经法。南齐时期灵宝经学者严东注解《度人经》称:"元始之道,经无数之劫,常居大罗之天也。"②所谓"元始之道",也是指元始天尊依据《灵宝五篇真文》所演绎的"十部妙经"及其教法。至于"五灵敷《真文》"中的"《真文》",其实就是指《灵宝五篇真文》;而"五灵"以及"安镇五帝神"中的"五帝神",都是特指"元始旧经"中的"五老帝君"。"五老帝君"最主要的职责恰恰就是守护《灵宝五篇真文》。《真文天书经》开篇对此即有专门记载。又如《太上诸天灵书度命妙经》记载元始天尊对太上道君称:"五老帝君与《灵宝》因缘,生死亿劫,世世相值,教化不绝。《真文》既与五老帝君,各受一通真经妙诀,安镇五方。"③至于其称"上开龙汉劫,焕烂三景分","三景"是指日、月、星,"焕烂三景分"即指因为《灵宝五篇真文》的出现,天地世界得以正式形成。如前所述,所谓"十部飞天书",就是特指元始天尊在"龙汉元年"将《灵宝五篇真文》演绎成"元始旧经"十部三十六卷。因此"十部飞天书"与《灵宝五篇真文》具有必

---

①　《洞玄灵宝二十四生图经》,《道藏》第 34 册,第 338 页。

②　《元始无量度人上品妙经四注》卷 3,《道藏》第 2 册,第 235 页。

③　《太上诸天灵书度命妙经》,《道藏》第 1 册,第 802 页。

然的关系。

又如该经"上部第七真炁"之《神仙真道混成图》也称：

> 荡荡元始初，混沌炁未分。三色无中化，回合若景云。幽冥生真景，焕落敷灵文。豁朗开长夜，植立天地根。①

以上是对《灵宝五篇真文》最初创造宇宙过程的描述。所谓"焕落敷灵文"中的"灵文"，在"元始旧经"中特指《灵宝五篇真文》。而"植立天地根"就是指《灵宝五篇真文》确立了宇宙世界的根本。因为《真文天书经》明确称《灵宝五篇真文》为"元始天书，生于空洞之中，为天地之根"②。而《度人经》称《灵宝五篇真文》的作用为"开明三景，是为天根"③。"新经"《太上洞玄灵宝真文要解上经》亦称："夫《灵宝五文》，皆天地之根。"④至于其称"开明三景"，源于《真文天书经》称《灵宝五篇真文》"生于元始之先，空洞之中"，"二仪待之以分，太阳待之以明"，"天地得之而分判，三景得之而发光"⑤。由此可见，《洞玄灵宝二十四生图经》作为一部专门论述"灵宝二十四生图"的"元始旧经"，从来没有说过"灵宝二十四生图"本身具有最重要的意义，因此实际上是把《灵宝五篇真文》"摆放在最高贵和最根本的位置，然后再展开自己的论说"。没有任何证据能够证明该经作者根本不知道或者根本就不承认《灵宝五篇真文》的尊崇地位。

第二种是有几部"元始旧经"虽然没有直接提及《灵宝五篇真文》，然而并不影响它们在经教神学意义上，仍然属于元始天尊根据《灵宝五篇真文》所演绎而成的"十部妙经"组成部分，也决不能据此判定其创作者根本不知道或者根本就不尊崇《灵宝五篇真文》。

---

① 《洞玄灵宝二十四生图经》，《道藏》第 34 册，第 339 页。
② 《元始五老赤书玉篇真文天书经》卷下，《道藏》第 1 册，第 797 页。
③ 《灵宝无量度人上品妙经》，《道藏》第 1 册，第 3 页。
④ 《太上洞玄灵宝真文要解上经》，《道藏》第 5 册，第 904 页。
⑤ 《元始五老赤书玉篇真文天书经》卷上，《道藏》第 1 册，第 774 页。

例如，《洞玄灵宝自然九天生神章》中出现了元始天尊，也出现了"劫运"年号，却没有提到《灵宝五篇真文》。刘屹博士即因此判定"《九天生神章》还只有九天说，且没有对'灵宝五符'或'五篇真文'的推崇"①，因而该经作者只接受《真文天书经》所确立的元始天尊和"劫运"学说，却不承认《真文天书经》所尊崇的《灵宝五篇真文》。并进而认为这两部经的创作者在是否尊崇《灵宝五篇真文》问题上存在重大差异。又如，《太上洞玄灵宝智慧定志通微经》中出现了元始天尊，却没有出现《灵宝五篇真文》和"劫运"年号。刘屹博士即因此判定该经作者只认同《真文天书经》将元始天尊尊奉为"最高神灵"，但是既不认同《灵宝五篇真文》的尊崇地位，也不认同其"劫运"学说②。再如，《太上洞玄灵宝智慧上品大戒经》《太上洞玄灵宝三元品戒功德轻重经》《太上洞玄灵宝灭度五炼生尸妙经》三经，其中都出现了元始天尊和"劫运"年号，却都没有出现《灵宝五篇真文》。刘屹博士即判定这三经的作者都只认同《真文天书经》中的元始天尊和"劫运"学说，都不认同和尊崇《灵宝五篇真文》。于是他判定这三经与《真文天书经》在是否尊崇《灵宝五篇真文》问题上存在重大差异，同时判定此三经的创作者必定与《真文天书经》的创作者完全不同。很显然，以上这种研究方法构成了一种极为典型的"依靠某种因素谁'有'谁'无'的表象"而进行比较的方法，其本质就是把古灵宝经中"某种因素"的"有"与"某种因素"的"无"，看成是一种绝对的非此即彼、相互否定和相互对立的关系。

根据我们的研究，在"十部妙经"体系中，《灵宝五篇真文》在相关经典中是否直接出现，以及在经书的哪一个部分出现，完全是由其所述内容决定的。不能说一些"元始旧经"中出现了《灵宝五篇真文》，就代表它们必然要比那些没有出现的经典更加尊崇《灵宝五篇真文》。因为

———————

① 刘屹《六朝道教古灵宝经的历史学研究》，第 478 页。
② 刘屹《六朝道教古灵宝经的历史学研究》，第 526 页。

"元始旧经"所创造的"元始天尊"本来就是与《灵宝五篇真文》和"劫运"学说不可分割的。我们很难想象以上这些经典的创作者都只承认元始天尊的主神地位,却偏偏就不知道或者根本就不承认《灵宝五篇真文》的尊崇地位。就如同早期天师道把"太上老君"尊奉为作为宇宙本源的"大道",不能说其中某一部经典因为没有特地说明"太上老君"是作为宇宙创造者的"大道",因此就代表其创作者根本不承认甚至完全否认太上老君是作为宇宙本源的"大道"。《真文天书经》等"元始旧经"既然把《灵宝五篇真文》确定为"十部妙经"共同的神圣来源,也不能因为其中几部经典没有直接出现《灵宝五篇真文》,或者没有特地尊崇《灵宝五篇真文》,就代表其创作者根本就不承认《灵宝五篇真文》的尊崇地位。我们不宜作这样极其流于表面和肤浅的判定。对此,我们还将在后面有关"十部妙经"内在结构部分再作讨论。至于刘屹博士所提出的"元始旧经"中"有些经典则明显在强调与'五篇真文'不同的天文和玉字"等问题,则需要我们作更加专门的研究。

五 如何认识"元始旧经"中《灵宝五篇真文》与其他"天文玉字"和"神符"的关系?

(一)如何看待《灵宝五篇真文》与"诸天内音自然玉字"之间的关系?

古灵宝经的"天文玉字"属于一种形态奇异神秘的"秘篆文",又称"灵宝天文""灵宝真文""自然天书"等。刘屹博士特别提出除了《灵宝五篇真文》之外,古灵宝经中还有其他多种"天文玉字"存在。例如,《度人经》等经中有"诸天内音自然玉字",《太上灵宝五符序》中有"灵宝五方符命",《真一五称符上经》中有"灵宝五称符",《灵宝灭度五炼生尸妙经》中有"五方天文"。

刘屹博士提出,它们都在相关古灵宝经中占有最重要也最核心的地位。因此，他认为《灵宝五篇真文》并不构成全部"元始旧经"教义思想的共同基础，而古灵宝经内部也根本不存在以《灵宝五篇真文》为核心的经教体系。他为此作了大量论证。例如，他称："必须意识到在《抱朴子内篇》之后和《真文天书经》之前，曾经出现过不止一套的'灵宝五符'或'五篇真文'。'赤书玉篇真文'只是其中的特定阶段的产物"，"向后延展看，它很快就面临其他'旧经'新出的'灵宝五方天文'的竞争"。① 又称："'灵宝'的概念在古灵宝经中实际上呈现不拘一格、多种多样的形态，《灵宝赤书五篇真文》只是其中的一种表现形态而已。"② "'灵宝赤书五篇真文'只是灵宝经在不断造作过程中出现的多个重要概念及不同表现之一。"③

他还称：

> "元始旧经"在 5 世纪中期以前"已出"的二十一卷部分，至少存在"五篇真文"和"诸天内音自然玉字"（后演变成"五方天文"）这两种不同的秘篆文系统，并各有从其基本概念派生出来的经典。这些"元始旧经"更多是在一种笼统的"灵宝"概念的前提下，各自展开自己的论说，而不是非常严格地遵守"元始第一经"所奠定的经教基础。……与其说"元始旧经"自始至终都尊奉第一经《真文天书经》里的《灵宝赤书五篇真文》，不如说随着"元始旧经"的逐步造作，不同作者对"灵宝"的理解和认识，得以按照不同的表现方式呈现在"古灵宝经"中，《五符序》的"灵宝五方符命"、《五称符上经》的"灵宝五称符"、《真文天书经》的"五篇真文"、《诸天内音自然玉字》和《五炼生尸妙经》所载的"五方天文"，正是这种出于众手、不断造作、各有尊奉的灵宝经形成史的真实反映。④

---

① 刘屹《六朝道教古灵宝经的历史学研究》，第 431 页。
② 刘屹《六朝道教古灵宝经的历史学研究》，第 593 页。
③ 刘屹《六朝道教古灵宝经的历史学研究》，第 570 页。
④ 刘屹《六朝道教古灵宝经的历史学研究》，第 592—593 页。

　　其以上论述包含三层意思：一是他认为《灵宝五篇真文》和"诸天内音自然玉字"属于两种根本不同的"秘篆文系统"，因此在"元始旧经"中至少存在两种"从其基本概念派生出来的经典"，也在"元始旧经"中形成了至少两种互不隶属亦各自完全独立的体系；二是他认为《太上灵宝五符序》中的"灵宝五方符命"、《真一五称符上经》中的"灵宝五称符"、《灵宝灭度五炼生尸妙经》中的"五方天文"等，都与《灵宝五篇真文》属于互不隶属也根本不同的体系；三是由于《灵宝五篇真文》与这些内容都属于一种非此即彼、互不隶属的关系，因此"元始旧经"创作过程必定是"出于众手、不断造作、各有尊奉"，"元始旧经"内部在根本性教义思想等方面存在各种重大差异。由此可见，究竟如何看待《灵宝五篇真文》与其他"天文玉字"之间的关系，对于我们讨论"元始旧经"的经教体系等问题极为重要。

　　在"元始旧经"中，所谓由"诸天内音自然玉字"之"基本概念派生出来的经典"，是特指《度人经》《太上灵宝诸天内音自然玉字》和《太上洞玄灵宝空洞灵章》三经。这三经论述的内容虽然各有侧重，但是相互依存、相互补充，因此应对此三经作综合性考察①。这三经在提出"诸天内音自然玉字"这一种"秘篆文系统"之外，与《真文天书经》等"元始旧经"最大的不同，还在于提出了一种"三十二天"的宇宙结构以及三十二天帝君的概念。对此刘屹博士也作了专门论证。他称：

　　　　正因为《真文天书经》与《赤书玉诀妙经》是较早作成的，所以只能提出一个"十部三十六卷"的概念，也许在这一原初的设想中，是三十六卷专门讲解"五篇真文"的"元始旧经"，此外再有"玉诀二卷"的布局。但实际作成并被陆修静承认的"旧经"，却是既有讲

────────────

　　① 需要说明的是，刘屹博士通过"依靠某种因素谁'有'谁'无'的表象"的比较，确认这三经在创作者、创作时间以及教义思想等多方面也存在重大差异。（见《六朝道教古灵宝经的历史学研究》，第473—475页）

"五篇真文"的,也有讲"诸天内音自然玉字"的,也有讲"五方天文"的。就是因为后来的造经者,只接受了"十部妙经三十六卷"的观念,而不必受到具体的经目限制。①

不仅是"大梵隐语"与"五篇真文"字形、文法上的不同,前者背后隐藏的是"三十二天说",后者则以五方天、九天和十天说为依托,这或者是时代有先有后,或者是经教背景不同的两批道士所作。②

"诸天内音"有一个明显的从"四方"到"五方"的发展过程,说明"元始旧经"对"天文"观念的建构,并不是立足于"五篇真文赤书"这一个核心基点。从《度人经》和《五炼生尸妙经》这样明显后出的"元始旧经",甚至可以看到对"五篇真文"不怎么重视,反而突出强调"五方天文"的倾向。由此我们看到,即便在"元始旧经"中,实际上也并不如想象的那样,所有经典都无一例外地明确地尊奉"灵宝赤书五篇真文"。③

因此,刘屹博士认为《度人经》等三经"明显在强调与'五篇真文'不同的天文和玉字"④。而《灵宝五篇真文》与"诸天内音自然玉字"亦必然属于两种具有根本性差异的经教体系。由此可见,真正弄清这两种不同"天文玉字"之间的关系,在当前显得尤为迫切和重要。

(二)《度人经》等三经的创作是以高度尊崇《灵宝五篇真文》作为前提的

我们认为《度人经》《太上灵宝诸天内音自然玉字》和《太上洞玄灵宝空洞灵章》三经的创作,其实都是以高度尊崇《灵宝五篇真文》作为基

① 刘屹《六朝道教古灵宝经的历史学研究》,第273页。
② 刘屹《六朝道教古灵宝经的历史学研究》,第474页。
③ 刘屹《六朝道教古灵宝经的历史学研究》,第592页。
④ 刘屹《六朝道教古灵宝经的历史学研究》,第586页。

础和前提的。至于其提出的"诸天内音自然玉字",并不影响此三经在经教属性上仍然属于由元始天尊等依据《灵宝五篇真文》所演绎的"十部妙经"组成部分。刘屹博士提出在整部《度人经》中,其涉及与《灵宝五篇真文》关系的内容,仅仅有"赤明开图,元始安镇,敷落五篇,赤书玉字"这寥寥四句话①。然而,《度人经》与《灵宝五篇真文》的关系其实远不止于此。例如,《度人经》称:

> 混洞《赤文》,无无上真,元始祖劫,化生诸天。开明三景,是为天根。上无复祖,唯道为身。《五文》开廓,普殖神灵。无文不光,无文不明,无文不立,无文不成,无文不度,无文不生。②

我们认为以上内容反映了《度人经》创作者最根本的信仰和最重要的教义思想。然而刘屹博士却完全未予提及,因此我们有必要对此进行专门讨论。

一是其称"混洞《赤文》,无无上真",就是指《灵宝五篇真文》具有至高无上的地位。"《赤文》"就是指《灵宝五篇真文》。为什么要将其称为"《赤文》"呢?因为《真文天书经》明确记载:

> 《元始洞玄灵宝赤书玉篇真文》,生于元始之先,空洞之中。……灵图革运,玄象推迁,乘机应会,于是存焉。天地得之而分判,三景得之而发光。灵文郁秀,洞瑛上清,发乎始青之天而色无定方。文势曲折,不可寻详。元始炼之于洞阳之馆,冶之于流火之庭,鲜其正文,莹发光芒,洞阳气赤,故号赤书。③

"赤书"与"赤文"含义相同。《真文天书经》认为《灵宝五篇真文》出现在灵宝经所创造的最高神灵元始天尊出世之前,开始于"空洞"即化

---

① 刘屹《六朝道教古灵宝经的历史学研究》,第586页。
② 《灵宝无量度人上品妙经》,《道藏》第1册,第3页。
③ 《元始五老赤书玉篇真文天书经》,《道藏》第1册,第774页。

生元气的太虚之境。《灵宝五篇真文》在正式形成过程中，被元始天尊在天庭南部的洞阳之馆流火之庭烧炼过，因此称为"赤书"。南齐时期严东注解《度人经》称："赤文，赤书，大洞之经，通明龙汉，沦于延康。元始开运于洞阳之宫，火炼玉字，洞阳焜赤，故号赤文。出法度人，玉清冶炼，真中之真，故曰无无上真也。"唐代薛幽栖注称："赤文者，赤书真文也。言赤书真文，齐混沌之初，在天地之先，凝化空洞之上，郁结太无之中。太无之无，亦无其无，既无其无，是谓无无。故云无无上真也。元始炼之以洞阳之焜，冶之于流火之庭，洞阳焜赤，故曰赤书也。"①可见，《度人经》所称"混洞《赤文》，无无上真"，就是依据《真文天书经》等强调《灵宝五篇真文》就是宇宙世界的本源，并具有至高无上的神圣性。

二是其称"元始祖劫，化生诸天。开明三景，是为天根"，其"元始祖劫，化生诸天"是指《灵宝五篇真文》比元始天尊更早出现，而且是宇宙世界的真正创造者。因为《真文天书经》明确称《灵宝五篇真文》"生于元始之先，空洞之中。天地未根，日月未光，幽幽冥冥，无祖无宗。灵文晻蔼，乍存乍亡。二仪待之以分，太阳待之以明。灵图革运，玄象推迁，乘机应会，于是存焉。天地得之而分判，三景得之而发光"。② 严东注解《度人经》称，《灵宝五篇真文》在"元始未受号之先，已化生天地"③。所谓"是为天根"，指《灵宝五篇真文》本身就是宇宙世界得以形成的根本。因为《真文天书经》明确称"元始天书，生于空洞之中，为天地之根"④。"新经"《灵宝真文要解上经》亦称："夫《灵宝五文》，皆天地之根。"⑤严东注解《度人经》又称："三景，三光也。三光既明，天地乃分，

①　《元始无量度人上品妙经四注》卷2，《道藏》第2册，第201页。
②　《元始五老赤书玉篇真文天书经》卷上，《道藏》第1册，第774页。
③　《元始无量度人上品妙经四注》卷2，《道藏》第2册，第201页。
④　《元始五老赤书玉篇真文天书经》卷上，《道藏》第1册，第797页。
⑤　《太上洞玄灵宝真文要解上经》，《道藏》第5册，第904页。

万物乃生,神灵得治,长为天根也。"①因此,《真文天书经》和《度人经》等"元始旧经"以及严东等对《度人经》的注解,都一致强调《灵宝五篇真文》才是宇宙世界的根本。

三是其称"上无复祖,唯道为身",因为老子《道德经》强调"道"是宇宙万物的本源,是"万物之母"和"万物之宗"。而《庄子》强调"道"是"自本自根"。因此"道"属于"无祖无宗"。而《真文天书经》将《灵宝五篇真文》比喻为"道",其称《灵宝五篇真文》"生于元始之先,空洞之中。天地未根,日月未光,幽幽冥冥,无祖无宗"②。至于《度人经》所称"唯道为身",则使该经成为"元始旧经"中唯一公开将《灵宝五篇真文》直接等同为"道"的经典。严东注解称:"祖,宗也。上无所宗,唯道炁结精而后成其身也。"意即《灵宝五篇真文》本身就是道与元炁凝结而成。唐薛幽栖曰:"既齐混沌之物,复在天地之先,故云上无复祖也。真文之质即道真之体为文,故云唯道为身也。"成玄英曰:"此举真文之体为诸天之根本,禀元始妙炁之自然而化成大道之法身。妙炁自成,不复更有先祖也。"③可见《灵宝五篇真文》就是"大道"的法身。它既在天地形成之前就已经存在,而且也是其后"赤明劫"初期"三十二天"宇宙得以形成的根本。因此《度人经》以此进一步确立了《灵宝五篇真文》作为"道"的性质以及宇宙本源的地位。

四是其称"《五文》开廓,普殖神灵"。而"普殖神灵"也可以作"普植神灵"④。"殖",《玉篇》称:"殖,生也,种也"⑤,指生育、生长、孳生、繁

---

① 《元始无量度人上品妙经四注》卷2,《道藏》第2册,第201页。
② 《元始五老赤书玉篇真文天书经》卷上,《道藏》第1册,第774页。
③ 《元始无量度人上品妙经四注》卷2,《道藏》第2册,第202页。
④ 《元始无量度人上品妙经四注》卷2作"《五文》开廓,普植神灵"。(《道藏》第2册,第202页)
⑤ 《宋本玉篇》卷11,北京:中国书店,1983年,第223页。

殖。而"植"，《广雅·释地》称："植，种也"①，也是指栽种、种植、生长。《度人经》是说，由于《灵宝五篇真文》本身就是最根本的"道"，因此也是宇宙中所有神灵的创造者。而《真文天书经》就明确称《灵宝五篇真文》"成天立地，开张万真，安神镇灵"②。其"开张万真，安神镇灵"与"普植神灵"意义相同。薛幽栖注解《度人经》称："《五文》者，即真文五篇也。以应五方五老之所偿录者。既开朗三光，亦开廓五篇玉字真文，各植神灵者也。"李少微称："妙本自成，无复先祖，括囊无外，尽是道身，《五篇真文》开廓形状，普生天地，安置神灵也。"③因此，在《度人经》等三经的创作者看来，其提出的以"三十二天帝君"为代表的神灵体系，在本质上其实也源于《灵宝五篇真文》的创造。由此可见，《度人经》对于《灵宝五篇真文》与所有道教神灵之间的渊源关系也作了极为明确的论述。

五是其称"无文不光，无文不明，无文不立，无文不成，无文不度，无文不生"，是指离开了《灵宝五篇真文》，宇宙天地间所有的一切都将不能成立。因为《真文天书经》明确称："天无《五文》，三光不明。人无《五文》，无以立形。地无《五文》，五岳不灵。"④因此，《度人经》的论述恰恰是对《真文天书经》的进一步发挥。而"元始旧经"对《灵宝五篇真文》高度神化，实际上直接参照了《道德经》对"道"极端重要性的论述⑤。严东注解《度人经》称："光，三光也。明，分明也。玉字不出，则日月无光，天地不分明也。立，形也。成，生也。玉文不出，天地无以形，万物无以生也。"所谓"无文不度，无文不生"，严东注称："真文

---

① 宗福邦等主编《故训汇纂》，第1115页。
② 《元始五老赤书玉篇真文天书经》卷上，《道藏》第1册，第784页。
③ 《元始无量度人上品妙经四注》卷2，《道藏》第2册，第202页。
④ 《元始五老赤书玉篇真文天书经》卷上，《道藏》第1册，第787页。
⑤ 《道德经》三十九章将"道"比喻为"一"，称"昔之得一者，天得一以清，地得一以宁，神得一以灵，谷得一以盈，万物得一以生"，又称"天无以清将恐裂，地无以宁将恐发，神无以灵将恐歇，谷无以盈将恐竭，万物无以生将恐灭"。

不出,魂神无以升,万物无以化也。"唐代李少微注解称:"若无《真文》开廓,则日月不得光,星辰不得明,乾坤不得立,世界不得成,幽魂不得度,枯骨不得生。"成玄英曰:"谓三涂、八难、五苦幽魂若不得此《真文》,则不得超度三界;亦明修学之人无此《真文》,则不得成真入道。"①可见,《度人经》的创作者将《灵宝五篇真文》的极端重要性强调到了无以复加的程度。

根据以上讨论,《度人经》等提出"诸天内音自然玉字",决不意味其作者就不承认《灵宝五篇真文》至高无上的地位,更不是要用"诸天内音自然玉字"来贬低甚至否定或完全取代《灵宝五篇真文》。恰恰相反,其"诸天内音自然玉字"在本质上应看成是对《灵宝五篇真文》经教神学的重要发展和补充。从南朝陆修静、严东、宋文明以及唐代薛幽栖、李少微、成玄英等大量道教学者为《度人经》所作的注解来看,他们都一致强调《灵宝五篇真文》才是"道"与"元炁"的凝结和统一,也都一致强调其作为宇宙本源和道教经教本源的地位,因而其在古灵宝经中的极端重要性是"诸天内音自然玉字"所根本无法比拟的。

(三)《度人经》等将"三十二天"宇宙结构归结为《灵宝五篇真文》的创造

《度人经》等三经也将"三十二天"宇宙结构直接归结为《灵宝五篇真文》在"赤明劫"时期的创造,并以此证明《灵宝五篇真文》才是宇宙世界的真正创造者。《度人经》称:

> 元洞玉历,龙汉延康。眇眇亿劫,混沌之中。上无复色,下无复渊。风泽洞虚,金刚乘天。天上天下,无幽无冥。无形无影,无极无穷。溟涬大梵,寥廓无光。赤明开图,运度自然。元始安镇,

① 《元始无量度人上品妙经四注》卷2,《道藏》第2册,第202页。

敷落《五篇》。赤书玉字,八威龙文。保制劫运,使天长存。梵炁弥罗,万范开张。元纲流演,三十二天。①

以上内容非常重要。一是所谓"元洞玉历,龙汉延康"等,直接承袭了《真文天书经》和《太上诸天灵书度命妙经》等有关《灵宝五篇真文》与宇宙"劫运"关系的学说。例如,其称"眇眇亿劫,混沌之中。上无复色,下无复渊。风泽洞虚,金刚乘天。天上天下,无幽无冥。无形无影,无极无穷。溟涬大梵,寥廓无光",而《太上诸天灵书度命妙经》则记载元始天尊对太上大道君说法:

> 我过去后,天地破坏,其中眇眇,亿劫无光,上无复色,下无复渊。风泽洞虚,幽幽冥冥,无形无影,无极无穷。混沌无期,号为延康。②

由于《太上诸天灵书度命妙经》等非常强调《灵宝五篇真文》在宇宙"劫运"交替转换中的决定性作用,因此《度人经》也称"赤明开图,运度自然。元始安镇,敷落《五篇》。赤书玉字,八威龙文。保制劫运,使天长存"。

二是所谓"赤明开图,运度自然",根据严东的注解:"元始在于延康之中,开启赤明之运,因禅黎世界与高上大圣玉帝以火炼《真文》,莹发光芒,玉精流澳,为洞阳之宫,万物立像,号为赤明也。"严东的注解直接出自《太上诸天灵书度命妙经》。唐代成玄英注称:"此明劫运初开,承龙汉之际,列植宇宙,致立三光。赤明者,即前玉历真文也。元始天尊以火炼之,真文明而色赤,因号赤明。用此《真文》,开列天地,运化乾坤。"③由此可见,无论"赤明劫"名称的来源,还是"赤明劫"宇宙世界的重新开创,其实都与《灵宝五篇真文》密不可分。

---

① 《灵宝无量度人上品妙经》,《道藏》第1册,第4页。
② 《太上诸天灵书度命妙经》,《道藏》第1册,第803页。
③ 《元始无量度人上品妙经四注》卷3,《道藏》第2册,第225页。

三是所谓"元始安镇，敷落《五篇》"，严东注解称："安，立也；镇，守也；敷，布也；落，置也。《五篇真文》，赤书玉字也。"薛幽栖称："元始以赤书玉字，敷张真文，安天之根，镇地之源，敷落五方之色位，陶铸阴阳之器物，敷张元化，靡有不备。"以上都强调《灵宝五篇真文》在宇宙万物创造演化中具有最根本性的意义。

四是所谓"赤书玉字，八威龙文。保制劫运，使天长存"，严东注称："《真文》既受火炼，号曰《赤书》也。《八威》即八威玉策也。《龙文》，召龙之文也。元始安立五岳，布置《五篇真文》镇于五方，五帝镇守，制神召龙，以禳劫运之期也。"又称："元始安镇五岳，建天地之根，以却众灾；制神召龙，以申劫运。天高而不倾，地重而不沦，始终安立，故得长存也。"①薛幽栖称："言此《赤书》真符龙文等，并能制御劫运，消劫否终，使天地长久而无倾覆。"②《度人经》及其注解都强调《灵宝五篇真文》就是宇宙世界避免被"劫末"灾难彻底毁灭的根本保证。因为《真文天书经》明确称《灵宝五篇真文》为"元始之玄根，空洞自然之文，保劫运于天机"③，又称其"保天地以长存，镇五岳于灵馆，制劫运于三关"④，因此《灵宝五篇真文》最主要的功能之一，就是抵御"劫运"末期的巨大浩劫。

五是所谓"梵炁弥罗，万范开张"，严东注称："元始抗大梵之炁，开赤明之运，天地万物，一时受形也。"而薛幽栖注解称："元始即安镇二像，敷落《五篇》，又以玉字龙文保制劫运，则布真梵之炁于十方，开玄化之文于宇宙，故天下品类，触物齐兴。"⑤意即元始天尊在"赤明劫"到来时，先安置《灵宝五篇真文》，然后又安置"诸天内音自然玉字"以及"龙

---

① 《元始无量度人上品妙经四注》卷 3，《道藏》第 2 册，第 225 页。
② 《元始无量度人上品妙经四注》卷 3，《道藏》第 2 册，第 225 页。
③ 《元始五老赤书玉篇真文天书经》卷上，《道藏》第 1 册，第 776 页。
④ 《元始五老赤书玉篇真文天书经》卷上，《道藏》第 1 册，第 775 页。
⑤ 《元始无量度人上品妙经四注》卷 3，《道藏》第 2 册，第 225 页。

文",以确保能"保制劫运"。"大梵之炁"与"真梵之炁"二者相同。这里最值得注意的是,与《灵宝五篇真文》源于最早也最根本的"道炁",并贯穿了"龙汉劫""延康劫""赤明劫""开皇劫"和"上皇劫"等"劫运"不同,"诸天内音自然玉字"的正式出世是在"赤明劫"初期。元始天尊先"敷落《五篇》",然后"又以玉字龙文保制劫运",其结果是"布真梵之炁于十方,开玄化之文于宇宙,故天下品类,触物齐兴"。由此可见,虽然"诸天内音自然玉字"也参与了"赤明劫"初期宇宙创造和演化,但决不是以否定或取代《灵宝五篇真文》作为前提的。

六是所谓"元纲流演,三十二天",严东注解称:"元纲者,元炁之纲纪也。敷演三十二天中也。"① 又称:"赤明既开,三十二天并有神灵。"② 可见,《度人经》的创作者和严东等都认为,"三十二天"宇宙结构以及三十二天帝君等,都是《灵宝五篇真文》在"赤明劫"初期演化而成的。薛幽栖也称:"凡言诸天者,皆三十二天也。诸天之中,各有日月,其精光本化,皆此境分根。"③ 他又称:"言《赤书真文》,开运祖始之劫,化生三十二天。祖劫者,赤明之劫也。"④ 前引《度人经》称"混洞《赤文》,无无上真,元始祖劫,化生诸天",其"化生诸天"中的所谓"诸天",其实也是特指"三十二天"宇宙结构。由此可见,《度人经》等把"三十二天"宇宙结构最终都归结为《灵宝五篇真文》的演化和创造,因而也从根本上将"诸天内音自然玉字"体系纳入以《灵宝五篇真文》为核心的经教神学体系中。

《太上灵宝诸天内音自然玉字》对"三十二天"宇宙结构以及三十二天帝君都有十分详尽的记载。该经虽然没有像《度人经》那样直接将《灵宝五篇真文》尊奉为"道",但是决不代表其创作者就不尊奉《灵宝五

---

① 《元始无量度人上品妙经四注》卷3,《道藏》第2册,第225页。
② 《元始无量度人上品妙经四注》卷2,《道藏》第2册,第204页。
③ 《元始无量度人上品妙经四注》卷1,《道藏》第2册,第190页。
④ 《元始无量度人上品妙经四注》卷2,《道藏》第2册,第201页。

篇真文》。该经开篇叙述了"诸天内音自然玉字"以及"三十二天"宇宙
结构的来源。其文称:

> 天真皇人曰:天书玉字,凝飞玄之气以成灵文,合八会以成音,
> 和五合而成章。大运启期……焕乎诸天之上,朗曜太幽之中,与龙
> 汉而俱化,披赤明于延康。①

以上称"诸天内音自然玉字"是由"飞玄之气"凝结而成的。"飞玄之气"
与"洞玄之气"相同。这里之所以称为"飞玄之气",就是为了与形成《灵
宝五篇真文》并作为宇宙最根本的"道炁"加以区别。"诸天内音自然玉
字"又称"大梵隐语无量洞章"。该经称"和五合而成章",其"五合"指"五
合之气",亦即"五行"相生相合之气。而"和五合而成章",就是指"飞玄
之气"与"五合之气"相结合而形成"大梵隐语无量洞章"。虽然"诸天内
音自然玉字"最早可以上溯到"龙汉劫"时期,其后又经历了"延康劫"的
运化,但直到"赤明劫"初才正式披露于世②。所谓"焕乎诸天之上",就是
指总共 256 个"诸天内音自然玉字"分布在"三十二天"宇宙结构中。

那么,道教中人究竟是如何看待该经中"三十二天"宇宙结构的来源
的呢? 北宋张君房编纂《云笈七签》时对此作了专门论述。其文称:

> 故《诸天内音经》云:三十二天皆以五合之气而成,空洞结而成
> 章者,此是《五篇真文》生成五方,通为五行,合为五脏,混为二仪,
> 四序生化,此应五方五合所育也。③

其称"三十二天皆以五合之气而成,空洞结而成章者,此是《五篇真文》

---

① 《太上灵宝诸天内音自然玉字》卷 1,《道藏》第 2 册,第 532 页。

② 宋代王契真《上清灵宝大法》卷六《修炼佩服门》称:"太上于赤明初年,命
天真皇人传授诸天内音真法,安镇万天。"《正统道藏》洞玄部威仪类所收《金箓十
回度人早午晚朝开收仪》称:"臣恭以《五篇玉字》,生于太空之先;诸天内音,显自
赤明之劫。"以上都是指《灵宝五篇真文》生成于宇宙形成之前。而"诸天内音自然
玉字"则晚至"赤明劫"初期才正式显现出世。

③ (宋)张君房编,李永晟点校《云笈七签》卷 21,第 493 页。

生成五方"等等,就是说无论"三十二天"宇宙结构,还是"大梵隐语无量洞章"本身,其实最终都要归结为《灵宝五篇真文》的创造和演化。这种思想在《太上灵宝诸天内音自然玉字》和《太上洞玄灵宝空洞灵章》中都有专门的体现。对此我们将在后面作进一步讨论。

(四)《度人经》等三经把对《灵宝五篇真文》的尊崇融贯在大量具体叙述中

《度人经》《太上灵宝诸天内音自然玉字》和《太上洞玄灵宝空洞灵章》三经各自都还有大量内容与《灵宝五篇真文》密切相关。我们试分别讨论。

1. 关于《度人经》

(1)《度人经》称"上清之天,天帝玉真,无色之景梵行"。严东注称:

> 上清之天,有天帝玉真,字陀与。《五篇真文》结炁俱明,在云阿之岭,号曰妙成之天者是也。玉真在上清之天,不参色界,乘大梵之炁,游行入太黄皇曾之天也。①

根据其注解,作为"三十二天"中北方八天之一的"太文翰宠妙成天",就是因为《灵宝五篇真文》才得以"结炁"而形成的。

(2)《度人经》称"五老启涂,群仙翼辕"。唐薛幽栖注称:"五老即五老帝君,掌领《五篇真文》也。"②也即《度人经》中的"五老",就是在《真文天书经》中专门守护《灵宝五篇真文》的"五老帝君"。

(3)《度人经》称"青帝护魂,白帝侍魄,赤帝养炁,黑帝同血,黄帝中主,万神无越"。唐代李少微注称:"此明五老帝君各受赤书符命,在天,是主领五方神仙;在地,则主领五岳神鬼;在人,则主领五藏精神。各有

---

① 《元始无量度人上品妙经四注》卷2,《道藏》第2册,第213页。
② 《元始无量度人上品妙经四注》卷2,《道藏》第2册,第207页。

所主,故无错越,告命次第,具在《真文》也。"①由此可见,《度人经》的作者已经把与《灵宝五篇真文》密不可分的"五老帝君"纳入"诸天内音自然玉字"系统中。

(4)《度人经》称"龙汉荡荡,何能别真"。严东注称:"龙汉之年,玉字始出大福堂国,日月始明。元始撰集玉文,出法度人。其国风雅,非可称名;人民始治,礼乐亦兴,人寿三万六千岁。荡荡大化,劫运既终,经于延康,一沦亿劫,眇莽久远,的而不虚,自非通玄究微,莫能识也。"②严东的注解直接源自《诸天灵书度命妙经》。该经明确记载"龙汉元年",元始天尊在大福堂国对太上大道君说法,称《灵宝五篇真文》"以龙汉之年出于此土,时与高上大圣玉帝撰十部妙经,出法度人,因名此土为大福堂国长乐之舍,灵音震响,泽被十方。是故此土男女长寿,无有中夭,不历诸苦"。③ 又称:"元始天尊于长乐舍中说《灵宝真文》,出法度人,始于此国。"④

2. 关于《太上灵宝诸天内音自然玉字》

该经有对《灵宝五篇真文》与"三十二天"关系的论述。其"太文翰宠妙成天音"称:

> 天真皇人曰:其章以妙成天中合五方飞玄之炁,以和八字自然之音,曰无量洞章。妙成天去禁上天七万七千炁。妙成以龙汉洞玄之炁,赤明开运,其炁于空洞之中,与《五篇真文》结炁,俱明元始,号妙成之天。⑤

其称"妙成以龙汉洞玄之炁,赤明开运,其炁于空洞之中,与《五篇真文》

---

① 《元始无量度人上品妙经四注》卷2,《道藏》第2册,第220页。
② 《元始无量度人上品妙经四注》卷3,《道藏》第2册,第234页。
③ 《太上诸天灵书度命妙经》,《道藏》第1册,第799页。
④ 《太上诸天灵书度命妙经》,《道藏》第1册,第800页。
⑤ 《太上灵宝诸天内音自然玉字》卷4,《道藏》第2册,第559页。

结炁,俱明元始,号妙成之天",意即作为"太文翰宠妙成天"最初源头的
"洞玄之炁"(此同于前述"飞玄之气"),可以上溯至"龙汉劫"时期。然
而,其之所以能够在"赤明劫"时期形成,恰恰是这种"洞玄之炁"与《灵
宝五篇真文》"结炁"而成的结果,因此在本质上还是强调《灵宝五篇真
文》在宇宙创造中的决定性作用。

刘屹博士称:"《诸天内音》只在讲述北方八天之一的'太文翰宠妙
成天'的来历时,提到了'五篇真文'与洞玄之炁结合而生妙成天,此外
再难看到认同'五篇真文'神效之处。"①但是,该经其实还有多处提到
《灵宝五篇真文》。例如,该经论述"虚无越衡天音"称:

> 其章以越衡天中合五方飞玄之炁,以和八字,自然之音,曰无
> 量洞章。越衡天去蒙翳天三亿万炁……运转天关,推会度数,天数
> 极则大劫交运,回跶《五篇真文》之化,乘大运之终,而《五篇》明焉。
> 空无而出,天地自开。②

以上指作为东方八天之一的"虚无越衡天"以及相关"天文玉字",其最
早的渊源都可以追溯至"五方飞玄之炁"。而此"五方飞玄之炁"运转至
"赤明劫"时期,因与《灵宝五篇真文》的创造演化相结合,其"虚无越衡
天"因此得以"空无而出,天地自开"。很明显,这种论述在本质上也是
在强调《灵宝五篇真文》在宇宙世界创造中具有关键的作用。前面我们
讨论了《度人经》将"三十二天"宇宙结构最终都归结为《灵宝五篇真文》
的创造演化,而《太上灵宝诸天内音自然玉字》的经教思想与此是一脉
相承的。

需要特别指出的是,如果"依靠某种因素谁'有'谁'无'的表象"的
比较,《太上灵宝诸天内音自然玉字》只将其"三十二天"中某几个"天"
与《灵宝五篇真文》的创造相联系,而其他大多数"天"都没有提到《灵宝

---

① 刘屹《六朝道教古灵宝经的历史学研究》,第474页。
② 《太上灵宝诸天内音自然玉字》卷3,《道藏》第2册,第549页。

五篇真文》,那么这是否就意味着该经作者并不承认这些"天"的成立与《灵宝五篇真文》有关呢?很显然,这种推论的逻辑本身就是错误的。

3. 关于《太上洞玄灵宝空洞灵章》

该经对《灵宝五篇真文》与"三十二天"宇宙结构的关系作了最为充分的论述。

(1)其前引"赤明和阳天颂第九"称:

> 赤明开元图,阳和回上虚。元始敷灵篇,十部飞天书。开度九幽祖,万遍道自居。

所谓"赤明开元图",与前引《度人经》所称"赤明开图,运度自然。元始安镇,敷落《五篇》"含义相同。而"元始敷灵篇,十部飞天书",就是指元始天尊依据《灵宝五篇真文》敷述演绎了"十部妙经三十六卷",即全部"元始旧经"。对此《真文天书经》和《诸天灵书度命妙经》都有大量论述。

(2)其"曜明宗飘天颂第十一"称:

> 曜明高暎,宗飘通玄。元始开图,敷落《五篇》。赤童掌录,黄云四缠。

所谓"元始开图,敷落《五篇》",也与《度人经》所称"赤明开图,运度自然。元始安镇,敷落《五篇》"相同。至于"赤童掌录"中的"赤童",则属于与《灵宝五篇真文》密不可分的"五帝灵童"之一。《太上洞玄灵宝赤书玉诀妙经》称"五帝灵童","与元始五老同生,主《五篇真文》,上统九天之炁,下领五岳,中主人五藏,引牙之精补养人身"①。

(3)其"始皇孝芒天颂第二十"称:

> 龙汉承康界,开图号赤明。妙哉元始公,儵欻敷三灵。五帝承符会,《赤书》朗长冥。十部大乘门,众圣赞洞经。飞步旋玄都,三

---

① 《太上洞玄灵宝赤书玉诀妙经》卷上,《道藏》第6册,第194页。

周绕宫城。神王稽首唱，魔王伏真形。

其称"龙汉承康界，开图号赤明"，就是指"龙汉劫""延康劫""赤明劫"三种"劫运"的交替转换。而"开图号赤明"与前引《度人经》所称"赤明开图"含义相同；"十部飞天书"和"十部大乘门"等，均与《真文天书经》所确立的以《灵宝五篇真文》为核心的"十部妙经三十六卷"体系有关。至于所谓"《赤书》朗长冥"，就是指《灵宝五篇真文》在"赤明劫"的重新出世，打破了自"延康劫"末期以来长久的迷离黑暗状态。而"飞步旋玄都，三周绕宫城"，则是指天界神灵都围绕最高天界——无上大罗天太玄都玉京山紫微上宫——旋转舞蹈，以向珍藏在其中的《灵宝五篇真文》致敬。此即道教灵宝"步虚"仪式的起源①。

（4）其"太极贾弈天颂第三十二"称：

> 数尽大劫交，独为澄清晖。天地并化消，众圣皆竞归。旋绕七宝台，蹑空振羽衣。……《五文》植玄根，豁落诸天开。②

所谓"数尽大劫交，独为澄清晖。天地并化消，众圣皆竞归"，是指每当宇宙中巨大的"浩劫"来临，天上众神以及"至学之人"都要回归最高天界——无上大罗天太玄都玉京山紫微宫。因为《真文天书经》就称："天地大劫之欲交，诸天至真尊神、妙行真人，下游五岳，遥观天下至学之人，洪流滔天，皆以五龙迎之，上登福堂，令得与元始同没同生也。"③《太上洞玄灵宝智慧上品大戒经》记载元始天尊告太上道君曰："诸天上圣、至真大神、诸天帝王，及已过去尘沙之辈，得道之者，莫不由施散布德，作诸善功，功满德足，以致善报，轮转不绝。皆得道真，超陵三界，道

---

① 王承文《中古道教"步虚"仪的起源与古灵宝经的分类论考——以〈洞玄灵宝玉京山步虚经〉为中心的考察》，《中山大学学报》2014年第3期；又见王承文《汉晋道教仪式与古灵宝经研究》，第458—503页。

② 《无上秘要》卷29《三十二天赞颂品》引，《道藏》第25册，第95页。

③ 《元始五老赤书玉篇真文天书经》卷中，《道藏》第1册，第790页。

遥上清大罗之天玉京玄台七宝林中。"①而"旋绕七宝台,蹑空振羽衣",也是指天界神灵举行"步虚"仪式。

至于其称"五文植玄根,豁落诸天开",则具有特别重要的意义。"玄根"一词,最初指道家所称的"道"的根本。《老子》第六章称:"谷神(即道)不死,是谓玄牝。玄牝之门,是谓天地根。"而"五文植玄根",就是指《灵宝五篇真文》确立了道的根本。因为《真文天书经》就反复以"玄根"来强调《灵宝五篇真文》的极端重要性。例如,该经称"实灵文之妙德,乃天地之玄根。威灵恢廓,普加无穷,荡荡大化,为神明之宗";"固三景于玄根,保天地以长存,镇五岳于灵馆,制劫运于三关,建国祚以应图,导五气以育民。敷弘天元,普教十方";"此元始之玄根,空洞自然之文,保劫运于天机,镇五灵以立真"②。至于《太上洞玄灵宝空洞灵章》所称"豁落诸天开",前引《度人经》称"元始安镇,敷落《五篇》","元纲流演,三十二天"。而前引薛幽栖称:"凡言诸天者,皆三十二天也。诸天之中,各有日月,其精光本化,皆此境分根。"③因此,所谓"五文植玄根,豁落诸天开",就是指由于《灵宝五篇真文》确立了道的根本,其"三十二天"宇宙世界即因此而宏阔地成立起来了。

《太上洞玄灵宝空洞灵章》尊崇《灵宝五篇真文》的论述还有很多。而刘屹博士也因此不得不承认:"《空洞灵章》的特点是只有三十二天帝君的概念,而无具体的名号,又明显是以'五篇真文'为主要崇拜对象。"④而以上讨论充分证明,这三部"元始旧经"的创作者并没有任何试图贬低或否定《灵宝五篇真文》而刻意抬高"诸天内音自然玉字"的意图。这三经都把对《灵宝五篇真文》的尊崇真正融贯到"诸天内音自然玉字"所代表的经教神学体系中。

---

① 《太上洞玄灵宝智慧上品大戒经》,《中华道藏》第3册,第263页。
② 《元始五老赤书玉篇真文天书经》卷上,《道藏》第1册,第776页。
③ 《元始无量度人上品妙经四注》卷1,《道藏》第2册,第190页。
④ 刘屹《六朝道教古灵宝经的历史学研究》,第474页。

（五）如何在"十部妙经"体系中认识《灵宝五篇真文》与"大梵隐语自然天书"之间的关系？

根据以上讨论，我们可以得出这样一些结论：一是《度人经》《太上灵宝诸天内音自然玉字》和《太上洞玄灵宝空洞灵章》三经的创作，其实都"非常严格地遵守'元始第一经'所奠定的经教基础"，即严格地遵守由《真文天书经》所确立的灵宝经经教体系。一方面，它们都把《灵宝五篇真文》尊奉为至高无上的经典；另一方面，都将其经典本身看成是由《灵宝五篇真文》所演绎的"十部妙经三十六卷"的组成部分。二是在这三经中，《灵宝五篇真文》和"诸天内音自然玉字"两种"天文玉字"的出世先后、宗教地位以及本末源流关系等等都判然有别。其创作此三经的目的，决不是要以"诸天内音自然玉字"来贬低、否定或完全取代《灵宝五篇真文》至高无上的地位，而是要把"诸天内音自然玉字"以及与之相关的"三十二天"宇宙结构等纳入以《灵宝五篇真文》为核心的经教体系中。因此，其围绕"诸天内音自然玉字"所构建的宗教体系，恰恰应该看成是对《真文天书经》以《灵宝五篇真文》为核心的经教体系的重要拓展和补充。

长期以来，国内外学术界对于古灵宝经中"诸天内音自然玉字"的内容及其意义有专门研究[①]。然而，有一个非常关键的问题实际上一直都存在：在"元始旧经"所构造的"十部妙经"体系中，《真文天书经》等既然已经将《灵宝五篇真文》确立为"元始旧经"最重要的基础和核心，那么同为"元始旧经"的《度人经》等三经，为什么还要提出

[①] Stephen Bokenkamp, "Sources of the Ling-pao Scriptures," in M. Strickmann (ed.), *Tantric and Taoist Studies in Honor of R. A. Stein*, Vol. 2, pp. 462-463；王承文《敦煌古灵宝经与晋唐道教》，第725—739页；谢世维《天界之文：魏晋南北朝灵宝经典研究》，台北：台湾商务印书馆，2010年，第63—124页；[美]柏夷撰，孙齐译《吾夏之夷教：灵宝道教眼中的佛经翻译》，《中外论坛》2022年第3期。

"诸天内音自然玉字"这样完全不同的"天文玉字"以及与之相关的"三十二天"宇宙结构呢？例如，柏夷先生就非常专门地提出，对于"元始旧经"中有"五篇真文"和"大梵隐语自然天书"，"现代学者还没能回答何以需要两套文字"①。我们认为最根本的原因，就是古灵宝经创作者试图以此确立《灵宝五篇真文》在佛教宇宙结构中的核心地位。古灵宝经"三十二天"宇宙结构直接源于其对佛教宇宙结构的改造。根据研究，《度人经》构造诸天世界的思想可以追溯到印度吠陀时代的宇宙观。大乘佛教的"提婆(Deva)"义译为"天"，实即古印度之所谓神。因此，"诸天"即诸神，亦指自然之天。《梨俱吠陀》即载帝释天四周各有八天，合为三十二天，帝释天为三十三天。这种宇宙结构在中国本土是前所未有的。②

及至东晋后期，随着佛教的进一步传播和兴盛发展，佛教宇宙观已成为人们认识宇宙结构及其来源的重要学说。古灵宝经将《灵宝五篇真文》直接尊奉为最根本的"道"，而"道"既融贯一切又高于一切。古灵宝经的教义思想也体现了既融摄一切又高于一切的特点。其对佛教的态度也如此。古灵宝经一方面对佛教教义思想作了最为广泛的融摄和借鉴，另一方面又强调灵宝经要高于佛教，公开将佛教看成是灵宝经的一个分支，甚至直接将佛教徒也纳入灵宝经的传授范围③。正是在此背景下，我们看到古灵宝经一方面主动吸收借鉴佛教"劫"的观念，另一方面又极力强调《灵宝五篇真文》在宇宙各种"劫运"交替转换中的决定

---

① ［美］柏夷撰，孙齐译《吾夏之夷教：灵宝道教眼中的佛经翻译》，《中外论坛》2022 年第 3 期。

② 王承文《敦煌古灵宝经与晋唐道教》，第 731—732 页。关于印度佛教天界结构，参见徐梵澄《韦陀教神坛与大乘菩萨道概观》，《世界宗教研究》1981 年第 3 期。

③ 王承文《敦煌古灵宝经与晋唐道教》，第 49—85 页。

性意义①。其对佛教宇宙结构亦如此。一方面,《度人经》等直接参照佛教构造了一种"三十二天"的宇宙结构;另一方面,又极力强调《灵宝五篇真文》在这种宇宙结构中也具有最核心的地位。

　　我们需要特别强调的是,"元始旧经"所构造的宇宙结构其实多种多样,有"五方天""九天""十方天"和"三十二天"等。这些均源于从先秦至两晋时期对宇宙结构的不同解说。而"元始旧经"的创作者却试图在每一种宇宙结构中都确立《灵宝五篇真文》最核心的地位。应该说,刘屹博士等研究者正是看到了古灵宝经中各种不同宇宙结构的存在,所以极力强调古灵宝经内部的各种重大差异。然而,古灵宝经的创作者其实并非要建立一种完全整齐划一也固定不变的体系。与此恰恰相反,就如同"道"与其所创造的万物的关系一样,古灵宝经所要建立的,是一种以《灵宝五篇真文》为基础和核心,既能包罗万有也能为各种宗教信仰者所共同尊奉的宗教。正是在这种意义上,《灵宝五篇真文》构成了"元始旧经"教义思想的基础和来源,并因此在"元始旧经"中具有最重要也最核心的地位。

(六)如何看待《灵宝五篇真文》与"五称符"等内容的关系?

　　刘屹博士提出《太上无极大道自然真一五称符上经》中的"灵宝五称符"、《太上洞玄灵宝灭度五炼生尸妙经》中的"五方天文"、《太上灵宝五符序》中的"灵宝五方符命",与《灵宝五篇真文》也属于一种非此即彼、互不隶属的关系,并以此证明古灵宝经创作者并没有"严格地遵守'元始第一经'所奠定的经教基础",也证明"元始旧经"内部在教义思想上存在重大差异。我们认为这种研究方法及其结论也是值得商讨的。

　　"元始旧经"中的确出现了极少数把《灵宝五篇真文》之外的"天文

---

　　①　王承文《论古灵宝经对佛教"劫"的观念的吸收和改造——以〈灵宝五篇真文〉与"劫运"的关系为中心》,《宗教学研究》2020 年第 2 期。

玉字"和"神符"与"道"或宇宙本源相联系的表述。例如,《太上无极大道自然真一五称符上经》大量提到了《灵宝自然真文》《灵宝文》《太上灵宝》以及《太上灵宝自然真文》等,其实都是特指"元始旧经"所尊崇的《灵宝五篇真文》。而该经中由"葛仙公"所作的注解,也能证明《灵宝自然真文》"等就是专指《灵宝五篇真文》。对此,我们已有专门讨论①。但是,该经中也出现了唯一一处将"五称符"直接比附为"道"和宇宙本源的表述。其文称:

> 老君曰:太上灵宝五称自然符,先天而生,与道气同化,吾道之真也。所从出生天地,天地万神皆归于灵宝也。②

如果仅仅从字面来理解,"五称符"为"先天而生"以及"与道气同化",宇宙世界应由"五称符"所创造。刘屹博士即据此判定:"'五篇真文'的图形图像与'五称符'完全不同,《真文天书经》把'五篇真文'具体化为五套三十组符文,共 668 字,'灵宝五称符'却只是五个可以对折剖开的符图。而这两套不同的符文和符图,却都自称是宇宙开辟、万物生成的本源,这其实正说明灵宝经的造作是有自相矛盾之处的,就是因为它们的作者并非同一人或同一派人。"③又如在前面,我们证明《度人经》《太上灵宝诸天内音自然玉字》和《太上洞玄灵宝空洞灵章》三经最尊崇的就是《灵宝五篇真文》。但在《太上灵宝诸天内音自然玉字》出现了一处将"诸天内音自然玉字"直接称为"天地之根"的表述④。如果仅仅按字面来理解,"天地之根"就是指宇宙的本源。而刘屹博士即因此判定,此即代表具有完全不同核心信仰的创作者"在《灵宝赤书五篇真文》之外,又推出一个宇宙万物的本源来"⑤。

---

① 王承文《汉晋道教仪式与古灵宝经研究》,第 386—391 页。
② 《太上无极大道自然真一五称符上经》,《道藏》第 11 册,第 636 页。
③ 刘屹《六朝道教古灵宝经的历史学研究》,第 585 页。
④ 《太上灵宝诸天内音自然玉字》卷 1,《道藏》第 2 册,第 532 页。
⑤ 刘屹《六朝道教古灵宝经的历史学研究》,第 586 页。

那么，我们究竟应该如何理解"元始旧经"中这种非常孤立也非常偶然的现象呢？

我们认为，如果将这种非常孤立和非常偶然的现象置于一部"元始旧经"完整的文本结构中来考察，特别是将其置于"元始旧经"的"十部妙经"体系中来考察，就能确定它们并不代表其创作者的真实意图。因此能判定《灵宝五篇真文》与这些内容之间并不是一种非此即彼、相互否定、互不隶属的关系。因为《真一五称符上经》和《太上灵宝诸天内音自然玉字》中的相关表述，在所有其他古灵宝经中乃至整个中古道教中都找不到其他旁证①。而且这种情况在古灵宝经中并非个例。

例如，《真文天书经》全经都高度尊崇《灵宝五篇真文》，但在其论述每月十日斋部分却出现：

> 元始、灵宝上元天大圣众至真尊神……正一盟威太上无为大
> 道，道中之道……玄元老君、太清玄元上三天无极大道、无上丈人、
> 太上三气君、太上老君、太上丈人……千二百君、千二百官丈人、太
> 清玉陛下……上古天师君、天师丈人……天官大神等，常以月三十

---

① 根据我们的研究，古灵宝经创作者为了强调某一特定对象而形成某些非常孤立的表述。例如，《洞玄灵宝玉京山步虚经》和敦煌本《太上太极太虚真人演太上灵宝威仪洞玄真一自然经诀上卷》都收有"五真人颂"，其中"正一真人三天法师张道陵"的颂称："灵宝及大洞，至真道经王。如有五千文，高妙无等双。"部分研究者依据这一孤立的表述，提出《道德经》的地位要远高于灵宝经和《大洞真经》所代表的上清经。但如果将"五真人颂"置于这两部道经的文本中来考察，就能发现其经的创作者最尊崇的仍然是《灵宝五篇真文》，而非《道德经》。例如，敦煌文书P.2356 号《灵宝真一自然经诀》即《太上太极太虚真人演太上灵宝威仪洞玄真一自然经诀上卷》称，《太上灵宝洞玄天书》即《灵宝五篇真文》为"道之至真，尊大无上"。该经还非常明确地称《灵宝五篇真文》的地位是《道德经》和其他所有道经都远不能比拟的。（参见王承文《敦煌本〈灵宝经目〉与古灵宝经的分类及其内在关系考释——以〈灵宝赤书五篇真文〉和〈道德经〉的关系为中心》，《敦煌学辑刊》2012 年第 3 期；收入王承文《汉晋道教仪式与古灵宝经研究》，第 373—380 页）因此，我们认为要在"十部妙经"体系中理解其中每一部"元始旧经"的教义思想及其特点。

日,上会灵宝太玄都玉京七宝紫微宫,奉斋朝《天文》。①

以上"正一盟威太上无为大道",又可以分别称为"正一盟威之道"和"太上无为大道",二者均源于六朝天师道徒对天师道本身的敬称②。所谓"正一盟威太上无为大道,道中之道",如果仅仅从字面来理解的话,显然就是指天师道为众道之首,是最高的"大道"。如果研究者只是抓住这样一种非常孤立的表述,就会得出该经创作者反而更加尊崇天师道的结论。然而,将这一内容置于该经的前后语境中来看,其本意却是要求所有天师道信仰者都要皈依于《灵宝五篇真文》③。

又如,《太上洞玄灵宝真一劝诫法轮妙经》作为"元始旧经"之"十部妙经"的组成部分,不但未提及《灵宝五篇真文》,也未提及《道德经》。而且该经还称:

道言:此三篇偈颂,出元始之先无数之劫,道成天地,功济万物,其说微妙,弘广无极,皆授高仙大圣,十方至真已得仙道,不授中仙。④

如果仅仅按字面来理解,这"三篇偈颂"不但要远比"元始天尊"更早出世,而且还直接作为"道"创造了宇宙世界。但是,这种极其孤立和偶然的表述,既在数十部古灵宝经中找不到任何其他旁证,也在东晋末年以来的道教中未产生任何影响。因此,如果我们据此判定这"三篇偈颂"的地位要远高于作为"十部妙经"本源的《灵宝五篇真文》的话,就会犯本末倒置的错误。

---

① 《元始五老赤书玉篇真文天书经》卷下,《道藏》第 1 册,第 795—796 页。按《正统道藏》本作"奉斋朝天真",应该是"奉斋朝《天文》"的讹误。

② 《三天内解经》卷上,《道藏》第 28 册,第 415 页。

③ 王承文《汉晋道教仪式与古灵宝经研究》,第 393 页;王承文《论古灵宝经分类争论中的"历史人物"问题》,《魏晋南北朝隋唐史资料》第 46 辑。

④ 《太上洞玄灵宝真一劝诫法轮妙经》,《道藏》第 6 册,第 872 页。

在古灵宝经中，《灵宝五篇真文》与《真一五称符上经》中的"灵宝五称符"以及《太上灵宝五符序》中的"灵宝五方符命"究竟是一种什么关系呢？隋代《洞玄灵宝玄门大义》之"详释第六"称：

> 《五老玉篇》皆空洞自然之文也。委释此文如彼流，本文大意正是天书。……云篆明光，则《五符》《五胜》之例是也。①

以上所谓"《五老玉篇》皆空洞自然之文也"，就是指《灵宝五篇真文》诞生于化生元气的太虚之境，体现了"道"的"自然"本性。因为《真文天书经》就明确称："《五老玉篇》，皆空洞自然之书，秘于九天灵都紫微宫七宝玄台"；"《元始五老赤书玉篇》，出于空洞自然之中，生天立地，开化神明"；又记载元始天尊称："此元始之玄根，空洞自然之文。"②因此，《灵宝五篇真文》属于道经"十二部"分类中最重要的"本文"。而所谓"云篆明光，则《五符》《五胜》之例是也"，其中"《五符》"，即指《太上灵宝五符序》中的"灵宝五方符命"；而"《五胜》"，就是指《真一五称符上经》中的"灵宝五称符"。南朝宋文明《灵宝经义疏》释十二部分类之"第二部神符"称："即云篆明光之流也。"③因此，"灵宝五方符命"和"灵宝五称符"均属于"云篆明光之章"即"神符"中的典型。在陆修静所提出的"十二部"分类中，作为第一部的"经之本源"（宋文明改称"本文"）演绎生成了其他十一部。因而作为"神符"典型的"灵宝五方符命"和"灵宝五称符"，在经教本质上仍然属于由作为"本文"的《灵宝五篇真文》演绎的结果④。

至于在《太上洞玄灵宝灭度五炼生尸妙经》中只出现"灵宝五方天

---

① 《洞玄灵宝玄门大义》之"详释第六"，《道藏》第 24 册，第 736 页；《正统道藏》洞真部神符类收有《三洞神符记》，原系《玄门大论》中的一篇，后单独成篇。该经之"说三元八会六书之法"与此相同。

② 《元始五老赤书玉篇真文天书经》卷上，《道藏》第 1 册，第 776 页。

③ 《中华道藏》第 5 册，第 512 页。

④ 《洞玄灵宝玄门大义》之《明次第第五》，《道藏》第 24 册，第 735－736 页。

文"而没有出现《灵宝五篇真文》，也决不能理解为其作者不知道或者根本就不承认《灵宝五篇真文》的崇高地位。按照"元始旧经"的经教思想来理解，"灵宝五方天文"的出现，本身就是《灵宝五篇真文》演绎经法的表现形式。还要指出的是，"灵宝五方天文"仅仅在《五炼生尸妙经》这一部"元始旧经"中出现过，其最主要的宗教意义就是安魂镇尸。而其在后世的影响主要体现在唐宋时期极少数贵族和道士的墓葬中。但是，刘屹博士却据此断言古灵宝经"对后世产生深远影响的，既非《赤书玉诀妙经》的'五篇真文'，也非《诸天内音》的'四方天文'，而是《五炼生尸妙经》中'改进版'的'五方天文'"①。根据我们的研究，除了古灵宝经本身对《灵宝五篇真文》的极端重要性有极其大量的论述之外，从南北朝至隋唐宋元明时期大量道经都有极其大量的对道教经法来源以及斋醮仪式来源的论述，几乎无一例外都将《灵宝五篇真文》确立为最重要的根源②。因此，无论是在古灵宝经的创作时代，还是在其后一千多年的道教发展演变中，所谓"灵宝五方天文"的重要性都是与《灵宝五篇真文》完全无法比拟的。对此我们将另作更加专门的讨论。

(七)小结

根据以上研究，《灵宝五篇真文》与其他"天文玉字"和"神符"等内容并不构成一种非此即彼或相互对立、相互否定的关系。除了《真文天书经》和《赤书玉诀妙经》之外，《度人经》等所有其他"元始旧经"其实都"非常严格地遵守'元始第一经'所奠定的经教基础"，即"自始至终都尊奉第一经《真文天书经》里的《灵宝赤书五篇真文》"。从古灵宝经到南朝陆修静、严东和宋文明的论述，再到隋唐宋元明时期各种道教义理性论著，真正被确定为"元始旧经"乃至全部道教经典神圣来源的，自始至

① 刘屹《六朝道教古灵宝经的历史学研究》，第588页。
② 王承文《敦煌古灵宝经与晋唐道教》，第740—765页；王承文《"灵宝天文"与中古道教经教体系的构建》，载香港道教学院编《道教星斗信仰》，第46—106页。

终都只有《灵宝五篇真文》。正因为如此，我们不宜将古灵宝经中某些极其孤立亦极其偶然的表述，与古灵宝经在整体上对《灵宝五篇真文》的高度尊崇相提并论；也不宜将"元始旧经"所构造的"十部妙经"体系，人为地分割成相互孤立相互排斥的个体，然后再进行"依靠某种因素谁'有'谁'无'的表象"的比较。否则，古灵宝经研究很可能就会走向误区和歧途。对于"元始旧经"之"十部妙经"观念及其内在结构本身所具有的极其深刻的逻辑性和关联性，我们还将继续讨论。

第三章　论古灵宝经"十部妙经"观念及其内在结构（下）

——兼论古灵宝经的研究方法问题

六　《太上紫微宫中金格玉书灵宝真文篇目》与陆修静《元始旧经紫微金格目》的关系

(一)《灵书度命妙经》与《太上紫微宫中金格玉书灵宝真文篇目》

《真文天书经》等所强调的"十部妙经三十六卷"，本身属于一种具有特殊结构的经典体系。首先是全部"元始旧经"被划分成"十部"，而其中每一"部"又包含数篇各自独立的经典；其次是其全部经典的卷数，则被永远固定在具有重要象征意义的"三十六卷"。而《真文天书经》等经典提出这一观念，我们认为除了证明其创作者从一开始就有非常明确的创作计划，也说明必然有一个能体现这种独特结构的经典目录存在。小林正美最早提出"元始旧经"的创作，是按照一个早先拟定的《旧目》所载的经名创作出来的，他认为"三十六卷元始系《灵宝经》的目录，在目录中所载的经典具体地编纂开始时，或者在此前就应已存世了。也就是说，目录比一个个的经典更早被作成"。并称："如果考虑一下一般的目录作成的情况，这颇为奇特，但事实就是如此。"①

但是，刘屹博士却判定公元437年陆修静整理古灵宝经时，根本就不可能有一个著录了"元始旧经"经名的目录存在。一是他特别强调大量"元始旧经"都是在437年之后才创作出来的。他认为"任何目录的制成，都是要立足于一定的经本实际，几乎没有可以先完全凭空制出一个目录，然后再按目录去落实经本的。那样必然会面临诸多难以掌控的不确定性"；"相对于经本的实际存在，目录无疑应该是晚于经本而形成的"②。二是他坚持认为"陆修静不可能在437年预先公布出一个'元始旧经'36卷的预定目录，这样只会束缚其此后对灵宝经的甄别工作"③；"假如437年陆氏把这个具体的目录公布出来，在随后几十年间，就不一定总能由他来主导灵宝经的鉴别和确认工作了"④。因此，他特别强调"灵宝经被归并为'新经'和'旧经'两组，既是几十年间大浪淘沙、去芜存真之后留下的结果，也是来自不同源头和派系的灵宝经被逐渐规范和整编后的结果"。而陆修静的作用，"就在于把晋宋之际繁杂多源的灵宝经逐步规整化"⑤。因此，他认为437年时根本就不可能存在一个真正与"元始旧经"有关的《旧目》。他称"陆氏从437年提出有个'旧目'存在，经过30多年对灵宝经的浸淫，到471年再提出这个'旧目'就是来自天宫的《紫微金格目》，这应该是一个漫长历程之后的结果"⑥；又称"陆修静只是在471年时，根据实际出世的经典状况，提出了《紫微金格目》的具体经目"⑦。正是在以上这些论证的基础上，

① ［日］小林正美著，李庆译《六朝道教史研究》，第144—145页。
② 刘屹《六朝道教古灵宝经的历史学研究》，第268页。
③ 刘屹《六朝道教古灵宝经的历史学研究》，第267页。
④ 刘屹《六朝道教古灵宝经的历史学研究》，第268页。
⑤ 刘屹《六朝道教古灵宝经的历史学研究》，第260页。
⑥ 刘屹《六朝道教古灵宝经的历史学研究》，第267页。
⑦ 刘屹《六朝道教古灵宝经的历史学研究》，第273页。

他把敦煌本《灵宝经目》中的《元始旧经紫微金格目》，看成是 471 年陆修静规范和整编"元始旧经"的一个最终结果①。

由此可见，在"元始旧经"的创作初期，究竟是否存在这样一个经目，不仅关系到"元始旧经"出世时间、篇卷数目以及敦煌本《灵宝经目》作成年代等问题，而且还关系到"元始旧经"的创作究竟是一种具有高度内在关联性和逻辑性的经典创作过程，还是仅仅属于陆修静在 471 年将"繁杂多源"亦缺乏内在逻辑性的各种古灵宝经加以整编的一种结果。然而，我们认为"元始旧经"的创作其实就是按照一个预先公布的经目来完成的。

首先，与刘屹博士所称道教经典"任何目录的制成，都是要立足于一定的经本实际"的结论完全相反，早期道教内部其实一直都有预先公布目录然后再逐步创作经典的传统。根据相关研究，"早期道教的目录学有它独特的原理。尤其是在真伪观、时代观和著录观上，早期道教目录书都与其他目录学传统大相径庭"；"正常目录书的编撰，肯定都是先有著述，再编为目录。而在道教中，则往往是先有目录，再依目造经。道教编造'虚目'的历史在魏晋时期就开始了"②。而早期上清经的出世过程也可以作为参照。早在东晋中期的茅山降经时期，《紫虚元君魏夫人内传》以及由魏华存所撰《清虚真人王君内传》中，即出现了包括《大洞真经》在内的"三十一卷"的上清经群概念以及相关经目。这两书都记载有"太上宝文、八素隐书、大洞真经、灵书八道、紫度炎光、石精玉马、神真虎文、高仙羽玄凡三十一卷"。也就是说，"太上宝文""八素隐

---

① 需要特别指出的是，刘屹博士在其书中针对他自己的这一核心观点又大张旗鼓地专门作了颠覆和批判。他重新论证陆修静在 437 年整理古灵宝经必定直接依据了《元始旧经紫微金格目》，因此此《元始旧经紫微金格目》以及敦煌本《灵宝经目》都决不可能是 471 年才编成的经目，而只能是陆修静在 437 年编成的经目。对此详细的讨论，参见本书第七章。

② 孙齐《古灵宝"未出经"研究》，《中外论坛》2021 年第 1 期。

书""大洞真经""紫度炎光"等这样短的经名，均属于上清经创作者最初拟定的经典名称，其后才有更长的经典名称以及相关经典的创作。因此，早期上清经的创作其实就是按照这种早先拟定的既有经目逐步完成的①。

其次，从敦煌本《灵宝经目》中《元始旧经紫微金格目》对"元始旧经"的著录方式来看，我们认为从"元始旧经"创作伊始，应该就确实存在这样一个特定的经典目录。《元始旧经紫微金格目》将所有"元始旧经"都标注成"已出"和"未出"两种状态。例如，其"十部妙经"第二篇目包含："《大小劫》二卷，未出。《天地运度》一卷，未出。"显然是指第二篇目预定的《大小劫》将撰出二卷，而《天地运度》亦将撰出一卷。然而至437年陆修静编撰《灵宝经目》时，这两部经书却未撰成，并因此均标明"未出"。又如，第四篇目包括："《自然五称文》一卷，已出。《诸天内音

① 成书于东晋中期的《南岳魏夫人内传》（见《太平御览》卷678《道部·传授上》）以及魏华存为其师王褒所作传记《清虚真人王君内传》（见《云笈七签》卷106），都以"三十一卷"建立起上清经群的主要教法传承。按照上清内传的文体格式，《王传》和《魏传》应如《紫阳真人内传》《清虚真人裴君传》一样，附有传主所受经典的目录。又据《登真隐诀》卷下称："'中品目'有《三九素语》，'魏传目'有《玉精真诀》。《三九素语》即应是此经也，但未行世。"（《道藏》第6册，第617页）可知《魏传》附有经目，而且应有完整的三十一卷经名。因此，自东晋中期上清经派成立以后，道教中人皆据此二传的经目了解"三十一卷"的内容。有研究认为，《三洞奉道科诫营始》卷五所列《上清大洞真经目》最接近《魏传》所传"三十一卷"内容。《云笈七签》卷四所收南齐顾欢的《上清源统经目注序》，建立起上清经三十一卷完整的传承谱系。又根据《真诰》卷十九《翼真检·真诰叙录》记载，东晋末年王灵期"见葛巢甫造构《灵宝》，风教大行，深所忿嫉"，"依《王》《魏》诸传题目，张开造制，以备其录"。（《道藏》第20册，第604页）可见，王灵期受葛巢甫"造构《灵宝》，风教大行"的刺激，重新大量制作上清经，也是依据《南岳魏夫人内传》以及《清虚真人王君内传》所附经目来进行的。（相关研究参见石井昌子《六朝末における道教上清派の経典について》，《道教学の──陶弘景を中心に》，东京：国书刊行会，1980年，第354—355页；石井昌子《道教上清经派の経典目録考─'上清経三十一卷'について─》，《创价大学人文论集》第6号，1994年，第5—30页；张超然《六朝时期〈大洞真经三十一卷〉の成立史序说》，《2004年台湾青年宗教学者第七届"宗教与心灵研讨会"论文集》，高雄：高雄道德院，2004年）

玉字》一卷,已出。《八威召龙经》一卷,未出。"以上是指第四篇目所包括的"《自然五称文》一卷"和"《诸天内音玉字》一卷",均已出世,而其"《八威召龙经》一卷"却未出世。第八篇目包含:"《三元戒品》一卷,已出。《宿命因缘》一卷,未出。《众圣难》三卷,未出。"第九篇目包括:"《导引三光日月星》一卷,未出。《二十四生图》一卷,已出。《飞行三界通微内思》二卷,未出。"第十篇目包括:"《药品》一卷,未出。《芝品》一卷,未出。《变化空洞》一卷,未出。"以上所谓"已出",都是指根据原有的经目已经撰成并流传于世的;而"未出"则是指仅有此前拟定的短的经名,但是尚未撰成。特别是对于"未出"之"元始旧经",仍然将其短的名称和卷数都明确地标示出来。对于这种非常特殊的著录方式,我们认为唯一合理的解释就是,早在"元始旧经"创作之初,就已经有这样一部经目真实存在。因此,"元始旧经"的确就是按照这样一部特定经目而逐步创作出来的。

再次,《灵书度命妙经》等古灵宝经资料能够证明"元始旧经"在创作初期确实就拥有这样一部经目。《太平御览》卷六七三所引《灵书经》即《灵书度命妙经》称:

> 元始〔天王〕以龙汉之年撰十部经,告西母曰:《太上紫微宫中金格玉书灵宝真文篇目》有妙经。其《篇目》今以相示,皆刻金为字,书于玉简,题其《篇目》于紫微宫南轩,太玄都玉京山亦具记其文。①

《太平御览》卷六六七所引《灵书经》佚文又称:

> 十部妙经,金字玉简,诸天真仙〔依〕斋戒月日,上诣玉京,诵其文。②

---

① 《太平御览》卷 673《道部》引《灵书经》,北京:中华书局,1960 年,第 3001 页。

② 《太平御览》卷 677《道部》引《灵书经》,第 2977 页。

以上内容不见于《正统道藏》本《灵书度命妙经》，根据考证应属于该经佚文①。这段佚文极其重要，然迄今为止，国内外学术界未见有人关注和重视，因此我们试作较为详细的讨论。

一是所谓"元始〔天王〕以龙汉之年撰十部经"，在《灵书度命妙经》中有明确记载。前引该经记载元始天尊对白帝天君等说法称："我昔龙汉之年，与元始天王、高上玉帝，同于此土，遇《灵宝真文》出于浮罗空山之上。……我于空山之上，演出《真文》，撰十部妙经。"以上指在"龙汉元年"，元始天王和高上玉帝二者将元始天尊依据《灵宝五篇真文》演绎而成的"十部妙经"正式"撰写"出来。因此这条佚文内容与现存该经的记载相符合。而佚文称元始天王告西母曰："《太上紫微宫中金格玉书灵宝真文篇目》有妙经。其《篇目》今以相示。"是说早在"龙汉元年"，"十部妙经"就与著录其经名的《太上紫微宫中金格玉书灵宝真文篇目》一起形成，并开始在天界传授。至于元始天王和西王母，均属于早期上清经所塑造并有师徒关系的两位尊神。而"元始旧经"则将二者重新改造成为专门传授灵宝经的神灵②。

二是这段佚文两次提到了具有关键意义的"《篇目》"这一概念。其称元始天王告西母曰："《太上紫微宫中金格玉书灵宝真文篇目》有妙经。其《篇目》今以相示，皆刻金为字，书于玉简，题其《篇目》于紫微宫南轩。"汉晋时期的"篇目"一词，一般都是指书籍中篇章标题的目录③。而这里的"《篇目》"，很明显就是对《太上紫微宫中金格玉书灵宝真文篇目》的简称。根据其说法，这部著录有"十部妙经"经名的"《篇目》"，被

---

①　相关研究参见王承文《汉晋道教仪式与古灵宝经研究》，第 605—608 页。

②　王承文《再论"元始旧经"和"新经"出世先后问题——兼评刘屹博士〈六朝道教古灵宝经的历史学研究〉》，《中山大学学报》2020 年第 2 期。

③　例如，《汉书》卷 30《艺文志》记载刘向受皇帝之命整理图书，"每一书已，向辄条其篇目，撮其指意，录而奏之"。

题写在最高天界太玄都玉京山紫微宫南边的长廊上。此与《真文天书经》等记载《灵宝五篇真文》的原文被镌刻在紫微宫宫殿的墙壁上也是有关联的①。而《赤书玉诀妙经》之"玄都传度《灵宝五篇真文》符经玉诀仪式"就称:

> 臣某甲丹心翘勤好尚,宿福所钟,得参灵文,披眄《篇目》,宜极道真。辄谨清斋,身登灵山,盟天度文,案如明科,付授某身。②

以上"得参灵文"中的"灵文"一词,就是特指《灵宝五篇真文》。至于"披眄《篇目》"中"披"的含义,《广雅》称:"披,张也",即打开、翻开。而"眄"即"看"。所谓"披眄《篇目》",就是指打开并阅读这部《太上紫微宫中金格玉书灵宝真文篇目》。我们还要特别指出的是,其他"元始旧经"中也大量记载了这一"《篇目》"的真实存在③。而《赤书玉诀妙经》作为"元

---

① 王承文《汉晋道教仪式与古灵宝经研究》,第 611—612 页。

② 《太上洞玄灵宝赤书玉诀妙经》卷下,《道藏》第 6 册,第 204 页。

③ 《太上洞玄灵宝赤书玉诀妙经》卷下称"道"言"导引餐牙之法","此文具藏南圃赤洞五城之内","自无此挺,终不得眄《篇目》。旧科四百年一出传"。(《道藏》第 6 册,第 198 页)《洞玄灵宝三元品戒功德轻重经》记载,元始天尊告太上大道君称:"今以三元谢罪之法相付。元始上道旧文,秘于三元宫中,万劫一行,不传下世。有眄其《篇目》,宿根自拔,结缚自释。"(《道藏》第 6 册,第 885 页)《太上洞玄灵宝智慧罪根上品大戒经》卷上开篇记载太上道君礼问元始天尊:"不审智慧宿命罪根,灵音秘重,可得暂眄《篇目》不乎? 如蒙哀怜,重赐戒言,则以幽夜披太阳之光,长劫苦魂,得蒙拔度。"(《道藏》第 6 册,第 885 页)《洞玄灵宝长夜之府九幽玉匮明真科》:"飞天神人曰:经不师受,五帝无盟,妄披其《篇目》,罪同窃经之科,考属明法曹。"(《道藏》第 34 册,第 391 页)《太上灵宝诸天内音自然玉字》卷三云:"自非前生万劫宿有善名者,莫得眄其《篇目》,参此洞章。"(《道藏》第 2 册,第 549 页)《太上灵宝诸天内音自然玉字》卷四:"自非宿名金箓,玉字上清,终不得见。脱于漏慢之中,见其《篇目》,神迷其心,终不开悟。有其宿分,自当发心,愿乐神文。"(《道藏》第 2 册,第 563 页)《洞玄灵宝自然九天生神章经》称元始天尊告飞天神王:"得眄《篇目》,九祖同仙。"(《道藏》第 5 册,第 845 页)《太上洞玄灵宝真一劝诫法轮妙经》称:"有眄其《篇目》,庆延七祖,死魂生天,福覆一宗,门户隆盛,世出贤明。"(《道藏》第 6 册,第 172 页)

始旧经"中最早出世的两部经典之一,证明了《太上紫微宫中金格玉书灵宝真文篇目》在"元始旧经"创作初期就已经存在,并与《真文天书经》所提出的"十部妙经三十六卷"创作计划密切相关。而《太上紫微宫中金格玉书灵宝真文篇目》也是437年陆修静整理"元始旧经"并重新编定《元始旧经紫微金格目》最重要的依据。至于二者的关系,我们将在后面作进一步讨论。

最后,我们在陆修静之后仍然能看到《太上紫微宫中金格玉书灵宝真文篇目》在道教内部的流传。唐代孟安排《道教义枢》卷二《三洞义第五》曰:

> 洞玄是灵宝君所出,高上大圣所撰。今依元始天王告西王母〔曰〕:《太上紫微宫中金格玉书灵宝真文篇目》,〔有〕十部妙经,合三十六卷。按《太玄都四极明科》曰:洞玄经,万劫一出。今封一通于太山,一通于劳盛山。①

宋代张君房《云笈七签》卷六《三洞经教部·三洞品格》称:

> 元始天王告西王母曰:《太上紫微宫中金格玉书灵宝真文篇目》,有十部妙经,合三十六卷。是灵宝君所出,高上大圣所撰。具如《灵宝疏释》,有二十一卷已现于世,十五卷未出。……按《太玄都四极盟科》曰:洞玄经万劫一出,今封一通于太山,一通于劳盛山。元始天王告西王母云:《太上紫微〔宫中〕金格玉书灵宝真文〔篇目〕》,十部妙经,太上所秘,不尽传世。王母所得,讵已极源;五

---

① (唐)孟安排《道教义枢》卷2,《道藏》第24册,第813页。

岳所藏,亦多不备。龟山西室,王屋南洞,天经备足。①

《道教义枢》和《云笈七签》作为两部道教类书,其相关征引均不完整,然而二者都明确提到:"元始天王告西王母曰:《太上紫微宫中金格玉书灵宝真文篇目》,有十部妙经,合三十六卷。"根据《云笈七签》的征引,这一具有关键意义的内容,应出自南朝前期的上清派重要经典——《太玄都四极盟科》。而该经有关这部经目名称以及"有十部妙经,合三十六卷"的论述,应直接出自《灵书度命妙经》等"元始旧经"。由于陆修静《太上洞玄灵宝授度仪》对《太玄都四极盟科》也有明确的引用②,因此可以确定,陆修静在 437 年整理古灵宝经时,应该直接依据了《太上紫微宫中金格玉书灵宝真文篇目》。

总之,《太上紫微宫中金格玉书灵宝真文篇目》是一部与《真文天书经》所提出的"十部妙经三十六卷"相配合的经目。弄清这部经目存在最重要的意义在于:它证明作为"十部妙经三十六卷"的"元始旧经",其本身属于一种完整的具有高度内在关联和逻辑性的经典体系。而"元

---

① (宋)张君房编,李永晟点校《云笈七签》卷 6,第 93 页。其引文中所称"其如《灵宝疏释》,有二十一卷已现于世,十五卷未出",是指南朝中期宋文明的《灵宝经义疏》,见敦煌 P. 2861+P. 2256 号抄本;而其中所引《太玄都四极盟科》称:"元始天王告西王母云:《太上紫微〔宫中〕金格玉书灵宝真文〔篇目〕》,十部妙经,太上所秘,不尽传世。王母所得,讵已极源;五岳所藏,亦多不备。龟山西室,王屋南洞,天经备足。"这一段记载应该是《太玄都四极盟科》在"元始旧经"《太上洞玄灵宝真文度人本行妙经》基础上改写而成的。《太上洞玄灵宝真文度人本行妙经》的原文称:"灵宝真文十部妙经,太上所秘,不尽传世。五岳所藏,亦多不具。龟山西室,王屋南洞,天经备足。"(见唐史崇玄《一切道经音义妙门由起》所引《本行经》,《道藏》第 24 册,第 733 页)

② (南朝宋)陆修静《太上洞玄灵宝授度仪》,《道藏》第 9 册,第 852 页。关于《太玄都四极盟科》的版本研究,参见 Kristofer Schipper and Franciscus Verellen (ed.), *The Taoist Canon: A Historical Companion to the Daozang*, Chicago: The University of Chicago Press, 2004, p. 192.

始旧经"的整个创作过程，其实就是严格按照这一部既定的经目来进行的。至于该经目具体内容及其与陆修静编《元始旧经紫微金格目》的关系，我们还需要作专门讨论。

（二）《太上紫微宫中金格玉书灵宝真文篇目》与陆修静《元始旧经紫微金格目》的关系

从敦煌本《灵宝经目》来看，陆修静就是直接在《太上紫微宫中金格玉书灵宝真文篇目》的基础上，重新编定了《元始旧经紫微金格目》。而《太上紫微宫中金格玉书灵宝真文篇目》也未真正佚失，其相关内容已经被包含在现存《元始旧经紫微金格目》中。至南朝中期，宋文明撰《灵宝经义疏》，不但完整地收录了陆修静《元始旧经紫微金格目》的内容，而且还对"十部妙经"各部的义旨作了高度概括。根据大渊忍尔、王卡等对敦煌 P. 2861＋P. 2256 号宋文明《灵宝经义疏》的整理①，我们将"元始旧经"之"十部妙经"的划分以及宋文明对其义旨的概括胪列如次：

> 《真文赤书》二卷，已出。上卷目云《太上洞玄灵宝五篇真文赤书上》，下卷目云《太上洞玄灵宝五篇真文赤书下》。
>
> 《赤书玉诀》一卷，已出。今分为二卷，上卷目为《太上洞玄灵宝赤书玉诀妙经上》，下卷目云《太上洞玄灵宝赤书玉诀妙经下》。
>
> 右一部三卷，第一篇目，皆金简书文。宋法师云：合三卷，明应化之源本也。
>
> 《大小劫》二卷，未出。
>
> 《天地运度》一卷，未出。

---

① Ôfuchi Ninji（大渊忍尔），"On Ku Ling-pao Ching," *Acta Asiatica*, 27 (1974), pp. 33-56. 译文见刘波译、王承文校：《论古灵宝经》，载陈鼓应主编《道家文化研究》第 13 辑 "敦煌道教文献专辑"，第 485－506 页；王卡《灵宝经目再校读》，《道家文化研究》第 13 辑；《中华道藏》第 5 册，第 509－518 页。

右〔一部三卷〕,第二篇目,皆金简书文。宋法师云:合三卷,明运会始终也。

《空洞灵章》一卷,已出。卷目云《太上洞玄灵宝空洞灵章》。

《升玄步虚章》一卷,已出。卷目云《太上说太上玄都〔玉〕京山〔步虚〕经》。

《九天生神章》一卷,已出。卷目云《太上洞玄灵宝自然至真九天生神章》。

右一部三卷,第三篇目,皆金简书文。宋法师云:明天功之广被。

《自然五称文》一卷,已出。卷目云《太上洞玄灵宝大道无极自然真一五称符上经》。

《诸天内音玉字》一卷,已出。今分为二卷,上卷目云《太上洞玄灵宝诸天内音自然玉字上》,下卷目云《太上洞玄灵宝诸天内音自然玉字》。

《八威召龙经》一卷,未出。

右一部三卷,第四篇目,皆金简书文。宋法师云:合三卷,明圣德之威风。

《智慧上品三戒》三卷,二卷已出。一篇(卷)目云《太上洞玄灵宝智慧上品大戒》,一卷目云《太上洞玄灵宝智慧罪根上品》,一卷未出。

《威仪自然》二卷,已出。一卷目云《太上洞玄灵宝金箓简文三元威仪自然真一经》,一卷目云《太上洞玄灵宝黄箓简文三元威仪自然真经》。

《明真科》一卷,已出。卷目云《洞玄灵宝长夜之府九幽玉匮明真科》。

右一部六卷,第五篇目,皆金简书文。宋法师云:合六卷,明戒律之差品。①

《智慧定志通微》一卷，已出。卷目云《太上洞玄灵宝智慧定志通微经》。

《本业上品》一卷，已出。卷目云《太上洞〔玄〕灵宝真文度人本行妙经》。

《法轮罪福》一卷，已出。卷目云《太上洞玄灵宝真一劝诫法轮妙经》。

右一部三卷，第六篇目，皆金简书文。宋法师云：合三卷，明人行业之由从。

《无量度人上品》一卷，已出。卷目云《太上洞玄灵宝无量度人上品妙经》。

《诸天灵书度命》一卷，已出。卷目云《太上洞玄灵宝诸天灵书度命妙经》。

《灭度五炼生尸》一卷，已出。卷目云《太上洞玄灵宝灭度五炼生尸妙经》。

右一部三卷，第七篇目，皆金简书文，宋法师云：合三卷，明济物之弘远。

《三元戒品》一卷，〔已〕出。卷目云《太上洞玄灵宝三元品戒经》。

《宿命因缘》一卷，未出。

《众圣难》三卷，未出。

右一部五卷，第八篇目，皆金简书文。宋法师云：合五卷，明因果之途迹。

《导引三光〔日月〕星》一卷，未出。

---

① 敦煌本《灵宝经目》之《元始旧经紫微金格目》的"第五篇目"的文字错讹比较严重，国内外学术界的争论也很多。在此参考了张晓雷《敦煌本〈灵宝经目〉相关释读问题新探》（待刊）一文。

《二十四生图》一卷，已出。卷目云《太上洞玄灵宝二十四生图三部八景自然神真箓仪》。

《飞行三界通微内思》二卷，未出。

右一部四卷，第九篇目，皆金简书文。宋法师云：合四卷，明修行之方〔法〕。

《药品》一卷，未出。

《芝品》一卷，未出。

《变化空洞》一卷，未出。

右一部三卷，第十篇目，皆金简书文。宋法师云：合三卷，明治身之体用。

右《元始旧经紫微金格目》三十六卷，二十一卷已出。今分成二十三卷，十五卷未出。十部妙经三十六卷，皆克金为字，书于玉简之上，题其篇目于紫微宫南轩，太玄都玉京山亦具记其文。诸天大圣众依格斋日月，上诣玉京，烧香绕行诵经，礼《天文》也。

首先，以上"元始旧经"经名有长经名和短经名的分别。大渊忍尔认为前面短的经典名称是"元始旧经"在太玄都紫微宫的简称，其后长的经名则为经典的正式名称①。我们认为短的经名及其卷数，例如"《真文赤书》二卷""《赤书玉诀》一卷""《大小劫》二卷""《天地运度》一卷"等，应属于其在《太上紫微宫中金格玉书灵宝真文篇目》中的名称和卷数，也就是"元始旧经"创作者最初拟定的经名和卷数，而长经名则属于这些经典被正式写成、流传并在陆修静《元始旧经紫微金格目》中得到确认的经名。这一点与我们前面讨论的早期上清经创作情形完全一样。例如：

---

① 大渊忍尔《道教とその经典》，第 80 页。

《赤书玉诀》一卷，已出。今分为二卷，上卷目为《太上洞玄灵宝赤书玉诀妙经上》，下卷目云《太上洞玄灵宝赤书玉诀妙经下》。

以上"《赤书玉诀》一卷"，是指在《太上紫微宫中金格玉书灵宝真文篇目》中为一卷。而所谓"已出"，是陆修静在437年整理"元始旧经"时对该经出世状况的说明。至于"今分为二卷，上卷目为《太上洞玄灵宝赤书玉诀妙经上》，下卷目云《太上洞玄灵宝赤书玉诀妙经下》"，则是指该经正式写成并流传以后的正式名称以及分卷情况。所谓"卷目"一词，有研究者认为是指陆修静所见实际经卷的卷题①。至于《元始旧经紫微金格目》中的"已出"和"未出"，我们认为应该是陆修静根据《太上紫微宫中金格玉书灵宝真文篇目》所作出的判定。

其次，以上录文中"第一篇目"到"第十篇目"这样的名称以及对"十部妙经"的划分，应属于《太上紫微宫中金格玉书灵宝真文篇目》原有的结构。其最主要的理由有二：一是短的经名如"《真文赤书》二卷""《赤书玉诀》一卷""《大小劫》二卷""《天地运度》一卷"，这些经典卷数恰好为"三十六卷"；从"第一篇目"的"右一部三卷"，到"第十篇目"的"右一部三卷"，其总数也恰好是"十部妙经三十六卷"。这样的结构和数目，既符合《真文天书经》所称元始天尊等"奉修灵文，敷演玄义，论解曲逮，有十部妙经三十六卷"的框架设计，也完全符合《道教义枢》和《云笈七签》征引《太玄都四极盟科》所称"元始天王告西王母曰：《太上紫微宫中金格玉书灵宝真文篇目》，有十部妙经，合三十六卷"的记载。二是陆修静《元始旧经紫微金格目》所记载的"元始旧经"实际出世和分卷情况，与《太上紫微宫中金格玉书灵宝真文篇目》有很大区别。我们以"第一篇目"为例：

《真文赤书》二卷，已出。上卷目云《太上洞玄灵宝五篇真文赤

_____

① 郜同麟《太上洞玄灵宝智慧罪根上品大戒经》考——兼论陆修静目录"未出一卷"和"卷目"问题》，《文献》2020年第1期。

书上》，下卷目云《太上洞玄灵宝五篇真文赤书下》。

《赤书玉诀》一卷，已出。今分为二卷，上卷目为《太上洞玄灵宝赤书玉诀妙经上》，下卷目云《太上洞玄灵宝赤书玉诀妙经下》。

右一部三卷，第一篇目。

以上"上卷目云《太上洞玄灵宝五篇真文赤书上》，下卷目云《太上洞玄灵宝五篇真文赤书下》"，加上"今分为二卷，上卷目为《太上洞玄灵宝赤书玉诀妙经上》，下卷目云《太上洞玄灵宝赤书玉诀妙经下》"，其总数为四卷，很显然已经不符合"右一部三卷，第一篇目"这样的归纳。因此，我们认为所谓"右一部三卷，第一篇目"，应是《太上紫微宫中金格玉书灵宝真文篇目》原有的内容。

再次，陆修静所称"右《元始旧经紫微金格目》三十六卷，二十一卷已出。今分成二十三卷。十五卷未出"，其中所谓"二十一卷已出。今分成二十三卷"，具体就是特指《赤书玉诀》一卷，已出。今分为二卷"，以及《诸天内音玉字》一卷，已出。今分为二卷"；至于所谓"十五卷未出"，则是相对于"《元始旧经紫微金格目》三十六卷"来说的，因为这"三十六卷"中"二十一卷已出"，所以尚有"十五卷未出"。也就是说，无论是《真文天书经》等"元始旧经"，还是《太上紫微宫中金格玉书灵宝真文篇目》和《元始旧经紫微金格目》，一直都把"十部妙经三十六卷"当作早已确定的具有神圣意义的经典数目①。

最后，陆修静为什么要将其整理后的经目重新命名为《元始旧经紫微金格目》呢？因为这一经目不但收录了《太上紫微宫中金格玉书灵宝真文篇目》的内容，而且还增加了对这些经典出世之后的名称以及实际分卷和整体说明等内容，因此需要有一个新的经目名称。另外，如前所述，《赤书玉诀妙经》实际上已经开始将"十部妙经"统称为"元始真文旧

---

① 王承文《汉晋道教仪式与古灵宝经研究》，第616—617页。

经"①。所以，陆修静在此基础上进一步将"十部妙经"简称为"元始旧经"，并与"新经"区别开来②。众所周知，陆修静在其论著中屡屡提及《旧目》之名。例如，《灵宝经目序》就分四次提到了"旧目"：

（1）夫灵宝之文，始于龙汉。龙汉之前，莫之追记。延康长劫，混沌无期。道之隐沦，宝经不彰。赤明革运，灵文兴焉。诸天宗奉，各有科典。一劫之周，又复改运。遂积五劫，迄于开皇巳后。上皇元年，元始下教。大法流行，众圣演畅，修集杂要，以备十部三十六帙，引导后学，救度天人。

（2）期运既至，大法方隆。但经始兴，未尽显行，十部《旧目》，出者三（六）分。虽玄蕴未倾，然法轮已遍于八方。自非时交运会，孰能若斯之盛哉？

（3）顷者以来，经文纷互，似非相乱。或是《旧目》所载，或自篇章所见，新旧五十五卷。

（4）虑有未悉，今条《旧目》已出，并仙公所授事注解，意疑者略云尔。③

而《太上洞玄灵宝授度仪表》也称："伏寻灵宝大法，下世度人，玄科《旧目》三十六卷。"学术界以往一般都认为所谓"《旧目》"，就是指《元始旧经紫微金格目》。但是现在看来，应该是指更早的《太上紫微宫中金格玉书灵宝真文篇目》。而这份更早的目录，就是陆修静整理"元始旧经"以及重新编纂《元始旧经紫微金格目》最重要的基础和依据。

---

① 《太上洞玄灵宝赤书玉诀妙经》卷上，《道藏》第 6 册，第 184 页；

② 陆修静《太上洞玄灵宝授度仪表》也提出了"元始旧经"的概念，称："然即今见出元始旧经，并仙公所禀，臣据信者，合三十五卷。"（《道藏》第 9 册，第 839 页）

③ （宋）张君房编，李永晟点校《云笈七签》卷 4，第 51—52 页。

(三)从两部"十部妙经"目录再看《灵宝五篇真文》的性质和"元始旧经"的神圣来源

从《太上紫微宫中金格玉书灵宝真文篇目》和《元始旧经紫微金格目》对"十部妙经"的性质和来源的说明来看,二者具有高度的一致性,而且都直接源于《真文天书经》对《灵宝五篇真文》与"十部妙经三十六卷"之间关系的论述。为了更清楚地显示这三种关键的文本资料之间的内在关系,我们将其胪列如次。

《真文天书经》卷下称:

> 《元始自然赤书玉篇真文》开明之后,各付一文安镇五岳。旧本封于玄都紫微宫,众真侍卫,置立玄科,有俯仰之仪。至五劫周末,乃传太上大道君、高上大圣众、诸天至真,奉修灵文,敷演玄义,论解曲逮,有十部妙经三十六卷《玉诀》二卷,以立要用。悉封紫微上宫。众真并以上合天庆之日,清斋持戒,上会玄都,朝礼《天文》,诵经行道,上赞元始自然之章,中和三元洞明之气,下庆神真大慈之教。道在则尊,唯清为贵,故斋戒存其检行。当其斋日,诸天大圣尊神、妙行真人、日月星宿,皆会玄都玉京之台紫微上宫,持戒朝礼,旋行诵经。[①]

《太平御览》所引《灵书经》即《太上诸天灵书度命妙经》称:

> 元始〔天王〕以龙汉之年撰十部经,告西母曰:《太上紫微宫中金格玉书灵宝真文篇目》有妙经。其《篇目》今以相示,皆刻金为字,书于玉简,题其《篇目》于紫微宫南轩,太玄都玉京山亦具记其文。[②]

---

① 《元始五老赤书玉篇真文天书经》卷下,《道藏》第 1 册,第 799 页。
② 《太平御览》卷 673《道部》引《灵书经》,第 3001 页。

十部妙经金字玉简,诸天真仙〔依〕斋戒月日,上诣玉京,诵其文。①

陆修静在敦煌本《灵宝经目》中对《元始旧经紫微金格目》著录的"元始旧经"所作概括称:

右《元始旧经紫微金格目》三十六卷,二十一卷已出。今分成二十三卷,十五卷未出。十部妙经三十六卷,皆克金为字,书于玉简之上,题其《篇目》于紫微宫南轩,太玄都玉京山亦具记其文。诸天大圣众依格斋日月,上诣玉京,烧香绕行诵经,礼《天文》也。

比较以上三种资料,我们对"十部妙经"的性质及其来源可以得到这样一些重要认识。

首先,陆修静的解说与《真文天书经》相通之处有二:一是二者均强调"十部妙经三十六卷"被珍藏在最高天界——无上大罗天太玄都玉京山紫微上宫,认为在每月特定的斋戒日期,所有天神都要到玉京山紫微宫集会,并举行特定的朝觐仪式;二是《真文天书经》称"诸天大圣尊神"需要"朝礼《天文》,诵经行道","持戒朝礼,旋行诵经"。而陆修静则表述为"诸天大圣众"需要在此"烧香绕行,诵经礼《天文》也"。我们要强调的是,无论是"礼《天文》",还是"朝礼《天文》",其实都是指天神共同朝觐古灵宝经最神圣的经典——《灵宝五篇真文》。而古灵宝经的"步虚"仪式亦由此演绎发展而来②。因此,陆修静对"十部妙经三十六卷"即"元始旧经"性质和来源的说明,应直接出自《真文天书经》。

其次,陆修静的解说与《灵书度命妙经》完全相同。《灵书度命妙经》称"《太上紫微宫中金格玉书灵宝真文篇目》有妙经,其《篇目》今以

---

① 《太平御览》卷673《道部》引《灵书经》佚文,第2977页。

② 王承文《中古道教"步虚"仪的起源与古灵宝经分类论考——以〈洞玄灵宝玉京山步虚经〉为中心的考察》,《中山大学学报》2014年第4期;又见王承文《汉晋道教仪式与古灵宝经研究》,第458—502页。

相示,皆刻金为字,书于玉简,题其《篇目》于紫微宫南轩,太玄都玉京山亦具记其文。"而陆修静则称:"十部妙经三十六卷,皆克金为字,书于玉简之上,题其《篇目》于紫微宫南轩,太玄都玉京山亦具记其文。"很显然,陆修静直接依据了《灵书度命妙经》对《太上紫微宫中金格玉书灵宝真文篇目》的说明。而《灵书度命妙经》所称"诸天真仙〔依〕斋戒月日,上诣玉京诵其文",也与陆修静所称"诸天大圣众依格斋日月,上诣玉京,烧香绕行诵经,礼《天文》也"含义相同。

最后,从《真文天书经》最初提出元始天尊等"奉修灵文,敷演玄义,论解曲逮,有十部妙经三十六卷",到《太上紫微宫中金格玉书灵宝真文篇目》对"十部妙经三十六卷"内在结构的具体设计,再到陆修静《元始旧经紫微金格目》对"十部妙经三十六卷"的具体著录,既反映了"元始旧经"的创作是一个具有高度内在关联和逻辑性的发展过程,也证明无论是"元始旧经"本身,还是作为"元始旧经"最重要整理者的陆修静,都认为"十部妙经三十六卷"是依据《灵宝五篇真文》演绎而成的。因此,《灵宝五篇真文》构成了"十部妙经三十六卷"的神圣来源,而"元始旧经"本身是一个以《灵宝五篇真文》为核心的经典体系。

七　如何从"十部妙经"的内在结构中理解"元始旧经"的共同特征?

(一)"十部妙经"内在结构与《灵宝五篇真文》最核心的地位

从《太上紫微宫中金格玉书灵宝真文篇目》和《元始旧经紫微金格目》对"十部妙经三十六卷"的著录来看,"十部妙经"结构对于每一部"元始旧经"在其中所属的具体部类、次序以及宗教功能等,其实早在"元始旧经"创作之初就已经被确定下来。至南朝中期,宋文明对"十部妙经"各"部"的义旨加以高度概括,它们分别为:"明应化之源本""明运会始终""明天功之广被""明圣德之威风""明戒律之差品""明人行业之由从""明济物之弘远""明因果之途迹""明修行之方〔法〕""明治身之体用"。在此我们要特别强调的是，虽然宋文明对"十部妙经"义旨的概括在时间上已晚至南朝中期，但是他只是将"元始旧经"创作者创作"十部妙经"的理念加以正式表述出来而已。迄今为止，国内外学术界对于"十部妙经"本身的内在结构及其意义还极少关注，因此我们有必要作较为专门的讨论。

"十部妙经"的"第一部"又称"第一篇目"，其义旨为"明应化之源本"，显然属于整个"十部妙经"分类中最重要也是最根本的内容。其中包含两部经典：一是《真文天书经》，二是《赤书玉诀妙经》。众所周知，这两部经典在"元始旧经"中都是专门论述《灵宝五篇真文》来源及其神圣性的经典。而"十部妙经"的这种特定结构，充分体现了其将《灵宝五篇真文》尊崇为宇宙本源和全部"元始旧经"经教本源的思想。

何谓"应化"？"应化"原本是一个非常典型的佛教概念，又作"应现""应化利生"等等，其原意是指佛或菩萨因应众生之根机或利益，用权巧方便的形式示现各种身相和威仪等等。例如，《大智度论》就称菩萨"于众生中，或为父、或为子，或为师、或为弟子，或为主、或为奴，或为象马、或为乘象马者，或时富贵力势、或时贫贱"，"菩萨应如是游戏神通，成就众生，净佛国土"[1]。中古道教就直接吸收和借鉴了这一概念。例如，唐代李少微注解《度人经》称："元始天尊随劫应化，进行三界，出法度人。"[2]孟安排所作《道教义枢序》亦称："是知元始天尊，生乎妙炁，忽焉有像，应化无穷。显迹托形，无因无待；演法开教，有始有终。"[3]可见，元始天尊的"出法度人"和"演法开教"，就是元始天尊"应化"的表现形式。而六朝隋唐道教也将其经法的演绎和创造直接归结为"大道"

---

①　（后秦）鸠摩罗什译《大智度论》卷 94，《大正新修大藏经》第 25 册，第717 页。

②　《元始元量度人上品妙经四注》卷 1，《道藏》第 2 册，第 188 页。

③　（唐）孟安排《道教义枢序》，《道藏》第 24 册，第 803 页。

的应化。例如,《正一威仪经》称:

> 上自大罗,下穷无际,十方三界,大道应化,说法演教,三十六
> 部,真法化法,外藏内藏,符图宝经,普起归依。①

以上即强调"说法演教"以及"三十六部(尊经)"的形成等,均属于"大道"应化的结果。因此,"大道"既是天地万物的来源和存在的最终根据,也是道教经法的本源。而"十部妙经"结构将《真文天书经》和《赤书玉诀妙经》确定为最重要的"明应化之本源",就是指《灵宝五篇真文》本身既是"大道",也是各种"应化"包括道教所有经典教法的根源。

至于"十部妙经"中"第一部"与其他"九部"在经教上的关系,在本质上应属于"源"与"流"的关系。即"第一部"是其他"九部"的根源,而其他"九部"则是"第一部"的表现形式和具体运用。这一点也完全符合《真文天书经》所称元始天尊依据《灵宝五篇真文》"敷演玄义,论解曲逮,有十部妙经三十六卷"的说法。正因为如此,从《太上紫微宫中金格玉书灵宝真文篇目》开始,到陆修静《元始旧经紫微金格目》,再到隋唐宋时期最具有代表性意义的《灵宝中盟经目》和《斋坛安镇经目》等②,在这些经目对古灵宝经的著录中,作为专门论述《灵宝五篇真文》的《真文天书经》和《赤书玉诀妙经》,自始至终都占有最重要也最突出的地位。究其根本原因,就在于古灵宝经将宇宙万化的开端以及道教经典教法的起源,都最终归结为《灵宝五篇真文》的创造。

"十部妙经"分类法与陆修静"十二部"分类法也具有一定关联性。

---

① 《正一威仪经》,《道藏》第18册,第256页。
② 《三洞奉道科诫营始》卷4《灵宝中盟经目》,《道藏》第24册,第758页;(宋)蒋叔舆编《无上黄箓大斋立成仪》卷1《斋坛安镇经目》,《道藏》第9册,第379页。

根据敦煌本宋文明《灵宝经义疏》,陆修静将"元始旧经"的相关内容,划分为"经之本源""神符""玉诀""灵图""谱录""戒律""威仪""方法""众术""记传""赞诵""表奏"等十二部。如果将"十部妙经"分类法与陆修静"十二部"分类比较,就可以发现二者有不少相通之处。例如:(1)"十部妙经"第一部"明应化之源本",与"十二部"分类法中第一部"经之本源"(从宋文明开始将其改称为"本文")相同,二者都极力突出《灵宝五篇真文》在道教经教起源上的极端重要性。对此我们将另作更详细的讨论。(2)"十部妙经"第五部"明戒律之差品",与"十二部"分类法中"第六戒律"相同。(3)"十部妙经"第九部"明修行之方〔法〕",与"十二部"分类法第八"方法"相近。(4)"十部妙经"第十部"明治身之体用",与"十二部"分类法中第九"众术"相近。而陆修静"十二部"分类法中作为第一部的"经之本源"与其他十一部的关系,也同样体现为"源"与"流"的关系,即"经之本源"是其他"十一部"的根本,而其他"十一部"则是"经之本源"的表现形式和具体运用。隋代《洞玄灵宝玄门大义》就非常正式地提出,其他"十一部"都是因为"经之本源"的存在而被衍生出来的①。

---

①　《洞玄灵宝玄门大义》之《明次第第五》称:"本文是生法之本,数自居前。既生之后,须即扶养,故次辨神符。八会云篆、三元玉字,若不谙炼,岂能致益? 故须玉诀释其理事也。众生闇钝,直闻声教,不能悟解,故立图像,助以表明。圣功既显,若不是其祖宗物情,容言假伪,故须显其谱录也。此之五条,生物义定,将欲辅成,必须鉴戒,恶法交弊,宜前防止,故有戒律。既舍俗入道,出家受戒,簉于师宝,须善容仪,故次明威仪也。又前乃防恶,宿罪未除,故须修斋轨仪,悔三生恶也。仪容既善,宿根已净,须进学方法。学理期真,当假道术。道术之妙,显乎记传,论其习学,以次相从也。亦是学工既著,名传竹帛,故次记传。始自生物,终乎行成,皆可嘉称,故次有赞颂。又前诸言教,多是长行散说,今论赞颂,即是句偈结辞。既功满德成,故须表申灵府,如斋讫言功之例,故申奏也。又前十二部明出世之行,后之表奏祛世间之灾,如三元、涂炭、子午请命之流皆关表也。"(《道藏》第24册,第735-736页;又见李永晟点校本《云笈七签》卷6《三洞经教部》,第107-108页)相关讨论参见王承文《敦煌古灵宝经与晋唐道教》,第758页。

另外还要补充的是,汉晋时期图书目录分类对"十部妙经"分类法和陆修静"十二部"分类法也有直接影响。汉代刘歆、刘向所编纂的《七略》,将包含儒家"六经"的《六艺略》置于六大部类之首,就是强调"六经"是学术的总汇,是各种学术思想的根源。而其他"五略"则与"六经"相表里,是六经的流裔,其中所体现的也是本源与流裔的关系。而"十部妙经"中"第一部"与其他"九部"的关系,以及陆修静"十二部"分类法中"第一部"与其他"十一部"之间的关系,都非常明确地体现了这一特点。

从最初的"第一部"即"明应化之源本",到最末的"第十部"即"明治身之体用",说明"十部妙经"的结构和分类,确实是按照其重要性从高到低的顺序来设置的。例如"第十部"之"明治身之体用",该部主要属于服食和身体调养的经典。至于包含了"大梵隐语自然天书"之"秘篆文"的《太上灵宝诸天内音自然玉字》,属于"第四篇目"即"明圣德之威风";而包含了"大梵隐语自然天书"译文的《度人经》,则属于"第七篇目"之"明济物之弘远"。如前所述,这两部经书在经教神学意义上,应属于《灵宝五篇真文》所体现的"圣德之威风"和"济物之弘远"。因此,"大梵隐语自然天书"以及其他几种"天文玉字"和"神符",在经教意义上是决不可能与《灵宝五篇真文》相提并论的。

总之,古灵宝经"十部妙经"结构就是直接以《真文天书经》所提出的经教思想作为基础的。而其最核心的内容体现为两方面:一是元始天尊等神灵依据《灵宝五篇真文》演绎了"十部妙经三十六卷",因此《灵宝五篇真文》就是"十部妙经"即全部"元始旧经"的共同本源;二是"十部妙经三十六卷"本身属于一种有高度内在关联性和逻辑性的经典体系,而每一部"元始旧经"都是其中不可或缺的组成部分。

(二)从"十部妙经"结构看其各经的宗教功能及与《灵宝五篇真文》的关系

我们讨论了"十部妙经"观念的确切含义及其内在结构。至此,应该可以回答刘屹博士所提出的最具有关键性的问题，即在全部"元始旧经"中，为什么只有《真文天书经》和《赤书玉诀妙经》两部经典将"《灵宝赤书五篇真文》摆放在最高贵和最根本的位置"，而其他"元始旧经"却并未这样做或者根本就不需要这样做。

首先，"十部妙经"观念及其内在结构证明，"元始旧经"本来就是一个完整的具有内在逻辑性的经典体系。作为"明应化之源本"的"第一部"，《真文天书经》和《赤书玉诀妙经》作为两部篇幅巨大的经典，对《灵宝五篇真文》的神圣来源以及至高无上的神圣性都已经作了最系统、最彻底也最充分的论述，其对《灵宝五篇真文》的尊崇可以说已经达到了无以复加的程度。因此完全可以肯定，从"第二部"到"第十部"的全部"元始旧经"，其创作者必然都是在高度尊崇《灵宝五篇真文》的基本前提下进行创作的，同时也是直接在《真文天书经》和《赤书玉诀妙经》已有论述的基础上而进行的。而作为其他"九部"的"元始旧经"，不可能也根本就没有必要大规模地重复这两部经典已有的内容。因此，其中某些"元始旧经"即使完全没有出现《灵宝五篇真文》，但是它们在本质上仍然属于元始天尊依据《灵宝五篇真文》而演绎出的经典。不能因为其中没有出现《灵宝五篇真文》，或者没有特别尊崇《灵宝五篇真文》，就认为这些经典的创作者不知道或者根本就不承认《灵宝五篇真文》的尊崇地位。

其次，"十部妙经"作为一种以《灵宝五篇真文》为核心的经典体系，其内容涵盖了道教作为一种大的宗教所具备的所有方面，而这就决定了每一部"元始旧经"在其中都有不同的功能和使命。既不能要求每一部经典都只论述与"明应化之源本"相关的内容，也不能要求每一部经典所论述的所有内容，都必须与《灵宝五篇真文》具有直接关系。但是按照刘屹博士的论证逻辑，每一部"元始旧经"都必须将《灵宝五篇真文》"摆放在最高贵和最根本的位置"，而且每一部"元始旧经"的所有论述，都必须始终围绕《灵宝五篇真文》展开，才能证明《灵宝五篇真文》在

"元始旧经"中真正具有最核心的地位。然而,可以肯定的是,在两千年道教史上,没有任何一个正式的道派或独立的经系,其全部经典都只阐述其中某一特定的核心信仰,而不涉及道教作为一种宗教的其他方面;历史上也没有任何一个道派或经系的经典,是完全按照刘屹博士自己所设定的模式创作出来的。

复次,如果我们对"元始旧经"的文本作更加深入和细致的研读,就能发现绝大多数"元始旧经"其实都已经将《灵宝五篇真文》这一最核心的信仰融贯在其具体内容中。例如,在"十部妙经"分类中,《太上诸天灵书度命妙经》属于"第七篇目"即"明济物之宏远"。而所谓"济物之宏远",其实就是指《灵宝五篇真文》在创造和拯救宇宙世界方面的力量巨大而深远。因为该经的主要内容就是论述《灵宝五篇真文》与宇宙"劫运"交替转换的关系,强调《灵宝五篇真文》在宇宙多次巨大浩劫中都发挥了拯救者的作用,从而突出了《灵宝五篇真文》在宇宙演化中所具有的根本性意义[①]。又如《太上洞玄灵宝真文度人本行妙经》在"十部妙经"结构中,属于"第六篇目"即"明人行业之由从"。其经名中的"真文"就是指《灵宝五篇真文》。而该经的主要内容,就是将太上大道君、灵宝五老帝君等大量神灵的"本行"事迹与《灵宝五篇真文》融贯在一起,从而强调《灵宝五篇真文》在大批神灵成道成圣过程中的极端重要性[②]。因此,这两部经典无论是在形式上还是内容上,都完全称得上"先把《灵宝赤书五篇真文》摆放在最高贵和最根本的位置,然后再展开自己的论说"。

---

① 王承文《论古灵宝经对佛教"劫"的观念的吸收和改造——以〈灵宝五篇真文〉与"劫运"的关系为中心》,《宗教学研究》2020年第2期。

② 王承文《灵宝"天文"信仰与古灵宝经教义的展开—敦煌本〈太上洞玄灵宝真文度人本行妙经〉为中心に—》,载日本京都大学人文科学研究所编《中国宗教文献研究》,第293—336页;王承文《敦煌古灵宝经〈洞玄本行经〉版本结构论考》,《敦煌学辑刊》2018年第2期。

又如刘屹博士举例称："《洞玄灵宝长夜之府九幽玉匮明真科》提到'当丹书灵宝真文五篇,于中庭。五案置五方,一案请一篇真文'。"其意是指该经虽然篇幅宏大,但只是在其经很靠后的部分,用极小的篇幅提到了《灵宝五篇真文》,以此来证明《灵宝五篇真文》在这部经典中并不具有核心地位。我们认为其对该经文本的解读方式还可以商讨。一是该经其实用了极大篇幅专门论述《灵宝五篇真文》在灵宝斋法中的运用,决非仅有"当丹书灵宝真文五篇,于中庭。五案置五方,一案请一篇真文"这一点内容。二是根据陆修静《洞玄灵宝五感文》和《无上秘要》所引相关文字,该经大部分内容均属于灵宝斋法中"金箓斋"和"黄箓斋"的内容①。我们在此要特别强调的是,灵宝斋法之所以具有大乘度人的突出品格,其根本原因就在于《灵宝五篇真文》的核心信仰已经融入到灵宝斋法仪式中。因为《灵宝五篇真文》本身被赋予了至高无上的神圣性和救度天人的功能②。因此,《灵宝五篇真文》在该经斋法仪式中的运用,恰恰具有关键的意义。

又如《太上洞玄灵宝智慧罪根上品大戒经》在"十部妙经"结构中属于"明戒律之差品"的"第五篇目"。从表面上看,该经仅在开头部分提到"至开皇元年,《灵宝真文》开通三象,天地复正,《五文》焕明,我于始青天中,号元始天尊"③。然而,该经实际上是从《灵宝五篇真文》与"劫运"之间的关系讲起,强调《灵宝五篇真文》在"劫运"末期的隐藏以及导致"末世"罪孽恶报盛行,由此论述制定和尊奉灵宝"戒律"的必要性,反映的就是作为"经之本源"的《灵宝五篇真文》与灵宝经"戒律"之间的关

---

①　（南朝宋）陆修静《洞玄灵宝五感文》,《道藏》第32册,第620页。

②　王承文《敦煌古灵宝经与晋唐道教》,第493—590页;王承文《中古道教"步虚"仪的起源与古灵宝经的分类考释——以〈洞玄灵宝玉京山步虚经〉为中心的考察》,《中山大学学报》2014年第4期;又见王承文《汉晋道教仪式与古灵宝经研究》,第458—503页。

③　《太上洞玄灵宝智慧罪根上品大戒经》卷上,《道藏》第6册,第886页。

系。又如刘屹博士称《度人经》"提及有'赤明开图,元始安镇,敷落五篇,赤书玉字'",其意也是说《度人经》仅用极少的篇幅提到了《灵宝五篇真文》。如前所述,《度人经》首先把《灵宝五篇真文》奉为最根本的信仰,然后再论述"大梵隐语自然天书"的作用。因此,这一点恰恰符合刘屹博士所提出的"先把《灵宝赤书五篇真文》摆放在最高贵和最根本的位置,然后再展开自己的论说"的标准。

最后,我们在前面讨论了刘屹博士所提出的有些"元始旧经"中"根本不提'五篇真文'"的问题。我们认为即使"根本不提'五篇真文'",也不能成为这些经典的作者不知道或者根本就不尊崇《灵宝五篇真文》的证据。例如,《洞玄灵宝自然九天生神章》就属于这种类型。该经在"十部妙经"体系中属于"第三篇目"即"明天功之广被"。而所谓"明天功之广被",很明显就是指《灵宝五篇真文》创化宇宙之功的进一步扩展。而该经所描述的不同于《真文天书经》的宇宙结构,恰恰可以看成是对《真文天书经》的发展。另外,该经在"元始旧经"中还属于专门论述"三洞经书"神圣来源的经典。可以肯定的是,其创作者应该是在高度尊崇《灵宝五篇真文》的前提下提出"三洞经书"学说的。究其原因,一是《灵书度命妙经》在论述元始天尊将《灵宝五篇真文》演绎成"十部妙经"的同时,也明确称"三洞神经"等经典"并出元始(天尊)处"①。而这一点证明"三洞经书"观念的最初形成,与元始天尊和《灵宝五篇真文》具有不能分割的关系。二是《洞玄灵宝自然九天生神章》前面的"三宝大有金书"证明,"三洞经书"并非上清经、灵宝经、三皇经等三种不同经典的简单并列,而是有其深厚的经教神学背景。《灵书度命妙经》将"三洞经书"称为"三洞神经"也证明了这一点。三是从南朝开始,道教内部普遍将天宝君、灵宝君和神宝君等"三宝神君"与元始天尊相联系,而将"三

① 《太上诸天灵书度命妙经》,《道藏》第1册,第804页。

洞经书"与《灵宝五篇真文》相联系①。因此,我们应该在"十部妙经"的
经教体系中来理解"三洞经书"思想的起源和发展。

又如,在《太上紫微宫中金格玉书灵宝真文篇目》和《元始旧经紫微
金格目》中,《无量度人上品》(即《太上洞玄灵宝无量度人上品妙经》)、
《诸天灵书度命》(即《太上洞玄灵宝诸天灵书度命妙经》)、《灭度五炼生
尸》(即《太上洞玄灵宝灭度五炼生尸妙经》)三经共同构成了"第七篇
目",其宗旨是"明济物之弘远"。但是这三经的侧重点却各有不同。如
前所述,《度人经》侧重于讲《灵宝五篇真文》在"三十二天"宇宙结构中
的救度,《诸天灵书度命妙经》侧重于讲《灵宝五篇真文》在宇宙各种"劫
运"交替转换中的救度,而《太上洞玄灵宝灭度五炼生尸妙经》更侧重于
讲对人间死亡的救度,并因此形成了古灵宝经特有的丧葬仪式。至于
《五炼生尸妙经》中只出现"灵宝五方天文"而没有出现《灵宝五篇真文》
的原因,不能将其理解为其作者不知道或者根本就不承认《灵宝五篇真
文》的崇高地位。按照"元始旧经"的经教思想来理解,"灵宝五方天文"
的出现,其本身就是《灵宝五篇真文》演绎经法的表现形式。有研究者
提出《真文天书经》等更早的"元始旧经"都没有提到道教丧葬仪式,只
有较晚出世的《五炼生尸妙经》等才提出丧葬仪式,并将此看成是古灵
宝经创作在前期和后期存在重大差别的证明②。不过,《太上紫微宫中
金格玉书灵宝真文篇目》既然著录有《灭度五炼生尸》这一短的经名,证
明该经具有丧葬仪式和功能,本来就是"元始旧经"创作者在其创作之

---

① (唐)朱法满《要修科仪戒律钞》卷1《部秩钞》征引《生神经》(即《洞玄灵宝
自然九天生神章经》)有曰:"天尊以龙汉劫说洞真经,赤明劫说洞玄经,开皇劫说
洞神经。此三洞尊经,备明奥典,随方教化,开度天人。"(《道藏》第6册,第922
页)类似的例子还有不少。据此可见,道教内部认为"天宝君""灵宝君""神宝君"
实际上就是"元始天尊"的"法身"。
② 张超然《道教灵宝派度亡经典的形成:从〈元始五老赤书玉篇真文天书
经〉到〈洞玄无量度人上品妙经〉》,《辅仁宗教研究》第22期,2011年。

初就已经设定好的。而《真文天书经》作为专门论述"经之本源"的经典，其中根本就没有必要出现对丧葬仪式等内容的论述。

因此，按照"十部妙经"观念及其内在结构来理解，"元始旧经"之间的差别，其实就是经典分工的不同以及宗教内容的差别，并不能成为古灵宝经创作在前期和后期存在重大差别以及发展方向存在"转向"的证明。

(三)如何看待"移入三经"以及"新经"与《灵宝五篇真文》的关系？

我们讨论"元始旧经"教义思想的共同特征，就不能不涉及小林正美所提出的古灵宝经分类中的所谓"移入三经说"问题。由于我们对此已有专门研究①，因此在此仅作简要讨论。我们认为并不存在陆修静将三部"新经"抽出去充当"元始旧经"的情况。

一是这三部经较短的经名在《太上紫微宫中金格玉书灵宝真文篇目》中就已经存在，而陆修静《元始旧经紫微金格目》则记载了其更长的经名。其称：

> 《升玄步虚章》一卷，已出。卷目云《太上说太上玄都〔玉〕京山〔步虚〕经》。《法轮罪福》一卷，已出。卷目云《太上洞玄灵宝真一劝诚法轮妙经》。《自然五称文》一卷，已出。卷目云《太上洞玄灵宝大道无极自然真一五称符上经》。

以上这种著录方式，证明这些经典短的名称其实早在"元始旧经"创作之初就已经存在。

二是部分研究者认为这三部经典中没有出现"元始旧经"所尊崇的《灵宝五篇真文》和主神元始天尊，我们认为没有出现主要缘于其宗教

---

① 王承文《汉晋道教仪式与古灵宝经研究》，第547—558页。

叙述的需要。例如，《洞玄灵宝玉京山步虚经》所论述的灵宝"步虚仪"，本来就是"元始旧经"所构造的"灵宝斋法"不可或缺的组成部分。而"灵宝斋法"与《灵宝五篇真文》具有不能分割的关系。这三部经典均属于元始天尊依据《灵宝五篇真文》演绎的"十部妙经三十六卷"的组成部分。虽然刘屹博士在绝大多数情况下都非常坚持小林正美的古灵宝经重新分类法和"移入三经说"，但是他根据陆修静《太上洞玄灵宝授度仪》对《洞玄灵宝玉京山步虚经》的征引，却也强调该经本来就是"元始旧经"之"十部妙经三十六卷"的组成部分。例如，他称：

> 《授度仪》既然征引到《升玄步虚章》，至少不会是将其作为"仙公所授"诸经来使用的。所以无论《授度仪》征引时《升玄步虚章》是否直接被视作"元始旧经"，它都已经属于"元始旧经"三十六卷中的一卷。……因此，我把《授度仪》中征引到的《升玄步虚章》直接认作是"元始旧经"。①

该经既然"属于'元始旧经'三十六卷中的一卷"，那么其最尊崇的经典必然就是《灵宝五篇真文》，而其最尊崇的主神也必然就是"元始天尊"。因此，如果将这三部经典置于"十部妙经"结构中来解读，就可以理解经中位阶最高的神灵，并不意味着就是其创作者最尊崇的主神②。就如同早期上清经所塑造的最高神灵——"高上虚皇君"，并非在每部上清经中都一定出现一样。

三是刘屹博士认为这三部经书中出现了"老子""张道陵""葛仙公"等历史人物，因而与"元始旧经"早在远古"劫运"初期就已形成的说法相矛盾。然而，根据我们的研究，"元始旧经"中出现所谓"历史人物"，并非只是这三部经典所特有的现象，而是在大量"元始旧经"中都普遍存在。这些所谓"历史人物"，其实均属于在汉晋时代已经

---

① 刘屹《六朝道教古灵宝经的历史学研究》，第 335 页。
② 王承文《汉晋道教仪式与古灵宝经研究》，第 484—492 页。

完成"神格化"的道教神灵，与一般具体"历史人物"存在本质上的区别。因此，有无"历史人物"的出现不能真正成为重新划分古灵宝经的标准和理由。对此我们已有专文讨论①。

此外，根据我们的研究，至少有三部"新经"明确出现了《灵宝五篇真文》信仰，表明"新经"延续了"元始旧经"尊崇《灵宝五篇真文》的核心信仰②。至于其他数部"新经"没有直接出现《灵宝五篇真文》，也不能"依靠某种因素谁'有'谁'无'的表象"③而作非常简单化的比较，并据此判定其作者不知道甚至完全反对《灵宝五篇真文》。因为刘屹博士自己用极大篇幅极力证明葛巢甫创作了全部"仙公新经"，又证明葛巢甫与"元始旧经"的创作无关④。我们很难想象葛巢甫仅仅在创作这三经时尊崇《灵宝五篇真文》，而在创作其他"新经"时，却变成了根本就不知道或者完全反对《灵宝五篇真文》信仰。因此这种观点以及论证过程本身就是自我否定和自相矛盾的。小林正美认为"元始旧经"作者最尊崇的是《灵宝五篇真文》，而"新经"作者最尊崇的是《道德经》，并将二者看成是一种非此即彼、相互对立、相互否定的关系。但是这种认识实际上也是一种很大的误解。因为《灵宝五篇真文》和《道德经》完全可以在同一部"新经"中出现，而且《灵宝五篇真文》的地位要远高于《道德经》⑤。另外，也没有任何资料能够证明，在《真文天书经》的《灵宝五篇真文》之外，"新经"还有更早而且版本完全不同的《灵宝五篇真文》⑥。

---

① 王承文《论古灵宝经分类争议中的"历史人物"问题》，《魏晋南北朝隋唐史资料》第 46 辑。
② 王承文《汉晋道教仪式与古灵宝经研究》，第 373—395 页。
③ 刘屹《六朝道教古灵宝经的历史学研究》，第 425 页。
④ 刘屹《六朝道教古灵宝经的历史学研究》，第 262、329、387、529 页。
⑤ 王承文《汉晋道教仪式与古灵宝经研究》，第 373—395 页。
⑥ 王承文《再论"元始旧经"和"新经"出世先后问题——兼评刘屹博士〈六朝道教古灵宝经的历史学研究〉》，《中山大学学报》2020 年第 2 期。

（四）小结

"元始旧经"的"十部妙经"观念及其内在结构，证明了其本身属于一种以《灵宝五篇真文》为核心而展开的经典体系。而"元始旧经"的整个创作过程，既是对《真文天书经》最初所提出的"十部妙经三十六卷"创作计划的实现，也是按照《太上紫微宫中金格玉书灵宝真文篇目》逐步完成的。因此，不能完全撇开"元始旧经"固有的"十部妙经"观念和内在结构，孤立地讨论其中一部或某几部经典的教义思想。也没有任何资料能够证明"元始旧经"的创作经历了从最初高度尊崇《灵宝五篇真文》到并不尊崇《灵宝五篇真文》的所谓"转向"。无论是古灵宝经，还是汉魏六朝天师道，或者是上清派等，其所属经典的相关内容必然都是存在各种差别的。反之，如果其文本千篇一律或者其宗教内容根本就没有什么明显差别，反而是极不正常的。

然而，这些差别既不构成根本性教义思想的差别，更不构成所谓"源头"和"派系"的差别。判定一部"元始旧经"是否真正将《灵宝五篇真文》作为核心信仰，是不能简单地依靠《灵宝五篇真文》是否在其经中出现、出现的具体位置、所占篇幅的多少以及其内容与《灵宝五篇真文》关系的疏密程度等这样一些非常流于表面的现象来决定的。如果把"十部妙经"比喻为一个完整的人体，那么作为"明应化之源本"的"第一部"就是大脑，而其他"九部"则相当于躯干和四肢，每一"部"都有其不同的功能和作用。我们既不能把在"十部妙经"中属于第一部"明应化之源本"的经典同属于第五部"明戒律之差品"的经典作比较，也不能把属于第五部"明戒律之差品"的经典同属于第八部"明因果之途迹"的经典相比较。因为这种"仅仅依靠某种因素谁'有'谁'无'的表象"所进行的比较，就如同把人的大脑与躯干或四肢做比较，虽然也能找到各种各样的差异，其结果却很难说有什么真正的学术意义，而且还将极大地增加认知和研究古灵宝经的困难。

八 陆修静对《灵宝五篇真文》和“十部妙经” 观念的论述

（一）陆修静对《灵宝五篇真文》在“元始旧经”中最核心地位的论述

陆修静对于古灵宝经的系统整理和著录具有极其重要的意义。敦煌本陆修静《灵宝经目》所著录的全部古灵宝经，均完成于公元 437 年以前。敦煌本《灵宝经目》中的《元始旧经紫微金格目》，就是陆修静直接在“元始旧经”原有的《太上紫微宫中金格玉书灵宝真文篇目》的基础上编纂而成的。而其《元始旧经紫微金格目》既体现了《灵宝五篇真文》与“元始旧经”之“十部妙经三十六卷”之间的源流关系，也体现了其“十部妙经”本身极为深刻的内在逻辑关系。对此我们在前面已有专门讨论。

从明代《正统道藏》和敦煌文书所保存的陆修静所有论著来看，除了《道门科略》之外，陆修静的其他著作基本上都是在直接征引古灵宝经的基础上形成的①。在《元始旧经紫微金格目》中，陆修静将包含有《灵宝五篇真文》的《真文天书经》放在首位。陆修静的其他著作亦将《灵宝五篇真文》置于最重要也最突出的位置。例如，其《太上洞玄灵宝授度仪》称：

> 《元始赤书五篇真文》，上清自然之书，九天始生之灵，空洞之章。成天立地，开张万真，安神镇灵，生成兆民，匡御运度，保天长生。上制天机，中检五灵，下策地祇。啸命河源，运役阴阳，召神使仙。此至真之文，妙应自然，致天高澄，使地固安，五岳保镇，万品存焉。②

以上直接出自《真文天书经》③。《真文天书经》的原文称“上清自

---

① 王承文《汉晋道教仪式与古灵宝经研究》，第 653—706 页。
② （南朝宋）陆修静《太上洞玄灵宝授度仪》，《道藏》第 9 册，第 854 页。
③ 《元始五老赤书玉篇真文天书经》卷上，《道藏》第 1 册，第 784 页。

然之灵书,九天始生之玄札,空洞之灵章",是强调《灵宝五篇真文》具备"道"的特性,并形成于"空洞"即化生元气的太虚之境。至于从"成天立地,开张万真,安神镇灵,生成兆民",到"五岳保镇,万品存焉",陆修静所引和《真文天书经》完全相同。以上都是强调《灵宝五篇真文》所具有的宇宙本源意义。

《太上洞玄灵宝授度仪》又称:

> 《元始赤书玉篇真文》,元始刻题上帝灵都之馆,累经劫运,而其文保固天根,无有毁沦。与运推迁,混之不浊,秽之愈清,毁之不灭,灭之极明。①

以上也出自《真文天书经》②。所谓"元始刻题上帝灵都之馆",是指《灵宝五篇真文》作为"秘篆体"的"天书玉字",被元始天尊镌刻在紫微上宫所属的各种楼台馆所的墙壁上③。其称"累经劫运,而其文保固天根,无有毁沦",是指在多次宇宙"浩劫"中,《灵宝五篇真文》恰恰是天地世界免遭彻底毁灭的根本保证。而"与运推迁,混之不浊,秽之愈清,毁之不灭,灭之极明",则是强调其永恒长存的性质。《太上洞玄灵宝授度仪》作为一部篇幅宏大、专门论述灵宝经"授度"仪式的经典,《灵宝五篇真文》在其中始终占有核心的地位。陆修静所撰《太上洞玄灵宝众简文》全篇,都是讲《灵宝五篇真文》的宗教功能以及在投龙简仪式中的具体运用④。

而陆修静《洞玄灵宝斋说光烛戒罚灯祝愿仪》又称:

> 《经》言:夫斋法之大者,莫先太上灵宝斋。灵宝之文,是天地之元根,神明之户牖,众经之祖宗,无量大法桥也。若诵经一句,则响彻九霄,诸天设礼,鬼神振肃也。幽深远妙,难以宣言。夫非天下之至善,

---

① （南朝宋）陆修静《太上洞玄灵宝授度仪》,《道藏》第9册,第853—854页。
② 《元始五老赤书玉篇真文天书经》卷上,《道藏》第1册,第784页。
③ 王承文《汉晋道教仪式与古灵宝经研究》,第611—612页。
④ 王承文《敦煌古灵宝经与晋唐道教》,第517—534页。

莫能致焉。非天下之至信,莫能请焉。非天下之至精,莫能奉焉。非天下之至才,莫能行焉。太上所重,众真所尊,皆铸金为字,刻书玉篇,封之于无上大罗天玄都玉京山紫微上宫七宝玄台。此台则是太上所治也。五老侍卫,万帝朝真,玉女执巾,金童扬烟,焚百和合香,流熏紫庭,吐日精以却秽,散月华以拂尘,神灯朗照,炳烛合明,金风八散,庆云四陈。飞龙毒兽,备卫玉阙。十方至真,三千大千已得道大圣众,及自然妙行真人,皆一日三时旋绕上宫,稽首行礼,飞虚浮空,散花烧香,手把十绝,啸咏洞章,赞九天之灵奥,尊玄文之妙重也。①

根据研究,以上陆修静所引之"《经》",就是指"元始旧经"《太上洞玄灵宝金箓简文三元威仪自然真一经》②。敦煌文书 S. 6841 号《灵宝自然斋仪》也有同样的征引。所谓"灵宝之文,是天地之元根,神明之户牖,众经之祖宗,无量大法桥也",就是指《灵宝五篇真文》是宇宙世界的根本,是各种神灵得以生成和出世的门户。特别是其称"众经之祖宗",则强调《灵宝五篇真文》既是"元始旧经"的神圣来源,也是道教所有经典教法的本源。如前所述,这种思想对中古道教具有统一性的经教体系的形成和发展有着深远影响,并因此具有特别重要的意义。至于其称"太上所重,众真所尊,皆铸金为字,刻书玉篇,封之于无上大罗天玄都玉京山紫微上宫七宝玄台",则说明《灵宝五篇真文》具有至高无上的地位。相关内容亦见于多部古灵宝经的记载。

(二)陆修静对《灵宝五篇真文》在灵宝"天文玉字"中最核心地位的论述

陆修静不但强调《灵宝五篇真文》在"元始旧经"中具有最重要且核

---

① (南朝宋)陆修静《洞玄灵宝斋说光烛戒罚灯祝愿仪》,《道藏》第 9 册,第 824 页。

② 王承文《汉晋道教仪式与古灵宝经研究》,第 467—474 页。

心的地位,而且强调其在灵宝经各种"天文玉字"中具有最重要且核心的地位。由于国内外学术界对此还未有人关注,因此我们试作专门讨论。

敦煌本宋文明《灵宝经义疏》记载:"陆先生就此十部《灵宝经》,总括体用,分别条贯,合有十二种。"此即"十二部"分类。陆修静称:

> 第一经之本源,自然天书八会之文,凡一千一百九字。其六百六十八字,是三才之原根,生天立地,开化人神,万物之根。〔故〕云有天道、地道、神道、〔人道〕,此之谓也。修用此法,凡有四科:第一〔主〕召九天上帝,校神仙图录,求仙致真之法;第二主召天宿星官,正天分度,保国宁民,若乃五星錄(错)越,四七受灾,施八会之道,行天书之妙,和天安地,则万祸自消;第三摄制酆都,黻断六天,群魔降伏,鬼妖灭爽;第四敕命水帝,召龙上云。海渎之灵,莫不敬奉之也。其二百五十六字,论诸天度数期会,大圣真仙名讳位号、所治宫府城台处所,神仙变化升降品次,众魔种类,人鬼生死转轮因缘。其六十三字,是五方元精名号,服御求仙,练神化形,白日升腾之法。余一百二十三字,阙无解音。①

以上列举的"自然天书八会之文,凡一千一百九字",其中主要包括四种"天文玉字"。需要指出的是,刘屹博士等研究者将以上几种"天文玉字"完全相提并论,并将其误解成一种必然的非此即彼、相互对立和相互否定的关系。我们认为,陆修静虽然将它们都统称为"经之本源",但是这些"天文玉字"在宗教功能以及重要性上有着根本性的差别。

首先,其称"其六百六十八字,是三才之原根,生天立地,开化人神,万物之根。〔故〕云有天道、地道、神道、〔人道〕,此之谓也",是强调《灵宝五篇真文》所包含的668个"天文玉字",是"三才之原根",即天、地、人的根本。而"生天立地,开化人神,万物之根",则是强调《灵宝五篇真文》真正具有

---

① 《中华道藏》第5册,第511页。

"道"和宇宙本源的特性。所谓"〔故〕云有天道、地道、神道、〔人道〕,此之谓也",据《周易·系辞》:"《易》之为书也,广大悉备,有天道焉,有人道焉,有地道焉。"可见,陆修静直接在《周易·系辞》基础上增加了"神道"。陆修静认为因为《灵宝五篇真文》是宇宙间绝对至高无上的"道",所以天道、地道、神道和人道这些宇宙间的主要规律和法则都源出于此。至于陆修静所称"修用此法,凡有四科:第一〔主〕召九天上帝,校神仙图录,求仙致真之法;第二主召天宿星官,正天分度,保国宁民,若乃五星录(错)越,四七受灾,施八会之道,行天书之妙,和天安地,则万祸自消;第三摄制酆都,缄断六天,群魔降伏,鬼妖灭爽;第四敕命水帝,召龙上云。海渎之灵,莫不敬奉之也",则完全是在《赤书玉诀妙经》基础上对《灵宝五篇真文》宗教神学意义的总结。据此可见,陆修静完全是按照《真文天书经》和《赤书玉诀妙经》等"元始旧经"的论述,来突出《灵宝五篇真文》至高无上的地位的。

其次,其称"其二百五十六字,论诸天度数期会,大圣真仙名讳位号、所治宫府台城处所,神仙变化升降品次,众魔种类,人鬼生死转轮因缘",这是陆修静对《太上灵宝诸天内音自然玉字》和《度人经》中"诸天内音自然玉字"内容的概述。《太上灵宝诸天内音自然玉字》中也有个别文句将"诸天内音自然玉字"与宇宙本源相联系,然而,陆修静对此所作的概述仅仅涉及其具体内容,完全不涉及其在宇宙本源和经教起源上有任何意义。陆修静的这种认知和做法,又直接影响了从南齐严东到唐代薛幽栖、李少微、成玄英等道教学者对《度人经》所作的注解。例如,严东一方面强调《灵宝五篇真文》真正具有宇宙本源意义,另一方面则认为作为 256 字的"诸天内音自然玉字",其最主要的宗教功能仅仅是"以消不祥,成济一切",以及"若有修服其字,则升其处,摄召十方众仙"[1]。而唐代薛幽栖、李少微、成玄英等道教学者都直接沿袭了陆修静和严东的做法,一方面都坚持以"元始旧经"本身的教义思想来注解《度人经》,另一方面则都强调《灵宝

---

① 《元始无量度人上品妙经四注》卷 4,第 240 页。

五篇真文》作为宇宙本源和道教经教本源的重大意义①。

复次，其称"其六十三字，是五方元精名号，服御求仙，练神化形，白日升腾之法"，这是对《太上灵宝五符序》中"皇人太上真一经诸天名"（又称《天皇真一之经》）的概述②。《太上灵宝五符序》虽然有对这些"天文玉字"修仙功能的描述，但是完全没有将其上升到宇宙本源和道教经教本源的高度。因此，陆修静只是从修仙学道的功能方面作了一般性概述。

最后，其称"余一百二十三字，阙无解音"，这剩余的 123 个"天文玉字"，其中一部分实际上出自《太上洞玄灵宝二十四生图经》所收"三部八景三篇玉文符"，共 96 字③。然而，该经本身对于这些"天文玉字"的宗教功能缺乏任何明确的说明。而陆修静的记载亦完全不涉及其有何宗教意义。特别是"阙无解音"这种表述本身，包括其后道教的历史亦充分证明，这一部分"天文玉字"在道教内部完全没有任何实际影响。

总之，陆修静虽然将古灵宝经多种"天文玉字"都统称为"经之本源"，但是又强调唯有《灵宝五篇真文》才真正具有"三才之元根，生天立地，开化人神，万物之根"的宇宙论意义。正是在此基础上，隋朝《洞玄灵宝玄门大义》一方面称《灵宝五篇真文》"有生天立地之能，是一切法本"，意即唯有《灵宝五篇真文》才真正具有宇宙世界本源和一切道教经典教法的本源的意义；另一方面却称："其二百五十六字意观似与谱录、记传、赞颂同体，其六十三字与众术同体，其一百二十二字无注解者，是所未详。"④其意指《太上洞玄灵宝诸天内音自然玉字》

---

① 《元始无量度人上品妙经四注》卷 2，第 201—202 页。

② 王承文《敦煌古灵宝经与晋唐道教》，第 691—711 页。

③ 《洞玄灵宝二十四生图经》，《道藏》第 34 册，第 346—352 页。相关研究参见王承文《古灵宝经中"天文"和"符图"的释读与研究》，载香港中文大学道教研究中心、法国远东学院编《"道教研究的新视野：道教与中国文化及社会的关系"国际学术研讨会论文集》，2009 年 11 月。

④ 《洞玄灵宝玄门大义》，《道藏》第 24 册，第 735 页。

中作为"大梵隐语自然天书"的256字,在宗教神学意义上仅仅能与"十二部"分类中的第五部"谱录"、第十部"记传"、第十一部"赞颂"等相等同;《太上灵宝五符序》中的"皇人太上真一经诸天名"63字,只能与"十二部"分类中的第八部"众术"相等同;至于剩余的123字,则既无相关注解,亦不知其意义所在。可见,该书强调《灵宝五篇真文》与其他几种"天文玉字"在宗教神学意义上存在根本性差别。正因为如此,古灵宝经中几种"天文玉字"从来就不是一种非此即彼的关系,更不是对《灵宝五篇真文》至高无上神圣性的贬低或否定。陆修静对"经之本源"的论述,也非常完整地被南朝宋文明《灵宝经义疏》、隋朝《洞玄灵宝玄门大义》、唐代孟安排《道教义枢》、宋代张君房的《云笈七签》等这些最重要的道教义理著作所继承和发展,成为中古道教经教体系构建最核心的内容。

(三)陆修静对《灵宝五篇真文》与"十部妙经"和"葛氏道"关系的论述

陆修静在437年所撰《灵宝经目序》中,既有对《灵宝五篇真文》与"元始旧经"之间源流关系的论述,也有对"葛氏道"传承《灵宝五篇真文》和"元始旧经"的论述。但刘屹博士恰恰对这两方面都作了否定性的判定。因此我们有必要对此作进一步讨论。

《灵宝经目序》记载"元始旧经"从天界向人间的传授过程称:

> 夫灵宝之文,始于龙汉。龙汉之前,莫之追记。延康长劫,混沌无期,道之隐沦,宝经不彰。赤明革运,灵文兴焉。诸天宗奉,各有科典。一劫之周,又复改运。遂积五劫,迫于开皇已后,上皇元年,元始下教,大法流行,众圣演畅,修集杂要,以备十部三十六帙,引导后学,救度天人。上皇之后,六天运行,众圣幽升,经还大罗。自兹以来,回绝元法。虽高辛招云舆之校,大禹获钟山之书。老君降真于天师,仙公授(受)文于天台。斯皆由勋感太上,指成圣业……期运既至,大法方隆。但经始兴,未尽显目,十部旧目,出者三(六)分。虽玄蕴未倾,然法轮已

遍于八方。自非时交运会,孰能若斯之盛哉?①

长期以来,以上论述一直是国内外学术界讨论古灵宝经来源时使用的最重要的资料之一。但刘屹博士却判定以上论述仅仅涉及"葛氏道"接受"新经",并且认为这条资料证明了"葛氏道"与《灵宝五篇真文》和"元始旧经"完全无关②。我们的结论则恰恰与其相反。所谓"灵宝之文",其实就是特指《灵宝五篇真文》。至于所谓"始于龙汉。龙汉之前,莫之追记。延康长劫,混沌无期,道之隐沦,宝经不彰。赤明革运,灵文兴焉。诸天宗奉,各有科典。一劫之周,又复改运。遂积五劫,迫于开皇已后",都是特指元始天尊等神灵在五种"劫运"中依据《灵宝五篇真文》演绎"十部妙经三十六卷",而且都是直接依据《灵书度命妙经》和《太上洞玄灵宝智慧罪根上品》两部"元始旧经"写成的③。至于所谓"上皇元年,元始下教,大法流行,众圣演畅,修集杂要,以备十部三十六帙,引导后学,救度天人",则是直接在《真文天书经》基础上形成的。前引《真文天书经》原文为:

> 至五劫周末,乃传太上大道君、高上大圣众、诸天至真,奉修灵文,敷演玄义,论解曲逮,有十部妙经三十六卷。

如前所述,所谓"五劫之末"就是指"上皇元年"。而"众圣演畅,修集杂要,以备十部三十六帙",与"诸天至真,奉修灵文,敷演玄义,论解曲逮,有十部妙经三十六卷"含义完全相同。一方面,元始天尊为太上大道君等传授了《灵宝五篇真文》;另一方面,元始天尊、太上大道君等神灵又依据《灵宝五篇真文》演绎了"十部妙经三十六卷",即"元始旧经"。正因为如此,陆修静对《真文天书经》所提出的《灵宝五篇真文》与"十部妙

---

① (宋)张君房编,李永晟点校《云笈七签》卷4《道教经法传授部》,第51页。根据李永晟考证,"仙公授文于天台",应作"仙公受文于天台"。

② 刘屹《敦煌道经与中古道教》,兰州:甘肃教育出版社,2013年,第157页;《六朝道教古灵宝经的历史学研究》,第643页。

③ 王承文《论古灵宝经对佛教"劫"的观念的吸收和改造》,《宗教学研究》2020年第2期。

经"在经教神学上的源流关系作了充分肯定。

而前引刘屹博士也认为：

> 陆氏认为灵宝之文,是宇宙初开之前就存在的道气所化。道气化
> 成天文玉字,形成天文宝经……本来,元始天尊将天文玉字衍化成三十
> 六卷灵宝经,教化天人。……元始天尊所传的三十六卷灵宝经,其所依
> 据的灵宝天文可以追溯到宇宙开辟之时,并适用于各个劫期,具有多次
> 轮回降世度人的奇效。因而是具有最高权威性和神圣性的一组道经。①

可见,刘屹博士在此也认为《灵宝五篇真文》具有宇宙本源性和"元始旧
经"经教本源的性质,也认为"元始旧经"本身属于一种以《灵宝五篇真
文》为核心的经典体系,也非常赞同《灵宝五篇真文》与"元始旧经"在经
教神学上存在源流关系。

他又称：

> 元始诸经是带着取代一切先出经典的独尊性和优越性的目的
> 而被造作出来的。这部分经典本身就形成一个相对封闭而完善的
> 体系。这点可从敦煌本"灵宝经目录"后面载有陆修静对十部灵宝
> 经"总括体用,分别条贯,合有十二种"的概述中可以看到。②

刘屹博士强调"元始旧经"本身"就形成一个相对封闭而完善的体
系"。至于陆修静对"十部灵宝经"即"元始旧经"所作"总括体用,分别
条贯,合有十二种",他认为也是建立在"元始旧经"本身就属于"一个相
对封闭而完善的体系"的基础上。他又称"从陆修静到宋文明,他们对
'元始旧经'都是分为十二部来阐述其经教体系的"③。很显然,如果
"元始旧经"本身只是一批充斥着"重大差异"和各种矛盾的经典,那么

---

① 刘屹《六朝道教古灵宝经的历史学研究》,第 312 页。
② 刘屹《六朝道教古灵宝经的历史学研究》,第 209 页。
③ 刘屹《六朝道教古灵宝经的历史学研究》,第 224 页。

所谓"一个相对封闭而完善的体系"也就根本无从谈起。

　　然而，令人感到十分疑惑的是，刘屹博士在绝大多数情况下却又刻意撇开甚至完全否定《灵宝五篇真文》具有"元始旧经"神圣来源的意义，并用大量篇幅极力证明《灵宝五篇真文》与"元始旧经"并不存在任何源流关系，强调"元始旧经"本身就属于一批充满各种"重大差异"也缺乏内在统一性的经典，因而又从根本上否定了他自己所提出的"元始旧经"本身属于"一个相对封闭而完善的体系"的结论。而由此导致的直接结果，一是无法解释他自己所提出的"元始诸经是带着取代一切先出经典的独尊性和优越性的目的而被造作出来的"的结论；二是无法解释为什么"这部分经典本身就形成一个相对封闭而完善的体系"。我们认为，由于"元始旧经"坚持"十部妙经三十六卷"是元始天尊等依据《灵宝五篇真文》演绎而成的，所以《灵宝五篇真文》不仅是全部"元始旧经"的本源，而且也是所有道教经典的"祖宗"。正是《灵宝五篇真文》本身所具有的宇宙本源和经教本源性质，才使得"元始诸经是带着取代一切先出经典的独尊性和优越性的目的而被造作出来的"，同时亦造成了"这部分经典本身就形成一个相对封闭而完善的体系"。

　　至于"葛氏道"与《灵宝五篇真文》和"元始旧经"的关系，刘屹博士反复强调"葛仙公所领受和葛巢甫所造作的灵宝经，一定不会是'元始旧经'。无论从历史还是道教神话的角度，葛仙公乃至葛巢甫，都不应该领受和传承过'元始旧经'"；"在'元始旧经'，包括《灵宝赤书五篇真文》的现存内容中实际上也找不到任何内证，说明它们一定出自葛巢甫之手"；"元始旧经"是"不知名的道教徒在 420 年左右开始造作的"①。然而，按照《灵宝经目序》的文本语境和叙述逻辑，其所谓"仙公授（受）文于天台"，显然就是指葛玄在天台山接受了天界神灵所传授的作为"十部妙经三十六卷"的"元始旧经"，并不涉及任何"新经"的传授。而且也只

---

① 　刘屹《六朝道教古灵宝经的历史学研究》，第 318、309、317 页。

有这样,陆修静在其后反复强调的"十部《旧目》,出者三(六)分","或是《旧目》所载","今条《旧目》已出",等等,才能真正得到合理的解释。

陆修静《太上洞玄灵宝授度仪》之"师告丹水文",对于《灵宝五篇真文》与"十部妙经"的关系以及二者与"葛氏道"的关系,也作了专门论述。其文称:

> 元始天尊于眇莽之中,敷演《真文》,结成妙经。劫劫济度,无有穷已,如尘沙巨亿无绝。灵文隐奥,秘于金阁,众真宗奉,诸天所仰。逮于赤乌,降授仙公,灵宝妙经于是出世度人。吾谬禀微缘,运值灵文,先师显饰,奉传至法,誓为身宝,岂敢宣泄。劫运推移,其法应行,有合真之人,依科听付。今誓九天,启付某甲,受之后,当依明科肃己励躯,精诚勤苦,断绝世缘,唯志大乘,供养朝礼,讲习妙赜,参问有道,导引精研,修斋服御,希求飞腾,尊道敬师,推崇根本……一旦犯违,身充三泉。当以某甲三曾五祖,同沦地岳,万劫无原。今建立黄坛,关盟五帝,付授宝文十部妙经,诸天五岳,咸对盟文。①

以上所谓"元始天尊于眇莽之中,敷演《真文》,结成妙经。劫劫济度,无有穷已,如尘沙巨亿无绝",就是指元始天尊等在"龙汉元年"以及随后的"劫运"时期,将《灵宝五篇真文》演绎成"十部妙经三十六卷"即"元始旧经"。此处直接依据了前引《灵书度命妙经》。至于所谓"灵文隐奥,秘于金阁,众真宗奉,诸天所仰",则直接依据了《真文天书经》。因为前引《真文天书经》称"《元始自然赤书玉篇真文》开明之后","旧本封于玄都紫微宫","至五劫周末,乃传太上大道君、高上大圣众、诸天至真,奉修灵文,敷演玄义,论解曲逮,有十部妙经三十六卷","悉封紫微上宫"。因此,《灵宝五篇真文》和"十部妙经"均被珍藏在最高天界——太玄都玉京山紫微上宫,为天界神真所共同尊奉。而三国孙吴赤乌年间(238—250),太极真人徐来勒等在天台

---

① (南朝宋)陆修静《太上洞玄灵宝授度仪》,《道藏》第9册,第852页。

山将这些经典均传授给葛玄，遂有"灵宝妙经于是出世度人"。至于所谓"今建立黄坛，关盟五帝，付授宝文十部妙经"，也是指传授作为"十部妙经三十六卷"的"元始旧经"。可见，这篇"师告丹水文"自始至终都在讲"葛氏道"与《灵宝五篇真文》和"十部妙经"的传授。因此，东晋隆安（397—401）末年葛巢甫所创作并传授的只能是"元始旧经"。而且无论是"元始旧经"还是"新经"，均为"葛氏道"所创作。古灵宝经内部并不存在所谓"源头"和"派系"以及教义思想方面的根本性差异①。

另外，我们需要特别补充的是，在《太上洞玄灵宝授度仪》中，"师告丹水文"之后就是"弟子自盟文"，而在"弟子自盟文"中却出现了"臣姓属某府某县某观"的字样。施舟人（Kristofer Schipper）先生指出，其中"府"字为明代道士所改动②。由于明代地方行政体制中才有"府"的设置，因此"某府"一词应该是明初道士改动的结果。然而，刘屹博士却据此判定整篇"师告丹水文"和"弟子自盟文"都是明代道士重新撰写而补充进来的，并将此作为最重要的证据，完全否定"师告丹水文"中有关葛仙公和"葛氏道"与"元始旧经"关系的真实性③。

我们认为，不能因为《太上洞玄灵宝授度仪》之"弟子自盟文"出现了"某府"一词，就否定"师告丹水文"中葛仙公和"葛氏道"接受"元始旧经"的真实性。

首先，"师告丹水文"和"弟子自盟文"都是主要通过摘引多部古灵宝经而形成的。其相关内容既符合陆修静本身的道教信仰以及《太上洞玄灵宝授度仪》的文本特征，也是早期灵宝授度仪式不可或缺的组成部分。没有任何资料能够证明"师告丹水文"等重要仪节是在陆修静以后特别

<hr/>

① 参见王承文《论六朝道教"葛氏道"与"元始旧经"的关系——对刘屹博士〈六朝道教古灵宝经的历史学研究〉的商榷》，《学术研究》2019年第12期。

② Kristofer Schipper and Franciscus Verellen (ed.), *The Taoist Canon: A Historical Companion to the Daozang*, p.257.

③ 刘屹《六朝道教古灵宝经的历史学研究》，第149页。

是明代道士重新撰写并补充进来的。施舟人先生本人也从未说过"师告丹水文"和"弟子自盟文"等内容，都是明代道士重新撰写而补充进来的。

其次，在历代传承过程中，《道藏》所收早期道教科仪书中有关道士向神灵呈报其籍贯和身份等仪节，往往会被羼入某些属于后世的内容。这种情况在宋代成书的多种大型灵宝科仪书中十分常见①。究其原

① 明代道士将前代道教科仪书中行政体制直接改造为明代地方行政体制的例子十分常见。例如，宋代留用光传、蒋叔舆编《无上黄箓大斋立成仪》卷三《预告门》之《行遣通用式》提到"具法位臣姓名"，即有"今据某布政使司某府县某里社居住"，"今据某布政使司某府县某里社居住，同三清状至普济存亡，除具事由，飞奏上帝，乞降敕命"。（《道藏》第 9 册，第 392－393 页）如所周知，明太祖洪武九年(1376)开始撤行中书省，陆续设置布政使司，而"府县"体制也为明代所设置。卷九《章奏门·从章疏》称："某布政使司某府某县某处居，黄箓大斋主姓某，伏为正荐亡亲某乙普荐在会众魂，崇修无上黄箓大斋。"（《道藏》第 9 册，第 429 页）卷十一《表词门》称："维大明国某年岁次甲子某月某朔某甲子，某府州县，居具官位臣姓名。"（《道藏》第 9 册，第 436 页）卷十二《疏牒门·开经疏》称："大明国某布政使司某府州县居具位臣姓名，普荐门云某人等，后并同，谨馨丹诚，上干洪造。"（《道藏》第 9 册，第 438 页）卷八《牒札门》称："牒候到请，详前项事理。疾速指挥，移文关报诸府州县镇城隍、祀典庙貌、一切香火去处。"（《道藏》第 9 册，第 419 页）卷五十六《神位门》有"天下府州县城隍之神"。以上"府县"或"府州县"均属于明代在不同地区建立的地方行政管理体制。又如，宋代金允中编纂《上清灵宝大法》卷二十三《沐浴炼度章》称："臣谨据某府州县某处居奉道某官某姓某名列名家眷等，人事至资度亡魂。"（《道藏》第 311 册，第 488 页）卷二十四《章词表牒品》称："维某年岁次某甲子某月某朔某日某甲子，某府州县某处住坐，奉道某官姓某，谨投某经箓法师某，于某处启建无上黄箓大斋几昼夜。"（《道藏》第 31 册，第 495 页）卷二十七《奏申文檄品》称："奏昊天上帝具法位臣姓某，右臣谨据某府州县乡贯某人等投词，拟就某处启建无上黄箓大斋。"（《道藏》第 31 册，第 520 页）宋代王契真《上清灵宝大法》卷六十六《文移杂用门·开经疏》称："大明国某乡贯居具位臣姓某，敬露丹诚，上干洪造。……乞请道士一坛，就某处崇建无上黄箓大斋三昼夜。"（《道藏》第 30 册，第 1291 页）宋代路时中编《无上玄元三天玉堂大法》卷二十四称："仍牒城隍。其略云：大明国某州坊郭乡村某家，封某甲等为某事，乞以身命，上寄北斗七星宫。"（《道藏》第 4 册，第 88 页）宋代吕元素集成、胡湘龙编校《道门定制》卷十称："右某据大明国乡贯奉道某人事意毕，当坛恭按仙科，奉行醮事。"（《道藏》第 31 册，第 755 页）很显然，我们不能说宋代科仪书中这些出现了明代地方行政概念的全部内容，都是明代人重新撰写后添加进来的。

因,主要在于这些宋代道教科仪书在明代被广泛使用。因此,《太上洞玄灵宝授度仪》之"弟子自盟文"中出现"臣姓属某府某县某观",只能证明该书在明代仍然作为一部重要科仪书而被道士广泛使用。而不能据此判定整篇"弟子自盟文"甚至包括前面与此并无直接关系的整篇"师告丹水文",都是明代道士重新撰写补充进来的,更不能以此证明"师告丹水文"中有关葛仙公和"葛氏道"与"元始旧经"的关系都是明代道士凭空杜撰的。

(四)小结

长期以来,国内外学术界对于"元始旧经"的统一性究竟是一种与生俱来的品格和特点,还是因为经过陆修静有意识的整合和改造才得以形成的问题,存在两种根本不同的看法[1]。而刘屹博士判定"元始旧经"的创作因为"出于众手、不断造作、各有尊奉"[2],因此"元始旧经"既是由一批拥有不同核心信仰和思想观念的创作者各自完成的经典,也是一批充斥着各种"重大差异"和内在矛盾的经典。他认为陆修静"出于整合的目的而又使灵宝经看起来具有一定的统一性",于是"将存在矛盾的灵宝经捏为一体"[3]。因此,他特别强调"元始旧经"的所谓"统一性"完全是依靠陆修静对灵宝经的重新整合而得以建立起来的。然而,根据我们以上讨论,"元始旧经"的统一性应该是从其创作开始就依靠其本身的"十部妙经"观念及其内在结构建立起来的。陆修静对此完全遵循,并作了进一步发挥。

学术界还有一种颇具有代表性的观点,认为古灵宝经创作在教义

---

① 例如,道教研究者卢国龙先生就特别强调陆修静对灵宝经的整理,从而"将散漫无统的各家《灵宝经》综括成一个经教体系"。(卢国龙《中国重玄学》,北京:人民中国出版社,1993年,第72页)

② 刘屹《六朝道教古灵宝经的历史学研究》,第592—593页。

③ 刘屹《六朝道教古灵宝经的历史学研究》,第78页。

思想上存在前期和后期的明显差别，称"灵宝经的形成可以分为前后两批，东晋时所出的灵宝经，仍然以汉代五行思想为模式来构造道教修炼方术，如以符箓神咒召神弄鬼、求仙度灾为主要目的。而晋末刘宋时出现的一批以《度人经》为代表的灵宝经，则明显受佛教大乘经义戒律的影响，重视斋戒科教，劝善度人"①。刘屹博士则特别强调"元始旧经"的整个创作过程经历了从前期到后期的重大转变。他称，"如果把'五篇真文'作为全部灵宝经教的核心看待，很可能只是看到了某一部分灵宝经作者的意愿，而忽略了'古灵宝经'在 4 世纪初到 5 世纪中后期这一时间段中一直在不断发展变化的事实"；又称，"'五篇真文'和'灵宝五符'在当时，都并不代表新的灵宝经教体系发展的方向，更谈不上作为全新的经教体系抟成的核心与基础"②。他所特别强调的"在 4 世纪初到 5 世纪中后期这一时间段中"，应该是特指东晋"隆安之末"即 401 年到 471 年陆修静完成《三洞经书目录》编纂的 70 年间。根据我们的研究，在整个古灵宝经创作阶段，也包括陆修静活动的整个时期，没有任何资料能够证明"元始旧经"内部包括陆修静本人，因为背离《灵宝五篇真文》核心信仰，从而出现了所谓"不断发展变化的事实"；也没有任何资料能证明这一时期出现了"代表新的灵宝经教体系发展的方向"③。《灵宝五

---

① 任继愈主编《中国道教史》，第 132 页。

② 刘屹《六朝道教古灵宝经的历史学研究》，第 431、422 页。

③ 需要指出的是，刘屹将《太上诸天灵书度命妙经》和《太上洞玄灵宝智慧罪根上品大戒经》等大量"元始旧经"出世的时间，都确定在 437 年陆修静《灵宝经目序》以后至 471 年《三洞经书目录》之前。而我们的研究则证明，《太上诸天灵书度命妙经》等"元始旧经"都是以《灵宝五篇真文》为核心而创作出来的。然而，如果刘屹有关《太上诸天灵书度命妙经》等"元始旧经"出世时间的观点能够成立的话，则进一步确证了"元始旧经"创作并未背离《灵宝五篇真文》这一核心信仰。但刘屹博士又公开提出，在 437 年陆修静撰成《灵宝经目序》之后"陆续后出的'元始旧经'中，灵宝天文和元始天尊至高无上的观念逐步确立"（见《六朝道教古灵宝经的历史学研究》，第 607 页），可见他又公开反对由他自己所提出的 437 年之后"元始旧经"的创作都背离《灵宝五篇真文》这一核心信仰的说法。

篇真文》一直是古灵宝经构建其经教体系的基础和核心，并因此拥有至高无上的地位。在隋唐两宋时期道教具有统一性经教体系的构建中，以《灵宝五篇真文》为核心的经教学说也发挥了极为重要的作用。对此我们将另作专门讨论。

九　后论

最近十多年来，刘屹博士的古灵宝经研究在整个国内外学术界堪称独树一帜，自始至终都表现了极其鲜明的特点。他公开称："如果固守传统的看法，认为灵宝经是彼此间统一性远大于差异性的一个整体，这样的区分自然可有可无。但在进入到灵宝经研究的新阶段后，灵宝经内部的千差万别已经越来越清晰地跃然纸上。"①因此，他把揭示"灵宝经内部的千差万别"当成"进入灵宝经研究的新阶段"最主要的标志。多年来他也一直都在极力强调古灵宝经内部存在各种各样的重大差异。一是强调"元始旧经"和"新经"在源头、派系以及根本性教义思想等多方面都存在重大差异；二是强调"元始旧经"内部在根本性教义思想等方面存在重大差异；三是强调"新经"内部在根本性教义思想等方面也存在各种重大差异。而其最主要的方法，就是把"依靠某种因素谁'有'谁'无'的表象"②而进行的比较，运用到古灵宝经所有问题的讨论中。

按照常理，"元始旧经"本身作为一种具有高度内在逻辑性的经典体系，其经书的宗教内容必然既是各有侧重的，也是相互依存和相互补充的。然而，这种"谁'有'谁'无'"的比较方法，却完全否定了"元始旧经"本身的内在联系，并在此基础上，把"元始旧经"中"某种因素"的"有"与"某种因素"的"无"，直接看成是一种非此即彼、二者必然相互对立和相互否

---

① 刘屹《六朝道教古灵宝经的历史学研究》，第 259 页。
② 刘屹《六朝道教古灵宝经的历史学研究》，第 425 页。

定的关系。而其最具体的表现,就是一部经典有"某种因素",就代表其创作者认同"某种因素";反之,一部经典没有出现"某种因素",就代表其创作者不知道或者根本就不承认"某种因素",进而将这种"有"与"无"的差别上升为根本性教义思想的差别以及"源头"和"道派"的差别①。

从表面上看,这种"谁'有'谁'无'"的比较方法,确实使得非常复杂和困难的古灵宝经研究由此变得十分简单和容易操作了。例如,他把"元始旧经"有没有"先把《灵宝赤书五篇真文》摆放在最高贵和最根本的位置,然后再展开自己的论说",以及相关经典是否"在强调与'五篇真文'不同的天文和玉字"等,都直接当作其判定"元始旧经"内部在根本性教义思想上存在重大差异的主要证据。但是,这种做法也就意味着在数十部古灵宝经中,所有的经典都必须要在文本结构上做到完全整齐划一,同时每一部经典都必须在宗教内容上要做到面面俱到和应有尽有,即每一部经典都必须同时具备其作为古灵宝经的所有要素。然而,这种"大而全"的道经文本,也就意味着每一部经典都必然要大量重复其他经典已有的内容。很显然,这种纯粹依靠研究者自己主观想象而设定的道经创作模式,必定与中古道经创作的实际情况存在巨大差距。因为在两千年道教史上,从来没有任何一个道派或经系的经典是通过这种模式创作出来的。而按这种方法进行研究的结果,就是无论是其对于古灵宝经的整体认知,还是对于其中关键文本的解读,都与国内外学术界形成巨大差别。

正是在此基础上,刘屹博士公开提出"元始旧经"的创作"出于众手、不断造作、各有尊奉",其"经教体系杂而多端",其"内部的复杂性和矛盾性,无论是从历时性还是共时性的角度去理解,都不能否认这些灵

---

① 参见王承文《论六朝道教"葛氏道"与"元始旧经"的关系——对刘屹博士〈六朝道教古灵宝经的历史学研究〉的商榷》,《学术研究》2019年第12期;王承文、张晓雷《古灵宝经"新经"征引"元始旧经"问题新探》,《魏晋南北朝隋唐史资料》第40辑;王承文、张晓雷《论古灵宝经的报应观》,《敦煌学辑刊》2019年第3期。

宝经实际上反映了不同作者的不同思想观念"①。而他也最终证明创作古灵宝经的远不止"葛氏道"一个道派。古灵宝经创作本身既无任何内在逻辑性可言,也根本就不存在所谓以《灵宝五篇真文》为核心的经教体系。至于敦煌本陆修静《灵宝经目》对古灵宝经的著录,仅仅"是来自不同源头和派系的灵宝经被逐渐规范和整编后的结果"②。与此同时,刘屹博士自己却又公开宣称其研究"从始至终都是与众不同的独此一家";"没有人承认我的这一论证属实";"至今也没有人肯定我这项看似很不起眼工作对灵宝经研究的贡献";"从 2008 年我首次提出'新经'早于'旧经'的可能性至今,学界一直只有我一个人公开坚持这一'独唱'"③。

从 2013 年开始,我在回应刘屹博士一系列批判和质疑的论文中,就多次提出亦提醒古灵宝经属于一种具有内在逻辑性的经典体系,每一部经典在其中都有其特定的宗教功能和使命,因此应该在其本身的结构体系中来理解每一部经典的个体差异。然而,十分遗憾的是,刘屹博士从未接受过这样的提议和提醒,他坚称自己的研究方法一直"在努力把灵宝经基本问题的研究推进到 2010 年代的国际学术前沿";对于我的提议和做法,则公开批判为"要将灵宝经的主题研究,拉回到中国学者刚刚进入这一领域的 1990 年代末的层面上去",并宣称"这种一味强调灵宝经内部统一性以及作者单一性的认识,已经越来越被学界所怀疑甚至抛弃"④。正因为如此,如果我们不从彻底弄清"十部妙经"观念及其内在结构等这些古灵宝经最基本的问题着手,那么这些重大分歧和争论就始终难以得到真正的解决。

在本章中,我们讨论了古灵宝经"十部妙经"观念的由来及其内在

---

① 刘屹《六朝道教古灵宝经的历史学研究》,第 592—593、321、133 页。
② 刘屹《六朝道教古灵宝经的历史学研究》,第 260 页。
③ 刘屹《六朝道教古灵宝经的历史学研究》,第 117、292、299、322 页。
④ 刘屹《六朝道教古灵宝经的历史学研究》,第 115、106 页。

结构。《真文天书经》作为"元始旧经"中出世最早也最重要的经典,最先提出元始天尊等依据《灵宝五篇真文》演绎了"十部妙经三十六卷"。这一方面说明《灵宝五篇真文》构成了"十部妙经三十六卷"的神圣来源和教义思想的基础,另一方面则证明"元始旧经"本身属于一种以《灵宝五篇真文》为核心的具有高度内在逻辑性的经典体系。与《真文天书经》出世大致同时的《太上紫微宫中金格玉书灵宝真文篇目》,则进一步证明所有"元始旧经"的创作,就是按照这种既定的经目和经典体系进行的。437年陆修静在《元始旧经紫微金格目》中对"元始旧经"的具体著录,既与《真文天书经》最初所确定的"十部妙经三十六卷"观念及其内在结构密不可分,也是直接在《太上紫微宫中金格玉书灵宝真文篇目》的基础上形成的。至于较后出世的"新经",则延续了"元始旧经"高度尊崇《灵宝五篇真文》的传统。在陆修静之后直至隋唐两宋时期,道教也正是以此为基础进一步构建其具有统一性的经教体系的。

北周时期佛教学者道安著有《二教论》,其中假借道教中人称:"老经五千,最为浅略。上清三洞,乃是幽深。且灵宝尊经,天文玉字,超九流,越百氏,儒统、道家,岂及此乎?"[1]这一评论恰恰证明了古灵宝经在中古道教中极为重要而特殊的地位,其实在很大程度上就是通过《灵宝五篇真文》这种"天文玉字"信仰而实现的。那么,究竟应该如何认识《灵宝五篇真文》在道教史上所发挥的这种极为重要而特殊的作用呢?我们认为最根本的,就在于以《灵宝五篇真文》为核心的经教学说,已经极为深刻地融入了道教固有的对"道"的崇拜和信仰。道教教义思想固然"杂而多端",但是对"道"的尊崇却是所有道派最根本的信仰。而古灵宝经既然赋予《灵宝五篇真文》"道"的性质,也就使之具备了"道"的包容性和统一性,具备了"道"在经典教法上的创造力。而这种特定的

---

[1] (唐)道宣《广弘明集》卷8《辩惑篇·明典真伪》引,《大正新修大藏经》第52册,第141页。

信仰也使得来源各异的道派和经系等，最终都能在对"道"的信仰基础上得到统一，并因此在中古道教具有统一性经教体系的形成过程中发挥极为重要的作用①。近年来，郝光明先生对于当前古灵宝经研究的现状和研究方法等问题提出了很有启发性的见解。他称：

> 在早期道教向中古道教的转变过程中，"天文"被视为"万道之宗"，发挥了至关重要的作用。从度人到成仙，从斋戒到法术，无处不见它的踪迹。"天文"在很大程度上构成了"普济一切"的源头活水，为中古道教教义体系的开展与推演提供着源源不断的动力与资源……"天文演教"是道教独特的立教形式之一。这种独特的立教形式植根于中古中国的主流思潮与信仰世界之中。这种独特的立教形式迥异于人们熟知的几大宗教的立教形式，在造成人们思想隔阂的同时，也增加了认识道教的难度。对于这样的关隘，研究者不应该站在道教之外用外来观念去切割它，而应该从内部去了解这个独特的立教过程。②

因此，"元始旧经"提出《灵宝五篇真文》既是宇宙本源，又是"十部妙经"包括所有道教经典教法的本源。对于这样本质上属于宗教学的问题，我们作为研究者就应该"从内部去了解这个独特的立教过程"，而不是"站在道教之外用外来观念去切割它"。实际上也唯有如此，我们才能真正理解古灵宝经与中古道教具有统一性经教体系之间的关系，也才能真正理解古灵宝经在两千年道教史上所具有的极其重要而特殊的地位。

---

① Wang Chengwen,"The Revelation and Classification of Daoist Scriptures," in *Early Chinese Religion：The Period of Division (220-589 AD)* , pp. 775-888；王承文《"灵宝天文"与中古道教经教体系的构建》，载香港道教学院编《道教星斗信仰》，第46—106 页。

② 郝光明《以符为经：古灵宝经"天文"演教思想探幽》，《中国道教》2020 年第 2 期。

第四章　再论"元始旧经"和"新经"出世先后问题

——以《太上洞玄灵宝真文要解上经》为中心的考察

一　引言

　　敦煌本陆修静《灵宝经目》将古灵宝经划分为"元始旧经"和"新经"两部分。国内外学术界都认为"元始旧经"要比"新经"更早出世①。但是，自 2008 年以来，刘屹博士对此相继提出了大量质疑，极力证明所有"新经"都比"元始旧经"更早出世。2013 年，我曾发表《古灵宝经"元始旧经"和"新经"出世先后考释》一文，主要围绕《太上洞玄灵宝真文要解上经》和《太极左仙公请问经》两部"新经"与"元始旧经"的关系，对其一

---

　　① 王承文《敦煌本〈太极左仙公请问经〉考论》，载陈鼓应主编《道家文化研究》第 13 辑"敦煌道教文献专辑"，第 156－199 页；收入王承文《敦煌古灵宝经与晋唐道教》，第 86－156 页；大渊忍尔《道教とその经典》，第 73－122 页；Kristofer Schipper and Franciscus Verellen（ed.），*The Taoist Canon：A Historical Companion to the Daozang*，p. 213。

系列质疑作了专门答复①。近来刘屹博士的《六朝道教古灵宝经的历史学研究》一书，汇集了更多的专题论文，从多方面再次论证所有"新经"都在"元始旧经"之前出世。而围绕"新经"《太上洞玄灵宝真文要解上经》与"元始旧经"关系的讨论，始终在其中占有最主要且关键的地位②。

不过，我们认为无论是其主要论点和论据，还是其主要研究方法，都有比较大的商讨余地。目前的主要分歧包括：该经的最高主神究竟是元始天尊还是元始天王，我们究竟应该如何认识元始天王在该经中的神格？该经所尊崇的《灵宝五篇真文》，究竟是指"元始旧经"所尊崇的《灵宝五篇真文》，还是指一种比"元始旧经"更早而且内容亦完全不同的《灵宝五篇真文》？该经究竟是证明"新经"比"元始旧经"更早出世，还是与此恰恰相反？而对以上问题的回答，既关系到对古灵宝经关键文本的解读以及教义思想的把握，亦关系到对中古道教史上一系列重大问题的不同阐释。我们认为相关讨论不能只局限在这一部特定的"新经"，也不能只是就问题而讨论问题，而应该将其置于整个古灵宝经系列以及东晋南朝道教发展演变的大背景中，进行更加通盘的考察和更加深入的研究。

二　《元始五老赤书玉篇真文天书经》对早期上清经神灵的大量吸收和改造

与其他大量"新经"相比较，《太上洞玄灵宝真文要解上经》（以下简称《真文要解上经》）中出现的一系列神灵，具有极为明显的整合灵宝经

---

① 王承文《古灵宝经"元始旧经"和"新经"出世先后考释——兼对刘屹博士系列质疑的答复》，《中山大学学报》2013 年第 2 期；收入王承文《汉晋道教仪式与古灵宝经研究》，第 562—600 页。

② 刘屹《六朝道教古灵宝经的历史学研究》，第 367—375 页。

神灵和上清经神灵的特点。然而,这一显著特点究竟是证明了"新经"比"元始旧经"更早出世,还是与此恰恰相反呢? 我们究竟应该如何看待这种宗教现象呢? 对此,刘屹博士作了专门论述:

> 《真文要解经》在解说完灵宝真文后,又先后出现了东华上房灵妃、青童大君、太虚真人、西城太真、小有真人王君等明显的上清仙真,每人还各有吟咏。前已述元始天王和太上大道君,都是在上清经中经常出现的神格。主神有上清经神格的影子,经文中出现这么多的上清仙真也不足为奇。这种在灵宝经中出现上清仙真的做法,在仙公所受的灵宝经里面也可经常见到,而在《真文天书经》那样的"元始旧经"中是不可想象的。因为《真文天书经》确立的"灵宝五篇真文赤书"和元始天尊的绝对神圣性地位,是有排他性的,不可能再容纳上清经的神格。换言之,在"元始旧经"造作之前,上清经的影响实实在在地存在,所以无论是葛巢甫之前就已存在的"灵宝经",还是葛氏道最初造作的"灵宝经",多多少少会有一些上清经的影子,这是不难理解的。但如果"元始旧经"造作之后,再出的灵宝经还去重复这些上清经的因素,就有点违背灵宝经教的主流发展趋向了。①

刘屹博士的主要论点:一是该经中之所以出现元始天王和太上大道君等上清经神格,以及东华上房灵妃、青童大君、太虚真人、西城真人、小有真人王君等上清仙真,最根本的原因在于,与"元始旧经"相比,"新经"在出世时间上与早期上清经更为接近。二是较晚出世的"元始旧经"受其本身教义思想的严重限制,根本不可能再容纳上清经的神格。他特别强调,《真文天书经》作为"元始旧经"中出世最早也最重要的经典,"在《真文天书经》那样的'元始旧经'中是不可想象的。因为

---

① 刘屹《六朝道教古灵宝经的历史学研究》,第 374 页。

《真文天书经》确立的'灵宝五篇真文赤书'和元始天尊的绝对神圣性地位,是有排他性的,不可能再容纳上清经的神格"。三是在此基础上,"新经"必定是在"元始旧经"之前出世。《真文要解上经》的主神是元始天王,而决不可能是"元始旧经"的主神元始天尊。

我们认为刘屹博士对于"元始旧经"与早期上清经神灵关系的错误判定,应该是导致一系列重大学术分歧和争议出现的根本原因之一。然而,其相关结论也引发了一个十分重要却一直未被国内外学术界重视的问题,即"元始旧经"究竟是如何吸收和改造早期上清神灵的?"元始旧经"实际上大量吸收和改造了早期上清经神灵,使之成为古灵宝经神灵体系不可或缺的组成部分,并因此对中古道教经教体系的形成和发展产生了极其广泛而深远的影响。而在古灵宝经对早期上清经神灵的吸收和改造中,《真文天书经》恰恰表现得最为突出也最为充分。

《真文天书经》对中古道教定期斋戒制度作了最完整的论述,非常充分地体现了该经对早期上清经神灵的大量吸收和改造。其"月十斋"是指每月初一、初八、十四日、十五日、十八日、二十三日、二十四日、二十八日、二十九日、三十日的斋戒活动。按照其规定,每逢这些斋日,天界神灵都要到十方天界的特定宫殿中集会,考校各路神灵以及人间修道者的善恶功过,以决定其罪福或夭寿。因此,各路神灵以及人间修道者都必须在"静室"内虔诚斋戒,以接受来自天界神灵的考校。例如,该经记载每月第十五日的斋戒曰:

> 元始、灵宝东天大圣众至真尊神、太清玄元上三天无极大道、无上玄老、太上老君、太上丈人、皇上老君、皇上丈人、青灵上真、天帝君、天帝丈人、太帝君、太帝丈人、九老仙都君、九气丈人、百千万重道气、千二百官君、太清玉陛下、东极老人、青华大神、上相司马青童、金阙后圣帝君、真阳始青神人、灵宝九仙君等,青和玉女、主

仙玉郎,常以月十五日,上会灵宝太玄都玉山青华玉陛宫,奉斋朝
《天文》。①

以上所谓"元始",就是特指古灵宝经所创立的最高神灵——元始
天尊;而"灵宝东天大圣众至真尊神",则是对灵宝"十方天"中东方天界
众多尊神的一种统称②。特别值得注意的是,从"太清玄元上三天无极
大道、无上玄老、太上老君、太上丈人",到"千二百官君、太清玉陛下",
均为汉晋天师道一批最主要的神灵;至于从"东极老人、青华大神、上相
司马青童、金阙后圣帝君"到"主仙玉郎",则均属于早期上清经的
尊神。

以上引文的重要性主要体现在两方面:一是该经把天师道和上清
经的主要神灵都归结在元始天尊之下,并以此确立元始天尊在神灵世
界最尊崇的地位;二是强调所有神灵都要在每月十五日,"上会灵宝太
玄都玉山青华玉陛宫,奉斋朝《天文》"。这里所谓《天文》就是特指该
经最尊崇的《灵宝五篇真文》。因此,《真文天书经》实际上已经把这些
源自早期天师道和上清经的神灵,都直接改造成为专门朝觐和尊奉《灵
宝五篇真文》的神灵。至于"月十斋"其他日期的各种斋戒,该经也大量
列举了天师道和上清经等数以百计的神灵,而其根本目的,就是强调这
些神灵"奉斋朝《天文》"以及向灵宝经神灵的转变。

《真文天书经》对"八节斋"的论述,也充分地体现了其直接在早期
上清经基础上对上清派神灵的大量吸收和改造。"八节斋"是指在立
春、春分、立夏、夏至、立秋、秋分、立冬、冬至八个节日的斋戒活动。南
朝陶弘景所编《登真隐诀》,系将东晋中期上清派代表人物杨羲和许氏
父子所抄录的各种真本以及真人诰语加以整理而成。其论述"八节
斋"曰:

---

① 《元始五老赤书玉篇真文天书经》卷下,《道藏》第 1 册,第 794 页。
② 王承文《汉晋道教仪式与古灵宝经研究》,第 407 页。

太极真人常以立春日日中,会诸仙人于太极宫,刻玉简,记仙名。至春分之日日中,昆仑瑶台太素真人会诸仙人,刊定真经也。昆仑瑶台是西母之宫,所谓西瑶上台,天真秘文尽在其中矣。太素真人治白水沙洲之上,定其真经也。至立夏日日中,上清五帝会诸仙于紫微宫,见四真人,论求道之功罪。至夏至日日中,天上三官会于司命河候,校定万民罪福,增减年算。至立秋日日中,五岳诸真人诣中央黄房,定天下祀(神)图灵药。至立冬日日中,阳台真人会集列仙,定新得道人,始入名仙录。至冬至日日中,诸仙诣方诸宫,东海青童君刻其仙箓,金书内字。凡学道之人,常以夕半、日中谢罪,罪名自除,克身归善,以求长生神仙。秋分之节,气处清虚,太和正日也。众真诸仙,是月听讼。又刺奸吏及部内诸仙官,并纠奏在处道士之功过,及含生有罪应死生者。①

以上论述了上清经神灵在"八节日"对人间修道者功过罪福的考校,体现了早期上清经的定期斋戒思想。而《真文天书经》对"八节斋"的论述,其实就是直接在《登真隐诀》的基础上形成的。其文曰:

太玄上宫高真大神,常以立春之日,会诸尊大圣仙人于太极上宫,筭校玉札金名,应得神仙之人,列奏灵宝玄都上宫;太玄上宫太素真人,常以春分之日,会诸仙官于昆仑瑶台,校定灵宝真经学者,功业轻重,列言灵宝玄都上宫;太玄上宫五帝,常以立夏之日,会诸仙人于紫微宫,校定学者功过,列言灵宝玄都上宫;太玄上宫天上三官,常以夏至之日,会于司命上宫,校定兆民,算会簿录,列言灵宝玄都上宫;太玄上宫五岳诸真人,常以立秋之日,上诣中黄老君于黄房灵庭,会诸仙官,检校天下神图灵药,列言灵宝玄都上宫;太玄上宫上皇大帝,常以秋分之日,上登上清灵阙太微之馆,会灵宝

---

① 《太平御览》卷660《道部》引《登真隐诀》佚文,第2948页。

尊神、太上五老君、北极真公、八海大神，集算天下兆民罪录，功过轻重大小，列言灵宝玄都上宫；太玄上宫阳台真人，常以立冬之日，会论仙官玉女于灵宝阳台之上，校学道簿录名目轻重深浅，列言灵宝玄都上宫；太玄上宫天真众仙，常以冬至之日，上诣方诸东华青宫，会于东海青童金阙上相至真大神，校定众仙名录，列言灵宝玄都上宫。

八节之日，是上天八会大庆之日也。其日，诸天大圣尊神、妙行真人，莫不上会灵宝玄都玉京山上宫，朝庆天真，奉戒持斋，旋行诵经，各遣天真威神，周行天下四海八极，五岳名山学人及得道兆庶，纠察功过轻重，列言上宫。其日诸天星宿、日月璇玑、地上神祇，莫不振肃。凡是修斋持戒，宗奉《天文》，皆为五帝所举，上天右别，书名玉历，记为种民。①

以上《真文天书经》直接吸收了《登真隐诀》原有的上清经神灵，这些天界神灵聚集的"太极宫"和"昆仑瑶台"等宫殿名称，也直接沿袭了相关天神对修道者乃至天下民众考校罪福的内容。然而，该经又强调这些早期上清经神灵，均需要"列奏灵宝玄都上宫"，其寓意显然是说灵宝经的天界要高于上清经的天界。而"太素真人""阳台真人""东海青童君金阙上相至真大神"等上清经神灵，亦由此彻底转变成为灵宝经神灵。特别是该经对"八节斋"的总结，"诸天大圣尊神、妙行真人，莫不上会灵宝玄都玉京山上宫，朝庆天真，奉戒持斋，旋行诵经"，其"旋行诵经"的"经"，就是特指《灵宝五篇真文》；而"修斋持戒，宗奉《天文》"，也是强调这些神灵对《灵宝五篇真文》的高度尊崇。也就是说，所有这些原出自早期上清经的神灵，均已成为《灵宝五篇真文》的尊奉者和灵宝

---

① 《元始五老赤书玉篇真文天书经》卷下，《道藏》第 1 册，第 796—797 页。按《无上秘要》卷 9 所引《洞玄元始五老赤书玉篇经》阙以上引文的第一段，只有第二段。

经神灵①。除了"月十斋"和"八节斋"之外,《真文天书经》还有对"三元斋""本命日斋""甲子日斋""庚申日斋""岁六斋"等斋戒类型的记述,都大量列举了各种各样的道教神灵,而这些神灵也都是作为灵宝经神灵出现的。

我们需要特别强调的是,古灵宝经所谓"经教体系"或"神灵体系"等,其实在极大程度上就是通过这种特定方式构建起来的。如果不能理解这一点,那么中古道教所谓"经教体系"和"神灵体系"等问题也就无从谈起。"元始旧经"特别是《真文天书经》如此大规模而又直接吸收和改造上清经神灵的例子还有很多。至于早期上清经中一批最主要的神灵究竟是如何向灵宝经神灵转变的,我们还有必要作更加具体也更加深入的讨论。

三 "元始旧经"对早期上清经神灵的大量吸收和改造

(一)关于太上大道君神格的转变和重新塑造

在古灵宝经中,太上大道君是除元始天尊之外最重要的神灵。而且几乎所有"元始旧经",都是通过元始天尊对太上大道君说法或二者对话的模式形成的。然而,太上大道君最初却是早期上清经所创造的主要神灵。《上清大洞真经》是东晋上清派最重要的经典,其全称是《上清大洞真经三十九章》。根据记载,东晋兴宁三年(365),该经由南岳夫人魏华存等上清仙真降授杨羲。《云笈七签》卷八《释〈三十九章经〉》保留了该经较早的版本,其第十四章所载"玉晨太上大道君"②,就是指

① 对此更详细的研究,参见王承文《古代国家祭祀与汉唐道教"八节斋"渊源论考(下)》,《宗教学研究》2016年第3期;又见王承文《汉晋道教仪式与古灵宝经研究》,第307—310页。

② (宋)张君房编,李永晟点校《云笈七签》卷8《释〈三十九章经〉》,第136页。

太上大道君。陶弘景所编《真灵位业图》记载第二中位为"上清高圣太上玉晨玄皇大道君，为万道之主"①。东晋上清经《上清高圣太上大道君洞真金元八景玉箓》，则专门而且非常详尽地记载了太上大道君的出世及其修道经历。在此我们仅摘录其中最具有关键意义的内容来说明。其文曰：

> 上清高圣太上大道君者，盖二晨之精炁，庆云之紫烟，玉晖曜焕，金映流真，结化含秀，苞凝玄神，寄胎母氏，育形为人，讳誾鬓，字上开元，母妊三千七百年，诞于西那天郁察山浮罗岳丹玄之阿侧矣。②

以上"上清高圣太上大道君"即指太上大道君。其形成源于特定的"精炁"，通过"寄胎母氏，育形为人"。而最特别之处在于其"母妊三千七百年"，诞生于西那天郁察山浮罗岳丹玄之阿侧。其后又通过对各种上清经法的修炼，最终成为早期上清经中最重要的神灵。

然而，在《真文天书经》以及所有"元始旧经"中，太上大道君却已经完全转变成为在元始天尊之下专门尊奉《灵宝五篇真文》以及传授灵宝经法的尊神。而其身世以及神格的重大转变，主要是通过"元始旧经"《太上洞玄灵宝真文度人本行妙经》来完成的。该经已经散佚。敦煌文书 P. 3022 号《太上洞玄灵宝真文度人本行妙经》开首，即由太上大道君自己叙述其出身，其文曰：

> 我濯紫晨之流芳，盖皇上之胄〔胤〕。我随劫死生，世世不绝，恒与《灵宝》相值同出。经七百亿劫，中会青帝劫终，九炁改运，于

① （梁）陶弘景编《洞玄灵宝真灵位业图》，《道藏》第 3 册，第 273 页。
② 《上清高圣太上大道君洞真金元八景玉箓》，《道藏》第 34 册，第 145 页。按《云笈七签》卷八所引该经文字略有差异，如称太上大道君"讳誾天真，字开元"，第 144 页；该段文字又见于《一切道经音义妙门由起》之《明天尊》引《大洞真经》，《道藏》第 24 册，第 724 页。

是托胎于洪氏之胞,凝神〔于〕琼胎之府,积三千七百年,至赤明开运,岁在甲子,诞于扶刀盖天西那玉国浮罗之岳,复与《灵宝》同出度人。元始天尊以我因缘之勋,锡我太上之号。①

以上太上大道君的神格实际上已经完成了向灵宝经尊神的彻底转变,并突出地表现在三个方面:一是以上反复出现的所谓"《灵宝》",都是指该经强调的《灵宝五篇真文》。其称"我随劫死生,世世不绝,恒与《灵宝》相值同出","复与《灵宝》同出度人",都是指太上大道君的"本行"和身世命运等始终都与《灵宝五篇真文》联系在一起。二是其称"元始天尊以我因缘之勋,锡我太上之号",说明太上大道君之所以有"太上大道君"这样的神格和封号,完全是因为其以《灵宝五篇真文》进行"度人"而被元始天尊封赐的。而元始天尊和太上大道君之间师徒兼君臣的关系亦由此确立。三是古灵宝经吸收了佛教"劫"的观念,将宇宙的生成与毁灭看成是"龙汉""延康""赤明""开皇""上皇"等五种"劫运"转换的结果②。太上大道君诞生在"赤明劫"中,其后又在"上皇元年",协助元始天尊将《灵宝五篇真文》演绎成作为"十部妙经三十六卷"的"元始旧经",因而太上大道君的出身和经历等,已经完全被纳入古灵宝经特有的"劫运"时间体系中。

可见,古灵宝经中的太上大道君虽然源于早期上清经,然而其本身的神格已发生重大转变③。太上大道君亦因此成为各种灵宝经法得以传授的最重要的环节。例如,"元始旧经"《太上洞玄智慧上品大诚》即称:

① 《太上洞玄灵宝真文度人本行妙经》,《中华道藏》第3册,第308页。
② 《太上诸天灵书度命妙经》,《道藏》第1册,第803页。
③ 相关研究见王承文《灵宝"天文"信仰与古灵宝经教义的展开—敦煌本〈太上洞玄灵宝真文度人本行妙经〉为中心に—》,载日本京都大学人文科学研究所编《中国宗教文献研究》,第293-336页;《论中古道教"三清"神灵体系的形成——以敦煌本〈洞玄本行经〉为中心的考察》,《中山大学学报》2008年第2期。

太上道君受诫于元始天尊,开度诸天,四方边土,功德成就,以传诸天天王、十方大圣、太微帝君、四极真人、东华宫中方诸大神、玉女群仙,普使宣通,济度来生,令闻法音。①

有关元始天尊与太上大道君之间的经法传授关系,特别是灵宝经法在早期上清派神灵中的传授,在"元始旧经"中还有大量类似的记载。这里不再逐一举例。

(二)关于高上玉帝神格的转变和重新塑造

高上玉帝也是早期上清经最重要的尊神之一。《上清大洞真经》卷二称之为"皇上玉帝君"②。陶弘景《真灵位业图》所载第一神阶右位的最末为高上玉帝③。六朝《上清众经诸真圣秘》卷一称:"第三皇上玉帝君,内名珠郁罗、广都灵,地上音长存体、去害子。"④该经卷二又称:"皇上玉帝,元高晨之气,讳大宁,字大幽始。"⑤在早期上清经中,高上玉帝是上清经法最重要的传授者之一。

例如,东晋《洞真七转七变儛天经》称:

凡上清宝经三百卷,玉诀九千篇,符图七千章,皆出高上玉帝,禀承自然之章,玄古之道。其道秘在九天之上,大有之宫,相传玉文,以付上相青童君。⑥

———————

① 《太上洞真(玄)智慧上品大诫》,《道藏》第 3 册,第 396 页。

② 《上清大洞真经》卷 2,《道藏》第 1 册,第 521 页。

③ (梁)陶弘景编《洞玄灵宝真灵位业图》,《道藏》第 3 册,第 273 页。

④ 《上清众经诸真圣秘》卷 1,《道藏》第 6 册,第 755 页。

⑤ 《上清众经诸真圣秘》卷 1,《道藏》第 6 册,第 771 页。

⑥ 《无上秘要》卷 32《众圣传经品》引,《道藏》第 25 册,第 106 页。按其称"皆出高上玉帝",而该经《道藏》本《洞真上清神州七转七变儛天经》则作"皆出元始高上玉帝"。(《道藏》第 33 册,第 552 页)

据此,所有上清经法的形成及其在天界的最初传授,其实都与高上玉帝有关①。而东晋《洞真高上玉清隐书经》亦称:"上清高上刻石内文,玉清上宫北壁隐书鬼神内铭,高上玉帝以传太微天帝君。三道立正,太微天帝君以授后圣太平道君。"②这里也是强调"上清高上刻石内文"等经法,是经由高上玉帝—太微天帝君—后圣太平道君而得以流传的。

在"元始旧经"中,高上玉帝则与《灵宝五篇真文》以及全部"元始旧经"的最初传授都密不可分。《真文天书经》开头即记载《灵宝五篇真文》在最高天界"紫微上宫"的披露过程,其文称"上圣太上大道君、高上玉帝、十方至真,并乘五色琼轮","上诣上清太玄玉都寒灵丹殿紫微上宫,建天宝羽服,诣元始天尊金阙之下,请受《元始灵宝赤书玉篇真文》"③。该经又记载元始天尊"登命五老上真,披九光八色之蕴云锦之囊,出《元始赤书玉篇真文灵宝上经》,以付太上大道君、高上玉帝、十方至真"④。可见,太上大道君和高上玉帝在《灵宝五篇真文》的披露中都具有十分重要而突出的地位。

根据《太上诸天灵书度命妙经》的记载,其实早在《灵宝五篇真文》最初演化阶段,高上玉帝就发挥了极其重要的作用。该经记载元始天尊在南极赤明国对赤帝君等神灵说法,即追述了《灵宝五篇真文》形成初期时的情形。元始天尊称:

---

①　《云笈七签》卷六《三洞经教部》引南朝孟法师《玉纬七部经书目录》称:"元始高上玉帝出《上清洞真之经》三百卷,《玉诀》九千篇,《符图》七千章,秘在九天之上,大有之宫。后传玉文付上相青童君,封于玉华宫。元景元年,又封一通于西城山中。又太帝君命榑桑太帝旸谷神王出《独立之诀》三十卷,《上经》三百卷,行之于世。"(李永晟点校本《云笈七签》,第88—89页。根据《道教义枢》卷二《三洞义》所引《玉纬七部经书目录》,证明此原出自《正一经》)这种记载证明高上玉帝与所有上清经传授密切相关。

②　《上清高上灭魔玉帝神慧玉清隐书》,《道藏》第33册,第762页。

③　《元始五老赤书玉篇真文天书经》卷上,《道藏》第1册,第775页。

④　《元始五老赤书玉篇真文天书经》卷上,《道藏》第1册,第776页。

此土所以有洞阳之庭、流火之池者，起于《灵宝真文》始开之时，文字未明，时与高上大圣玉帝同于此国，以火炼《真文》，莹发字形，文彩焕曜，洞暎五方，因号此土为赤明之国。火精流澳为洞阳之庭，故人于火庭，身受火炼，致不衰老，于今庭人皆《真文》之功，其法妙重。①

以上是说高上玉帝协助元始天尊共同完成了《灵宝五篇真文》在出世初期"火炼《真文》"的过程。因为最早出世的《真文天书经》开篇称《灵宝五篇真文》"生于元始之先，空洞之中"，并因此创化宇宙万物。然而，由于"灵文郁秀，洞映上清，发乎始青之天，而色无定方，文势曲折，不可寻详"，也就是说，这种"真文"的最初形态因为非常曲折隐晦，难以辨识，元始天尊于是"炼之于洞阳之馆，冶之于流火之庭，鲜其正文，莹发光芒，洞阳气赤，故号赤书"②。可见，正是元始天尊将《灵宝五篇真文》在天庭南边的"洞阳之馆"和"流火之庭"加以冶炼，《灵宝五篇真文》才成为能够辨识的"赤书真文"。而《太上诸天灵书度命妙经》正是在此基础上，进一步提出元始天尊和高上玉帝一起在"洞阳之馆"用火烧炼《灵宝五篇真文》，使其"莹发字形，文彩焕曜，洞暎五方"。可见，高上玉帝在《灵宝五篇真文》的最初演化中也具有极为重要而特殊的地位。

此外，该经还反复强调作为"十部妙经三十六卷"的"元始旧经"，其最初出世都与高上玉帝密不可分。该经记载元始天尊在中天大福堂国对太上道君等神灵说法称：

汝见《真文》在光中不？此文以龙汉之年出于此土。时与高上大圣玉帝撰十部妙经，出法度人，因名此土为大福堂国长乐之舍，灵音震响，泽被十方。③

① 《太上诸天灵书度命妙经》，《道藏》第1册，第801页。
② 《元始五老赤书玉篇真文天书经》卷上，《道藏》第1册，第774页。
③ 《太上诸天灵书度命妙经》，《道藏》第1册，第799页。

以上《真文》就是指《灵宝五篇真文》。"龙汉之年"是指作为宇宙形成最初的"龙汉元年"。而"高上大圣玉帝"就是指高上玉帝。至于其称"时与高上大圣玉帝撰十部妙经,出法度人",是指元始天尊与高上玉帝一起,将《灵宝五篇真文》演绎成"十部妙经"即全部"元始旧经"。

该经记载元始天尊在东极浮黎国对苍帝君等神灵说法称:

> 昔龙汉之年,《灵宝真文》于此国土出法度人,高上大圣时撰出妙经,以紫笔书于空青之林,故风吹此树,其声成音。①

以上强调"高上大圣"即高上玉帝将"元始旧经"撰出,并书写在空青之林。

《太上诸天灵书度命妙经》又记载元始天尊在西极西那玉国对白帝君等神灵说法,其称:

> 我昔龙汉之年,与元始天王、高上玉帝,同于此土遇《灵宝真文》,出于浮罗空山之上。……我于空山之上,演出《真文》,撰十部妙经,始于此土出法度人,欲令法音流化后生,其法开张。②

据此,在"龙汉元年",元始天尊因与元始天王、高上玉帝一起遇到《灵宝五篇真文》现世,于是元始天尊将《灵宝五篇真文》演绎成"十部妙经"即"元始旧经",而元始天王和高上玉帝都是其中极为重要的参与者。按照"元始旧经"的教义思想,如果没有高上玉帝、元始天王等这些早期上清经神灵的参与,"元始旧经"的最初出世就是不可能的。因而高上玉帝等在古灵宝经的神灵体系中具有不可或缺的重要性。

(三)关于后圣金阙帝君神格的转变和重新塑造

后圣金阙帝君是早期上清经最重要的神灵之一。《云笈七签》卷八

---

① 《太上诸天灵书度命妙经》,《道藏》第1册,第800页。
② 《太上诸天灵书度命妙经》,《道藏》第1册,第801页。

《释〈三十九章经〉》之第三十章称其为"金阙后圣太平李真天帝上景君"①。《上清大洞真经》卷五所记该神灵名号与此相同②。又据东晋后期成书的《上清后圣道君列纪》记载,金阙后圣帝君李讳弘元,一讳玄水,字子光,一字山渊,"盖地皇之胄,玄帝时人。上和七年岁在丙子三月直合日,始育于北国天刚山下李氏之家,母先梦玄云日月缠其形,乃感而怀焉",其后"受书为上清金阙后圣帝君,上升上清,中游太极宫,下治十天,封掌兆民及诸天河海神仙"③。《真诰》卷六记载紫元夫人称"天下有五难",其中之一是"生值壬辰后圣世,难也"④。"壬辰之岁"被确定为金阙后圣帝君在地上出现以及太平盛世的开始。因此,《真灵位业图》记载"第三中位"为"太极金阙帝君姓李,壬辰下教太平主"。

在上清经的尊神中,"后圣金阙帝君"的神格主要与天庭对人世间的治理有关。现存《太平经钞》甲部属于六朝上清派道士所撰,其记载后圣金阙帝君曰:

> 长生大主号太平真正太一妙气、皇天上清金阙后圣九玄帝君,姓李,是高上太之胄,玉皇虚无之胤……上和七年庚寅九月三日甲子卯时,刑德相制,直合之辰,育于北玄玉国、天冈灵境……六七之岁,受书为后圣帝君,与前天得道为帝君者,同无异也。受记在今,故号后圣。前圣后圣,其道一焉。上升上清之殿,中游太极之宫,下治十方之天,封掌亿万兆庶,监察诸天河海、地源山林,无不仰从,总领九重十叠,故号九玄也。⑤

唐初形成的《太平经复文序》亦记载:"皇天金阙后圣太平帝君,太

① (宋)张君房编,李永晟点校《云笈七签》卷8,第140页。
② 《上清大洞真经》卷5,《道藏》第1册,第554页。
③ 《上清后圣道君列纪》,《道藏》第6册,第744页。
④ (梁)陶弘景编《真诰》卷6《甄命授第二》,《道藏》第20册,第524页。
⑤ 王明编《太平经合校》卷1—17,第2—3页。

极宫之高帝也,地皇之裔。生而灵异,早悟大道,勋业著于丹台,位号编
于太极。上清赐命,总统群真,封掌兆民;山川河海,八极九垓,莫不尽
关于帝君而受事焉。"①可见,后圣金阙帝君属于上清派最为尊崇的神
灵之一。该神灵在其后的发展演变中,又逐渐与"太上老君"合为
一神②。

作为早期上清经重要尊神的金阙后圣帝君,究竟是如何向灵宝经
神灵转变的呢? 根据前引《真文天书经》记载,其"月十斋"中的每月十
五日,元始天尊、灵宝东天大圣众至真尊神、太上老君以及上相司马青
童和金阙后圣帝君等,均"上会灵宝太玄都玉山青华玉陛宫,奉斋朝《天
文》";至每月二十八日,元始、灵宝西天大圣众至真尊神、无极大道以及
金阙后圣上相帝君等,又"上会灵宝太玄都玉京金阙七宝宫,奉斋朝《天
文》"③。可见,金阙后圣帝君由此成为元始天尊之下专门尊奉《灵宝五
篇真文》的灵宝尊神。

"元始旧经"对金阙后圣帝君神格的进一步改造,体现在三个方面。
首先是将其融入灵宝"三元斋"的仪式中。《道藏》本《太上大道三元品
诚谢罪上法》属于"元始旧经"《太上洞玄灵宝三元品戒功德轻重经》已
经脱落的部分,也是灵宝"三元斋"最直接的来源。该经记载"十方忏谢
仪"中的"东方"忏谢仪,列举的主要神灵中就有金阙后圣帝君④。

其次是直接仿效早期上清派的做法,将其塑造成尊奉灵宝经法者
所要皈依的神灵。《真诰》卷九《协昌期》称:"案《苞玄玉策白简青经》

---

① 王明编《太平经合校》附录,第 744 页。
② 宋代谢守灏《混元圣纪》卷二记载"老子"称其"故在天为众圣之尊,在世
为万教之主,谓之老子者,道之形也。应既不一,号亦无量"。(《道藏》第 17 册,第
795 页)而其众多名号中,就有"金阙后圣君"。《混元圣纪》卷九又称:"盖老君于将
来运亲降为太平真君也,故亦号金阙后圣君。世间拜表上章,露刺投词,皆乞径御
太平金阙后圣玄元上道太上老君太清玉陛下。"(《道藏》第 17 册,第 884 页)
③ 《元始五老赤书玉篇真文天书经》卷下,《道藏》第 1 册,第 794、795 页。
④ 《太上大道三元品诚谢罪上法》,《道藏》第 6 册,第 582 页。

云,不存二十四神,不知三八景名字者,不得为太平民,亦不得为后圣之臣。"①而作为"元始旧经"的《度人经》记载太上大道君称:"凡有是经,能为天地帝主兆民行是功德,有灾之日,发心修斋……右别至人,克得为圣君金阙之臣。"唐代李少微注称:"圣君者,金阙后圣太平李真君也。讳弘,来劫下为人主,故预称后圣君也。"②《洞玄灵宝自然九天生神章经》亦称:"洞明正一法,严修六天文。太平返空无,奉翊后圣君。"③所谓"奉翊后圣君",即指尊奉和辅佐金阙后圣君。无论是"克得为圣君金阙之臣"还是"奉翊后圣君",都说明成为金阙后圣帝君的臣民,已属于灵宝经法修奉者的重要目标之一。这种说法显然是直接以金阙后圣帝君在上清经中重要而特殊的地位作为前提的。而"新经"也明显沿袭了"元始旧经"对后圣金阙帝君神格的改造。敦煌文书 P.2454 号《仙人请问本行因缘众圣难》称:"天师言月旦、十五日能斋于静室,读所受道经及诸仙道迹者,皆当为后圣之民。"④意即天师张道陵说过,在每月初一和十五日在"静室"内斋戒,并诵读相关道经,就能成为后圣金阙帝君的臣民。此与《度人经》和《九天生神章经》的说法完全相同。

最后是金阙后圣帝君被改造成为灵宝经法传授中的重要环节。而这一点也同样直接源于其在早期上清经法传授中所扮演的重要角色。根据《洞玄灵宝二十四生图经》记载:

> 上皇元年九月二日,后圣李君出游西河,历观八门。值元始天王乘八景玉舆,驾九色玄龙,三素飞云,导从群仙,手把华幡,狮子白鹤,啸歌邕邕,浮空而来,同会西河之上。李君稽首请问天王,昔蒙训授天书玉字《二十四生图》,虽得其文,未究妙章,虽有图赞,而

① (梁)陶弘景编《真诰》卷 9《协昌期第一》,《道藏》第 20 册,第 537 页。
② 《元始无量度人上品妙经四注》卷 4,《道藏》第 2 册,第 240 页。
③ 《洞玄灵宝自然九天生神章经》,《道藏》第 5 册,第 845 页。
④ 《太上洞玄灵宝本行因缘经》与此相同。(《道藏》第 24 册,第 673 页)

无其像,修之庵蔼,妙理难详。今遇天尊,喜庆难言。愿垂成就,极其道真……自南极上元九光太真王夫人、东西二华、南北真公、五岳神仙、清虚真人,所受真文,并是后圣所书图像,而各系之焉。①

以上内容有两点值得注意:一是该经所谓“上皇元年九月”,说明“后圣李君”即金阙后圣帝君以及多位上清经神灵如“元始天王”“南极上元九光太真王夫人”“东西二华”“南北真公”“五岳神仙”“清虚真人”等,已经被纳入古灵宝经“劫运”神话体系中,都已转变成为灵宝经神灵。二是该经所称“天书玉字《二十四生图》”,是由元始天王传授给金阙后圣帝君,又由金阙后圣帝君传授给南极上元九光太真王夫人等神灵的。对此,我们将在后面再作进一步讨论。

在《太上洞玄灵宝真一劝诫法轮妙经》中,金阙后圣帝君成为灵宝经法传授过程中的重要环节。该经记载太上玄一真人曰:

> 《太上真一劝诫法轮妙经》,九天有命,皆四万劫一出。太上虚皇昔传太上大道君,道君传太微天帝君,天帝君传后圣金阙上帝君,令付仙卿仙公仙王已成真人。②

敦煌本陆修静《灵宝经目》将该经著录为“元始旧经”。但是,小林正美和刘屹博士却都将其判定为“仙公新经”。其最主要的理由是,该经中没有明确出现“元始旧经”所尊崇的最高神灵元始天尊。小林正美还特别强调,“传授《法轮妙经》的诸神,都是在《上清经》中说到经典传授时经常出现的诸神”,“传授《法轮妙经》的太上大道君、太微天帝君、后圣金阙上帝君等,本来就是在上清派中受尊崇的诸神”③。但是,这种神灵传授序列并不意味着该经创作者就不知道或者根本不承认“元始天尊”作为最高主神的地位。但是,如果理解了“元始旧经”对早期上

---

① 《洞玄灵宝二十四生图经》,《道藏》第 34 册,第 338 页。
② 《太上洞玄灵宝真一劝诫法轮妙经》,《道藏》第 6 册,第 172 页。
③ [日]小林正美著,李庆译《六朝道教史研究》,第 437 页。

清经神灵的大量吸收和改造,就会真正理解该经其实仅仅借用了早期上清经的一种传经模式,其真正传授的恰恰是作为"元始旧经"之一的《太上真一劝诫法轮妙经》。而这种经法传授模式最核心也最重要的内容,恰恰就是"太上虚皇""太上大道君""太微天帝君""后圣金阙上帝君"等最具有早期上清经色彩的尊神,都已经转变成为灵宝经的尊奉者和传授者了①。

(四)关于上相青童君神格的转变和重新塑造

上相青童君是早期上清经的重要尊神②。其最早源于魏晋时期江南本地的神灵——东海小童。葛洪《抱朴子内篇·登涉》记载有"东海小童符"③。上相青童君又称上相司马青童君、青童大君、东海青童、青童君,等等。《云笈七签》卷八《释〈三十九章经〉》之第三十四章有"东华方诸宫高晨师玉保王青童君"④。《上清大洞真经》卷一称"第一宫方诸青宫,上相青童君所治"⑤。《真诰》称之为"东宫九微真人金阙上相青童大君"⑥。《真灵位业图》记载为"九微太真玉保王金阙上相大司命高晨师东海王青华小童君"⑦。至于其名号中的"上相"一词,应源于青童君本身属于金阙后圣帝君的四位主要臣属之一⑧。

在古灵宝经中,《太上灵宝五符序》最早记载了东海小童。例如,该经卷下记载"钟山真人告夏禹有言:陵昔闻之于东海小童说云";"太上

---

① 王承文《汉晋道教仪式与古灵宝经研究》,第 422—427 页。
② 参见神冢淑子《六朝道教思想的研究》,第 123—148 页。
③ 王明《抱朴子内篇校释》卷 17《登涉》,北京:中华书局,1985 年,第307 页。
④ (宋)张君房编、李永晟点校《云笈七签》,第 141 页。
⑤ 《上清大洞真经》,《道藏》第 1 册,第 514 页。
⑥ (梁)陶弘景《真诰》卷 1《运象篇第一》,《道藏》第 20 册,第 491 页。
⑦ (梁)陶弘景《洞玄灵宝真灵位业图》,《道藏》第 3 册,第 273 页。
⑧ 王明编《太平经合校》卷 1—17,第 5—6 页。

真人之辞,东海小童使陵佩符而护之矣";"陵昔受之于东海小童"①。刘屹博士对此也有讨论②。但是,东晋末年"元始旧经"中上相青童君的神格,却是直接在早期上清经的基础上改造而成的。

前引《登真隐诀》称:"至冬至日日中,诸仙诣方诸宫,东海青童君刻其仙箓,金书内字。"而《真文天书经》则在此基础上称:"太玄上宫天真众仙,常以冬至之日,上诣方诸东华青宫,会于东海青童金阙上相至真大神,校定众仙名录,列言灵宝玄都上宫。"可见,该经将其尊称为"东海青童金阙上相至真大神"。该经所载"月十斋"制度,称元始天尊以及"灵宝东天大圣众"和"上相司马青童"等神灵,常以每月十五日,"上会灵宝太玄都玉山青华玉陛宫,奉斋朝《天文》"。"上相青童君"由此成为元始天尊之下专门尊奉《灵宝五篇真文》的灵宝经神灵。该经又称:"其日修斋奉戒,则五帝保举,上言东华,生死为仙。"③所谓"上言东华,生死为仙",主要源于"上相青童君"掌管修斋者的生死命籍。《太上诸天灵书度命妙经》记载"诸天灵书度命品章","出自元始东华青宫,青童大君封之青玉宝函之中,印以元始九气之章"④。所谓"元始东华青宫",应是对前引《上清大洞真经》所称"第一宫方诸青宫,上相青童君所治"的改造。至于其称"青童大君封之青玉宝函之中",也表明"上相青童君"已经转变成灵宝经法的传授者。

隋唐之际成书的《太玄真一本际经》属于灵宝经系列的新经典。该经卷六《净土品》详细记载了"上相青童君"的身世,也延续了将其"灵宝经化"的趋势。该经记载上相青童君向太上大道君请教经法,太上大道君于是专门讲说了"上相青童君"的前世经历。其文称:

---

① 《太上灵宝五符序》卷下,《道藏》第 6 册,第 336 页。
② 刘屹《六朝道教古灵宝经的历史学研究》,第 390 页。
③ 《元始五老赤书玉篇真文天书经》卷下,《道藏》第 1 册,第 794、795 页。
④ 《太上诸天灵书度命妙经》,《道藏》第 1 册,第 804 页。

上相昔于赤光之前眇莽之中,与我俱生国王之门。卿为小弟,厥名明胜,孝悌秀颖,姿容绝伟。年涉八岁,备闲奥典,神机捷利,位胜于我,父王爱重,故名明胜。我时与弟俱往拜觐元始天尊,仍于尔时启请此义。元始天尊时号无形常存,具为我说如是之理。卿于尔时已得开解,乃能普为未悟之人及将来世学真上士,以大慈悲启发斯趣。我当演说,令得心解。①

以上论述有几点值得注意:一是"上相"即上相青童君的身世已经与古灵宝经特有的"劫运"观念结合起来。所谓"赤光之前"就是指"赤明劫"之前。二是明确建立了"上相青童君"与"太上大道君"之间的关系。根据前引敦煌本《太上洞玄灵宝真文度人本行妙经》的记载,太上大道君"至赤明开运,岁在甲子,诞于扶刀盖天西那王〔玉〕国浮罗之岳"。而《本际经》则进一步强调"太上大道君"和"上相青童君"二者"俱生国王之门",因此是兄弟关系。三是通过太上大道君称"我时与弟俱往拜觐元始天尊",进一步确立了"上相青童君"与灵宝经最高神灵"元始天尊"之间的关系。至于所谓"元始天尊时号无形常存",则是指在"开皇劫"之前元始天尊的名号,其说法也直接出自"元始旧经"②。

(五)关于太微天帝君神格的转变和重新塑造

太微天帝君是早期上清经的重要神灵之一,又称太微帝君、太微天帝道君等。《云笈七签》卷八《释〈三十九章经〉》之第五章称为"太微天帝君"③。东晋后期《洞真太上紫度炎光神玄变经》所收《太微帝君记》

---

① 《太玄真一本际经》卷6《净土品》,《中华道藏》第5册,第244页。
② 《太上洞玄灵宝诸天灵书度命妙经》记载元始天尊对太上大道君说法,自称"龙汉之时,我为无形常存之君,出世教化";在赤明劫时,"我又出世,号无名之君,以灵宝教化";至开皇劫时,"我于始青天中,号元始天尊"。(《道藏》第1册,第803页)
③ (宋)张君房编,李永晟点校《云笈七签》卷8,第133页。

记载：

> 太微帝君者,生于始青之端,曜灵彻玄,炁未凝之始,结流芳之
> 胄法形焉……行年二七,金容内发,玉华外映,洞慧神聪,朗睹虚
> 玄,编掌帝号,其任乎澄流九霄之霞,飞眺洞清之源,明机览于极
> 玄,须综运于亿津,积感加于冥会,妙启发于自然。是以得御紫度
> 炎光回神飞霄登空之法,修行内应上登玉清高上之尊。①

太微天帝君是早期上清经塑造的专门修奉上清经法的尊神。《真
灵位业图》记载第二"中位"的左第一位是"左圣紫晨太微天帝道君"②,
此即太微天帝君。唐代薛幽栖注解《度人经》称:"上帝,太微帝君,三十
六天帝最尊者。"③太微天帝君与大量上清经法的传授密切相关。而
"元始旧经"对该神灵的吸收和改造,也主要体现在灵宝经法的传授上。
前引《太上洞玄智慧上品大诫》末尾称:

> 太上道君受诫于元始天尊,开度诸天,四方边土,功德成就,以
> 传诸天天王、十方大圣、太微帝君、四极真人、东华宫中方诸大神、
> 玉女群仙,普使宣通,济度来生,令闻法音。④

据此,"太微帝君"成为"元始天尊"和"太上道君"等神灵之下专门
传授灵宝经诫的尊神。前引《太上洞玄灵宝真一劝诫法轮妙经》记载太
上玄一真人称:

> 《太上真一劝诫法轮妙经》,九天有命,皆四万劫一出。太上虚
> 皇昔传太上大道君,道君传太微天帝君,天帝君传后圣金阙上帝
> 君,令付仙卿仙公仙王已成真人。⑤

---

① 《洞真太上紫度炎光神玄变经》,《道藏》第33册,第553—554页。
② (梁)陶弘景编《洞玄灵宝真灵位业图》,《道藏》第3册,第273页。
③ 《元始无量度人上品妙经四注》卷3,《道藏》第2册,第227页。
④ 《太上洞真(玄)智慧上品大诫》,《道藏》第3册,第396页。
⑤ 《太上洞玄灵宝真一劝诫法轮妙经》,《道藏》第6册,第172页。

太上虚皇在名义上属于早期上清经中最尊崇的神灵。而相关经法从太上虚皇—太上大道君—太微天帝君—后圣金阙上帝君,再传到各种各样的"真人",符合早期上清经中神灵世界的传经模式。但是我们要特别强调的是,这些被改造过的早期上清经神灵所传授的却是正规的"元始旧经"。"元始旧经"正是以这种特定方式来证明灵宝经法来源的神圣性和合法性。

(六)关于西王母和清虚真人神格的转变和重新塑造

西王母是中国古代著名的女神。《山海经》称之为西王母①。《元始上真众仙记》记载:"木公、金母,天地之尊神,元气炼精,生育万物,调和阴阳,光明日月,莫不由之。"②其中"金母"就是指西王母。在早期上清经中,西王母是一位很重要亦很特殊的神灵。《真诰》卷五《甄命授》称:"所谓金母者,西王母也。"③《云笈七签》卷八《释〈三十九章经〉》第三十九章所载"九灵真仙母青金丹皇君"就是指西王母④。《汉武帝内传》记载了元始天王与西王母之间的师徒关系⑤。陶弘景《真灵位业图》亦称"元始天王,西王母之师"。《云笈七签》卷一一四《西王母传》称:

> 西王母者,九灵太妙龟山金母也。一号太灵九光龟台金母,亦号曰金母元君,乃西华之至妙、洞阴之极尊。在昔道气凝寂,湛体无为,将欲启迪玄功,生化万物,先以东华至真之气,化而生木公焉。木公生于碧海之上,苍灵之墟,以主阳和之气,理于东方,亦号曰王公焉。又以西华至妙之气,化而生金母焉。金母生于神洲伊

---

① 袁珂校注:《山海经校注》,上海:上海古籍出版社,1980年,第50页。
② 《元始上真众仙记》,《道藏》第3册,第270页。
③ (梁)陶弘景《真诰》卷5《甄命授第一》,《道藏》第20册,第518页。
④ (宋)张君房编,李永晟点校《云笈七签》,第143页。
⑤ 《汉武帝内传》,《道藏》第5册,第49页。

川，厥姓缑氏。生而飞翔，以主阴灵之气，理于西方，亦号王母。①

以上事迹都是在早期上清经基础上形成的。在早期上清经中，西王母亦被塑造成各种上清经法从天界向人间传授的重要环节。在古灵宝经中，《太上灵宝五符序》最早出现了西王母。该经中作为"秘篆文"的"真一食五牙天文"具有神圣地位，该经称"西王母安此书著五城之内，其外卫备有仙楼十二，藏以紫玉之匮，刻以黄金之札，封以丹光芝草，印以太上中章"②。而"元始旧经"《太上诸天灵书度命妙经》明显仿效此，称"诸天灵书度命品章"，"其章出自元始西华宫中，西王金母封之白玉宝函之中，印以太素七气之章"③。"西王金母"亦指西王母。前引《真文天书经》记载"月十斋"制度规定，每月三十日，元始天尊、灵宝上元天大圣众至真尊神以及西王母等众神，都要"上会灵宝太玄都玉京七宝紫微宫，奉斋朝《天文》"④。可见西王母已经成为元始天尊之下尊崇《灵宝五篇真文》的神灵。该经又记载，"九天玉真长安神飞符"和"三天真生神符"都是"太上大道君受于元始天尊，以传西王母"⑤。可见，西王母与元始天尊、太上大道君等都有紧密关系。

值得特别注意的是，古灵宝经"十部妙经"的早期传授都与西王母有关。前引《太上诸天灵书度命妙经》记载元始天尊对太上大道君等说法，称在最初的"龙汉之年"，元始天王和高上玉帝协助元始天尊完成了将《灵宝五篇真文》演绎成"十部妙经"即"元始旧经"的过程。而《太平御览》卷六七三所引《灵书经》即《太上诸天灵书度命妙经》的佚文称：

①　(宋)张君房编，李永晟点校《云笈七签》卷114《西王母传》，第2527—2528页。
②　《太上灵宝五符序》卷下，《道藏》第6册，第341页。
③　《太上诸天灵书度命妙经》，《道藏》第1册，第805页。
④　《元始五老赤书玉篇真文天书经》卷下，《道藏》第1册，第796页。
⑤　《元始五老赤书玉篇真文天书经》卷中，《道藏》第1册，第789页。按《道藏》本此处原作"奉斋朝天真"，而该经关于月十斋的表述一般都作"奉斋朝天文"，因此"奉斋朝天真"误。

元始〔天王〕以龙汉之年撰十部经,告西母曰:《太上紫微宫中金格玉书灵宝真文篇目》有妙经,其篇目今以相示,皆刻金为字,书于玉简,题其篇目于紫微宫南轩,太玄都玉京山亦具记其文。①

以上是说早在最初的"龙汉元年",元始天王就奉元始天尊之命,将由《灵宝五篇真文》演绎出来的经文正式"撰"成"十部妙经",这些经典的篇名则著录在《太上紫微宫中金格玉书灵宝真文篇目》中。而这份目录实际上就是陆修静编纂《灵宝经目》之"元始旧经紫微金格目"的依据。也就是说,早在"龙汉元年",元始天王即向西王母传授了这份著录有"元始旧经",经名也极为神圣的经目②。可见,由早期上清经所确立的元始天王与西王母之间的经法传授关系,也在"元始旧经"中得到了充分体现。

《太上灵宝诸天内音自然玉字》记载"诸天内音自然玉字"的传授历程称:

西王母以上皇元年七月丙午,于南浮洞室下教,以授清虚真人王君,传于禹,封于南浮洞室石磧之中。大劫交运,当出于世,以度得道之人。③

以上称"西王母以上皇元年七月丙午,于南浮洞室下教",进一步说明西王母已经被纳入古灵宝经"劫运"学说中。至于其传授的对象"清虚真人王君",则是西汉著名神仙方士并被早期上清派代表人物魏华存尊奉为师的王褒。而大禹则属于众所周知的上古圣王。以上记载最值得注意的是,这部"元始旧经"不但吸收了王褒和大禹两位"历史人物",

---

① 《太平御览》卷673《道部》引《灵书经》,第3001页。相关研究参见王承文《汉晋道教仪式与古灵宝经研究》,第604—611页。
② 王承文《论古灵宝经"十部妙经"观念及其内在结构》上篇,《宗教学研究》2021年第3期。
③ 《太上灵宝诸天内音自然玉字》卷4,《道藏》第2册,第563页。

使之正式转变成尊奉灵宝经的神灵,而且作为"清虚真人"的西汉方士王褒,竟然可以将灵宝经法传授给大禹,显示"元始旧经"对汉晋道教神灵之间的关系做了重大改造,也证明"元始旧经"并不是按照一般历史时间逻辑来叙述的。

刘屹博士强调所有的"元始旧经"都出现在远古"劫运"以前,因此决不可能出现任何"此次开天辟地以来"的"历史人物"。他又以此为最主要的理由,坚持对敦煌本《灵宝经目》中的古灵宝经进行重新分类。根据我们研究,"历史人物"其实在大量"元始旧经"中都普遍存在。而这些所谓"历史人物"均属于在汉晋时期已经完成"神格化"的道教神灵,与一般具体历史人物有着本质的区别。"元始旧经"将这些特定"历史人物"纳入其神灵体系中,其实完全符合"元始旧经"本身的教义思想。因此,敦煌本陆修静《灵宝经目》的经典分类本身符合古灵宝经的实际情况①。

(七)小结

以上讨论证明,"元始旧经"直接对早期上清经神灵进行了大量吸收和改造,并使之成为灵宝经法的尊奉者和传授者。而且无论是在"元始旧经"的出世以及教义思想的阐述上,还是其神灵体系和斋法仪式的构建之中,这些源自于早期上清经的神灵都具有不可或缺的作用,而"元始旧经"亦因此获得了更加重要亦更加神圣的意义。我们很难设想,如果完全撇开这些上清经的神灵,"元始旧经"究竟会以何种形式构造出来。比较"元始旧经"和"新经"两批经典,"元始旧经"对上清经神灵的吸收和改造,毫无疑问要比"新经"更为系统也更加深刻。因此,刘屹博士断言只有"仙公新经"才吸收上清经神灵,而"元始旧经"则完全拒绝"再容纳

---

① 王承文《论古灵宝经分类争论中的"历史人物"问题》,《魏晋南北朝隋唐史资料》第 46 辑。

上清经神格"的论点,并不符合古灵宝经实际情况。还要指出的是,"元始旧经"对早期道教神灵的吸收和改造,其实还包括了汉代谶纬神灵、早期天师道神灵、三皇经神灵,甚至还包括不少佛教神灵①。但在"元始旧经"中,所有这些神灵的来源、事迹以及与灵宝经法的关系,包括其在神灵体系中的地位等各个方面,都已经发生重大改变。而其中最核心也最本质的内容,恰恰就是这些神灵与《灵宝五篇真文》关系的构建。唐代道教"三清"神灵体系的形成,也在极大程度上源于"元始旧经"以《灵宝五篇真文》为核心的经教学说,对元始天尊、太上大道君和太上老君的神格进行了重新塑造,使它们成为一种具有内在逻辑关联的神灵体系②。在以上对"元始旧经"与早期上清经神灵之间关系讨论的基础上,我们再来重点讨论"新经"《真文要解上经》中"元始天王"的神格问题。

四　早期上清经和古灵宝经中"元始天王"的神格及其转变

(一)早期上清经中"元始天王"的神格

元始天王是早期上清经的重要神灵之一,在"元始旧经"和"新经"中也多次出现。弄清元始天王神格的转变,对于我们深入理解古灵宝

① 柏夷曾指出《真一五称符上经》所载"灵宝十方真人"的名号完全来自三国吴时支谦所译《本业经》,《洞玄灵宝赤书玉诀妙经》中"阿丘曾"的故事应来自于支谦译《佛说龙施女经》。Stephen R. Bokenkamp, "Sources of the Ling-pao Scriptures," in Michel Strickmann (ed.), *Tantric and Taoist Studies in Honor of R. A. Stein*, Vol. 2, pp. 434-486. 关于《真文度人本行妙经》中天神"赤明天帝"与《佛说龙施女经》和《赤书玉诀妙经》关系的进一步考证,参见王承文《敦煌古灵宝经〈洞玄本行经〉版本结构考论》,《敦煌学辑刊》2018年第2期。"元始旧经"对早期天师道神灵的吸收和改造,见王承文《论古灵宝经分类争议中的"历史人物"问题》,《魏晋南北朝隋唐史资料》第46辑。
② 王承文《论中古道教"三清"神灵体系的形成——以敦煌本〈洞玄本行经〉为中心的考察》,《中山大学学报》2008年第2期。

经神灵体系的构建过程具有重要意义。

元始天王最早可能出现在《元始上真众仙记》中。该书又名《枕中书》或《枕中记》,旧题葛洪撰。该书记载:"昔二仪未分,溟涬鸿蒙,未有成形,天地日月未具,状如鸡子,浑沌玄黄,已有盘古真人,天地之精,自号元始天王,游乎其中。"①盘古开天辟地的神话由来已久②。然而,《元始上真众仙记》却将盘古改称为"盘古真人"和"元始天王",并重新塑造其事迹,赋予极为浓厚的上清经色彩,因此其形成应该与早期上清派有关。马伯乐认为,中古道教"元始天王"名号也可能受到了早期汉译佛经中"天王"这一概念的影响③。而早期上清派创造"元始天王"这一神格,其根本目的是将其塑造成为专门修奉上清经法的神灵。托名"上相青童君撰"的《洞真上清青要紫书金根众经》,成书于东晋后期,其中所收《元始天王经》最能代表"元始天王"作为早期上清经神格的特征,其文曰:

> 元始天王禀天自然之胤,结形未沌之霞,托体虚生之胎,生乎空洞之际。时玄景未分,天光冥逮,浩漫太虚。积七千余劫,天朗炁清,二辉缠终,玄云紫盖映其首,六气之电翼其真,夜生自明,神光烛室,散虚馥之烟,栖心霄霞之境,炼容洞波之滨,独秉灵符之节,抗御玄降之章,内炁玄崖,潜想幽穷,忽焉逍遥,流盻忘旋,琼轮玉舆,碧辇玄龙,飞精流霭,耀电虚宫,东游碧水豪林之境,上憩青霞九曲之房,进登金阙,受号玉清紫虚高上元皇。太上大道君金简玉札,使奏名东华方诸青宫,受命总统亿津……结编元皇,位登玉清,掌括上皇高帝之真,道备炁澄,仍赞灵篇《三十九章》,玉慧激

---

① 《元始上真众仙记》,《道藏》第 3 册,第 269 页。

② 《艺文类聚》卷 1《天部上》引三国孙吴人徐整《三五历纪》,上海:上海古籍出版社,1995 年,第 2—3 页;饶宗颐《盘古图考》,《中国社会科学院研究生院学报》1986 年第 1 期;王晖《盘古考源》,《历史研究》2002 年第 2 期。

③ [法]马伯乐著,胡锐译《马伯乐道教学术论著》,第 136 页。

词,演究无穷,妙音发于始天,玉响启于洞门,故号□□□能书《大洞真经》……上相青童君曰:金简玉札,出自太上灵都之宫,刻玉为札,结金为简……元始天王受于太上大道君,其真科七百年三传。①

以上最值得注意的有三点:一是强调作为"虚生之胎"的元始天王"生乎空洞之际",即早在宇宙尚未形成的混沌状态时就已经出生。仅从这一点来说,早期上清派保留了早期盘古开天辟地神话中的某些内核。然而,早期上清派却特别强调元始天王其后因为修习上清经法,"积七千余劫","进登金阙,受号玉清紫虚高上元皇"。二是强调太上大道君"使奏名东华方诸青宫,受命总统亿津"。也就是说,因为受太上大道君的推举,元始天王得以进入东华方诸青宫,"受命总统亿津",并"结编元皇,位登玉清,掌括上皇高帝之真"。在引文最后,上相青童君再次强调太上大道君向元始天王传授上清经法。据此,在上清经中,太上大道君的地位应该在元始天王之上。三是强调元始天王与《大洞真经》密切相关。其称"仍赞灵篇《三十九章》,玉慧激词,演究无穷,妙音发于始天,玉响启于洞门,故号□□□能书《大洞真经》"。可见,元始天王已经被塑造成为修奉《大洞真经》的典范。

早期上清经对元始天王神格的塑造,还体现在一系列经法的传授上。东晋《洞真九赤斑符内真经》记载:

九赤者,乃九天之焱飞玄羽章,结成玉文。元始丈人以传太上大道君,元始天王以传南极上元君。太上以传扶桑太帝,太帝以传太微天帝君,太微天帝君以传后圣金阙帝君,金阙帝君以传上相青童君,青童君以传南极上元君,上元君以传洪崖先生,洪崖先生以

---

① 《洞真上清青要紫书金根众经》,《道藏》第 33 册,第 430—431 页。《云笈七签》卷 101《元始天王纪》主要依据此。

传太极四真人,皆炁炁相传。①

根据以上记载,作为上清经法组成部分的"九赤斑符",其先是由元始丈人传授给太上大道君,由太上大道君传授给元始天王,再由元始天王传授给南极上元君。至于所谓"太上以传扶桑太帝",其"太上"仍然是指太上大道君,并因此形成了太上大道君—扶桑大帝—太微天帝君—后圣金阙帝君—上相青童君—南极上元君—洪崖先生—太极四真人的传授谱系。在以上传法谱系中,元始天王确实属于较早接受经法的神灵之一,但是显然并不是被当作特别重要的神灵来塑造的。六朝《上清洞真智慧观身大戒文》亦称:"《智慧观身大戒》,流景散漫,暎焕太虚,积三千余劫。其文乃是元始天王受之太上高圣道君。"②意即《智慧观身大戒》也是太上大道君传授给元始天王的。

陶弘景《真灵位业图》反映了早期上清派对道教神灵秩序和地位的看法,对于了解元始天王在上清经神灵体系中的地位有重要意义。该书记载其"上第一中位"为"上合虚皇道君应号元始天尊",此即元始天尊。其"左位"为九位"道君",其"右位"为十九位"道君"以及其他相关神灵。其"第二中位"为"上清高圣太上玉晨玄皇大道君。为万道之主",此即太上大道君。其"左位"为三十五位神灵,其"右位"为五十七位神灵。其"第三中位"为"太极金阙帝君姓李。壬辰下教,太平主"。其"左位"有四十三位神灵,其"右位"有二十九位神灵。《真灵位业图》实际上在对"第四中位"及其辅佐神灵进行叙述时,才记载了"元始天王",其文曰:

第四中位:太清太上老君。为太清道主,下临万民。上皇太上

---

①　《无上秘要》卷32《众圣传经品》引《洞真九赤斑符内真经》,《道藏》第25册,第106页。按《道藏》本《洞真太上九赤斑符五帝内真经》相关内容有多处阙损和讹误。

②　《上清洞真智慧观身大戒文》,《道藏》第33册,第797页。

无上大道君。左位：正一真人三天法师张讳道陵。东华左仙卿白石生、张叔茂。元始天王，西王母之师。玄成青天上皇。此三人太清尊位，不领兆民。南上大道君。太上丈人。天帝君。九老仙都君。九气丈人。此并太清三天东宫之真官，章奏关启学道所得。[①]

以上作为第四中位的"太清太上老君"，就是指汉晋天师道所尊奉的主神太上老君。在其"左位"先后是作为"正一真人三天法师"的张道陵以及白石生、张叔茂和元始天王。其后则是太上丈人、天帝君、九老仙都君、九气丈人等天师道神灵。而元始天王作为"西王母之师"，也是早期上清派赋予元始天王的神格。

根据以上讨论，元始天王虽然与早期上清经法传授密切相关，但其地位并不特别突出，也未被早期上清派尊奉为最主要的神灵之一。这一点对于我们理解元始天王在古灵宝经中的神格极其重要。因为较后出世的古灵宝经对元始天王神格的改造，是直接以早期上清经中的元始天王作为基础和参照的。众所周知，无论是"元始旧经"还是"新经"，一直都特别强调灵宝经法的地位要远高于上清经法和所有其他道派的经典[②]。因此，古灵宝经的创作者应该没有任何理由将在早期上清经中并不特别突出的元始天王正式尊崇为地位最高的主神，因为这样做根本就不符合中古道教神格发展演变的基本逻辑和一般规律。

---

① 《洞玄灵宝真灵位业图》，《道藏》第 3 册，第 276 页。

② 例如，敦煌文书 P.2356 号《灵宝真一自然经诀》即"新经"《太上太极太虚真人演太上灵宝威仪洞玄真一自然经诀上卷》称："《太上灵宝洞玄天书》，道之至真，尊大无上。诸道士、沙门、百姓子男女人，欲栖名山，清静无为，永绝世务，志学仙道，长斋幽林，读《道德》五千文、洞真玄经卅九章，消魔智慧，举身白日升天。而无是经，终不得上仙太真之道，永享无数劫。"（《中华道藏》第 4 册，第 97 页）其强调《太上灵宝洞玄天书》即《灵宝五篇真文》的地位远高于《道德经》和《大洞真经三十九章》等经典。

(二)"元始旧经"中"元始天王"神格的转变和重新塑造

"元始旧经"借鉴了早期上清经有关元始天王与上清经法传授的关系,从而把元始天王直接改造成为元始天尊之下专门传授灵宝经法的神灵。前引《太上诸天灵书度命妙经》记载,元始天尊在大福堂世界西那玉国对白帝君等神灵说法,其文称:

> 我昔龙汉之年,与元始天王、高上玉帝同于此土,遇《灵宝真文》出于浮罗空山之上。……并见我于空山之上演出《真文》,撰十部妙经,始于此土,出法度人。①

根据以上记载,早在"劫运"开端的"龙汉元年",元始天王和高上玉帝就直接参与了元始天尊将《灵宝赤书五篇真文》演绎成"十部妙经"即全部"元始旧经"的过程。可见,元始天王既与元始天尊和"劫运"学说有关,也与《灵宝五篇真文》以及所有"元始旧经"有关。

早期上清派十分重视元始天王与西王母之间的师徒关系和经法传授关系,对此,《汉武帝内传》以及大量上清经都有专门记载。而"元始旧经"亦同样如此。前引《太平御览》卷六七三所引《灵书经》即《太上诸天灵书度命妙经》的佚文称:

> 元始〔天王〕以龙汉之年撰十部经,告西母曰:《太上紫微宫中金格玉书灵宝真文篇目》有妙经,其篇目今以相示,皆刻金为字,书于玉简,题其篇目于紫微宫南轩,太玄都玉京山亦具记其文。②

以上所谓"元始〔天王〕以龙汉之年撰十部经",就是指元始天王受元始天尊之命,将"十部经"即全部"元始旧经"记录下来。而所谓"《太上紫微宫中金格玉书灵宝真文篇目》",是指最初著录"元始旧经"的目

① 《太上诸天灵书度命妙经》,《道藏》第1册,第801页。
② 《太平御览》卷673《道部》引《灵书经》,第3001页。

录,也是敦煌本陆修静《灵宝经目》中"元始旧经紫微金格目"编成的主要依据①。后世道教典籍也有相关记载。《道教义枢》卷二《三洞义》称:

> 洞玄是灵宝君所出,高上大圣所撰。今依元始天王告西王母:《太上紫微宫中金格玉书灵宝真文篇目》,十部妙经,合三十六卷。②

以上所谓"洞玄是灵宝君所出",出自"元始旧经"《洞玄灵宝自然九天生神章》开篇的《三宝大有金书》③;其称灵宝经为"高上大圣所撰",前引《太上诸天灵书度命妙经》记载元始天尊在大福堂国对太上道君等神灵说法,称《灵宝五篇真文》"以龙汉之年出于此土。时与高上大圣玉帝撰十部妙经,出法度人"④。至于其称"今依元始天王告西王母:《太上紫微宫中金格玉书灵宝真文篇目》,十部妙经,合三十六卷",则直接依据了前引《太上诸天灵书度命妙经》的佚文。但是需要特别指出的是,刘屹博士根据以上《道教义枢》的这条材料,提出"在道教传统中,的确有种说法,即《紫微金格目》所载的 10 部 36 卷灵宝经,本是元始天王而非元始天尊所传的"⑤。刘屹博士以此强调"元始天王"在古灵宝经中具有非常崇高的地位,并将此作为"新经"之"最高主神"就是"元始天王"最直接的证据之一。然而,实际情况却是"元始天王"已经被"元始旧经"改造成为"元始天尊"之下专门传授"元始旧经"的重要神灵。因此,刘屹博士对古灵宝经中"元始天王"神格的解读,实际上是一种很明显的误解。

又据《云笈七签》卷六《三洞经教部》记载:

① 王承文《汉晋道教仪式与古灵宝经研究》,第 604—611 页。
② 《道教义枢》卷 2《三洞义》,《道藏》第 24 册,第 813 页。
③ 《洞玄灵宝自然九天生神章》,《道藏》第 5 册,第 843 页。
④ 《太上诸天灵书度命妙经》,《道藏》第 1 册,第 799 页。
⑤ 刘屹《六朝道教古灵宝经的历史学研究》,第 281 页。

元始天王告西王母曰:《太上紫微宫中金格玉书灵宝真文篇目》有十部妙经,合三十六卷。①

按《太玄都四极盟科》曰:……元始天王告西王母云:《太上紫微金格玉书灵宝真文〔篇目〕,十部妙经,太上所秘,不尽传世。王母所得,讵已极源;五岳所藏,亦多不备。龟山西室,王屋南洞,天经备足。②

以上都是强调早在"龙汉元年",元始天王就为西王母传授著录了"元始旧经"的《太上紫微宫中金格玉书灵宝真文篇目》,"元始天王"就是"元始天尊"之下传授灵宝经法的神灵。

对于元始天王在"元始旧经"中的神格,前引《洞玄灵宝二十四生图经》称:

三部八景自然神真,大运告期,赤明开光,三景朗焕,五劫始分。元始天尊与十方大圣至真尊神、无极太上大道君、飞天神人、玄和玉女、无鞅之众,同坐南浮洞阳上馆柏陵舍中。……是时太上无极道君稽首作礼,上白天尊:……前与元始天王,俱于长桑碧林园中,闻天尊普告大圣尊神云:洞玄天文灵宝玉奥,有三部八景神二十四图,上应二十四真,中部二十四炁,下镇二十四生……上皇元年九月二日,后圣李君出游西河,历观八门。值元始天王乘八景玉舆,驾九色玄龙,三素飞云,导从群仙,手把华幡,狮子白鹤,啸歌邕邕,浮空而来,同会西河之上。李君稽首请问天王:昔蒙训授天书玉字二十四图,虽得其文,未究妙章,虽有图赞,而无其像,修之庵蔼,妙理难详。今遇天尊,喜庆难言。愿垂成就,极其道真。于是天王口吐洞玄内观玉符,以授于君。……自南极上元九光太真王夫人、东西二华、南北真公、五岳神仙、清虚真人,所受真文,并是

---

① (宋)张君房编,李永晟点校《云笈七签》卷6《三洞经教部》,第93页。
② (宋)张君房编,李永晟点校《云笈七签》卷6《三洞经教部》,第93—94页。

后圣所书图像,而各系之焉。①

以上关键的内容包括:一是早在"赤明劫"中,"太上大道君"(此称"太上无极道君")与"元始天王"等一起接受元始天尊说法。按照敦煌本《真文度人本行妙经》记载,太上大道君就是在"赤明劫"出世。因此,"元始天王"不但在最早的"龙汉劫"参与了元始天尊将《灵宝五篇真文》演绎成"元始旧经"之"十部妙经三十六卷"的过程,而且在"赤明劫"时又与太上大道君一起接受元始天尊的传法。二是在"上皇元年九月二日",元始天王又将"天书玉字二十四图"以及"洞玄内观玉符"等灵宝经法传授给后圣李君即金阙后圣帝君等。可见,元始天王已经完全成为灵宝经法的传承者。三是金阙后圣帝君将"二十四生图"等经法传授给南极上元九光太真王夫人、东西二华、南北真公、五岳神仙、清虚真人等,这些神灵原来均属于早期上清派的仙真。

元始天王还出现在另外两部"元始旧经"中。一是《太上洞玄灵宝真文度人本行妙经》。该经记载"至开明元年,于北垄玄丘改姓黑节,讳灵会。元始天王锡灵会洞阴朔单郁绝五灵玄老君号"②。二是《太上洞玄灵宝灭度五炼生尸妙经》记载"五炼生尸之法"的传授,也称"元始天王今披元始之宝藏,以告太极上仙,遇之者将前生万劫,录名上清,应得仙道者也"③。其中"元始"就是指元始天尊,其意是指元始天王将元始天尊的教法披露给太极上仙等。总之,在"元始旧经"中,元始天王已经完成了从早期上清经神灵向灵宝经神灵的彻底转变。而"新经"中的元始天王神格的进一步塑造,就是以此为基础而展开的。

(三)"新经"《真文要解上经》中"元始天王"神格的辨析

究竟如何看待"新经"《真文要解上经》中元始天王的神格,是引发

---

① 《洞玄灵宝二十四生图经》,《道藏》第34册,第337—338页。
② 《太上洞玄灵宝真文度人本行妙经》,《中华道藏》第3册,第311页。
③ 《太上洞玄灵宝灭度五炼生尸妙经》卷下,《中华道藏》第3册,第762页。

目前争议的主要原因之一。需要特别指出的是,刘屹博士其实一直非常坚持所有"仙公新经"的"最高主神"都是太上大道君而非元始天尊,并为此作了大量论证①。然而,一旦具体到《真文要解上经》,他又毫不犹豫地彻底推翻自己的核心观点,坚决主张该经的"最高主神"决非太上大道君,而是元始天王。其最主要的理由是该经两次出现了元始天王向太上大道君传授经法的记载。其文曰:

> 太上大道君曰:夫为道结缘,世世不绝,致善福来生,当行十二上愿……此十二大愿,旧出《元始五篇智慧经》中……太上大道君曰:吾昔受之于元始天王,使授仙公仙王仙卿,上清真人,不传中仙……(太上大道君)于是说灵宝五篇卫灵神咒曰:……太上大道君曰:此自然五篇卫灵神咒,旧出《灵宝五文上篇》……吾昔受之于元始天王,使我秘之于灵都上馆,四万劫一出。②

以上内容引发争议的主要有两点:一是太上大道君称"十二上愿"出自《元始五篇智慧经》,又称"自然五篇卫灵神咒"出自《灵宝五文上篇》。我们认为这里的《元始五篇智慧经》和《灵宝五文上篇》,都是指"元始旧经"《真文天书经》。而刘屹博士则指出这些内容在现存《真文天书经》中并不存在,所以认为《元始五篇智慧经》和《灵宝五文上篇》并非指《真文天书经》,而是指另外一种比"新经"和"元始旧经"更早出世然而后来已散佚的《灵宝五篇真文》。二是《真文要解上经》通过太上大道君强调其"十二上愿"和"自然五篇卫灵神咒"均为元始天王所传授。刘屹博士认为,这种传授关系证明了元始天王就是该经的主神,并由此判定《真文要解上经》等所有"新经"都比"元始旧经"更早出世。那么,究竟应该如何理解《真文要解上经》中这些引起争议

① 刘屹《六朝道教古灵宝经的历史学研究》,第222、277、298、301、223、325页。对其详细的讨论见本书第七章。
② 《太上洞玄灵宝真文要解上经》,《道藏》第5册,第904—905页。

的内容呢?

首先,我们经过重新研究,认为《真文要解上经》有关"十二上愿"和"自然五篇卫灵神咒"出自《真文天书经》的说法,并不是一种严格的文献学意义上的征引,而是属于一种在灵宝经经教神学基础上的发挥。《太上洞玄灵宝真文要解上经》经名中的"要解"一词,其实也主要指《真文要解上经》是围绕《灵宝五篇真文》所作的进一步发挥,对此我们已有专门讨论①。该经中多次出现的"元始"与"元始天王"属于两个完全不同的神格。其"元始"就是指元始天尊。而且与"元始"相关的内容,都能在《真文天书经》等"元始旧经"中找到直接的渊源②。至于《真文要解上经》记载太上大道君所称"十二上愿"和"自然五篇卫灵神咒",虽然均为元始天王所传授,但是既不意味着元始天王必然就是该经的主神,也不意味着元始天王必然就属于比太上大道君地位更崇高的神灵。

在早期上清经中,元始天王一般都属于在太上大道君之下传授上清经法的神灵,然而在古灵宝经中,为什么会出现元始天王反而向太上大道君传授灵宝经法的情形呢? 我们认为最主要的原因,来自于"元始旧经"对元始天王神格的重新塑造。根据前引"元始旧经"《太上诸天灵书度命妙经》记载,元始天尊在大福堂世界西那玉国对白帝天君说法,即称"我昔龙汉之年,与元始天王、高上玉帝,同于此土遇《灵宝真文》,出于浮罗空山之上","我于空山之上,演出《真文》,撰十部妙经,始于此土,出法度人"。可见,元始天王从元始天尊处接受灵宝教法,是在"劫运"开端的"龙汉元年"。而太上大道君则晚至"五劫之末"的"上皇元年"时,才被元始天尊传授灵宝经法。但元始天王与太上大道君之间虽然存在经法传授关系,却并非正式的师徒关系③。古灵宝经的另一位

---

① 王承文、张晓雷《古灵宝经"新经"征引"元始旧经"问题新探》,《魏晋南北朝隋唐史资料》第 40 辑。

② 王承文《汉晋道教仪式与古灵宝经研究》,第 563—584 页。

③ 王承文《汉晋道教仪式与古灵宝经研究》,第 422 页。

重要神真"天真皇人"与"元始天王"相似。《太上洞玄灵宝诸天内音自然玉字》记载天真皇人告五老帝君称:"我尝于龙汉之中,受文于无名常存之君。俯仰之仪,以丹笔书诸天八字之音,合二百五十六字,以黄缯为地佩身。"①此是指天真皇人早在最初的"龙汉劫"时,即从元始天尊在龙汉劫时的神格"无名常存之君"那里,得以受传灵宝经法。而太上大道君、五老帝君等接受并通晓"诸天内音自然玉字",则是天真皇人受元始天尊之命传授的结果。然而,这并不意味着天真皇人的地位就要高于太上大道君或五老帝君等神真②。

正因为如此,"新经"《真文要解上经》所载"元始天王"向"太上大道君"传授的记载,虽然并不符合早期上清经已有的传法模式,然而却完全符合"元始旧经"所确定的传法模式。我们还要强调的是,正因为"元始旧经"确立了元始天王与《灵宝五篇真文》和元始天尊以及灵宝经神灵的关系,所以"新经"《真文要解上经》才如此确定地把元始天王同《灵宝五篇真文》以及"元始"(指元始天尊)等联结在一起。

其次,《真文要解上经》除了记载太上大道君两次接受元始天王所传经法之外,还在其"十方忏谢仪"中再次明确地提到了元始天王。而这一点对于弄清元始天王在该经中的真实地位极其重要。《真文要解上经》之"十方忏谢仪"是在"元始旧经"的基础上形成的③。该经记载"十方忏谢仪"有关上方神灵系列及其礼拜仪曰:

> 次向上方烧香,祝曰:臣今故烧香,归身、归神、归命上方无极太上灵宝天尊。臣今仰谢上方太上无极无形无名无顶无极至真太上大道高皇大帝、九天元父、元始天王、元始丈人、至极灵宝洞玄太上元灵老君、无极大圣众至真诸君、丈人、诸天至极上圣众神、上方

---

① 《太上洞玄灵宝诸天内音自然玉字》卷4,《道藏》第2册,第563页。
② 王承文《汉晋道教仪式与古灵宝经研究》,第571—577页。
③ 王承文《汉晋道教仪式与古灵宝经研究》,第409—417页。

元极世界神仙正真。乞丐原臣宿世以来，七祖父母下及臣身。

所谓"上方无极太上灵宝天尊"，就是元始天尊在灵宝斋仪中的十方名号之一。"元始旧经"《太上洞玄灵宝智慧定志通微经》开篇即称"尔时灵宝天尊静处玄都元阳七宝紫微宫"，此"灵宝天尊"就是"元始天尊"。而"十方无极太上灵宝天尊"，是古灵宝经借鉴大乘佛教"十方佛"观念后所形成的一种道教至上神观念。例如，《真文要解上经》在"十方忏谢仪"中就非常明确地将"东方无极太上灵宝天尊"直接称为"灵宝天尊"①。因此，"十方无极太上灵宝天尊"其实就是"元始天尊"在灵宝斋法仪式中的"法身"或"分身"②。

元始天王在《真文要解上经》中总共出现了三次。如果说其中有关太上大道君所称"吾昔受之于元始天王"等表述，确实还有其复杂性，因此也需要做较多论证的话，那么，以上"十方忏谢仪"所列举的神灵系列则已经确定无疑地表明，位于元始天王之前的，至少还有"上方无极太上灵宝天尊"（即元始天尊）、"太上大道高皇大帝"和"九天元父"等神灵。然而，刘屹博士却自始至终只抓住太上大道君称"吾昔受之于元始天王"这样一句极其孤立的表述，刻意地回避元始天王在"十方忏谢仪"神灵系列中的真实地位。我们认为该经这种神灵序列决定了元始天王根本不可能是这部"新经"的"最高主神"③。如同"高上玉帝""后圣金阙帝君"和"太微帝君"等众多早期上清经尊神一样，元始天王在古灵宝经中只是充当了《灵宝五篇真文》以及灵宝经法的传授者，不可能被尊奉为"最高主神"。

（四）关于《真文要解上经》之"最高主神"的确定问题

关于《真文要解上经》的"最高主神"问题，该经开篇即称：

---

① 《太上洞玄灵宝真文要解上经》，《道藏》第 5 册，第 906 页。
② 王承文《汉晋道教仪式与古灵宝经研究》，第 403—412 页。
③ 王承文《汉晋道教仪式与古灵宝经研究》，第 571—577 页。

太上灵宝治玄都玉京山七宝玄台,十方至真自然妙行真人,飞仙大圣众,皆浮空烧香散华,旋行一日三周……天地所以长存不倾者,元始命五老上真,以《灵宝真文》封于五岳之洞,以安神镇灵,制命河源,致洪泉不涌,大灾不行。此自然之文,故曰灵宝九天上书,非鬼神所知。世有其文,则保国宁家,万灾不冲。学得其法,至大劫之周时,晏鸿翮而高翔,蹑飞霄而浮空也。旧科四万劫一出,皆授宿有金名,刻简来生,应为真人者。《太上元始灵宝五篇真文》,旧藏太上玄台七宝上宫。天书宛奥,不可寻详,文彩焕曜,洞映上清。五老侍卫,上帝朝真……①

该经称"元始命五老上真,以《灵宝真文》封于五岳之洞,以安神镇灵",其"元始"在该经中多次出现,就是指主神"元始天尊"。而"《灵宝真文》"以及《太上元始灵宝五篇真文》,都是特指《灵宝五篇真文》。我们要特别强调的是,以上这些内容都是在直接摘引"元始旧经"《真文天书经》和《赤书玉诀妙经》的基础上形成的。对此我们已有专门而详细的讨论②。因此《真文要解上经》证明"新经"所尊崇的主神就是元始天尊,而其最尊崇的经典就是《灵宝五篇真文》。刘屹博士对此所提出的新的质疑,我们将在后面作详细回答。

还要指出的是,刘屹博士一方面极力强调葛巢甫和"葛氏道"创作了全部"新经"。例如,他称"所谓葛巢甫隆安末年'造构灵宝,风教大行',就只能是指葛巢甫造构了'新经'";"所谓葛巢甫'造构灵宝',其实就是指他造作了'仙公新经'部分";"按我的看法,仙公系统灵宝经是葛巢甫为代表的葛氏道人在隆安末年造作的";强调"'新经'部分就是以葛仙公领受太上所遣天真下降而传授给他的灵宝经为线索或背景",而"葛巢甫依据这样的内容造出的'新经'应有十卷左右,即所谓《语禀》

① 《太上洞玄灵宝真文要解上经》,《道藏》第5册,第903页。
② 王承文《汉晋道教仪式与古灵宝经研究》,第577—582页。

《请问》十卷’"①。另一方面，他却又依靠"谁'有'谁'无'"的比较方法，将每部"新经"中阶位最高的神灵都比定为"最高主神"。于是，他又认为葛巢甫和"葛氏道"创造了诸如"太上道君""元始天王""太上虚皇""太上老子""太上虚皇道君"等各种各样的"最高主神"②。但是，可以确定的是，一个道经创作者或一个道派在同一个时期决不可能尊奉各种各样完全不同的"最高神灵"，因为这一点根本不符合古灵宝经作为一种宗教的基本逻辑。对此，我们将另作专门讨论。

（五）如何看待《真文要解上经》中其他上清经神灵问题？

《真文要解上经》最突出的特点，就是自始至终都把《灵宝五篇真文》尊奉为最核心的信仰，而且其绝大部分内容都是围绕《灵宝五篇真文》展开的。该经所出现的太上大道君、元始天王以及青童大君等，均属于在"元始旧经"中已经完成"灵宝经化"的神灵。该经末尾也先后出现了"东华上房灵妃歌""青童大君吟咏""太虚真人吟咏""西城真人王君吟咏""小有真人王君吟咏"。这些内容均直接出自陶弘景《真诰》卷三《运题象》③。该经所称"东海青童君，常以丁日登方诸东华台"，以及上清大道玉晨君常以正月四日等日期"登玉霄琳房"，"修虔注之心者"需要"清斋""祈请"等内容，也直接出自《真诰》卷九《协昌期》④。以上多位上清仙真，除太虚真人、西城真人不见于"元始旧经"之外，其他三位都在"元始旧经"中出现过。例如《诸天灵书度命妙经》称："《东方九气天中灵书度命品章》，东华宫中诸真人玉女歌诵其曲，以和形魂，录气

---

① 刘屹《六朝道教古灵宝经的历史学研究》，第 329、529、387、638 页。
② 《六朝道教古灵宝经的历史学研究》，第 298、301、279、443、263 页。对此的专门讨论参见本书第七章。
③ （梁）陶弘景撰，赵益点校《真诰》卷 3《运题象第三》，北京：中华书局，2011年，第 58、52 页。
④ （梁）陶弘景撰，赵益点校《真诰》卷 9《协昌期第一》，第 155 页。

保命,留神致仙,元始自然之微辞也。"①其东华上房灵妃应属于"东华宫中诸真人玉女"一类仙真。对于青童大君,我们在前面已有专门讨论。至于所谓"小有真人王君",即指清虚真人王褒。《真灵位业图》称其为"右辅小有洞天太素清虚真人四司三元右保公王君。讳褒,魏夫人师,下教矣"②。《华阳陶隐居内传》称:"王君即清虚小有真人也。"③前引《太上灵宝诸天内音自然玉字》记载其传授称:"西王母以上皇元年七月丙午,于南浮洞室下教,以授清虚真人王君。"可见《真文要解上经》其实延续了"元始旧经"大量吸收和改造上清经神灵的趋势。

总之,无论是在"元始旧经"还是"新经"中,元始天王都与《灵宝五篇真文》有关,都已完成了从上清经神灵向灵宝经神灵的转化,也都属于在元始天尊之下传授灵宝经法的神灵。因此,我们在讨论《真文要解上经》的主神问题时,只有将其置于整个古灵宝经系列以及东晋南朝道教神灵体系发展演变的背景中,进行通盘的考察和研究,才能准确地理解其主神观念,也才能避免只抓住其中某一非常孤立和偶然的表述从而得出以偏概全的结论的情况。

五 《真文要解上经》是否有更早而且不同的 《灵宝五篇真文》?

在此前的研究中,我们考察了"新经"《真文要解上经》对《真文天书经》等"元始旧经"的大量征引,从而证明《真文要解上经》所尊崇的《灵宝五篇真文》,其实就是"元始旧经"中的《灵宝五篇真文》④。但是,刘屹博士却始终坚持《真文要解上经》尊崇的是另一种出世更早而且内容

---

① 《太上诸天灵书度命妙经》,《道藏》第1册,第804页。
② 《洞玄灵宝真灵位业图》,《道藏》第3册,第274页。
③ (宋)贾嵩《华阳陶隐居内传》卷中,《道藏》第5册,第505页。
④ 王承文《汉晋道教仪式与古灵宝经研究》,第563—585页。

也完全不同的《灵宝五篇真文》，并以此证明所有"新经"都要比"元始旧经"更早出世。其文称：

> 《真文要解上经》中提到了"灵宝真文""太上元始灵宝五篇文""灵宝五文""灵宝自然五篇"等对"五篇真文"的不同称呼，虽然经中没有给出这"五篇真文"的具体内容，无法与《真文天书经》和《赤书玉诀妙经》所载的"灵宝赤书五篇真文"做直接对比，但通过比较双方围绕"五篇真文"所做出的铺陈性描述及相关的思想观念，还是可以确定两经所言的"五篇真文"之间的关联与区别。首先，关于灵宝真文的来源和用途不同。《真文要解经》只说"五篇真文"是天地之根、神明之宗，没有讲天地神明出现之前的情况；又说原本按照大小劫的周期，天地将会周期性地沦灭，但天地之所以没有发生毁灭和重生，就是因为元始天王命令五老上真将灵宝真文封藏于五岳之洞，起到了安神镇灵、大灾不行的效果，而太上大道君现在就要将此"五篇真文"传授给高玄大法师。《真文天书经》卷上则讲"五篇真文"是生于元始之先的绝对宇宙本源，有它才有天地日月和万物的产生；元始天尊将原本是气化状态的灵宝真文，通过冶炼而形成"赤书"；应太上大道君等高级仙真的请求，准许"五篇真文赤书"在运期降临之时再传世，运期未至，只能藏于天宫。从强调"五篇真文"的绝对宇宙本源性上看，《真文要解经》显然不像《真文天书经》那样将"五篇真文"的本源性强调到极致。且《真文要解经》说"五篇真文"就封镇在人间的五岳之洞，《真文天书经》却说"五篇真文"还在天宫。①

刘屹博士比较《真文天书经》和《真文要解上经》"两经所言的'五篇真文'之间的区别"，并将其归纳为几个方面。但是，每一方面我们都可

---

① 刘屹《六朝道教古灵宝经的历史学研究》，第371—372页。

以得出完全不同的认识。鉴于此前我们已经有专门研究，在此只作有针对性的讨论。

（一）关于"灵宝真文的来源"问题

刘屹博士提出"《真文要解经》说'五篇真文'就封镇在人间的五岳之洞，《真文天书经》却说'五篇真文'还在天宫"，因此他强调这两部经所说的《灵宝五篇真文》是两种完全不同的"五篇真文"。然而，《真文天书经》卷上其实就非常明确地记载：

> 《元始自然赤书玉篇真文》开明之后，各付一文安镇五岳。旧本封于玄都紫微宫。①

以上说明《灵宝五篇真文》的"旧本封于玄都紫微宫"，而另外一个版本就珍藏在五岳圣山之中。《真文天书经》以及其他"元始旧经"还有大量相关论述。对此我们将在后面作进一步论证。而《真文要解上经》开篇第一段讲到"元始命五老上真，以《灵宝真文》封于五岳之洞，以安神镇灵"，紧接着第二段开头又称"太上元始灵宝五篇真文，旧藏太上玄台七宝上宫"。可见《真文要解上经》关于《五篇真文》的两处珍藏地点与《真文天书经》是完全一致的。对此，我们已作过专门论证②。

需要指出的是，刘屹博士在其书的其他部分，也对《真文天书经》中这处最关键的资料作过专门讨论，例如，他称："开明之后，'五篇真文'被五老帝君分掌，用以安镇五岳。所谓'旧本'即原初之本仍然留存在紫微宫，而'五篇真文'的副本则分镇五岳。"③但是令人疑惑的是，他在分析《真文要解上经》和《真文天书经》两经与《灵宝五篇真文》

---

① 《元始五老赤书玉篇真文天书经》卷下，《道藏》第 1 册，第 799 页。
② 王承文《汉晋道教仪式与古灵宝经研究》，第 568—569 页。
③ 刘屹《六朝道教古灵宝经的历史学研究》，第 421 页。

的关系时,却又直接把《灵宝五篇真文》是否与人间五岳有关,看成是两种《五篇真文》最重要的差别之一。因此,其论证在逻辑上是自相矛盾的。

(二)关于"灵宝真文"的用途以及"元始"的神格问题

刘屹博士坚持认为"'元始命五老上真,以灵宝真文'封镇五岳",其中的"元始"就是指该经中的主神"元始天王",并且认为是"元始天王"将《灵宝五篇真文》分授给"五老上真",使其安镇五岳。而以上内容源自《真文要解上经》对"大劫"的描述,其原文称:

> 此时则天沦地没,九海溟一,金玉化消,豪末无遗,天地所以长存不倾者,元始命五老上真,以灵宝真文封于五岳之洞,以安神镇灵,制命河源,致洪泉不涌,大灾不行。①

我们对此的解读与他有很大的不同。一是在古灵宝经之前,元始天王和"五老帝君"之间并不存在任何关系。元始天王原本属于早期上清经神灵,而"五老上真"的原型则属于汉代谶纬中的"五方天帝"。只有"元始旧经"才使元始天王与《灵宝五篇真文》建立起联系,也只有"元始旧经"才使元始天王和"五老帝君"这两种来源完全不同的神灵都转变成为在元始天尊之下尊奉灵宝经法的神灵。

二是《真文要解上经》以上内容其实均源于对"元始旧经"的发挥。其中有关元始天尊将《灵宝五篇真文》分授给"五老帝君"的神话,在《诸天灵书度命妙经》中即有专门记载。该经记载元始天尊告太上道君曰:"五老帝君与《灵宝》因缘,生死亿劫,世世相值,教化不绝。《真文》既与五老帝君,各受一通真经妙诀,安镇五方。"②可见,是元始天尊将《灵宝五篇真文》分别授予"五老帝君",并使之安镇五岳。至于"五老帝君"和

① 《太上洞玄灵宝真文要解上经》,《道藏》第5册,第903页。
② 《太上洞玄灵宝诸天灵书度命妙经》,《道藏》第1册,第802页。

《灵宝五篇真文》与人间五岳的关系,除了前引《真文天书经》记载《灵宝五篇真文》"开明之后,各付一文安镇五岳"之外,《真文天书经》又称:"《元始五老赤书玉篇》,出于空洞自然之中,生天立地,开化神明。上谓之灵,施镇五岳。"①该经还称《灵宝五篇真文》"保天地以长存,镇五岳于灵馆"②。而《太上洞玄灵宝赤书玉诀妙经》亦称:

> 《元始赤书五篇真文》,生于太空之中,天地未光,开辟未明,潜结元根,三景成立,五气行焉。五色分彩,焕照五方,置以五帝,导以阴阳,轮转九天之纽,运明五星之光,殖地五岳以安镇。③

以上所谓"施镇五岳"和"镇五岳于灵馆",以及"置以五帝"和"殖地五岳以安镇"等,都是指元始天尊将《灵宝五篇真文》分授给"五老帝君",并使之安镇五岳。而这些也进一步证明了《真文天书经》等"元始旧经"所说的《灵宝五篇真文》与人间五岳密切相关。

三是《灵宝五篇真文》最神圣的功能之一,就是镇遏大地上的洪水④。例如,《灵宝五篇真文》之"中央真文"称:"中山神咒,召龙上云,制会黄河,九水河源,不得怠纵。"《太上洞玄灵宝赤书玉诀妙经》将以上"真文"的功用具体解释为:"主摄中海水帝四源之水,洪灾涌溢之数,召水神及蛟龙事。"⑤而《真文要解上经》在此基础上称:"天地所以长存不倾者,元始命五老上真,以《灵宝真文》封于五岳之洞,以安神镇灵,制命河源,致洪泉不涌,大灾不行。"因此,《真文要解上经》对《灵宝五篇真文》神圣功能的所有叙述,其实都可以看成是对"元始旧经"的直接继承和发展。

---

① 《元始五老赤书玉篇真文天书经》卷上,《道藏》第 1 册,第 774 页。
② 《元始五老赤书玉篇真文天书经》卷上,《道藏》第 1 册,第 775 页。
③ 《太上洞玄灵宝赤书玉诀妙经》卷下,《道藏》第 6 册,第 195 页。
④ 王承文《敦煌古灵宝经与晋唐道教》,第 724 页。
⑤ 《太上洞玄灵宝赤书玉诀妙经》卷上,《道藏》第 6 册,第 187 页。

（三）关于《灵宝五篇真文》的"绝对宇宙本源性"问题

《真文要解上经》继承了"元始旧经"有关《灵宝五篇真文》神圣来源的思想，并直接将其称为"天地之根"和"神明之宗"，很显然就是特指作为宇宙本源的"道"，而且其中大量语句都直接出自"元始旧经"。对此，我们已作了详尽的讨论①。然而，刘屹博士却强调该经"没有讲天地神明出现之前的情况"②；又称"从强调'五篇真文'的绝对宇宙本源性上看，《真文要解经》显然不像《真文天书经》那样将'五篇真文'的本源性强调到极致"。因此，他判定《真文要解上经》必然就是在《真文天书经》之前出世的。然而，我们认为其论证方式、方法以及结论都很值得商讨。

首先，对于《真文天书经》等"元始旧经"中《灵宝五篇真文》究竟有没有"绝对宇宙本源性"的问题，我们看到刘屹博士至少提出了三种完全不同亦自相矛盾的观点。其一，当他需要坚持自己所提出的最核心的观点，即把是否出现"历史人物"作为重新划分古灵宝经的标准的时候，他就非常强调《灵宝五篇真文》具有"绝对宇宙本源性"，认为老子、张道陵、葛玄等"历史人物"决不可能与具有"绝对宇宙本源性"的《灵宝五篇真文》以及"元始旧经"存在任何关系。例如，他称：

> "元始旧经"之所以被称为"旧经"，是因为根据灵宝经的说法，灵宝之文是在宇宙开辟之前的道气所凝结而成的天文玉字。道气又化成元始天尊，在开皇劫期的上皇元年，元始天尊为教化天人，将天文玉字演化成十部三十六卷的灵宝经。因此，早在灵宝经出世之前，元始天尊和三十六卷灵宝经，都早已存在于天宫。……是

---

① 王承文《敦煌古灵宝经与晋唐道教》，第 564—568 页。
② 刘屹《六朝道教古灵宝经的历史学研究》，第 371 页。

不应该出现三国时期的历史人物葛玄的。①

所谓"在宇宙开辟之前的道气所凝结而成的天文玉字",就是特指《灵宝五篇真文》。为此他特别强调《灵宝五篇真文》本身具有"绝对宇宙本源性"。他又称:"为了突出灵宝经法的绝对本源性,灵宝经一定要将其产生的源头追溯到宇宙、天地初始之前的状态,实际上就是把灵宝经法当作'道'的一种体现。"②因此,他特别强调作为"历史人物"的老子、张道陵、葛玄等决不可能与《灵宝五篇真文》以及"元始旧经"存在任何关系,而小林正美提出的古灵宝经重新分类法和"移入三经说"也具有不容置疑的合理性。

其二,为了从根本上批驳和否定我们提出的有关"元始旧经"以《灵宝五篇真文》为核心的基本观点,他又专门撰写《"劫"与"斋":〈真文天书经〉的思想与仪式》一文,对于《真文天书经》中《灵宝五篇真文》的"绝对宇宙本源性"进行全面否定③。他强调:

> 《真文天书经》并不认为"五篇真文"具有绝对本源性,灵宝经对"五篇真文"的推崇,也并不是要在"道"之外重新塑造一个神学上的本源性概念。从本质上讲,"五篇真文"不是宇宙万物产生的根源和依据,而只是以其本身具有的符咒神力,能够确保宇宙万物得以顺利地运行和生衍。灵宝经强调的是"五篇真文"作为天文符图的功能性,而非其生成万物的本源性。④

他称:"'五篇真文'更像是一种祥瑞,而非生成天地万物的绝对本源。"又称:"在灵宝经'劫'的时间观念下来看'五篇真文',更可相信它并不具备宇宙本源的性质。"因此,他坚决反对《真文天书经》中的《灵宝

---

① 刘屹《六朝道教古灵宝经的历史学研究》,第 303 页。
② 刘屹《六朝道教古灵宝经的历史学研究》,第 632 页。
③ 刘屹《六朝道教古灵宝经的历史学研究》,第 412—431 页。
④ 刘屹《六朝道教古灵宝经的历史学研究》,第 417—418 页。

五篇真文》具有"绝对宇宙本源性"。

其三,他为了证明"新经"《真文要解上经》中的《灵宝五篇真文》与"元始旧经"《真文天书经》中的《灵宝五篇真文》属于两种完全不同的版本,在此又重新极力强调"元始旧经"中《灵宝五篇真文》具有"绝对宇宙本源性"。他认为"元始旧经"强调"灵宝经就是'道'的体现,具有创立天地、敷演众经的绝对本源性质",而"'新经'却显然没有遵从'旧经'确立的这种对灵宝经神圣地位的界定","在'新经'中几乎看不到'旧经'所宣扬的这一套'灵宝天文创世'神话"①。又称:"事实上,'新经'却既不承认'元始天尊'的主神地位,又不认可'灵宝天文'的神圣来源。"② 由此可见,刘屹博士在同一本书中对同一个问题的讨论,其论证的基本逻辑以及结论都是自我否定和自相矛盾的。对于这种纯粹为了批评而批评、为了颠覆而颠覆的做法,我们不能不说感到十分遗憾。

其次,刘屹博士围绕《真文天书经》和《真文要解经》对《灵宝五篇真文》相关论述所作的比较,实际上也牵涉到学术研究的一个基本逻辑问题。国内外所有研究者包括刘屹博士本人,都一致认为《真文天书经》和《赤书玉诀妙经》是"元始旧经"中最早出世的经典。这两部经已经将《灵宝五篇真文》的来源以及至高无上的神圣性,作了最彻底也最充分的论述。其对《灵宝五篇真文》的尊崇可以说达到了无以复加的程度,即如刘屹博士所称的已将"'五篇真文'的本源性强调到极致"。至于其他较后出世的所有"元始旧经",虽然仍然在继续强调《灵宝五篇真文》的重要性,然而却都没有像《真文天书经》那样将"'五篇真文'的本源性强调到极致",那么是否就因此可以判定所有其他"元始旧经"其实都比《真文天书经》更早出世呢?按照正常的论证逻辑,《真文天书经》既然已经把"'五篇真文'的本源性强调到极致",而后出的所有"元始旧经"

---

① 刘屹《六朝道教古灵宝经的历史学研究》,第 293 页。
② 刘屹《六朝道教古灵宝经的历史学研究》,第 285 页。

也包括《真文要解上经》等"新经",显然既不可能也根本就没有必要再将这些内容都重复一遍。作为"元始旧经"的《真文天书经》更多地强调《灵宝五篇真文》在宇宙生成过程中的本源意义,而《真文要解上经》作为较后出世的"新经",更多地强调《灵宝五篇真文》在人间世界的意义。二者其实并行不悖,根本就不存在什么矛盾。反之,如果按照刘屹博士的论证逻辑,所有"元始旧经"和"新经"都应该在《真文天书经》的基础上,不断地将"'五篇真文'的本源性"再强调下去,层层叠加,唯有如此才能证明这些经典是在《真文天书经》之后出世的。刘屹博士还认为,如果古灵宝经"没有先把《灵宝赤书五篇真文》摆放在最高贵和最根本的位置,然后再展开自己的论说",或者其中出现了与《灵宝五篇真文》没有直接关系的内容,就代表这些经典的创作者根本就不真正尊崇《灵宝五篇真文》①。这种论证逻辑也是难以真正成立的②。

刘屹博士所作的《真文要解上经》与《真文天书经》的各种比较,本质上就是"依靠某种因素谁'有'谁'无'的表象"的比较以及按照"层累说"原理所作的比较。而他之所以坚持做这种比较的根本原因,就在于他从一开始就已经判定古灵宝经是由来自不同"道派"也相互毫无关系的创作者各自写成的。对此,我们将在后面作进一步讨论。

(四)关于两经在《灵宝五篇真文》表述上的语言差异问题

《真文要解上经》对《灵宝五篇真文》的神化,其中大量内容包括关键性的语句,都与《真文天书经》等"元始旧经"完全相同③。因此,二者之间必然存在沿袭关系。但是,刘屹博士又重新列举其中的某些特定文句,以证明《真文要解上经》所征引的,就是更早的《太上灵宝五符

---

①　刘屹《六朝道教古灵宝经的历史学研究》,第 586 页。

②　王承文《论古灵宝经"十部妙经"观念及其内在结构》上、下篇,《宗教学研究》2021 年第 3 期、第 4 期。

③　王承文《敦煌古灵宝经与晋唐道教》,第 563—582 页。

序》，而不是《真文天书经》，并以此来进一步证明《真文要解上经》确实要比《真文天书经》更早出世。例如，刘屹博士称：

> 《五符序》说"灵宝五符"是"九天真灵经""三天真宝符"，或"九天之灵书""三天之宝图"，《真文要解上经》说"灵宝五篇真文"是"（赞）九天之灵奥""（欣）三天之宝明"。这也暗示了两经关于"灵宝五符"来自九天和三天的神圣观念是相近的。①

然而，我们认为以上《真文要解上经》所直接征引的恰恰就是《真文天书经》，而不可能是《太上灵宝五符序》。因为《太上灵宝五符序》与此类似的原文，包括"到于牧德之台，授帝喾以九天真灵经、三天真宝符"；"况乎九天之灵书，三天之宝图，上导太和元精之气，下备群生始然之会"，"睹九天之灵奥，观三天之宝圃……更撰真灵之玄要，集天宫之宝书，差次品第，分别所修，行五色定其方面，名其帝号。太上本名为灵宝五符天文"②，等等，都与《真文要解上经》的相关表述存在显著差异。而《真文天书经》相关内容却与《真文要解上经》完全相同或相通。《真文天书经》称："《元始洞玄灵宝赤书五篇真文》，生于元始之先，空洞之中……是时天降十二玄瑞，地发二十四应，上庆九天之灵奥，下赞三天之宝文。"③其称"三天之宝文"似乎与"三天之宝明"有所区别。然而，《无上秘要》所引《洞玄赤书经》则为"上庆九天之灵奥，赞三天之宝明"④。唐代张万福《传授三洞经戒法箓略说》所引《真文赤书经》亦为"上庆九天之灵奥，赞三天之宝明"⑤。因此，《灵宝真文要解上经》所征引的恰恰就是《真文天书经》，而非《太上灵宝五符序》。

---

① 刘屹《六朝道教古灵宝经的历史学研究》，第 370 页。
② 《太上灵宝五符序》，《道藏》第 6 册，第 315、335、316 页。
③ 《元始五老赤书玉篇真文天书经》卷上，《道藏》第 1 册，第 774 页。
④ 《无上秘要》卷 24《真文品》引《洞玄赤书经》，《道藏》第 25 册，第 68 页。
⑤ （唐）张万福《传授三洞经戒法箓略说》卷上，《道藏》第 32 册，第 187 页。

（五）关于"新经"与"元始旧经"中"劫"的含义及其"重大差异"问题

刘屹博士提出《真文要解上经》等"新经"和"元始旧经"在"劫"的概念和含义上存在重大差别，并特地列举《真文要解上经》对"劫"具有典型意义的论述。该经原文称：

> 太上灵宝治玄都玉京山七宝玄台……日月交回，七星运关，三百三十日，则天关回山一度，三百三十度，则九天气交，三千三百度，天地气交。天地气交为小劫交，九千九百度则大劫周。此时则天沦地没，九海溟一，金玉化消，豪末无遗。①

刘屹博士认为，以上"三三、九九之数"，包括"大劫"和"小劫"的观念，主要是"来自汉代历算家依据易数来解说岁灾的阳九、百六说"；"'新经'中'劫'字的用法，更多是一种修辞的表述，还不具有杂而多端的佛教'劫'的理论意涵"；"'新经'所依凭的阳九、百六说，大约是三千年、一万年就会出现灾难，但还不至于导致天地沦坏，天地重生"②。他特别强调"新经"有关"劫"的观念与中国传统的宇宙论有关，而传统宇宙论则"是一种宇宙自然和人类历史的单线、单向发展的时间模式，宇宙天地和人类历史只有开始而没有结束"；"在'新经'中，宇宙的时间模式是一条以一气化生二仪为起点的、单向发展的、从未出现过终点的直线"；"新经"中"劫"在时间观念上都是指"从气化宇宙、天地开辟到三皇五帝人类历史之间的漫长时间段"③。

"元始旧经"中"劫"的观念直接借鉴了佛教。而佛教"劫"的观念强

---

① 《太上洞玄灵宝真文要解上经》，《道藏》第5册，第903页；《无上秘要》卷六《劫运品》引用以上内容，虽未注明出处，但可以确定属于《真文要解上经》，其"豪末无遗"实为"毫末无遗"。（《道藏》第25册，第19页）
② 刘屹《六朝道教古灵宝经的历史学研究》，第513、520、522页。
③ 刘屹《六朝道教古灵宝经的历史学研究》，第632、520、634页。

调宇宙世界的成败以及周而复始。《隋书·经籍志·佛经序》称宇宙世界"皆有成有败,一成一败,谓之一劫";唐李少微注解《度人经》称:"按天地一成一败,谓之一劫。"薛幽栖注称:"天地世界,一期运终,是名为一劫也。"①然而,我们比较"元始旧经"和"新经"有关"劫"的观念,并未发现其中存在什么根本性差别。

首先,"新经"中"劫"的观念实际上已经有明确的"天地沦坏"和"天地重生"的含义。例如,"新经"《太极真人敷灵宝斋戒威仪诸经要诀》即称:

> 天地有终始,故有大小劫,诸经亦随之灭尽也。后代圣人更出法,唯道德五千文、大洞真经、灵宝,不灭不尽,传告无穷矣。②

而刘屹博士强调"这里应该还是延续了上清经对汉代历学的改进而成的'大小劫'思想,受佛教影响的色彩还不明显",并将此作为"新经"之"劫"的含义与"元始旧经"存在根本差别最重要的证据③。但我们认为,其解读是对该经教义思想的一种明显误解。因为所谓"天地有终始,故有大小劫",与刘屹博士所界定的有始无终的中国传统宇宙观以及岁灾观念迥然不同,具有非常明确的佛教"大劫"观念即天地毁灭与天地重生的含义。

又如,《洞玄灵宝玉京山步虚经》在敦煌本《灵宝经目》中被著录为"元始旧经",但小林正美和刘屹则判定该经原本属"仙公新经"。该经之《序》就有关于"大劫"与天地重生的论述,其文曰:

> 三界九地,大劫之周,阳九百六之运,水火之灾,亦皆消化。玉清上道、三洞真经、神真宝文、金书玉字、凤篆龙编,并还无上大罗天中,玉京之中七宝玄台,灾所不及。劫历再开,混沌重判,传授真

---

① 《元始无量度人上品妙经四注》卷2,《道藏》第2册,第201、212页。
② 《太极真人敷灵宝斋戒威仪诸经要诀》,《道藏》第9册,第873页。
③ 刘屹《六朝道教古灵宝经的历史学研究》,第514页。

圣,下化人间。①

以上内容应该是直接在"元始旧经"《太上诸天灵书度命妙经》基础上形成的。《太上诸天灵书度命妙经》称:

> 其玉清上道、三洞神经、神真虎文、金书玉字、灵宝真经,并出
> 元始处,于二十八天无色之上。大劫周时,其文并还无上大罗(天)
> 中玉京之山七宝玄台,灾所不及。

将两经比较,《洞玄灵宝玉京山步虚经》把受佛教"劫"的观念影响所确立的"大劫之周"与中国传统岁灾"阳九百六之运"相提并论。特别是其所称"劫历再开,混沌重判",很显然就是指"大劫"之后的天地重生。需要特别指出的是,刘屹博士也提出《洞玄灵宝玉京山步虚经》中"《序》部分有关大劫交周时三洞真经还归大罗天宫的内容",就是直接"根据'旧经'中《智慧罪根上品大戒经》和《诸天灵书度命经》等相关内容"而"加进去的"②。然而,他的结论一方面证明了"元始旧经"要比"仙公新经"更早出世,并与他自己所提出的"仙公新经"都比"元始旧经"的核心观点相矛盾;另一方面则证明,"仙公新经"和"元始旧经"在"劫"的观念上其实根本就不存在什么真正的差别。

其次,《真文天书经》和《真文要解上经》对"大劫"的叙述,都体现为将本土岁灾观念与佛教"劫"的观念相结合。《真文要解上经》围绕"阳九""百六"以及大约三千年、一万年就会出现灾难的说法,直接源于《真文天书经》③,而其将"大劫"描述成"天沦地没,九海溟一,金玉化消,豪末无遗"。《真文天书经》则称:"大劫交周,天地改易,金玉山海,人民鸟兽,万物一时消灭,天地溟滓,无复光明。"④《太上洞玄灵宝赤书玉诀妙

---

① 《洞玄灵宝玉京山步虚经》,《道藏》第 34 册,第 625—626 页。
② 刘屹《六朝道教古灵宝经的历史学研究》,第 444 页。
③ 王承文《汉晋道教仪式与古灵宝经研究》,第 578 页。
④ 《元始五老赤书玉篇真文天书经》卷中,《道藏》第 1 册,第 792 页。

经》称:"道言:天地大劫之交,洪水四出,荡秽除恶,万无遗一。当此之时,天地冥合,人民漂流,无复善恶。"①这种"大劫"多与洪水相关。《太上灵宝诸天灵书度命妙经》称:"大劫交周,天崩地沦,四海冥合,金玉化消。"②受"元始旧经"的影响,刘宋初期出世的《洞真三天正法经》亦称:"大劫交,天翻地覆,海涌河决,人沦山没,金玉化消,六合冥一。"③因此,如果研究者刻意强调"元始旧经"和"新经"有关"劫"的含义存在根本性差别,很显然并不真正符合古灵宝经的实际情况。

复次,与"元始旧经"相比,"新经"中确实没有出现"龙汉""延康""赤明""开皇""上皇"等劫运名称。但仅从这一点并不能得出"新经"必然要早于"元始旧经"出世的结论,因为有多部"元始旧经"也同样没有出现"劫运"名称。例如,刘屹博士就称:

> "移入三经"中"劫"字的用法,基本上与"新经"中的两种用法是一致的……更没有出现龙汉、延康、赤明、开皇的四劫期说。当然,有几部"旧经",如《洞玄灵宝灭度五炼生尸妙经》《洞玄灵宝智慧定志通微经》《洞玄灵宝上品戒经》等,"劫"字的用法也仅限于表示久远之义……《五炼生尸妙经》《定志通微》《上品戒经》都是明确无疑的"旧经",里面都有元始天尊出场,它们的"劫"字用法单一。④

由此可见,刘屹博士不但在"元始旧经"和"新经"之间进行"依靠某种因素谁'有'谁'无'的表象"的比较,而且在"元始旧经"内部进行这种比较。他特别提出,"'元始旧经'的成书情况比较复杂,是出于众手而成,所以在'旧经'中'劫'字的用法与意义也呈现多样性"⑤;"'旧经'出

---

① 《太上洞玄灵宝赤书玉诀妙经》卷上,《道藏》第 6 册,第 190 页。
② 《太上灵宝诸天灵书度命妙经》,《道藏》第 1 册,第 804 页。
③ 《无上秘要》卷 6《劫运品》引《洞真三天正法经》,《道藏》第 25 册,第 19 页;(宋)张君房编,李永晟点校《云笈七签》卷 2《劫运》引《上清三天正法经》,第 20 页。
④ 刘屹《六朝道教古灵宝经的历史学研究》,第 526 页。
⑤ 刘屹《六朝道教古灵宝经的历史学研究》,第 520 页。

于众手,不同的作者在使用相同的词汇时,赋予的内涵很可能是不同的"①。由此他判定"元始旧经"内部在"劫"的观念上也存在重大差别。然而,《洞玄灵宝灭度五炼生尸妙经》《洞玄灵宝智慧定志通微经》《洞玄灵宝上品戒经》等作为极为典型的"元始旧经",其中既然没有出现"劫运"年号,而且其"劫"的含义也与"新经"完全相同,那就只能说明有无"劫运"年号并不构成"元始旧经"和"新经"教义思想的根本差别。同时也说明,挑选几部特定的"元始旧经"和"新经"而作这种"依靠某种因素谁'有'谁'无'的表象"的比较,其实既不能反映古灵宝经的实际情况,也很难说有什么真正的学术意义。

最后,"新经"没有出现"劫运"名称,完全可能是因为相关"元始旧经"中已有非常完整的"劫运"学说,而相对较后出世的"新经"则因为主要关注人间事务,根本就没有必要大量重复在"元始旧经"中已经非常完整的内容。《隋书·经籍志·道经序》论述"劫运"称:"延康、赤明、龙汉、开皇,是其年号。其间相去经四十一亿万载。"②与"其间相去经四十一亿万载"的"劫运"时间长度相比,从传说中黄帝以来的数千年历史显然就极其短促,因此"新经"根本就不需要引入对"劫运"的详细论述。根据以上讨论,我们认为《真文要解上经》对《灵宝五篇真文》的所有论述,均直接出自"元始旧经"。

(六)古灵宝经并不存在两种不同版本的《灵宝五篇真文》

刘屹博士对"元始旧经"和"新经"的出世时间和顺序,都提出了与前人完全不同的看法。我们先看其关于古灵宝经有两种不同版本的《灵宝五篇真文》观点究竟是如何产生的。

一方面,他非常强调葛巢甫在"隆安(397—401)末年"创作了包括

① 刘屹《六朝道教古灵宝经的历史学研究》,第521页。
② 《隋书》卷35《经籍志》,第1091页。

《真文要解上经》在内的全部共 14 部"仙公新经"①,并且特别强调葛巢甫以及"葛氏道"与 420 年才开始出世的"元始旧经"创作并无任何关系②。例如,他称:"所谓葛巢甫隆安末年'造构灵宝,风教大行',就只能是指葛巢甫造构了'新经'。"③"所谓葛巢甫'造构灵宝',其实就是指他造了'仙公新经'部分。"④"按我的看法,仙公系统灵宝经是葛巢甫为代表的葛氏道人在隆安末年造作的。"⑤按照其判定,包括《真文要解上经》在内的所有"仙公新经"都是葛巢甫在东晋"隆安之末"撰成的。

另一方面,为了证明葛巢甫和"葛氏道"与"元始旧经"中的《灵宝五篇真文》完全无关,他又提出《太上灵宝五符序》《太上洞玄灵宝真文要解上经》《太上洞玄灵宝大道无极自然真一五称符上经》三部"仙公新经",都"应该在葛巢甫'造构灵宝'之前就已作成(约在 320—390 年间)"⑥。为此,他又重新证明这三部"仙公新经"都与葛巢甫和"葛氏道"根本就不存在任何关系⑦。例如,他提出所谓"'仙公新经',至少有两部经典是不应该属于新经的",此指《太上灵宝五符序》与《灵宝真文要解上经》。他判定这两经"原本并不是出自葛巢甫或葛氏道之手的仙公新经⑧;《真文要解上经》与《真一自然五称符上经》,一个讲元始天王,一个只讲太上老子,都是既不符合'元始系',也不符合'仙公

---

① 刘屹《六朝道教古灵宝经的历史学研究》,第 262 页,
② 对刘屹的观点的讨论,参见王承文《论六朝道教"葛氏道"与"元始旧经"的关系——对刘屹博士〈六朝道教古灵宝经的历史学研究〉的商榷》,《学术研究》2019 年第 12 期。
③ 刘屹《六朝道教古灵宝经的历史学研究》,第 329 页。
④ 刘屹《六朝道教古灵宝经的历史学研究》,第 529 页。
⑤ 刘屹《六朝道教古灵宝经的历史学研究》,第 387 页。
⑥ 刘屹《六朝道教古灵宝经的历史学研究》,第 333 页。
⑦ 刘屹《敦煌道经与中古道教》,第 165—167 页;刘屹《六朝道教古灵宝经的历史学研究》,第 240、263、332 页。
⑧ 刘屹《敦煌道经与中古道教》,第 165—167 页。

系'"①。他又称:"《五称符上经》的源头在'五胜符',而非葛氏家传的灵宝五符。况且《五称符上经》原本并不是葛氏道所传的经典。"②正是在此基础上,他提出"《真文要解上经》所说的'五篇真文',与《真文天书经》所载的'五篇真文',是不同时代的、内容不同的两套'五篇真文'"③。由此可见,刘屹博士所提出的有关古灵宝经存在两种不同版本的《灵宝五篇真文》的说法,其实是建立在对他自己的学术观点直接加以否定的基础上的。对于其论证逻辑和研究方法的问题,我们已有专文讨论④。

我们认为刘屹博士所提出的《真文要解上经》等在"葛巢甫'造构灵宝'之前就已作成"的说法也难以真正成立。

首先,没有任何资料能够证明在东晋"隆安之末"以前,除了《太上灵宝五符序》之外,还有其他古灵宝经已经出世。陶弘景《真诰·翼真检》记载,东晋末年,"葛巢甫造构《灵宝》,风教大行"⑤;唐朝孟安排《道教义枢》卷二记载灵宝经传授,称葛巢甫"以晋隆安之末,传道士任延庆、徐灵期之徒,相传于世"⑥。长期以来,国内外所有研究者正是根据这仅有的两条具体记载,将东晋"隆安之末"确定为古灵宝经出世的时间上限。因为再往上推,就属于根本没有任何史料依据的臆测了。在近一百多年以来的国内外道教学术界,迄今也就唯有刘屹博士一人不但坚持"新经"都在"元始旧经"之前出世,而且还大胆地将大量"新经"的出世时间确定在东晋"隆安之末"以前。

其次,刘屹博士直接将《真文要解上经》中的《灵宝五篇真文》,与《太上灵宝五符序》中的"灵宝五符"以及《太上洞玄灵宝大道无极自然

---

① 刘屹《六朝道教古灵宝经的历史学研究》,第 263 页。
② 刘屹《六朝道教古灵宝经的历史学研究》,第 578 页。
③ 刘屹《六朝道教古灵宝经的历史学研究》,第 590 页。
④ 参见本书第七章。
⑤ (梁)陶弘景《真诰》卷 19《翼真检第一》,《道藏》第 20 册,第 604 页。
⑥ (唐)孟安排《道教义枢》卷 2,《道藏》第 24 册,第 813 页。

真一五称符上经》中的"五称符"相提并论，在很大程度上混淆了这三部经典最关键的差别。因为这三部经典自东晋末刘宋初以来一直都非常完整，《太上灵宝五符序》中的"灵宝五符"和《五称符上经》中的"五称符"都一直保存完整，但《真文要解上经》中却根本就没有原版的《灵宝五篇真文》存在。而且无论是"元始旧经"还是"新经"，都没有任何记载甚至暗示，表示还有其他不同版本的《灵宝五篇真文》存在。在《真文要解上经》中，《灵宝五篇真文》无疑具有最核心的地位，而该经所有内容都是对《灵宝五篇真文》以及相关仪式的阐述。因此，如果该经确实拥有过一种更早也不同的《灵宝五篇真文》，那么根本就无法解释为什么这部经典本身能够得到如此完整的流传，而作为该经最重要也最核心内容的《灵宝五篇真文》却又偏偏失传了。正因为如此，通过这部"新经"来证明古灵宝经存在两种不同的《灵宝五篇真文》以及有更早的版本的观点，只能说是一种没有任何根据的臆测或假设。

六　对围绕《真文要解上经》产生重大分歧根本原因的分析

自 2008 年以来，我们与刘屹博士围绕《真文要解上经》对于"元始旧经"和"新经"的出世先后以及相互关系等重要问题展开过多次争论。然而争论的结果，不但迄今为止未能在其中任何一个具体问题上达成共识，而且学术观点还越来越南辕北辙。时至今日，如果我们不能对此进行认真总结和深刻反思的话，那么这场旷日持久的争论就很难说有什么真正的学术意义。从表面上看，我们与刘屹博士的学术分歧，主要体现在对该经文本的解读存在显著的不同，但是从更深的层面来说，则源于我们双方对于古灵宝经的基本认知以及最主要的研究方法等都存在根本性的差别。

关于对古灵宝经的基本认知，主要体现在究竟如何从整体上看待古灵宝经的内在关系这一问题上。我们认为东晋末年至刘宋初年的"葛氏道",就是"元始旧经"和"新经"的创作者。特别是《真文天书经》等"元始旧经"所强调的"十部妙经三十六卷"观念及其内在结构,证明了"元始旧经"从一开始就是一种具有深刻的内在统一性的经典体系。而敦煌本陆修静《灵宝经目》对"元始旧经"和"新经"的著录,则进一步证明了这一点①。较早出世的"元始旧经"确立了古灵宝经教义思想的基础,而较后出世的"新经"则对"元始旧经"作了重要补充和发展。正是以此为基础和前提,我们将《真文要解上经》作为一部非常具有典型意义的"新经",集中讨论了"新经"对"元始旧经"教义思想的继承和发展。

与此相反,根据刘屹博士自己的介绍,他"从 2007 年底开始,不经意间介入"②古灵宝经研究。而其于 2008 年发表的第一篇论文,就非常明确地提出了"元始旧经"和"新经"分别为不同"道派"所创作以及"新经"出世要早于"元始旧经"等一系列具有重大颠覆性的命题③。在其后整整十年中,他始终都在强调古灵宝经内部所存在的各种重大差异。首先是强调古灵宝经在"源头"和"派系"上存在重大差异。他认为"葛氏道"仅仅创作了部分"新经",而"元始旧经"则属于"不知名的道教徒在 420 年左右开始造作的",并提出"灵宝经最初的源头不只一个,并不是只有葛氏道的人才能造作灵宝经"④。其次是极力强调"新经"和"元始旧经"在一系列根本性教义思想方面都存在各种重大差异。最后又极力强调"元始旧经"和"新经"内部也存在着各种重大差异。而其研

---

① 王承文《汉晋道教仪式与古灵宝经研究》,第 601—653 页。
② 刘屹《六朝道教古灵宝经的历史学研究》,第 12 页。
③ 刘屹《"元始系"与"仙公系"灵宝经的先后问题——以"古灵宝经"中的"天尊"和"元始天尊"为中心》,《敦煌学》第 27 辑,台北:乐学书局,2008 年,第 275—291 页。
④ 刘屹《六朝道教古灵宝经的历史学研究》,第 317、260 页。

究结论是,古灵宝经创作"出于众手、不断造作、各有尊奉"①;其"经教体系杂而多端"②;其"内部的复杂性和矛盾性,无论是从历时性还是共时性的角度去理解,都不能否认这些灵宝经实际上反映了不同作者的不同思想观念"③。至于敦煌本陆修静《灵宝经目》所著录的这批古灵宝经,则"是来自不同源头和派系的灵宝经被逐渐规范和整编后的结果"④。正是以这种认知为基础和前提,刘屹博士一方面通过《真文要解上经》讨论了"元始旧经"与"新经"之间的各种重大差异,另一方面则又集中讨论该经与其他"新经"之间的各种重大差异。

综合来看,刘屹博士讨论古灵宝经内部各种重大差异以及出世先后问题,其最主要的研究方法有两种。第一种,是"依靠某种因素谁'有'谁'无'的表象"⑤进行比较。这种比较方法的本质,就是把古灵宝经中"某种因素"的"有"与"某种因素"的"无",看成是一种必然的非此即彼、相互矛盾和相互否定的关系。而其最具体的表现,就是一部经典有"某种因素",就代表其创作者认同"某种因素";反之,一部经典没有出现"某种因素",就代表其创作者不知道或者根本就不承认"某种因素"。并进而将这种"有"与"无"的差别上升为根本性教义思想的差别以及"源头"和"派系"的差别。第二种,则是按照历史研究中的"层累说"原理在古灵宝经内部进行比较。他公开称:"根据'层累说'的原理,一种故事或传说的演变模式,一般情况下,总是'譬如积薪,后来居上'的。"⑥因此,他判定古灵宝经的创作以及相关记载也必然经历了由"无"到"有"以及由"简"到"繁"的"层累"过程。根据这一原理,所有的

---

① 刘屹《六朝道教古灵宝经的历史学研究》,第 592—593 页。
② 刘屹《六朝道教古灵宝经的历史学研究》,第 321 页。
③ 刘屹《六朝道教古灵宝经的历史学研究》,第 133 页。
④ 刘屹《六朝道教古灵宝经的历史学研究》,第 260 页。
⑤ 刘屹《六朝道教古灵宝经的历史学研究》,第 425 页。
⑥ 刘屹《六朝道教古灵宝经的历史学研究》,第 264 页。

"无"和"简"都必然要比"有"和"繁"更早出现。例如,他公开称:"这种'新经'中'无',而'旧经'中'有'的现象,还有很多。最简单的理解就是早先作成的'新经'尚无,晚些作出的'旧经'新加入。"①由于他认为"新经"中存在许多属于"无"和"简"而在"元始旧经"却属于"有"和"繁"的现象,因此他判定"新经"必然要比"元始旧经"更早出世。正是通过这两种比较方法,刘屹博士对《真文要解上经》的出世年代、主神观念以及《灵宝五篇真文》的版本等问题,都提出了具有重大颠覆性和批判性的结论。

我们认为这种比较方法最主要的局限,在于研究者在做各种比较研究之前,实际上已经否定了古灵宝经本身所具有的内在逻辑性和关联性,从而把这批古灵宝经分割成相互孤立和相互隔绝的个体,然后再做"谁'有'谁'无'"的比较以及"层累说"的简繁比较。而其结果必然又反过来进一步强化其有关古灵宝经内部存在各种重大差异的结论。但是,古灵宝经的实际情况,应该与"谁'有'谁'无'"的比较以及"层累说"的比较结论恰恰相反。因为古灵宝经本身就属于一个具有内在联系的整体,其较早出世的经典的相关内容完全有可能更加复杂和完整。而较后出世的经典为了避免出现大规模重复,必然会对此前经典已有的内容较少提及或者根本不予提及。例如,在"元始旧经"中,最早出世的《真文天书经》,对《灵宝五篇真文》的神圣来源及其尊崇地位作了最专门也最充分的论述,其他很多"元始旧经"必然就对此较少提及甚至根本就不提及。又以"元始旧经"的"十部妙经"体系为例,其每一部经典的论述都各有侧重,也都各有不同的宗教功能和使命。在某一部经典中作为重点论述的内容,在其他经典中就必然会略讲,甚至完全不予提及,否则就变成了根本没有任何意义的大规模重复。正因为如此,一个研究者如果只是抓住古灵宝经中某些特定的概念或内容,坚持"谁'有'

---

① 刘屹《六朝道教古灵宝经的历史学研究》,第 425 页。

谁'无'"的比较以及"层累说"的简繁比较,并以此来确定古灵宝经内部的差异性以及相关经典出世的先后过程,其可信性必然就是非常令人怀疑的。根据我们的研究,古灵宝经在所谓"源头"和"派系"以及根本性教义思想上的重大差异,其实在极大程度上就是相关经典之间宗教内容的差异。如果将相关问题置于"元始旧经"之"十部妙经"体系以及整个古灵宝经系列中来考察,这些"重大差异"并不真正存在①。

还要特别指出的是,刘屹博士也大量运用"谁'有'谁'无'"的比较和"层累说"的比较,来证明《真文要解上经》与其他"仙公新经"之间存在各种重大差异。根据其研究,其重大差异至少体现在四个方面。

一是关于该经与其他"仙公新经"在最尊崇经典上的重大差异。小林正美认为"元始旧经"最尊崇的经典是《灵宝五篇真文》,而"仙公新经"最尊崇的经典是《道德经》。然而,刘屹博士通过"谁'有'谁'无'"的比较,认为《真文要解上经》中只提到《灵宝五篇真文》,而没有提到《道德经》,因此他判定该经创作者最尊崇的经典是《灵宝五篇真文》,而不是《道德经》。但是,他又通过该经与《真文天书经》等的比较,强调该经所尊崇的是一种与《真文天书经》中完全不同也更早的《灵宝五篇真文》。

二是关于该经与其他"仙公新经"在"最高主神"观念上的重大差异。小林正美认为"元始旧经"最尊崇的主神是元始天尊,而"仙公新经"最尊崇的主神则是太极真人徐来勒和葛仙公。但是,刘屹博士根据"谁'有'谁'无'"的比较发现,《真文要解上经》中根本就没有出现太极真人徐来勒和葛仙公,因此他认为"《真文要解上经》以'元始天王'为主神"②。然后,他又将每一部"新经"中阶位最高的神灵都确定为最高主神。于是在经由他确认的总共14部"仙公新经"中,出现了太上大道

① 王承文《论古灵宝经"十部妙经"观念及其内在结构》上、下篇,《宗教学研究》2021年第3期、第4期。

② 刘屹《六朝道教古灵宝经的历史学研究》,第370页。

君、元始天王、太上虚皇、太上老子、太上虚皇道君等各种不同的"最高主神"①。

三是关于该经与其他"仙公新经"的创作者存在重大差异。刘屹博士在不同场合都坚持"'新经'的作者是同一个人"(即葛巢甫)②,并作了大量论证。但是经过多种"谁'有'谁'无'"的比较,他认为"现存的灵宝经,除了'元始天尊所传'与'葛仙公所传'之外,还存在其他的传授系统。如《真文要解上经》是讲元始天王传授太上大道君和五老","就是说,灵宝经中神格体系和神系传授,实际上并不能简单归为'元始天尊所传'和'葛仙公所传'两个体系。这很可能说明灵宝经最初的源头不只一个,并不是只有葛氏道的人才能造作灵宝经"③。他又称《真文要解上经》"根本没有出现葛仙公,这成为此经与其他仙公新经第二个明显的不同",于是判定该经"原本并不是出自葛巢甫或葛氏道之手的仙公新经"④。因此,他最终判定该经的创作与葛巢甫和"葛氏道"并无任何关系。

四是关于该经与其他"仙公新经"在经典性质上存在重大差异。敦煌本陆修静《灵宝经目》将《真文要解上经》著录为"新经"。但小林正美却将该经重新确定为"元始旧经"⑤。一方面,刘屹博士用极大的篇幅反复证明《真文要解上经》就是一部典型的"新经"⑥;另一方面,由于他又极力证明《真文要解上经》与其他"仙公新经"在各方面都存在重大差异,因此他公开否定该经作为"新经"的性质。例如,他明确称《真文要

---

① 刘屹《六朝道教古灵宝经的历史学研究》,第 298、301、279、443、263 页。
② 刘屹《六朝道教古灵宝经的历史学研究》,第 548、263 页。
③ 刘屹《六朝道教古灵宝经的历史学研究》,第 260 页。
④ 刘屹《敦煌道经与中古道教》,第 165—167 页。
⑤ 〔日〕小林正美著,李庆译《六朝道教史研究》,第 125—179 页。
⑥ 刘屹《六朝道教古灵宝经的历史学研究》,第 240、242、303、336 页。

解上经》属于"一部并非严格意义上的'新经'"①；他提出"十一卷'仙公新经'，至少有两部经典是不应该属于新经的"②，这两部经典就是《太上灵宝五符序》和《太上洞玄灵宝真文要解上经》；他称"《五符序》和《真文要解上经》这两部原本很可能不属于仙公系的经典"③。在此基础上，他进而又判定该经既不属于"元始旧经"也不属于"新经"。例如，他称："《真文要解上经》的成书至少应早于420年出世的《真文天书经》。从《真文要解上经》的神格与内容来看，它既不属于典型的'元始旧经'，也不属于典型的'仙公新经'。应该是陆修静在无法将其列入'元始旧经'三十六卷时，才将其归入'仙公新经'的。"④因此，他又强调陆修静将古灵宝经划分为"元始旧经"和"新经"两种类型，并不能真正反映古灵宝经内部的各种重大差异。他称："在灵宝经只能分成'元始系'和'仙公系'这两部分的前提下，这样的差异性认知就根本无从谈起。因此，我认为很有必要突破陆修静所规定的'元始旧经'和'仙公新经'两组。"⑤又称："无论是传统的'元始旧经'和'仙公新经'之分，还是小林的'元始系'和'仙公系'之分，实际上都掩盖了很多灵宝经内部明显的差异性"，因此"对灵宝经是不能简单地做'二分法'的"⑥。

由此可见，刘屹博士一方面把《真文要解上经》作为一部最具有典型意义的"新经"，用以讨论"新经"与"元始旧经"在各方面的重大差异，并以此来证明所有"新经"都比"元始旧经"更早出世；另一方面，他通过对该经与其他"新经"各种重大差异的比较，最终却又彻底否定了该经作为一部"新经"的性质，并进而彻底否定陆修静将古灵宝经划分为"元

---

① 刘屹《六朝道教古灵宝经的历史学研究》，第334页。
② 刘屹《敦煌道经与中古道教》，第165—167页。
③ 刘屹《六朝道教古灵宝经的历史学研究》，第528页。
④ 刘屹《六朝道教古灵宝经的历史学研究》，第240页。
⑤ 刘屹《六朝道教古灵宝经的历史学研究》，第259页。
⑥ 刘屹《六朝道教古灵宝经的历史学研究》，第263页。

始旧经"和"新经"的合理性。而这种研究证明,如果在古灵宝经内部开展这种"依据某种因素谁'有'谁'无'的表象"的比较研究,其结果就是最终在几乎所有方面都会陷入到不断自我否定和自相矛盾的境地。而这种研究方法的根源,与当前国际学术界对古灵宝经两种不同分类法的长期并存密切相关。那么,究竟应该如何看待古灵宝经两种不同分类法,并真正走出当前国内外学术界所面临的困境? 我们对此将有更加专门的研究。

第五章　论古灵宝经分类争论中的"历史人物"问题
——兼论古灵宝经的研究方法问题

一　引言

古灵宝经究竟应该如何分类？这是近数十年以来国内外古灵宝经研究中最为重要、复杂，也是最具有争议的问题之一。1974年，大渊忍尔从敦煌遗书中发现并恢复了长久佚失的陆修静《灵宝经目》①。其后，国内外绝大多数研究者都根据陆修静原有的分类法，将古灵宝经划分为"元始旧经"和"新经"两部分。一般认为，东晋末年至刘宋初年，以江南丹阳郡葛氏家族为核心的道教团体"葛氏道"创作了这两批经典。1982年，小林正美正式提出要对敦煌本陆修静《灵宝经目》所著录的古灵宝经进行重新分类。首先，他强调古灵宝经的创作者及其所属"道派"存在重大差异。他认为"元始旧经"为"葛氏道"所创

　　① Ofuchi Ninji, "On Ku Ling-Pao Ching," *Acta Asiatica*, 27 (1974). 译文见刘波译、王承文校《论古灵宝经》，载陈鼓应主编《道家文化研究》第13辑"敦煌道教文献专辑"。

作,而"仙公新经"(即"新经")则为"天师道三洞派"所创作。其次,他强调这两批经典在教义思想等方面都存在重大差异。其主要表现在三个方面:一是主神观念的差异。"元始旧经"最尊崇的主神是元始天尊,而"仙公新经"最尊崇的是太极真人和"葛仙公"(即葛玄)。二是在"三洞经书"观念方面存在差异。他认为"元始旧经"还没有形成具有整合道教色彩的"三洞经书"观念,而"仙公新经"则有明确的"三洞经书"观念。三是最尊崇经典的差异。他认为"元始旧经"最尊崇的是《灵宝五篇真文》,而"仙公新经"最尊崇的是《道德经》。最后,他在此基础上提出了"移入三经说",即认为现存敦煌本《灵宝经目》所著录的三部"元始旧经"(即《洞玄灵宝玉京山步虚经》《太上无极大道自然真一五称符上经》《太上洞玄灵宝真一劝诫法轮妙经》),原本均属于"仙公新经",是471年陆修静为了填补"元始旧经"的空缺,人为地将其从"仙公新经"中抽出而补充进来的①。

　　小林正美的古灵宝经重新分类法和"移入三经说",长期以来在国际学术界产生了广泛而深刻的影响。然而,敦煌本陆修静《灵宝经目》原有的分类法和小林正美的重新分类法,本身属于两种具有根本性差异的分类法,因为二者既代表了对古灵宝经两种完全不同的基本认知,也代表了两种完全不同的研究方法和研究取向。两种分类法长期并存最直接的结果,就是国际古灵宝经研究领域越来越严重的撕裂状态和混乱局面。因此,要使古灵宝经研究走出当前的困境,就必须从根本上解决两种分类法究竟孰是孰非的问题。近十多年来,我们对小林正美的重新分类法和"移入三经说"进行了专门研究,证明这种分类法的所有依据都不能真正成立。因此,我们认为都应

---

　　① 小林正美:《刘宋における灵宝经の形成》,东京大学东洋文化研究所《东洋文化》六二号,1982年6月。收入小林正美:《六朝道教史研究》,第138—188页;〔日〕小林正美著、李庆译:《六朝道教史研究》,第129—175页。

该按照敦煌本陆修静《灵宝经目》原有的分类法来研究古灵宝经①。然而,近十多年以来,刘屹博士既是小林正美重新分类法和"移入三经说"最主要的坚持者,也是最主要的辩护者,特别是其新书的所有主要核心观点的形成都与此密不可分。至于刘屹博士为此辩护的主要理由能否真正成立,就成为当前我们必须非常认真回答的问题。

二 关于古灵宝经分类争论中"历史人物"问题的由来

刘屹博士所提出的坚持小林正美的重新分类法最主要的理由,实际上也直接来源于小林正美的研究结论。小林正美最早提出应该按照"元始系"(即"元始旧经")和"仙公系"(即"新经")各自"教理上的出世时间"和"时间逻辑"②来区分古灵宝经。为了更好地讨论这一问题,我们有必要对此作进一步申述。

按照"元始旧经"《太上诸天灵书度命妙经》等提出的"劫运"学说,"龙汉元年"既代表宇宙世界的最初形成,也标志着宇宙最早的

---

① 王承文《敦煌本〈灵宝经目〉与古灵宝经的分类及其内在关系考释——以〈灵宝赤书五篇真文〉和〈道德经〉的关系为中心》,《敦煌学辑刊》2012 年第 3 期;收入王承文《汉晋道教仪式与古灵宝经研究》,第 386—392 页。王承文《古灵宝经"元始旧经"和"新经"主神考释》,《魏晋南北朝隋唐史资料》第 27 辑,武汉:武汉大学出版社,2011 年;收入王承文《汉晋道教仪式与古灵宝经研究》,第 395—430 页。王承文《敦煌本〈灵宝经目〉与古灵宝经的分类及其内在关系考释之二——以"三洞经书"观念为中心》,《敦煌学辑刊》2013 年第 2 期;收入王承文《汉晋道教仪式与古灵宝经研究》,第 431—457 页。王承文《道教"步虚"仪的起源与古灵宝经的分类考释——以〈洞玄灵宝玉京山步虚经〉为中心的考察》,《中山大学学报》2014 年第 4 期;收入王承文《汉晋道教仪式与古灵宝经研究》,第 458—502 页。
② 见王皓月《再论〈灵宝经〉之中'元始旧经'的含义》(《世界宗教研究》2014 年第 2 期)一文对小林正美这一核心观点作的概括。

"劫运"即"龙汉劫"的开端,而元始天尊于此时根据《灵宝五篇真文》演绎了"十部妙经",即全部"元始旧经"。其后又经历了"龙汉""延康""赤明""开皇""上皇"等五种"劫运"的交替转换,而宇宙世界亦经历了五次生成与毁灭过程。按照《隋书·经籍志·道经序》的说法:"延康、赤明、龙汉、开皇,是其年号。其间相去经四十一亿万载。"①也就是说,每个"劫运"之间相距为四十一亿万年。而《灵宝五篇真文》和"元始旧经"在不同"劫运"时期都有出现。然而,直到最末的"上皇劫"届满以前,"元始旧经"始终都在天庭神灵世界中传承②。而《元始五老赤书玉篇真文天书经》又明确记载,"至五劫周末",即作为五种"劫运"最末的"上皇劫"的开端,实指"上皇元年",元始天尊又将《灵宝五篇真文》和"元始旧经"传授给太上大道君,并将这些经典"悉封紫微上宫"③。至于这批古灵宝经之所以称为"元始旧经",小林正美提出:

> 这是由于认为它们在地上世界出现虽然迟,但在天上的紫微宫中从上皇之劫的古代开始就存在着之故。还有,仙公系《灵宝经》被称为"新经",是由于认为仙公系《灵宝经》都是葛仙公在天台山从太极真人那里授得的新的《灵宝经》。④

小林正美认为这些经典"在天上的紫微宫中从上皇之劫的古代开始就存在着",并特别强调"元始系是元始天尊在上皇元年的说教的经

----

① 《隋书》卷 35《经籍志》,第 1091 页。

② 根据《太上诸天灵书度命妙经》和《太上洞玄灵宝智慧罪根上品大戒经》,这些"劫运"其实均属于天庭神灵世界的纪年方式,与人世间完全无关。元代华阳复《洞玄灵宝自然九天生神章经注》引《开化图》也称:"一曰龙汉,二曰延康,三曰赤明,四曰上皇,五曰开皇,皆天上过去年劫名。"(《道藏》第 6 册,第 465 页)

③ 《元始五老赤书玉篇真文天书经》卷下,《道藏》第 1 册,第 799 页。

④ 〔日〕小林正美著,李庆译《六朝道教史研究》,第 142 页。

典"①。又如《太上洞玄灵宝赤书玉诀妙经》记载太上道君称:"吾受元始真文旧经,说经度世万劫,当还无上宛利天。"②小林正美认为,"把太上道君从元始天尊受的经典称为'真文旧经',都是因为把十部三十六卷《灵宝经》视为是万劫以前的经典之故"③。因此,小林正美强调所有"元始旧经"都有远古"劫运"时期成书的神圣背景,其所反映的至晚也是天庭神灵世界在"上皇元年"的内容。从"上皇元年"至"上皇劫"结束,从理论上来说其时间长度为"四十一亿万载"。而所有"仙公新经"都没有远古"劫运"时期成书的神圣背景,都属于三国孙吴赤乌(238—250)年间葛玄(164—244)在天台山从太极真人那里接受的经典。因此,小林正美认为这两批经典在有无"劫运"时期的神圣背景以及具体形成时间上存在巨大差别。

在小林正美的基础上,刘屹博士也非常强调这两批经典因为宗教神圣背景的巨大差别所导致的神灵系统的根本性差别。他称:

> 按照灵宝经的理论,尊崇元始天尊的这些灵宝经,早在天地开辟之前就已存在无数个劫期了,因而是所谓"旧经"。而太上老子、太极真人和葛仙公所传所受的灵宝经,只是近千年以内传授所见,因而是所谓"新经"。④

他认为所有"元始旧经"其实都"早在天地开辟之前就已存在无数个劫期了"。对此他还作了大量论述。他提出:"因为所谓'元始旧经'36卷,都应该是'灵宝天文'从龙汉、开皇以来随劫应运出世而形成的,这些天书是先于天地万物而自然生成的。"⑤又称:"陆氏所谓

---

① 〔日〕小林正美著,李庆译《六朝道教史研究》,第 136 页。
② 《太上洞玄灵宝赤书玉诀妙经》卷上,《道藏》第 6 册,第 184 页。
③ 〔日〕小林正美著,李庆译《六朝道教史研究》,第 142 页。
④ 刘屹《六朝道教古灵宝经的历史学研究》,第 264 页。
⑤ 刘屹《六朝道教古灵宝经的历史学研究》,第 441 页。

的'灵宝经'是在龙汉劫期之前就已经自然而生的天文宝经,在龙汉至上皇的每个劫期都出世度人。而由元始天尊传教的'十部三十六卷'灵宝经,则形成于上皇劫期"①;"元始天尊的教法,则是在龙汉劫初始就已形成,并历经龙汉、赤明、开皇各个劫期都曾出世教人。从道教神学的角度来看,龙汉劫初就已形成的'元始旧经',是元始天尊在不同劫期化度天人的不二法门,应该通用于各个劫期。"②因此,他强调"'元始旧经'自有其源自远古劫期之前的神圣背景"③;"假托为元始天尊所传的十部三十六卷灵宝经出现,因为它们在几个劫运之前就已存在,所以被视作是'(元始)旧经'"④。至于刘屹博士所称"它们在几个劫运之前就已存在",其实就是指"元始旧经"都形成于"龙汉元年"。

因此,刘屹博士特别强调"元始旧经"中决不可能出现"太上老子、太极真人和葛仙公"等"近千年以内传授所见"的"历史人物"。而在小林正美"移入三经说"所特指的三经中,却恰恰出现了像老子、张道陵、葛玄、许谧、许翙等"历史人物"⑤。因此,刘屹博士强调"葛仙公只是这一劫期之内最近千百年来的仙道人物"⑥;"葛仙公与'元始旧经'出场的众神,按照灵宝经的教义,本不应该在同一时空中出现"⑦。正是在此基础上,他提出:

> 小林氏发现在陆修静目录的"旧经"中,有三部原本不属于"元始旧经",是被陆修静"移入"的。这三部中出现了老子和葛仙公,

---

① 刘屹《六朝道教古灵宝经的历史学研究》,第 204 页。
② 刘屹《六朝道教古灵宝经的历史学研究》,第 527 页。
③ 刘屹《六朝道教古灵宝经的历史学研究》,第 295 页。
④ 刘屹《六朝道教古灵宝经的历史学研究》,第 643 页。
⑤ 刘屹《六朝道教古灵宝经的历史学研究》,第 264、224、520、441 页。
⑥ 刘屹《六朝道教古灵宝经的历史学研究》,第 224 页。
⑦ 刘屹《六朝道教古灵宝经的历史学研究》,第 526 页。

所以被小林氏又从"元始系"移归到了"仙公系"。我个人认为小林氏的这个思路是值得肯定的。在本书中会有支持这一看法的证据。①

现存的"元始旧经"却有三种经典，只有葛仙公系统的神格，而无元始天尊系统的神格。这明显违背了所谓"元始旧经"都是元始天尊所传灵宝天文的神圣观念，应该是陆修静为弥补"元始旧经"的不足，而将原本并不属于"旧经"的经典移入"元始旧经"。在考察两组经典的关系时，需要考虑到这一特殊情况。②

由此可见，刘屹博士认为"移入三经说"所特指三经中，因为出现了老子、张道陵、葛玄等"历史人物"，既不符合"所谓'元始旧经'都是元始天尊所传灵宝天文的神圣观念"，也与"元始旧经"的神灵系统存在根本性的差异，这三经在敦煌本《灵宝经目》中作为"元始旧经"出现，必然就是陆修静人为改动的结果。而刘屹博士自己也特别强调："'移入三经'具有不符合元始系而符合仙公系经典神格的特点。我的这些论述，可以看成是对小林氏既有观点的深化。"③刘屹博士把有无出现"历史人物"作为重新划分古灵宝经最重要也是唯一的标准，因此在这种意义上，可以看成是其对小林正美重新分类法及其"移入三经说"的重大补充和发展。而刘屹博士也正是以此为基础，构建了其具有重大颠覆性和批判性的古灵宝经研究体系。

目前亟需回答的关键问题包括：刘屹博士所提出的有无"历史人物"出现能否真正成为对古灵宝经重新分类的标准和理由？我们究竟应该如何看待"移入三经说"所指三经中的"历史人物"问题？很显

---

① 刘屹《六朝道教古灵宝经的历史学研究》，第 77 页。
② 刘屹《六朝道教古灵宝经的历史学研究》，第 224 页。
③ 刘屹《六朝道教古灵宝经的历史学研究》，第 525 页。

然,如果这些问题得不到合理的解答,那么,长期以来纠缠和影响国内外学术界的古灵宝经分类问题,就不可能从根本上得到真正的解决。

三　为什么不能将有无"历史人物"作为重新划分古灵宝经的标准?

(一)为什么不能依据"元始旧经"经典神话来理解其形成时间和内容?

小林正美根据《真文天书经》的记载,将"元始旧经""在教理上的成书时间"确定在"五劫之末",即作为"上皇劫"开端的"上皇元年"。而刘屹博士则根据《太上诸天灵书度命妙经》中的经典神话,进一步将其"在教理上的成书时间"确定在"五劫之初",即作为"龙汉劫"开端的"龙汉元年"。二者最主要的共同点是:他们都非常强调"新经"的神灵系统因为包含了老子、张道陵和葛玄等"历史人物",所以与"元始旧经"的神灵系统存在根本性差别。然而,我们认为是否出现所谓"历史人物",并不能真正成为重新划分"元始旧经"和"新经"的标准。

《太上诸天灵书度命妙经》等经确实有"元始旧经"早在"龙汉元年"即已成书的说法。但是,所有"元始旧经"包括《太上诸天灵书度命妙经》本身,其绝大部分内容都属于对元始天尊在"龙汉劫"之后,特别是"上皇元年"的说法记录。而这一点恰恰充分证明,"元始旧经"所称其早在"龙汉元年"即已成书,并且在不同"劫运"时期多次出世的说法,仅仅属于一种自神其说而且在逻辑上也自相矛盾的经典神话。"元始旧经"的创作者的确试图构造出亿万年以前即远古"劫运"时期的神灵世界。然而,事实上根本就不存在所谓亿万年以前"劫运"时期的神灵世界,而其创作者也根本不可能真正构造出一种超越时空并完全脱离现实人间社会的神灵世界。小林正美将"元始旧经"在"教理上的成书时间"确定在"上皇元年",但是"元始旧经"创作者其实既没有将"上皇元年"看作是一种不可逾越的时间分界线,也没有将远古"劫运"时期的神灵世界与人间社会隔绝开来。

在"元始旧经"中,实际上存在大量将远古"劫运"时期的神灵世界与现实人间世界相互混融交错的情形。究其根本原因,我们可以用马克思和恩格斯对宗教本质的论述来说明。马克思称:"要知道,宗教本身是没有内容的,它的根源不是在天上,而是在人间。"①他又称:"人创造了宗教,而不是宗教创造了人。就是说,宗教是那些还没有获得自己或是再度丧失了自己的人的自我意识和自我感觉。"②恩格斯《反杜林论》也说:"一切宗教都不过是支配着人们日常生活的外部力量在人们头脑中的幻想的反映。在这种反映中,人间的力量采取了超人间的力量形式。"③"元始旧经"所描绘的远古"劫运"时期的神灵世界,其实在本质上都是对东晋末年人间社会的曲折反映。我们应该透过其宗教的神圣外衣,看到其与现实人间社会的紧密关系。刘屹博士也提出:"认识道经来源的基本前提,即无论道经有怎样神秘的或神圣的起源故事,它也只能是人间道士人为造作的产物。"④正因为如此,我们认为"元始旧经"中出现大量"历史人物"和"人间事物",恰恰属于一种非常正常的现象。反之,如果完全按照古灵宝经自身的经典神话来理解"元始旧经"的形成时间及其过程,甚至以"龙汉元年"或"上皇元年"来为"元始旧经"的宗教内容人为地划出一条不可逾越的时间分界线,就是对宗教本质的一种极大误解。

我们要特别强调的是,"元始旧经"出现所谓"历史人物",决非小林正美"移入三经说"所指三经中特有的现象,而是在几乎所有"元始

---

① 《马克思恩格斯全集》第 27 卷,北京:人民出版社,1972 年,第 436 页。
② 《马克思恩格斯全集》第 1 卷,北京:人民出版社,1965 年,第 452 页。
③ 《马克思恩格斯全集》第 3 卷,北京:人民出版社,1960 年,第 354 页。
④ 刘屹《六朝道教古灵宝经的历史学研究》,第 304 页。

旧经"中都普遍存在。我们试以其中一批最具有代表性的"元始旧经"来证明。

(二)关于《真文天书经》中的"历史人物"和"人间仪式"

众所周知,《真文天书经》是"元始旧经"中出世最早也最重要的一部经典。该经将《灵宝五篇真文》尊奉为作为宇宙本源的"道",认为《灵宝五篇真文》在"劫运"开启之前就演化成就了宇宙世界。同时又认为《灵宝五篇真文》是"十部妙经三十六卷"即"元始旧经"得以形成的根源①。而该经就明确记载《灵宝五篇真文》和"元始旧经"的传承与"历史人物"及人间世界密切相关。该经卷下称:

> 《元始自然赤书玉篇真文》开明之后,各付一文安镇五岳。旧本封于玄都紫微宫,众真侍卫,置立玄科,有俯仰之仪。至五劫周末,乃传太上大道君、高上大圣众、诸天至真,奉修灵文,敷演玄义,论解曲逮,有十部妙经三十六卷。《玉诀》二卷,以立要用。悉封紫微上宫。……至黄帝五劫下教,度得道之人,令得升玄矣。②

根据以上记载,《灵宝五篇真文》在最初出世后,其"旧本"即原本被封存在最高天界——大罗天太玄都玉京山紫微上宫,其副本则被安镇在人世间的五岳之中,用于"保天地以长存"③。可见,《灵宝五篇真文》

---

① 王承文《论古灵宝经对佛教"劫"的观念的吸收和改造——以〈灵宝五篇真文〉与"劫运"的关系为中心》,《宗教学研究》2020年第2期;王承文《论古灵宝经"十部妙经"观念及其内在结构——兼论古灵宝经的研究方法问题》,《宗教学研究》2021年第3期。

② 《元始五老赤书玉篇真文天书经》卷下,《道藏》第1册,第799页。

③ 该经卷上称《灵宝五篇真文》能"保天地以长存,镇五岳于灵馆"。(《道藏》第1册,第775页)

从一开始就与人世间有关①。所谓"至五劫周末",如前所述,是特指在五种"劫运"中作为最末的"上皇劫"的开端,即"上皇元年"。此时元始天尊又将《灵宝五篇真文》传授给太上大道君等神灵,并依据《灵宝五篇真文》演绎出"十部妙经三十六卷",即全部"元始旧经",后又将"元始旧经"亦封存在最高天界紫微上宫。至于其经末所称"至黄帝五劫下教,度得道之人,令得升玄矣",是指当天庭神灵世界五种"劫运"届满,至人世间则属于古史中的人帝圣王——黄帝时代,于是《灵宝五篇真文》以及全部"元始旧经"都得以"下教",即从天界向人世间的黄帝传授,以度人间"得道之人"。可见,在这部最重要的"元始旧经"中,黄帝作为"此次开天辟地以来"的"历史人物",就已经与《灵宝五篇真文》和"元始旧经"的传授结合在一起。

至于该经将"黄帝"纳入"元始旧经"传授系统的原因,是更早出世的《太上灵宝五符序》记载黄帝接受了作为"天文玉字"的《天皇真一之经》,并特地至峨嵋山请"天真皇人"解读②。而《真文天书经》所称"至黄帝五劫下教",就是为了将《灵宝五篇真文》以及"元始旧经"在人间的传授,与《太上灵宝五符序》中黄帝接受《天皇真一之经》的记载联结起来。刘屹博士坚持认为《灵宝五篇真文》和全部"元始旧经"都是"没有在人间的传承谱系可寻的"③。他强调早在远古"劫运"初期即已成书

① 按照"元始旧经"的说法,由《灵宝五篇真文》演绎而成的"十部妙经"(即"元始旧经")在远古"劫运"时期就已经珍藏在人间五岳以及龟山西室和王屋山南洞。唐代史崇玄《一切道经音义妙门由起》所引《本行经》(即"元始旧经"《太上洞玄灵宝文度人本行妙经》)即称:"灵宝真文十部妙经,太上所秘,不尽传世。五岳所藏,亦多不具。龟山西室,王屋南洞,天经备足,皆万劫一开将来,故有可期之翼。但当勤心于祈请长斋,以期真至。大运之周,克得备其天仪。"(《道藏》第24册,第733页)以上指元始天尊在"上皇元年"将"十部妙经"传授给太上大道君等神灵。而太上大道君又将其秘密珍藏在人间五岳以及龟山西室和王屋山南洞等地。
② 《太上灵宝五符序》卷下,《道藏》第6册,第341页。
③ 刘屹《六朝道教古灵宝经的历史学研究》,第318页。

的"元始旧经"是绝不可能出现"历史人物"的。他还提出,古灵宝经"逐渐形成了以天真皇人传授黄帝,以及元始天尊与天真皇人之间的问答,这两个不同的传统。基本上出现黄帝的道经,就不提元始天尊,出现元始天尊的道经,也不提黄帝"①。但是,恰恰与其结论完全相反,《真文天书经》作为出世最早也最重要的"元始旧经",就非常明确地把《灵宝五篇真文》和"元始旧经"的传授,与作为"历史人物"的"黄帝"以及人间世界联结起来了。

如果我们不带着某些先入为主的观念来解读该经,就能发现其中"历史人物"和"人间事物"比比皆是。例如,该经中出现的"六长斋""十日斋""八节斋""庚申斋""本命斋""甲子日斋"等,反映的都是典型的人间时间观念,属于汉晋道教内部普遍遵行的定期斋戒制度②。而古灵宝经创作者则将这些内容搬到天上,进一步赋予其神秘和神圣色彩。

至于该经中大量干支纪年,也属于典型的人间事物。例如,该经卷上记载《灵宝五篇真文》演化宇宙世界的过程,就明确提到:

> 今三天整运,六天道行,杂法开化,当有三万六千种道,以释来者之心。此法运讫,三龙之后,庚子之年,杂气普消,吾真道乃行。③

这里的"庚子之年",所有灵宝经研究者包括小林正美和刘屹博士都认为,与"庚子年"即东晋安帝隆安四年(400)有关④。也就是说,该经作者虽然叙述的是亿万年以前"劫运"时期天庭神灵世界的情形,然而最关注的仍是灵宝经作为一种宗教运动对东晋末年道教和社会的影响。

需要指出的是,《真文天书经》和"元始旧经"中有大量修奉《灵宝五

---

① 刘屹《六朝道教古灵宝经的历史学研究》,第 119 页。
② 王承文《汉晋道教仪式与古灵宝经研究》,第 223—317 页。
③ 《元始五老赤书玉篇真文天书经》卷上,《道藏》第 1 册,第 776 页。
④ 刘屹《六朝道教古灵宝经的历史学研究》,第 326、423 页。

篇真文》以及灵宝经法的仪式,虽然都充满神秘和神圣的色彩,但其实都是直接为人间道士制定的。因此我们将其称为"人间仪式"。例如,《真文天书经》卷中称:

> 某州郡县乡里,洞玄弟子某岳先生女人,某岳道士某甲,本命某辰,年若干岁,某月生,太岁某子某月朔某日子,谨于某气天中,请太上灵宝八威策文三牒文,太上所传黄帝,合封为策,以出俯仰之式。①

以上"洞玄弟子某岳先生女人,某岳道士某甲"等,显然都是指东晋末年信奉灵宝经的道士。至于所谓"某州郡县乡里",应指灵宝道士所在地,决不可能是指远古"劫运"以前天庭神灵世界的某个地点。又如《真文天书经》中具有绝对宇宙本源性的《灵宝五篇真文》,其最神圣的功能之一就是镇遏洪水。其"中央真文"就称:"中山神咒,召龙上云,制会黄河,九水河源,不得怠纵。"②所谓"制伏黄河",就是指《灵宝五篇真文》能制伏黄河的水患。由此可见,该经创作者不但没有刻意地把远古"劫运"时期的神灵世界与东晋末年人间世界完全隔绝开来,反而还要尽量将二者结合在一起。

《太上洞玄灵宝赤书玉诀妙经》属于与《真文天书经》密切相关,也最早出世的两部"元始旧经"之一,其中有大量传授和修奉《灵宝五篇真文》的仪式。例如,该经之"元始灵宝告九地土皇灭罪言名求仙上法"称:

> 灵宝某帝,先生某甲,年如干岁,某月生,命系九天,东斗领籍,愿神愿仙,长生度世,飞行上清。中皇九地戊己黄神、土府五帝,乞削罪录,勒上太玄,请诣中宫,投简记名,金钮自信,金龙驿传。太

---

① 《元始五老赤书玉篇真文天书经》卷中,《道藏》第1册,第788页。
② 《太上洞玄灵宝赤书玉诀妙经》卷上,《道藏》第6册,第187页。

岁某甲子某月某朔某日某时,于某郡县中告文。①

以上"先生某甲,年如干岁,某月生",就是指人间修奉《灵宝五篇真文》的灵宝道士。至于其称"太岁某甲子某月某朔某日某时,于某郡县中告文","玄都传度《灵宝五篇真文》符经玉诀仪式"的结尾,也有"太岁某月某日,于某郡县某山峰金龙驿呈"②。很明显,都是东晋末年人世间的具体时间和地点。至于其"元始五老存思五岳五帝招灵求仙玉诀"记载修习《灵宝五篇真文》的方法,则为在"静室"中"闭眼思东岳泰山青帝君",在"静室"内"闭目思南岳霍山赤帝君",在"静室"内"闭眼思中岳嵩山黄帝君",在"静室"内"闭眼思西岳华山白帝君",在"静室"内"闭眼思北岳恒山黑帝君"③。道士存思"五岳"神灵,"五岳"即属于中国传统的五岳。特别是《太上洞玄灵宝赤书玉诀妙经》的醮祭仪式,就是直接在最早的"新经"《太上灵宝五符序》的基础上发展起来的。例如,《太上灵宝五符序》记载"醮祝之仪"奉请神灵称:

> 某年某月日,州县乡里男女生某甲,年若干岁,受道士某郡某甲《太上灵宝五符文》,依大道科法,奉请五帝君。请已清斋三日,宰鸿鹭之鸟,洁整身神,虚心伺迎上皇天尊。④

而《太上洞玄灵宝赤书玉诀妙经》之"元始灵宝五帝醮祭招真玉诀"称:

> 某年某月某朔某日某子,某处某帝真人甲乙,年如干岁,以某年某月某日,从某岳真人甲乙奉受《太上灵宝五老真文自然赤书五篇》符命,谨依大道玄都旧典科法,清斋沐浴,香熏神室,奉请五帝君、五帝灵官真人、神仙玉女。谨以鸿鹭之鸟,香酒甘果,表于丹

---

① 《太上洞玄灵宝赤书玉诀妙经》卷上,《道藏》第 6 册,第 185—186 页。
② 《太上洞玄灵宝赤书玉诀妙经》卷下,《道藏》第 6 册,第 204 页。
③ 《太上洞玄灵宝赤书玉诀妙经》卷下,《道藏》第 6 册,第 198—200 页。
④ 《太上灵宝五符序》卷下,《道藏》第 6 册,第 337 页。

心，洁整身神，司迎上皇天尊。①

据上可见，《赤书玉诀妙经》的创作者直接将《太上灵宝五符序》传授《太上灵宝五符文》的仪式改造成为传授《灵宝五篇真文》的仪式，其奏请的神灵和仪节都基本相同。刘屹博士提出"'玉诀二卷'虽然也是解说'五篇真文'的，但恐怕不能看作是天上仙真的作品，里面有大量指导人间道士如何在仪式中使用'五篇真文'的内容"，因此他认为"《真文天书经》提出的是36＋2＝38卷的结构"，而不是"十部妙经三十六卷"结构"②。这种推论其实是一种很大的误解。一是因为《赤书玉诀妙经》在任何时候都是"元始旧经十部三十六卷"不可或缺的组成部分；二是除了《赤书玉诀妙经》之外，《真文天书经》等其他"元始旧经"都有大量"指导人间道士如何在仪式中使用'五篇真文'"等内容。因此，如果完全按照"元始旧经"本身的经典神话，把"元始旧经"都当成远古"劫运"初期天庭神灵世界的产物，并与"新经"包括人间世界严格区别开来，显然不符合"元始旧经"的实际情况。

（三）关于《太上洞玄灵宝诸天内音自然玉字》中的"历史人物"

《太上灵宝诸天内音自然玉字》包含有作为"天文玉字"的"诸天内音自然玉字"（又称"大梵隐语自然天书"）。该经记载"天真皇人"受元始天尊之命，为太上大道君等解读并传授"诸天内音自然玉字"。其经末记载"诸天内音自然玉字"的传授称：

> 西王母以上皇元年七月丙午，于南浮洞室下教，以授清虚真人王君，传于禹，封于南浮洞室石磺之中。大劫交运，当出于世，以度

① 《太上洞玄灵宝赤书玉诀妙经》卷下，《道藏》第6册，第202页。
② 刘屹《六朝道教古灵宝经的历史学研究》，第272－273页。

得道之人。①

以上传授过程一方面证明该经把先秦以来多位"历史人物"都直接纳入以"诸天内音自然玉字"为核心的神学体系中,另一方面也证明"元始旧经"对这些"历史人物"的神格都作了重新改造。

1. 关于"天真皇人"

现存有关"天真皇人"的最早资料,见于葛洪《抱朴子内篇》。其书记载黄帝为求长生之法,"东到青丘,过风山,见紫府先生,受《三皇内文》,以劾召万神";"到峨眉山,见天真皇人于玉堂,请问真一之道"②。可见"天真皇人"本属于黄帝时代活动在巴蜀峨嵋山一带的著名神仙。而《太上灵宝五符序》作了进一步发挥,称黄帝"曾省《天皇真一之一经》,而不解三一真气之要,是以周流四方,求其释解",于是到峨嵋山,得与天真皇人相见。该经又记载其形象称:"不知何世人也。身长九尺,玄毛被体,皆长尺余,发则长数寸。其居乃在山北绝岩之下。"③天真皇人为黄帝解读具有"天文玉字"性质的《天皇真一之一经》。其经又名《皇人太上真一经诸天名》《真一食五芽天文》等。然而,"元始旧经"《太上灵宝诸天内音自然玉字》则以其特有的"劫运"神话,对"天真皇人"的神格作了极大的重新改造。该经明确记载:

> 天真皇人告五老帝君:我尝于龙汉之中,受文于无名常存之君。俯仰之仪,以丹笔书诸天八字之音,合二百五十六字。④
>
> 天真皇人曰:龙汉之前,在延康之中,随运生死,至于龙汉,乃受缘对,魂形艰苦,涂炭三官,缘尽根断,得入福门。经覆天地,一

---

① 《太上洞玄灵宝诸天内音自然玉字》卷4,《道藏》第2册,第563页。
② 王明《抱朴子内篇校释》卷16《地真》,第324页。
③ 《太上洞玄灵宝五符序》卷下,《道藏》第6册,第341页。
④ 《太上灵宝诸天内音自然玉字》卷4,《道藏》第2册,第563页。关于"天真皇人"与"灵宝天文"的关系,参见王承文《敦煌古灵宝经与晋唐道教》,第691—739页。

成一败,无复限极,涉见天元,恒值灵宝,世世出法,化度天人。是以洞究天中之事,能解天书自然之文,大法开明,诸天所崇,宜宣至理,音究朗然。故令注笔,解其曲逮。①

据此,天真皇人已经从黄帝时代峨嵋山的神仙,直接转变成为在宇宙形成之初即"龙汉劫"初期的重要神灵。所谓"无名常存之君",是指"元始天尊"在"龙汉劫"时期的名号②;至于"五老帝君"的原型,则是汉代谶纬中的"五方天帝"。而"元始旧经"对其神格也作了极大的改造,使之成为早在宇宙最初演化阶段,就受元始天尊之命掌管《灵宝五篇真文》的神灵③。根据《诸天内音自然玉字》的记载,天真皇人早在"龙汉劫"初期就从元始天尊那里接受灵宝经法。又受元始天尊之命,先后为"五老帝君"和"太上大道君"等解读和传授"诸天内音自然玉字"。而所谓"诸天八字之音,合二百五十六字",就是指"诸天内音自然玉字"。至于其称"乃受缘对,魂形艰苦,涂炭三官,缘尽根断,得入福门。经覆天地,一成一败,无复限极",则说明"天真皇人"如同佛祖释迦牟尼的"本生"故事一样,也拥有无数次轮回转生的经历。

然而,我们在此要特别强调的是,《诸天内音自然玉字》对"天真皇人"神格的重新塑造,决不意味着就是对《抱朴子内篇》以及《太上灵宝五符序》中"天真皇人"作为峨嵋山神仙记载的一种否认。唐代闾丘方远《太上洞玄灵宝大纲钞》就明确记载:

> 天尊于龙汉劫初,从碧落天降大浮黎国,在大地东方说法,演《灵宝自然天书五篇真文》。至轩辕黄帝时,天真皇人是前劫成真,于峨嵋山洞中,授黄帝及守三一法、黄帝《赤书》一篇,灵宝部中皆

---

① 《太上灵宝诸天内音自然玉字》卷4,《道藏》第2册,第563页。

② 《太上诸天灵书度命妙经》,《道藏》第1册,第803页。

③ 《太上诸天灵书度命妙经》,《道藏》第1册,第802页。相关研究参见王承文《古灵宝经"五老帝君"与中古道经教学说的建构》,载《2006年台湾道文化国际学术讨论会论文集》。

天书古篆。黄帝道成,封此法于钟山。①

据此,在古灵宝经创作者看来,作为峨嵋山神仙的"天真皇人",其实早在"龙汉劫"就已经得道成真。而其在峨嵋山为黄帝传授《灵宝五篇真文》,仅仅是"天真皇人"之"应化"和"示现"的一种特定方式。可见,弄清"元始旧经"对"天真皇人"和"五老帝君"等神格的重新改造,对于我们真正理解"元始旧经"教义思想和神灵体系等问题极其重要。

2. 关于"西王母"

众所周知,西王母是中国上古神话中最著名的女神。《太上灵宝五符序》中就有西王母传授灵宝经法的记载②,东晋上清经则将其改造成为尊奉和传授上清经法的重要神灵,而"元始旧经"又重新对其神格作了极大的改造。根据《太上诸天灵书度命妙经》的记载,早在"龙汉元年",元始天王就为西王母传授著录有全部"元始旧经"篇名的《太上紫微宫中金格玉书灵宝真文篇目》③。因此,《诸天内音自然玉字》才出现了有关"西王母以上皇元年七月丙午,于南浮洞室下教,以授清虚真人王君"的记载。可见,西王母已经完全被纳入"元始旧经"的神话体系中④。

3. 关于"清虚真人王君"

"清虚真人王君"是指西汉著名方士王褒。他是早期上清派代表人物南岳夫人魏华存(252—334)的老师。根据魏华存撰《清虚真人王君

---

① （唐）闾丘方远《太上洞玄灵宝大纲钞》,《道藏》第 6 册,第 376 页。

② 《太上灵宝五符序》卷下,《道藏》第 6 册,第 341 页。

③ 《太平御览》卷 673《道部》引《灵宝经》,第 3001 页。对《太上诸天书度命妙经》这条佚文的考证,参见王承文《汉晋道教仪式与古灵宝经研究》,第 604—611 页。

④ 参见王承文《再论"元始旧经"和"新经"出世先后问题——兼评刘屹博士〈六朝道教古灵宝经的历史学研究〉》,《中山大学学报》2020 年第 2 期。

内传》记载，王褒生于汉元帝建昭三年（前 36）九月，范阳襄平（今辽宁辽阳市）人。字子登，生于世代显宦之家。因慕道辞亲，先入华山修道，后隐居阳洛山。至汉平帝元始二年（2 年）九月戊午，因精诚感南极夫人、西城真人降授《太上宝文》《八素隐书》《大洞真经》《灵书八道》等三十一卷。其后又有仙人传授其道法秘旨，赐授太素清虚真人，"领小有天王、三元四司右保上公，治王屋山洞天之中"①。南齐顾欢撰《上清源统经目注序》记载，至晋成帝之时（326－342），王褒将上清经法"于汲郡修武县授紫虚元君南岳夫人魏华存"②。陶弘景《洞玄灵宝真灵位业图》也记载："小有洞天太素清虚真人四司三元右保公王君，讳褒，魏夫人师，下教矣。"③可见在早期上清经中，王褒作为一位具有神异色彩的西汉方士，已经成为上清经法从天界向人间传授的重要神灵。而《太上灵宝诸天内音自然玉字》创作者因为非常看重"清虚真人王褒"在上清经法传授中的重要地位，所以才出现"西王母以上皇元年七月丙午，于南浮洞室下教，以授清虚真人王君"。而此也证明，作为"历史人物"的王褒已经被重新塑造成为在远古"劫运"时期传承"诸天内音自然玉字"的灵宝神灵。

4. 关于"大禹"

大禹是众所周知的上古圣王，他既是夏朝的实际建立者，又是治理洪水的英雄。根据《太上灵宝五符序》记载，大禹与早期"灵宝五符"的神话和传授密切相关。特别是在具有"天文玉字"性质的《天皇真一之经》的传授中，大禹也具有至关重要的地位。而《诸天内音自然玉字》强调"清虚真人王君"在"上皇元年"将"诸天内音自然玉字"传授给大禹。

---

① （宋）张君房编，李永晟点校《云笈七签》卷 106《清虚真人王君内传》，第 2293 页。

② （宋）张君房编，李永晟点校《云笈七签》卷 4《道教经法传授部》引，第 49 页。

③ （梁）陶弘景编《洞玄灵宝真灵位业图》，《道藏》第 3 册，第 274 页。

而大禹又将"诸天内音自然玉字""封于南浮洞室石碛之中"。这一记载其实也与《太上灵宝五符序》中大禹的传经有关①。

根据以上讨论，"天皇真人""西王母""王褒""大禹"等这些自先秦以来的神仙或"历史人物"，均被纳入进"元始旧经"的"劫运"神话体系中，成为"天文玉字"和灵宝经法的重要传授者。特别是作为上古帝王的大禹，比起作为西汉方士的王褒早数千年，然而王褒在被重新塑造后，竟然可以向大禹传授"诸天内音自然玉字"，这就说明"元始旧经"并不是按照一般的"时间逻辑"来叙述的②。而该经也证明在"元始旧经"中，以元始天尊为主神的神灵系统完全可以与来自人间世界的所谓"历史人物"结合在一起。刘屹博士认为该经中出现"天皇真人""西王母""王褒""大禹"以及相关传经记载，都是后来人错误添加的结果③，这种认识其实是对"元始旧经"教义思想的一种很大的误解。

(四)关于《太上洞玄灵宝灭度五炼生尸妙经》中的"历史人物"

现存《道藏》本《太上洞玄灵宝灭度五炼生尸妙经》并不是一部完整的"元始旧经"。敦煌文书 P. 2865 号、S. 0298 号为该经抄本。该经卷下通过"天真皇人"叙述了天界赤明天中道士"郑仁安"等使用"五炼生尸法"而得以成仙的事迹。敦煌文书 P. 2865 号又称：

> 天真皇人曰：此诸君皆积学灭度，道业垂成，而得受此文，以还

---

① 王承文《论古灵宝经对佛教"劫"的观念的吸收和改造——以〈灵宝五篇真文〉与"劫运"的关系为中心》，《宗教学研究》2020 年第 2 期。

② 王承文《敦煌本〈灵宝经目〉与古灵宝经分类时间逻辑问题论考》，《魏晋南北朝隋唐史资料》第 33 辑，上海：上海古籍出版社，2016 年，收入《汉晋道教仪式与古灵宝经研究》，第 518—547 页；王承文《再论"元始旧经"和"新经"出世先后问题——兼评刘屹博士〈六朝道教古灵宝经的历史学研究〉》，《中山大学学报》2020年第 2 期。

③ 刘屹《敦煌道经与中古道教》，第 198 页。

生人中。皆超虚步空,上升金阙,受号自然也。其并悠远世人所不能明。考其近者,衍门子师夜光,高丘子师石公,洪崖先生师金母,并受灵宝灭度五练之法,升天之传。衍门子死于渔阳洛县长丘山,高丘子死于中山闻喜县高附山,洪崖先生死于武威姑臧县浪山中,并受此文以镇其墓。衍门子卅年墓崩而形化,后入蒙山大洞黄金之庭,受书为仙卿。高丘子七十二年墓〔崩〕,为人所发,摒棺而形飞,今为中岳真人。洪崖先生百廿年墓开,尸形飞腾,受书为青城真人。此之诸贤,并受灭度之法,升天之传,镇灵之道,而得崇虚陵清,策空高霞,游晏紫微,受号真人也。此之近事,非复悠远之传。元始天王今披元始之宝藏,以告太极上仙,遇之者将前生万劫,录名上清,应得仙道者也。诸天男女可不承女青之旨,秘而宝之焉。①

以上“天皇真人”就是经过“元始旧经”重新塑造而拥有远古“劫运”神圣背景的灵宝经尊神。但在该经中,“天真皇人”讲解“灵宝五炼生尸法”的功能,却叙说了“衍门子”“高丘子”“洪崖先生”等先秦以来“历史人物”的事迹,这些内容都是直接在《抱朴子内篇》和《真诰》等相关记载基础上形成的②。然而,与他们原来都是通过金丹修炼等途径而得道成仙不同,在该经中,“天真皇人”强调他们都是通过修炼

① 《正统道藏》正一部所收《灵宝鍊度五仙安灵镇神黄缯章法》原为《太上洞玄灵宝五炼生尸妙经》卷下,其经文与此相同,见《道藏》第 32 册,第 734 页。关于这段经文的讨论,参见王承文《汉晋道教仪式与古灵宝经研究》,第 518—521 页。

② 关于衍门子、高丘子、石公、洪崖先生等人物事迹的考证,参见王承文《敦煌本〈灵宝经目〉与古灵宝经分类时间逻辑问题论考》,《魏晋南北朝隋唐史资料》第 33 辑;收入王承文《汉晋道教仪式与古灵宝经研究》,第 503—547 页。在该文中,我们列举了大量例证以说明“元始旧经”中普遍存在“历史人物”和“人间事物”。令人遗憾的是,刘屹博士在其新书中却继续坚持其“元始旧经”中根本没有也不可能出现任何“历史人物”的观点,因而也继续坚持小林正美的古灵宝经重新分类法和“移入三经说”。

"灵宝五炼生尸之法"得以"游晏紫微,受号真人",即成为最高天界紫微宫中尊贵的"真人"①。至于"天真皇人"所提到的渔阳洛县长丘山、中山闻喜县高附山、武威姑臧县浪山等,均属于古灵宝经创作时代的人间地名。

另外,这部"元始旧经"还借"天真皇人"之口,说明其经典叙述为什么要从远古"劫运"时期突然转入现实人间。"天真皇人"称是因为"五老帝君"等神灵事迹"其并悠远世人所不能明",意即"五老帝君"等神灵事迹太过悠久和遥远,使得世人难以明白和信服,因此需要特地列举现实人间奉道者的事迹来加以证明。然后又强调"此之近事,非复悠远之传"。这些内容都充分证明,"天真皇人"作为亿万年以前"劫运"时期的神真,完全可以直接讲述人间"历史人物"的修炼经历。而该经中的相关仪式也属于人间道士正在奉行的仪式。例如,敦煌文书 P. 2865 号《太上洞玄灵宝灭度五炼生尸妙经》称:

> 今承女青上宫旧典,申明圣道,为某郡某县某乡里清信弟子男女生王甲《灵宝炼度五仙安灵镇神黄缯章法》。

很显然,在远古"劫运"时期的天庭神灵世界中,不可能有"某郡某县某乡里清信弟子男女生王甲"。这一内容直接出自"新经"《太上灵宝五符序》卷下的"醮祝之仪",其原文曰:

> 某年某月日,州县乡里男女生某甲,年若干岁,受道士某郡某甲《太上灵宝五符文》。②

可见,《太上灵宝五符序》中传授经法仪式的内容,已为《五炼生尸

---

① 关于"真人"的具体含义,根据汉代刘安撰《淮南鸿烈解》卷一二《精神训》称:"所谓真人者,性合于道也。真人者,伏羲、黄帝、老聃是也。"《说文解字》称:"真,仙人变形而登天也。"古灵宝经《太极真人敷灵宝斋戒威仪诸经要诀》称:"学仙道成曰真人,体道大法,谓之真人矣。"

② 《太上灵宝五符序》卷下,《道藏》第 6 册,第 337 页。

妙经》所继承。而由"元始旧经"所创立的"灵宝步虚仪",也同样存在将远古"劫运"时期天界神灵的斋仪与人间道士仪式相混融的情形。陆修静所撰《洞玄灵宝说光烛戒罚灯祝愿仪》称:

> 《经》言:夫斋法之大者,莫先太上灵宝斋。灵宝之文是天地之元根,神明之户牖,众经之祖宗,无量大法桥也。……太上所重,众真所尊,皆铸金为字,刻书玉篇,封之于无上大罗天玄都玉京山紫微上宫七宝玄台。此台则是太上所治也……十方至真,三千大千已得道大圣众,及自然妙行真人,皆一日三时,旋绕上宫,稽首行礼,飞虚浮空,散花烧香,手把十绝,啸咏洞章。赞九天之灵奥,尊玄文之妙重也。今道士斋时,所以巡绕高座,吟咏《步虚》者,正是上法玄根,众圣真人朝晏玉京时也。行道礼拜。皆当安徐雅步,审整庠序,俯仰齐同,不得参差。①

敦煌文书 S.6841 号《灵宝自然斋仪》所引《金箓简文》与此相同。根据研究,以上陆修静所引"《经》言"的内容,直接出自《太上洞玄灵宝金箓简文三元威仪自然真一经》②。这是一部《正统道藏》失收的"元始旧经"。该经一方面记载远古"劫运"时期天界神真通过"步虚仪"表达对《灵宝五篇真文》的高度尊崇,另一方面又记载"今道士斋时,所以巡绕高座,吟咏《步虚》者",意即人间道士所举行的"灵宝步虚"仪式,其实都直接源自对天界神灵"步虚"仪式的模仿。而该经作者所称"今道士斋时,所以巡绕高座,吟咏《步虚》者",很明显就是指东晋末年灵宝道士的"灵宝步虚"等斋法活动。虽然实际情况与其叙述完全相反,应该是"元始旧经"的作者把人间道教"步虚"仪式搬到天上,进一步赋予

---

① (南朝宋)陆修静《洞玄灵宝斋说光烛戒罚灯祝愿仪》,《道藏》第 9 册,第824 页。

② 王承文《中古道教"步虚"仪的起源与古灵宝经的分类考释——以〈洞玄灵宝玉京山步虚经〉为中心的考察》,《中山大学学报》2014 年第 4 期;收入王承文《汉晋道教仪式与古灵宝经研究》,第 458—502 页。

其神秘和神圣色彩,但这种经典叙述模式却能证明,"元始旧经"的创作者并没有刻意地把"劫运"时期的天庭神灵世界与现实人间世界隔离开来。

(五)关于《太上洞玄灵宝三元品戒功德轻重经》中的"历史人物"

《太上大道三元品诫谢罪上法》原本属于"元始旧经"《太上洞玄灵宝三元品戒功德轻重经》已经脱落的部分,同时也是古灵宝经"三元斋法"的直接来源①。该经称:

> 上启:太上无极大道太上大道君、太上老君、太上丈人、无上玄老、十方无极大道道德众圣天尊、至真太帝、天帝、天师君、灵宝监斋大法师。臣等素自凡愚,不以秽贱,好道乐仙,谬受法任,得腾景九玄,志竭愚短,自效毛发,共相携率。以今月如干日某时,于某郡县乡里中,建立斋直,烧香诵经,思神念真,如干日夜,某时行道,请谢修行。②

以上所谓"天师君",就是对汉末天师道创立者张道陵的尊称。而作为"历史人物"的"张道陵"为何直接出现在这部"元始旧经"中,我们将在后面作进一步讨论。至于其称"以今月如干日某时,于某郡县乡里中,建立斋直,烧香诵经",显然也是指东晋末灵宝道士的斋法活动。还要特别指出的是,《太上洞玄灵宝三元品戒功德轻重经》全篇均属于元始天尊对太上大道君等神灵的说法记录。作为该经核心内容的"三元品戒罪目"一百八十戒,其实大多直接源自魏晋天师道的《老君百八十戒》。而该经将全部戒律都冠以"学者及百姓子",证明这些戒律条文均属于人间道士和普通百姓遵守的戒律,而决不是天界神灵所遵守的戒

---

① 《无上秘要》卷 52《三元斋品》,《道藏》第 25 册,第 189—193 页。
② 《太上大道三元品诫谢罪上法》,《道藏》第 6 册,第 585 页。

律。我们试举相关部分来说明：

> 学者及百姓子嫉妒同学之罪。学者及百姓子浮华妄语之罪。
> 学者及百姓子贪利入己无厌之罪。学者及百姓子积禄重宝不思散
> 施之罪。学者及百姓子乐人宝物入己之罪。学者及百姓子愿人伤
> 败流散之罪。学者及百姓子私畜刀仗兵器之罪。学者及百姓子屠
> 割六畜杀生之罪。学者及百姓子刺射野兽飞鸟之罪。学者及百姓
> 子烧山捕猎之罪。学者及百姓子张筌捕鱼之罪。学者及百姓子金
> 银器食之罪。学者及百姓子贪乐荣禄虐政之罪。学者及百姓子烧
> 败见物成功之罪。学者及百姓子以饮食投水中之罪。学者及百姓
> 子贪浊滋味肥荤之罪。学者及百姓子贪食五辛之罪。学者及百姓
> 子草书伪意之罪。学者及百姓子合聚草众之罪。学者及百姓子图
> 谋人妇女之罪。①

很明显，以上这些由元始天尊演说的戒律条文，并非源自远古"劫
运"时期的天庭神灵世界，而是与东晋末年道教教团组织直接相关。又
如其中的"学者及百姓子交关权贵侯王之罪""学者及百姓子与世间破
人婚姻之罪""学者及百姓子放荡世间妓乐之罪""学者及百姓子与女人
独行独语之罪""学者及百姓子男女群居之罪""学者及百姓子男女共食
交错衣物之罪""学者及百姓子男女教化不善之罪""学者及百姓子疏宗
族亲异姓之罪""学者及百姓子父母兄弟各别离居之罪""学者及百姓子
驰聘流俗求竞世间之罪""学者及百姓子庆吊世间求悦众人之罪""学者
及百姓子轻凌官长有司之罪""学者及百姓子论议世间曲直之罪""学者
及百姓子妄论国家盛衰之罪"等等。这些戒律条文完全不涉及远古"劫
运"时期神灵世界，均属于人间社会的产物，也就是说，这些由元始天尊
在远古"劫运"时期所演说的戒律条文，其实就是对晋末人间道士及民

---

① 《太上洞玄灵宝三元品戒功德轻重经》，《道藏》第 6 册，第 880 页。

众的直接训诫。

(六)关于《太上洞玄灵宝八威召龙妙经》中的"历史人物"

《太上洞玄灵宝八威召龙妙经》属于敦煌本《灵宝经目》著录的"元始旧经"之一。陆修静注明"未出"。其出世时间大致在南朝中期宋文明撰成《灵宝经义疏》之后,北周武帝天和五年(570)甄鸾上《笑道论》之前①。该经虽然较东晋末年一批"元始旧经"晚出,但是仍然延续了"元始旧经"可以直接记载"历史人物"的传统。该经卷上曰:

> 元始天尊言:赤明始开,混沌始分,元纲流演,高上所撰,龙汉冥蒙,赤字辉烂,自然天书,微妙难论。……上皇之时,高上老子演置种仙使飞天人,赍太古元始天尊三十六部妙经,封置五岳灵山洞中。人间有至德者,自见其文也。至东晋成帝元年七月十一日甲子,十方灵宝天尊众真下降,开洞经演法度人,乃授成帝此经。上登十绝,遗文世间,化度一切明按秘也。成帝受大小劫诸经,盟信法物,黄金五两,金环一双,五方纹缯,金龙一口,玉鱼一口,碧珠二枚,博山香炉一口,地布一张,白银十两,上厨九人。亦七五三盟,法用此信,以赙元灵老子、始皇天尊。作坛在崖石上,使遥观灵泉,远世人。坛成,法师东向告盟:受者弟子某州界土秽气胎生蠢类,遭遇元始,加润和气,得盼妙文,今奉赍法仪,蒙以告盟,亿祖为誓。弟子某郡县乡里某号某甲,年若干岁,甲以下生秽质,被衔灵和……今有某州郡先生祭酒某甲,奉赍法信。②

以上内容的学术意义主要体现在:(1)该经全经均为"元始天尊"所

---

① (北周)甄鸾《笑道论》卷下引,载道宣《广弘明集》卷9,《大正新修大藏经》第52册,第151页。

② 《太上洞玄灵宝八威召龙妙经》,《道藏》第6册,第237—240页。

说。其称"赤明始开,混沌始分",以及"龙汉冥蒙,赤字辉烂,自然天书,微妙难论"等,均符合《真文天书经》和《度人经》对《灵宝五篇真文》的论述。而其称"上皇之时,高上老子演置种仙使飞天人,赍太古元始天尊三十六部妙经,封置五岳灵山洞中",是说"上皇劫"时,高上老子又指派神灵将元始天尊在远古时代演绎的"三十六部妙经",封存在人世间的五岳山洞中。而"元始旧经"《太上洞玄灵宝真文度人本行妙经》也有类似的说法①。(2)我们在前面讨论了《太上洞玄灵宝灭度五炼生尸妙经》中"天真皇人"对先秦以来相关"历史人物"和"人间事务"的叙述。该经则证明"元始天尊"作为在各种"劫运"中"开劫度人"的最高主神,也可以直接叙述东晋时期"历史人物"和"人间事务"。该经提到"东晋成帝元年(326)七月十一日甲子,十方灵宝天尊众真下降,开洞经演法度人,乃授成帝此经",此指《太上洞玄灵宝八威召龙妙经》的出世经过。至于其称"成帝受大小劫诸经",则是指敦煌本《灵宝经目》著录的"元始旧经"《洞玄灵宝丹水飞术运度小劫妙经》的出世。也就是说,该经不但明确把晋成帝事迹载入其经中,也记载了《太上洞玄灵宝八威召龙妙经》和《洞玄灵宝丹水飞术运度小劫妙经》两部晚出"元始旧经"的出世经过。(3)其称"弟子某郡县乡里,某号某甲",以及"今有某州郡先生祭酒某甲"等,显然是指东晋末年至南朝的人间道士。

(七)小结

以上我们通过大量资料证明,"元始旧经"中出现所谓"历史人物",并非"移入三经说"所指三部"元始旧经"特有的现象,而是在大量"元始旧经"中都普遍存在;也证明"元始旧经"创作者并没有将远古"劫运"时

① (唐)史崇玄《一切道经音义妙门由起》所引《本行经》即《正统道藏》阙收的《太上洞玄灵宝真文度人本行妙经》。(《道藏》第24册,第733页)

期的神灵世界与“此次开天辟地”以来的“历史人物”和人间世界割裂开来。可见，如果研究者只根据“元始旧经”自身的经典神话，就判定“元始旧经”根本不可能出现所谓“历史人物”的话，那么，不但“移入三经说”所指三经不能算作是“元始旧经”，而且诸如《真文天书经》《诸天内音自然玉字》《灭度五炼生尸妙经》等这些根本就没有任何疑义的“元始旧经”，也都不能称得上是真正的“元始旧经”。正因为如此，如果研究者完全撇开陆修静在敦煌本《灵宝经目》中所作的分类，而把有无“历史人物”出现作为重新划分古灵宝经的标准，这种做法不但不符合“元始旧经”的实际情况，而且还人为地严重扭曲了“元始旧经”作为古灵宝经一大部类的本来面貌。

四 如何理解“移入三经说”所指三经中所谓“历史人物”的神格转化？

在小林正美“移入三经说”所指三经中，确实出现了“老君”“正一真人三天法师张道陵”“葛仙公”“许常侍”“许掾”等所谓“历史人物”。那么，究竟应该如何解释这种现象呢？我们认为，老子、张道陵、葛玄、许谧、许翔等虽然都曾经作为具体“历史人物”而被史籍所记载，然而在汉晋道教中均已被正式尊奉为神灵，因此与一般具体“历史人物”存在本质的差别。而这三部“元始旧经”将以上这些已经完成“神格化”的“历史人物”纳入其神灵系统中，其实完全符合“元始旧经”神灵体系构造的实际情况。

（一）如何理解“元始旧经”中“老子”神格的转化？

《太上无极大道自然真一五称符上经》，敦煌本陆修静《灵宝经目》著录为“元始旧经”。小林正美将其判定为“移入三经”之一。刘屹博士则称，其之所以坚持该经为“移入三经”之一，是因为该经中的“老子”，

"只是近千年以内传授所见"的"历史人物"①。意即从作为春秋时期哲学家和历史人物的老子，到古灵宝经大量创作的东晋末年，其时间在一千年以内。因此他强调该经中说法的"老子"本是"历史人物"，既不可能出现在亿万年以前远古"劫运"初期就已经成书的"元始旧经"中，更不可能与具有宇宙本源意义的《灵宝五篇真文》存在任何关系。然而，我们认为该经属于"元始旧经"应无疑义。

首先，从汉晋道教神灵体系发展演变的过程来看，该经中的"老子"决不可能是普通的"历史人物"，而是已经被高度神化的道教神灵。敦煌本《真一五称符上经》全经为"老子"所说，而《道藏》本则明确记载为"老君"所说。这说明"老子"与"老君"二者完全可以相通。老子确实为春秋时期的历史人物，但是从汉代开始，就已经被神化为远古传说中三皇五帝以及夏商周时期的"帝师"，特别是被神化为人格化的"大道"，是宇宙的本源。而早期天师道经典《老子想尔注》和《大道家令诫》等则将其尊奉为"太上老君"。对此学术界已经有大量研究。那么，究竟应该如何看待汉代资料中已经完全"神格化"的"老君"或"太上老君"与作为具体历史人物的老子之间的关系呢？孙齐博士作了深入讨论，提出"'老君''太上老君'以及非特定历史人物的'老子'是'道'的物化或者说人格化，是由道气凝结而成，并屡次托降于世间"，而"作为具体历史人物的老子(李耳)是'老君'的一次化现，是老君'世为圣者作师'，'千变万化，随世沉浮'的一个特例"②。因此，在汉代以来的道教中，无论"老子"是以"老君"还是"太上老君"等身份传经或传教，都不影响其已经被高度神化的神格，也决不可能是作为一个具体历史人物而出现的。

其次，《真文天书经》等"元始旧经"其实已经将"太上老君"重新塑造成为尊奉《灵宝五篇真文》的神灵。陶弘景所编《登真隐诀》之"入静

---

① 刘屹《六朝道教古灵宝经的历史学研究》，第264页。
② 孙齐《敦煌本〈老子变化经〉新探》，《中国史研究》2016年第1期。

法",属于东晋上清派在"静室"内施行的斋戒仪式,主要是在汉晋天师道"斋仪"的基础上制定的①。其中包括对四方神灵的"关启"仪式,其对东方神灵的"关启文"称:

> 谨关启太清玄元无上三天无极大道太上老君、太上丈人、天帝君、天帝丈人、九老仙都君、九炁丈人,百千万重道炁,千二百官君,太清玉陛下……

南朝刘宋初年《三天内解经》也证明了这一神灵系统的天师道性质。该经称:

> 道源本起,出于无先,溟涬鸿蒙,无有所因,虚生自然,变化生成。道德丈人者,生于元气之先,是道中之尊,故为道德丈人也。因此而有太清玄元无上三天无极大道太上老君、太上丈人、天帝君、九老仙都君、九气丈人等,百千万重道气,千二百官君,太清玉陛下。②

而《真文天书经》记载"月十斋"中第十五日所斋请的东方神灵系统,其文称:

> 元始、灵宝东天大圣众至真尊神、太清玄元上三天无极大道、无上玄老、太上老君、太上丈人、皇上老君、皇上丈人、青皇上真、天帝君、天帝丈人、太帝君、太帝丈人、九老仙都君、九气丈人、百千万重道气、千二百官君、太清玉陛下……常以月十五日,上会灵宝太玄都玉山青华玉陛宫,奉斋朝《天文》。③

比较以上两种神灵系统,《真文天书经》很明显直接吸收和改造了《登真隐诀》中的天师道神灵系统。一是其中的"元始",就是指灵宝经

---

① 王承文《汉晋道教仪式与古灵宝经研究》,第124—138页。
② 《三天内解经》卷上,《道藏》第28册,第413页。
③ 《元始五老赤书玉篇真文天书经》卷下,《道藏》第1册,第794页。

最高神灵"元始天尊";"灵宝东天大圣众至真尊神",则是对东方天中大量灵宝尊神的合称①。将它们放在最前面,就意味着灵宝经神灵地位要高于其他道派的神灵。二是《登真隐诀》和《三天内解经》中的"太清玄元无上三天无极大道太上老君",就是指"太上老君"。然而其在《真文天书经》中,则成为"太清玄元上三天无极大道、无上玄老、太上老君",这里的"太清玄元上三天无极大道"已成为对"太上大道君"的专称。从"太上老君"以下直到"九老仙都君、九气丈人、百千万重道气、千二百官君、太清玉陛下",原本为汉晋天师道最有代表性的一批神灵。三是其称"常以月十五日,上会灵宝太玄都玉山青华玉陛宫,奉斋朝《天文》",则意味着"太上老君"等所有天师道神灵,均已转化成为尊奉《灵宝五篇真文》的神灵。"元始旧经"就是以这种特定方式来构建自己的神灵体系的②。

刘屹博士判定作为"历史人物"的"老子"根本不可能出现在"元始旧经"中,尤其是不可能与具有宇宙本源意义的《灵宝五篇真文》有任何关系。他强调"'旧经'基本上不提及神格地位不高的太上老君";"太上老君等神格更是几乎在'元始旧经'中没有什么地位";"《五称符上经》的老君神格,在其他'元始旧经'有关灵宝经传授的谱系中并未出现过"③。这种认识其实是对"元始旧经"教义思想的一种误解。《隋书·经籍志·道经序》的道教教义就是依据古灵宝经写成的。其称元始天尊在宇宙多种"劫运"交替中"开劫度人",其"所度皆诸天仙上品,有太上老君、太上丈人、天真皇人、五方天帝及诸仙官,转共承受,世人莫之豫也"④。其中"太上老君"与我们在前面讨论的"天真皇人"等一样,均

---

① 参见王承文《汉晋道教仪式与古灵宝经研究》,第 406—408 页。

② 参见王承文《再论"元始旧经"和"新经"的出世先后问题——兼评刘屹博士〈六朝道教古灵宝经的历史学研究〉》,《中山大学学报》2020 年第 2 期。

③ 刘屹《六朝道教古灵宝经的历史学研究》,第 295、464、585 页。

④ 《隋书》卷 35《经籍志》,第 1091 页。

已转变成在“元始天尊”之下的灵宝经神灵。而《道经序》这种论述的依据就在《真文天书经》等“元始旧经”中。

此外，《太上洞玄灵宝赤书玉诀妙经》记载“元始旧经”的“发炉仪”称：

> ……无上三天玄元始三炁太上老君，召出我身中三五功曹、左右官使者、左右捧香驿龙骑吏……①

以上“发炉仪”以及将“老子”尊称为“无上三天玄元始三炁太上老君”，均直接源于汉晋天师道“发炉”仪式②。而《太上无极大道自然真一五称符上经》本身作为“元始旧经”之“十部妙经”的组成部分，“老子”（或“老君”）作为唯一说法者在其中出现，显然应该属于非常典型的灵宝经尊神。

再次，该经最核心的内容是阐明了以《灵宝五篇真文》为核心的经教学说，究竟是如何对汉晋天师道的最高神灵“老君”（或“太上老君”）以及最重要的经典《道德经》加以重新整合和改造的。该经开篇即称：

> 老君曰：混沌之初，微妙之源，开辟以前，如有《灵宝自然真文》，象帝之先。吾为灵宝大道之渊门，受其精妙，即为天地人之神。……老君曰：《太上灵宝》，生乎天地万物之先，乘于无象空洞大道之常，运乎无极无为而混成自然，贵不可称，尊无有上，曰太上。大无不包，细无不经，理妙巨寻，天地人所由也。……是故万物芸芸，以吾为根，以我为门。何以为根门？吾有《灵宝文》。③

该经中的《灵宝自然真文》《灵宝文》《太上灵宝》以及《太上灵宝自然真文》等，其实都是特指“元始旧经”所尊崇的《灵宝五篇真文》。而该

---

① 《太上洞玄灵宝赤书玉诀妙经》卷上，《道藏》第 6 册，第 189 页。
② （梁）陶弘景撰，王家葵辑校《登真隐诀辑校》卷下《入静法》，北京：中华书局，2011 年，第 66—72 页。
③ 《太上无极大道自然真一五称符上经》卷上，《道藏》第 11 册，第 632 页；《无上秘要》卷 31《经德品》引《洞玄五称经》，《道藏》第 25 册，第 100 页。

经中由"葛仙公"所作的注解也确定就是专指《灵宝五篇真文》①。该经中确实出现了唯一一处将"五称符"直接比附为宇宙本源的表述。然而,这一非常孤立和偶然的表述并不能真正代表其创作者的经教思想。对于该经最尊崇的经典究竟是《灵宝五篇真文》还是"五称符"本身,我们认为应该把该经置于"元始旧经"的"十部妙经"体系中来理解②。至于其所谓"如有《灵宝自然真文》,象帝之先",则直接援引了老子《道德经》对"道"的阐述。《道德经》第四章称:"吾不知谁家子,象帝之先。"老子的原意是指"道"早在"上帝"出现之前即已创造了宇宙万物。汉晋天师道一直都将"太上老君"尊奉为"道"和宇宙万物的创造者。而该经与其他所有"元始旧经"完全相同,直接将《灵宝五篇真文》比喻为至高无上的"道"。至于原来被天师道尊奉为"大道"和宇宙创造者的"老君"与《灵宝五篇真文》的关系,这部经典实际上也作了非常清楚的回答。该经借"老子"自己说:"吾为灵宝大道之渊门,受其精妙,即为天地人之神。"又称:"是故万物芸芸,以吾为根,以我为门。何以为根门? 吾有《灵宝文》。"意思是说,"老君"之所以能够成为天地人所

---

① 王承文《敦煌本〈灵宝经目〉与古灵宝经的分类及其内在关系考释——以〈灵宝赤书五篇真文〉和〈道德经〉的关系为中心》,《敦煌学辑刊》2012 年第 3 期;收入王承文《汉晋道教仪式与古灵宝经研究》,第 386—392 页。
② 敦煌文书 P. 2440 号《太上洞玄灵宝真一五称符》中"葛仙公"的原注称:"仙公曰:五帝各受《太上灵宝自然真文》一篇,经乃分为五篇。其本同真一篇也。真一篇是道之真文,弥纶天地〔万方也〕。"这种思想在多部"元始旧经"中都有相关论述。例如,《元始五老赤书玉篇真文天书经》的开篇就有"五老帝君"各受一方《赤书真文》的记载。而《太上诸天灵书度命妙经》记载元始天尊称:"五老帝君与灵宝因缘,生死亿劫,世世相值,教化不绝。真文既与五老帝君,各受一通真经妙诀。"敦煌本《太上洞玄灵宝真文度人本行妙经》有更专门的论述。《太上洞玄灵宝真一五称符》卷上确实也记载"老君"称:"太上灵宝五称自然符,先天地而生,与道气同化,吾道之真也。所从出生天地,天地万神皆归于灵宝也。"然而,我们认为这仅仅属于一种非常孤立的表述。因为其将"五称符"神化为宇宙本源的说法,不但在古灵宝经中找不到任何旁证,也未在中古以来的道教中产生任何影响。对于如何理解古灵宝经中某些非常孤立和偶然的表述,本书第二章也有专门讨论。

共同尊奉的尊神,并被尊奉为宇宙万物的"根门",其最根本的原因在于,其拥有《灵宝文》即《灵宝五篇真文》。可见,这里的"老子"已经被彻底"灵宝经化"了。我们在此还要特别指出的是,如果该经中的"老子"真的如刘屹博士所称的"只是近千年以内传授所见"的"历史人物"的话,那他怎么可能会自称"吾为灵宝大道之渊门,受其精妙,即为天地人之神",而且还与创造宇宙万化的"根门"实即《灵宝五篇真文》存在关系呢?

对于《灵宝五篇真文》与《道德经》的关系,该经一方面强调《灵宝五篇真文》才是"道"和宇宙的本源,另一方面又认为《道德经》的作用在于"宣道之意,正真之教尽也",意即《道德经》的作用,在于其非常完整地传达了《灵宝五篇真文》的含义。因此《灵宝五篇真文》才是根本,而《道德经》则属于对《灵宝五篇真文》的阐述[1]。很显然,该经对"老子"(或"老君")神格的重新论述,自始至终都是直接以汉晋时期天师道对"太上老君"的高度尊崇作为基础和前提的。而这一切也就决定了该经中的"老子"决不可能"只是近千年以内传授所见"的"历史人物"。

需要指出的是,刘屹博士一方面把《真一五称符上经》中的"老子"(或"老君"),与在汉晋道教包括"元始旧经"中已经被高度神化的"老君"(或"太上老君")割裂开来,孤立地强调该经中的"老子""只是近千年以内传授所见"的具体"历史人物";另一方面则将《真一五称符上经》与"元始旧经"本身的"十部妙经"结构割裂开来,然后再"依靠某种因素谁'有'谁'无'的表象[2]"的比较,孤立地强调该经在教义思想上与所有"元始旧经"和"新经"都存在根本性差别,并因此得出了与国内外其他

---

① 王承文《敦煌本〈灵宝经目〉与古灵宝经的分类及其内在关系考释——以〈灵宝赤书五篇真文〉和〈道德经〉的关系为中心》,《敦煌学辑刊》2012年第3期;收入王承文《汉晋道教仪式与古灵宝经研究》,第386—392页。

② 刘屹《六朝道教古灵宝经的历史学研究》,第425页。

研究者完全不同的研究结论①。

(二)如何理解"元始旧经"中"张道陵"神格的转化？

《洞玄灵宝玉京山步虚经》属于敦煌本《灵宝经目》著录的"元始旧经"之一。小林正美判定该经为"移入三经"之一。刘屹博士则特别强调该经中出现的"正一真人三天法师张道陵"等均属于"历史人物"，认为他们"只在这一劫这一世才出现的，算不得天上真仙"②，所以判定该经必定是陆修静将其从"新经"中抽出而充当"元始旧经"的。但我们认为该经应该属于"元始旧经"无疑。

首先，"正一真人三天法师张道陵"这一名号本身就决定了其不可能是作为一般"历史人物"而被记载的。从现存资料来看，至晚在东晋中期，早期上清派已经将"张道陵"尊奉为"正一真人三天法师"。例如《登真隐诀》就记载："正一真人三天法师张讳告南岳夫人口诀。天师于阳洛教授此诀也。"③可见，张道陵已经被早期上清派重新塑造成为上清经传人魏华存的法师之一。《洞玄灵宝真灵位业图》也记载有"正一真人三天法师张讳道陵"。根据大渊忍尔的研究，由早期上清派编纂的《太真科》，反映了其对汉晋天师道教戒科仪的大量吸收和借用，成书时间大致在刘宋初年④。而六朝天师道《赤松子章历》所引《太真科》记录天师道"上章"仪法称：

① 王承文《论古灵宝经"十部妙经"观念及其内在结构——兼论古灵宝经的研究方法问题》，《宗教学研究》2021年第3期；另参见本书第七章。
② 刘屹《六朝道教古灵宝经的历史学研究》，第441页。
③ （梁）陶弘景撰，王家葵辑校《登真隐诀辑校》卷下，第65页。又据《赤松子章历》卷五《大冢讼章》称："臣辄依《千二百官仪》，并正一真人三天法师所授南岳紫虚元君治病灭恶之法。"（《道藏》第11册，第217页）所谓"南岳紫虚元君"就是指魏华存。该书又称："辄按《千二百官章仪》，并正一真人所授南岳魏夫人治病制鬼之法。"（《道藏》第11册，第221页）
④ 大渊忍尔《道教とその経典》，第409—506页。

《科》曰：操复毕，便于案前伏地，便存赤红炁从己心中出，上升天。俄顷如经历百里，赤红炁路荡荡，两边无瑕翳，惟多宝树，忽见一黄道，即日月黄道也。直过黄道五六里，遥见紫云隐隐。直到紫云，见天门。门度一丈八尺，诸侍卫悉住。唯与周将军及直使功曹传章。玉童擎章表至阙门之下，西谒，见正一三天法师姓张名道陵。载拜讫，具陈章表事由。天师九拜，即往凤凰阁门之下入。须臾，有一仙童朱衣玄冠出，就传章。玉童手中接章表入，少顷，复出，引入见太上。太上着九色云霞之帔，戴九德之冠，当殿而坐，左右二玄真人侍卫。又见太一着朱衣玄冠，呈太上章表，太上一览，太一承太上意，署太清玉陛下，作依字。了，又见一仙童，收章表于右陛，分付今日日直曹官使。心载拜，辞太上出门。又载拜，辞天师。同奏章真官抃跃而回至奏章之所。便起称以闻。①

据此可见，作为"正一三天法师"的张道陵早已成为天界最主要的神灵之一。而其最主要的职责之一，就是在"金阙"即最高天界专门负责接受人间道士通过存思所上呈的章文，并将这些章文转呈给最高神灵——太上老君。六朝《元始上真众仙记》亦记载："张道陵为三天法师，统御六虚，数侍金阙，太上之股肱。"②所谓统驭，即统率、统领；而六虚指上下四方。说明作为"三天法师"的张道陵既统率"六虚"，又在最高天界协助太上老君治理。有研究者怀疑以上《太真科》材料的真实性，即认为作为汉末具体历史人物的张道陵不应该出现在天庭神灵世界中。然而，早期道教经典对"张道陵"等宗教人物的神化，其实并不受历史记载或"时间逻辑"的限制。因此，我们应该在汉晋道教神灵发展演变的背景中，认识古灵宝经中"正一真人三天法师张道陵"的神格问题。

———

① 《赤松子章历》卷2，《道藏》第11册，第189页。
② 《元始上真众仙记》，《道藏》第3册，第271页。

其次,《真文天书经》等"元始旧经"实际上已经将"张道陵"重新塑造成为尊奉《灵宝五篇真文》的神灵。在古灵宝经中,张道陵除了有"正一真人三天法师"名号之外,其实还可称为"上古天师君"和"天师君"等。而这种名号应直接来源于汉晋天师道。根据陈国符和傅飞岚等学者的研究,六朝天师道《赤松子章历》保存了大量汉末汉中天师道教团科仪,其上章文多属于汉魏时期的古章文①。而其上章文所奏请的神灵就包括了"天师""天师君""三师君"以及"三师君夫人"等②。《上清黄书过度仪》属于早期天师道经典,《道藏通考》将其成书时间确定在 3世纪③。该经称:

> 谨上启:太上无极大道、无上玄老、大上三炁君将吏、太上老君、太上丈人、诸官君将吏、天师、嗣师、系师、女师、三师君夫人、门下生炁诸官君将吏,真人君将吏。④

---

① 陈国符《道藏源流考》,北京:中华书局,1963 年,第 356—358 页;另外参见[法]傅飞岚:《天师道上章科仪——〈赤松子章历〉和〈元辰章醮立成历〉研究》,载黎志添主编《道教研究与中国宗教文化》,香港:中华书局,2003 年,第 39 页。

② 《赤松子章历》卷三《天旱章》称:"伏愿太上无极大道、三师君,夫人好生恶死,特垂大道之化。"(《道藏》第 11 册,第 192 页)其《收鼠灾章》称:"谨为伏地拜章一通上闻,特从无上大道、诸君丈人、三师君夫人、上官典者,垂恩省察。"(《道藏》第 11 册,第 194 页)其《解诅咒章》称:"谨为伏地拜章,上闻天曹,伏愿太上老君、太上丈人、三师君夫人、门下典者,垂神省理检救。"(《道藏》第 11 册,第 195 页)其《疾病医治章》称:"特愿太上无极大道太上老君、诸君丈人、天师君、三师君夫人、慈父圣母,留恩省念,赐以道气覆应某身。"(《道藏》第 11 册,第 199 页)《赤松子章历》卷五《三会言功章》称:"谨上启:太上老君、天师、嗣师、系师、三师君夫人、门下典者。"(《道藏》第 11 册,第 214 页)以上所引都能证明,在汉魏天师道中,张道陵、张衡、张鲁以及"三师君夫人"等历史人物都已经被正式尊奉为神灵,而且完全能与"太上大道"或"太上无极大道太上老君"这样的最高神灵在一起,共同接受奉道者的奏章。

③ Kristofer Schipper and Franciscus Verellen（ed.）, *The Taoist Canon: A Historical Companion to the Daozang*, p. 130.

④ 《上清黄书过度仪》,《道藏》第 32 册,第 736 页。

以上所称"天师"即指张道陵,"嗣师"指张道陵之子张衡,"系师"指
张道陵之孙张鲁,"女师"是指张道陵夫人,而"三师君夫人"应是对天师
夫人、嗣师夫人、系师夫人的统称。也就是说,汉晋天师道实际上已将
这些"历史人物"都正式尊奉为天界神灵,而且完全可以与"太上老君"
等至高无上的神灵联结在一起。陆修静《道门科略》称:"千精万灵,一
切神祇,皆所废弃,临奉老君、三师,谓之正教。"①可见,六朝天师道确
实是将"老君"与"三师"都作为最重要的神灵而尊崇的。因此,如果研
究者只强调张道陵等作为具体"历史人物"的身份,并将他们与天师道
一批最主要的神灵区别开来,就是对早期天师道教神灵体系的一种
误解。

又如,六朝《正一指教斋仪》记载其所奏请的神灵称:

> 系天师阳平治左平炁臣姓名等,上启……泰清玄元上三天无
> 极大道太上老君、太上丈人、天帝君、天帝丈人、九老仙都君、九炁
> 丈人等,百千万重道炁千二百官君,泰清玉陛下,天师、嗣师、系师、
> 女师、三师君门下典者君吏,臣等夙参箓治,依法遵行,助国扶命,
> 出自经旨,宣道利物。②

早期天师道这种奏请神灵的模式对古灵宝经有非常直接的影响。
《真文天书经》记载"月十斋"中第三十日斋戒所祈请的"上方"神灵系
列,其中除了"太上老君"等天师道尊神之外,还包括"上古天师君"等。
其文略云:

> 元始、灵宝上元天大圣众至真尊神……正一盟威太上无为大
> 道,道中之道……玄元老君、太清玄元上三天无极大道、无上丈人、
> 太上三气君、太上老君、太上丈人……千二百君、千二百官丈人、太

---

① （南朝宋）陆修静《陆先生道门科略》,《道藏》第 24 册,第 782 页。
② 《正一指教斋仪》,《道藏》第 18 册,第 292 页。

清玉陛下……上古天师君、天师丈人……天官大神等，常以月三十日，上会灵宝太玄都玉京七宝紫微宫，奉斋朝《天文》。①

以上"正一盟威太上无为大道"，又可以分别称为"正一盟威之道"和"太上无为大道"，均源于汉魏六朝天师道信徒对天师道本身的敬称②。而所谓"道中之道"，如果仅仅从字面来理解的话，显然就是指天师道为众道之首。有研究者即据此认为该经最尊崇的是天师道。然而，该经作者的本意并非是将"正一盟威太上无为大道"所代表的天师道尊奉为最高道法，而是要将天师道及其神灵体系整体地纳入以《灵宝五篇真文》为核心的经教体系中。这部"元始旧经"一方面强调元始天尊以及灵宝尊神的地位要高于天师道神灵，另一方面则让包括"太上老君""上古天师君""天师丈人""千二百君""千二百官丈人"等在内的所有天师道神灵均尊奉《灵宝五篇真文》。特别是"上古天师君"，就是特指经过"元始旧经"重新塑造的"历史人物"张道陵。而其在"天师君"前面特地加上"上古"一词，就是指在远古"劫运"开端时期就已经出世的"天师君"。因此，与前面我们讨论的"天真皇人"和"老子"的神格一样，作为汉末具体"历史人物"的张道陵，其实只是"天师君"的一次"化现"，是"天师君"参与人世间道教演化的一个特例。

如前所述，《道藏》本《太上大道三元品诫谢罪上法》属于"元始旧经"《太上洞玄灵宝三元品戒功德轻重经》已经脱落的部分。而该经"三元斋"所斋请的"上方"神灵系列，就是直接在《元始五老赤书玉篇真文天书经》的基础上形成的。其文曰：

臣某今归命上方无极太上灵宝天尊、已得道大圣众至真尊神……正一盟威太上无为大道、道中之道……新出老君、太清玄无上

① 《元始五老赤书玉篇真文天书经》卷下，《道藏》第 1 册，第 795－796 页。按《道藏》本作"奉斋朝天真"，应该是"奉斋朝《天文》"之误。

② 《三天内解经》卷上，《道藏》第 28 册，第 415 页。

三天无极大道、无上丈人、太上三气君、太上老君、太上丈人……千二百官君、千二百官丈人、太清玉陛下……上古天师君、天师丈人、三师君、三师丈人……乞恩谢如上法。①

将《三元品诫谢罪上法》与《真文天书经》相比，其主要变化包括：一是将"太上老君"改变为"新出老君"；二是在"上古天师君"和"天师丈人"的基础上，又增加了"三师君"和"三师丈人"。而"三师君"应是对"天师""嗣师""系师"的统称。可见，"元始旧经"确实将"上古天师君""天师丈人""三师君""三师丈人"等都看成"劫运"时期的天界尊神，而且也是以《灵宝五篇真文》为核心的灵宝经神灵体系的组成部分。

陆修静《太上洞玄灵宝授度仪》是在大量撷取古灵宝经的基础上形成的。其文称：

上启：太上玄元太上大道君、太上老君、太上丈人、无上玄老、十方无极大道道德众圣天尊、至真大帝、天帝、天师、女师、三师君、（三师君）夫人门下，行文书事十二书佐，按章从事……②

以上所奏请的神灵，除了"太上玄元太上大道君"和"太上老君"等神灵之外，还有"天师""女师""三师君"和"夫人"。而所谓"夫人"应是指"三师君夫人"。也就是说，这些由早期天师道"历史人物"所演变而成的神灵，都已融入灵宝经的神灵体系中。

最后还要指出的是，在"新经"中，张道陵也决不是作为汉末一位具体"历史人物"而出现的③。张道陵之所以被塑造成为向"葛仙公"传授灵宝经的"五真人"之一，其最根本的原因在于，张道陵已经是一位被彻底"灵宝经化"的神灵。"新经"《太上洞玄灵宝本行因缘经》记载"仙人"向葛玄请教张道陵相关事迹，其文曰：

---

① 《太上大道三元品诫谢罪上法》，《道藏》第6册，第583—584页。
② 陆修静《太上洞玄灵宝授度仪》，《道藏》第9册，第842页。
③ 王承文《汉晋道教仪式与古灵宝经研究》，第538—539页。

> 仙人请问曰：近登昆仑玄圃宫侍座，见正一真人三天法师张道陵降座，酆都伺迎，三界稽首，诸天礼问动静，龙驾曜虚，顶负圆明，身生天光，文章焕烂，先世何功德，故是得道，其独如是乎？愿闻之。答曰：天师本行所历，亦弥劫勤苦，斋戒读经，弘道大度，高范玄真，耽味希微，转轮求道，尤过于吾，不可具。其志大经，行大道，故得三天法师之任，太上正一真人之号矣，岂不大乎！①

张道陵作为"正一真人三天法师"出现在"昆仑玄圃宫"，以及"酆都伺迎，三界稽首，诸天礼问动静"等描述，都显示作为"正一真人三天法师"的张道陵，与作为汉末具体"历史人物"的张道陵有着本质的差别。而葛仙公回答张道陵"先世何功德，故是得道，其独如是乎"的问题，专门提出"天师本行所历，亦弥劫勤苦"。"本行"属于一种典型的大乘佛教的概念。"新经"实际上也有"劫运"观念②。该经所谓"弥劫勤苦""转轮求道"，就是指张道陵在各个"劫期"一直都在勤苦修行，而这一点与《真文天书经》将其称为"上古天师君"是相通的。与早期上清派将张道陵塑造成上清经法的传授者之一一样，该经又通过葛仙公自己来强调张道陵"转轮求道，尤过于吾"，使"正一真人三天法师张道陵"成为向葛仙公传授灵宝经法的"五真人"之一。

（三）如何理解"元始旧经"中"许常侍"和"许掾"的神格问题？

《洞玄灵宝玉京山步虚经》也明确提到了东晋早期上清派代表人物许穆（305—367）和许翙（341—370）二人。该经称：

> 玄师太元真人，临授许常侍、（许）掾，太洞玄经玉京山诀，作颂

---

① 《太上洞玄灵宝本行因缘经》，《道藏》第 24 册，第 673 页。

② 参见王承文《再论"元始旧经"和"新经"的出世先后问题——兼评刘屹博士〈六朝道教古灵宝经的历史学研究〉》，《中山大学学报》2020 年第 2 期。

三首。同夕，右英夫人亦诵之。①

以上所谓"许常侍、（许）掾"，分别是指许谧和许翙父子，二者均为东晋上清派的实际创始人。刘屹博士强调："作为一部'元始旧经'，本不应该有葛仙公和许常侍、掾这样的历史人物出现。"②他又提出：

> 因为所谓"元始旧经"三十六卷，都应该是"灵宝天文"从龙汉、开皇以来随劫应运出世而形成的，这些天书是先于天地万物而自然生成的，还要不断面向每一劫每一世的人们出世度人，怎么可能具体提及只在这一劫这一世才出现的、算不得天上真仙的葛仙公和许常侍（长史）？所以，提及葛仙公和许常侍（长史）的这部《道藏》本《玉京山步虚经》，肯定已经不是其作为'元始旧经'《升玄步虚章》的原来面貌了。③

可见，刘屹博士既坚持"葛仙公"和"许常侍"都只属于具体"历史人物"，也非常明确地否定他们具有"天上真仙"的神格。然而，无论是早期上清派还是古灵宝经，其实都已经将他们正式尊奉为"天上真仙"。在此，我们主要以许谧作为具体例证，讨论他们究竟是如何成为"天上真仙"的。

许谧，字思玄，亦名许穆。丹阳郡句容县人，少知名。晋简文（帝）在藩，为世表之交。起家太学博士。出为余姚令，征为尚书郎，迁郡中正、护军长史，给事中，散骑常侍。虽居蝉冕，然心慕道德。其后乃辞官，修道茅山。根据《真诰·运象篇》记载，许谧在茅山隐居修道期间，即已深得上清神灵的高度嘉许，其中"南岳魏夫人"和"紫微王夫人"评价称：

> 内明真正，外混世业，乃良才也。今修上真道也，此语乃称人意，略有伯形也。

---

① 《洞玄灵宝玉京山步虚经》，《道藏》第34册，第627页。
② 刘屹《六朝道教古灵宝经的历史学研究》，第441页。
③ 刘屹《六朝道教古灵宝经的历史学研究》，第441页。

萧邈真才，内镜外和，曾参出田，丹心同丹，素系三迁，来庇方头。录名太极，金书东州，寒裳七度，耽凝洞楼，内累既消，魂魄亦柔，守之不倦，积之勿休，五难既遣，封伯作侯。①

而"太元真人司命君"也评价称：

渊奇体道，解幽达精。虚中受物，柔德顺贞。慈宽博采，闻道必行。道遥飞步，启诚坦平。策龙上造，浮烟三清。实真仙之领帅，友长里之先生，必当封牧种邑，守伯仙京，傅佐上德，列书绛名。②

据此可见，许谧在生前就已被"录名太极，金书东州"，并被称为"实真仙之领帅"。也就是说，许谧在生前实际上就已经获得了"天上真仙"的神格。而且还被预告，其卒后将被"封伯作侯"以及"封牧种邑，守伯仙京"等。陶弘景所撰《许长史旧馆坛碑》称：

谨按《真诰》，君挺命所基，缘业已久，乃周武王世九宫上相长里薛公之弟也。兼许肇遗功复应，垂祉后胤，故乘运托生，因资成道。玉札所授，为上清真人，爵登侯伯，位编卿司，理仙抚治，佐圣牧民矣。③

根据其记载，许谧能够最终成为"上清真人"的原因：一是其"挺命所基，缘业已久"。所谓"缘业已久"，是指许谧的前身曾经是周武王时九宫上相长里薛公的弟弟。《洞玄灵宝真灵位业图》亦记载："领九宫上相长里先生薛君，周时得道，许长史前缘兄也。"④所谓"缘业"和"前

---

① （梁）陶弘景《真诰》卷 2《运象篇第二》，《道藏》第 20 册，第 498 页。
② （梁）陶弘景《真诰》卷 4《运象篇第四》，《道藏》第 20 册，第 514 页。
③ （元）刘大彬《茅山志》卷 20，《道藏》第 5 册，第 633 页。
④ （梁）陶弘景《洞玄灵宝真灵位业图》，《道藏》第 3 册，第 273 页。《真诰》卷三《运象篇第三》记载："昔薛旅，字季和，往学真道于钟山北阿，经七试而不过，即长里薛公之弟也。不过者，由淫姝失位，吝鄙内滞，石性不回，致败其试耳。然其人好慈和笃，又心爱啸音凤响及玄弦之弹，是故虚唱凝神，徽声感魂，神不遂落。……长里先生，燕代人，周武王时人也。"（《道藏》第 20 册，第 508 页）

缘",均与佛教"三世"观念和个人报应观念有关。二是其先祖许肇"遗功复应,垂祉后胤",则是说许谧承受了其七世祖许肇的阴功余荫①。这里体现的恰恰又是汉晋道教家族报应的观念。三是其称"乘运托生",在早期道教中均指神灵的诞生方式,而"因资成道"则指许谧依靠天资得以成为"上清真人"。陶弘景《真诰·翼真检》又对其生平事迹作了更为专门的记载:

> (许)长史名谧,字思玄,一名穆……(为)护军长史、给事中、散骑常侍。虽外混俗务,而内修真学,密授教记,遵行上道,挺分所得,乃为上清真人。爵登侯伯,位编卿司,治仙佐治,助圣牧民。按泰和二年(367)丁卯岁司命所告云:丙子年当去,时年七十二。②

可见,许谧因"内修真学,密授教记,遵行上道,挺分所得"而成为"上清真人",并最终"爵登侯伯,位编卿司,治仙佐治,助圣牧民"。《洞玄灵宝真灵位业图》也记载:"左卿仙侯真君许君,讳穆,南岳夫人弟子,事晋为护军长史,退居句曲山。"《历世真仙体道通鉴》记载许谧"乃宅于茅山,与杨羲遍该灵奥,天降玉札,授为上清真人。年七十二解驾遗世"③。可见许谧和杨羲均在生前即已成为尊贵的"上清真人",而且并非一般的"天上真仙"。

许谧之子许翙则属于死后成为"天上真仙"的典型。陶弘景《许长史旧馆坛碑》记载:

---

①　《真诰》卷十二《稽神枢第二》称:"亦如子七世祖许肇,字子阿者,有赈死之仁,拯饥之德,故令云荫流后,阴功垂泽,是以今得有好尚仙真之心者,亦有由而然也。物皆有因会,非徒尔而得之者矣。"(《道藏》第 20 册,第 561 页)《真诰》卷十六《阐幽微第二》又称:"许肇今为东明公右帅晨。帅晨之任,如世间中书监。许肇,字子阿,即长史七代祖徒敬也。虽有赈救之功,而非阴德,故未蒙受化。既福流后叶,方使上拔,然后为九宫之仙耳。"(《道藏》第 20 册,第 585 页)

②　《真诰》卷 20《翼真检第二》,《道藏》第 20 册,第 608 页。

③　(元)赵道一《历世真仙体道通鉴》卷 21,《道藏》第 5 册,第 223 页。

> 长史第三子,讳玉斧,世名翔,字道翔……君清颖莹洁,特绝世伦。郡举上计掾,不赴。糠枇尘务,研精上业,即弘景玄中之真师也……杨君(指杨羲)数相从就,亟通真感。太和五年,于兹告逝,时年三十。《真诰》云:后十六年,当度东华为上相青童君之侍。帝晨受书为上清仙公,与谷希子并职。

而《真诰·翼真检》亦记载:

> (许翙)字道翔,小名玉斧……幼有珪璋摽挺,长史器异之。郡举上计掾、主簿,并不赴。清秀莹洁,糠枇尘务。居雷平山下,修业勤精,恒愿早游洞室,不欲久停人世,遂诣北洞告终,即居方隅山洞方原馆中,常去来四平方台。故《真诰》云:"幽人在世时,心常乐居焉。"又杨君与长史书亦云:"不审方隅山中幽人,为已设坐于易迁户中未?"亡后十六年,当度往东华,受书为上清仙公,上相帝晨。①

据此可见,许翙在东晋太和五年(370)去世。其卒后的第十六年,已正式成为"上清仙公",并成为"太上大道君"的辅佐性神灵。《洞玄灵宝真灵位业图》记载"上第一中位"是"元始天尊","第二中位"是"上清高圣太上玉晨玄皇大道君"即"太上大道君",而其"右位"的辅佐性神灵中就有"清虚真人王褒"和"右仙公许翙"②。可见,与西汉方士王褒一样,东晋道士许翙已经正式成为早期上清派所尊奉的重要神灵。

"元始旧经"对于早期上清经神灵均持尊重、吸收和改造的态度。因此《洞玄灵宝玉京山步虚经》中"许常侍"和"许掾"等的创作者,显然也是将他们作为重要神灵而加以记载的。就如同前面讨论的"大禹""王褒"和"张道陵"等"历史人物"一样,"许常侍"和"许掾"均已被纳入"元始旧经"的神灵体系中。

---

① 《真诰》卷20《翼真检第二》,《道藏》第20册,第608—609页。
② (梁)陶弘景《洞玄灵宝真灵位业图》,《道藏》第3册,第274页。

(四)如何理解"元始旧经"中"葛玄"的神格转化?

《太上洞玄灵宝真一劝诫法轮妙经》,原本属于敦煌本陆修静《灵宝经目》所著录的"元始旧经"之一。该经因出现了"葛仙公",被小林正美判定为"仙公新经"。刘屹博士则强调"元始旧经"中"是不应该出现三国时期的历史人物葛玄的"①,"葛仙公只是这一劫期之内最近千百年来的仙道人物"②,坚持该经以及"移入三经"的其他两经都不可能是"元始旧经"。

葛玄(164—244)原为汉末三国时期的道士,因擅长神仙变化之术而著名。在东晋末年古灵宝经大规模创作之前,葛玄虽然也被尊称为"葛仙公",但在本质上仍属于修炼神仙方术并活动在人世间的地仙。但是,我们认为无论是在"移入三经"中还是在多部"新经"中,"葛仙公"或"太极左仙公葛玄"其实均不属于"三国时期的历史人物",而是被作为真正的"天上真仙"来塑造的。我们对此已有专门研究③。由于刘屹博士始终坚持古灵宝经中的"葛仙公"只是三国时代一个具体的"历史人物","算不得天上真仙"④,因此有必要再作简要讨论。

首先,古灵宝经中"葛仙公"神格的塑造在极大程度上借鉴了大乘佛教"本生"和"本行"的观念。根据研究,敦煌文书和《正统道藏》所保存的《太上洞玄灵宝真一劝诫法轮妙经》,其文本在南北朝至隋唐时期有明显变化,其中就包括该经原有的大量佛教化的内容都已经被删除了⑤。

---

① 刘屹《六朝道教古灵宝经的历史学研究》,第 303 页。
② 刘屹《六朝道教古灵宝经的历史学研究》,第 224 页。
③ 王承文《敦煌本〈灵宝经目〉与古灵宝经分类时间逻辑问题论考》,《魏晋南北朝隋唐史资料》第 33 辑;收入王承文《汉晋道教仪式与古灵宝经研究》,第 528—538 页。
④ 刘屹《六朝道教古灵宝经的历史学研究》,第 441 页。
⑤ 王承文《敦煌古灵宝经与晋唐道教》,第 31—85 页。

例如，唐初释法琳《破邪论》卷上所引《灵宝法轮经》即《太上洞玄灵宝真一劝诫法轮妙经》，就记载"葛仙公"的身世称：

> 葛仙公生始数日，有外国沙门见仙公，两手抱持而语仙公父母曰：此儿是西方善思菩萨，今来汉地，教化众生，当游仙道，白日升天。仙公〔师〕自语子弟云：吾师姓波阅宗，字维那诃，西域人也。①

该经强调"葛仙公"原本是"西方善思菩萨"转生而来。而"葛仙公"出生时的神异色彩及其与佛教的关系，在敦煌本《灵宝经目》所著录"新经"《太极左仙公起居经》中也有反映。该经已佚。释法琳《破邪论》卷上所引《仙公起居经》记载：

> （葛仙公）生在葛尚书家，尚书年逾八十，始有此一子。时有沙门，自称天竺僧，于市大买香，市人怪，问。僧曰："我昨夜梦见善思菩萨，下生葛尚书家，吾将此香浴之。"到生时，僧至烧香，右绕七匝，〔礼拜恭敬〕，沐浴而止。②

可见，无论是"元始旧经"还是"新经"，都明确将"葛仙公"的出生称为"善思菩萨"或"西方善思菩萨"转世。古灵宝经创作者认为，生活在汉末三国孙吴时期的葛玄，其真正的出身是由"西方善思菩萨"转世而来，而且也是佛教徒所应尊崇的神灵。南朝《葛仙翁别传》则将葛仙公的出生记载为"通玄真人自大罗天下降"，又称赞其"身虽轮圣化，魂神无暂灭"，"大罗真人降，仙圣含真出"③。《葛仙翁别传》强调葛玄是大罗天通玄真人降世，也就是说葛玄能够成为"太极左仙公"，其实并非是

---

① （唐）释法琳《破邪论》卷上，《大正新修大藏经》第52册，第477页。

② （唐）法琳《破邪论》卷上，《大正新修大藏经》第52册，第477—478页。此据道宣《广弘明集》卷一一所收《破邪论》校补。（见《大正新修大藏经》第52册，第162页）

③ （元）谭嗣先《太极葛仙公传》引《葛仙翁别传》（《道藏》第6册，第846页），相关考证见王承文《汉晋道教仪式与古灵宝经研究》，第530—531页。

由此生此世的勤苦修炼决定的。《葛仙翁别传》的作者有意以道教"大罗天通玄真人"来替换古灵宝经中葛玄作为"西方善思菩萨"的本来身份,但在葛玄神格的塑造方面仍延续了古灵宝经的思路,即葛玄并非只是三国时期一个具体的历史人物,而是真正的天界神仙。《历世真仙体道通鉴》也强调葛玄原本是天界"大罗真人",有"宿世之功",其出生仅仅是"暂经人世"①。因此,我们应该按照古灵宝经本来的教义思想来理解作为"太极左仙公"的葛玄在"元始旧经"中的出现。

其次,根据"新经"《太上洞玄灵宝本行因缘经》记载,孙吴赤乌三年(240)正月一日,葛仙公在劳盛山为三十三位地仙道士说法,有道士请教称:

> 下官等学道弥龄,积稔于今六百甲子矣,而尚散迹于山林间,师尊始学道,幸早被锡为太极左仙公,登玉京,入金阙,礼无上虚皇。不审夙因作何功德,爰受天职,致此巍巍,三界北酆所仰,愿为启说宿命所由因缘根本也。②

以上所称"积稔于今六百甲子矣",刘屹博士特别强调是指从传说中的黄帝、尧、舜、禹到葛玄生活的三国时代,其前后时间为3600年,并以此证明古灵宝经确实只是把葛玄作为"三国时期的历史人物"来记载的③。然而,所谓"积稔于今六百甲子矣",其实是指这些地仙道士学道已经3600年了。很明显,这种时间观念并不是按照自黄帝、尧、舜、禹以来的时间来计算的。另外,根据我们研究,"新经"中其实也有非常明确的"劫运"观念④。至于以上地仙道士请教葛玄"始学道,幸早被锡为

---

① （元）赵道一《历世真仙体道通鉴》卷23《葛仙公》,《道藏》第5册,第229—230页。

② 《太上洞玄灵宝本行因缘经》,《道藏》第24册,第671页。

③ 刘屹《六朝道教古灵宝经的历史学研究》,第518页。

④ 王承文《再论"元始旧经"和"新经"出世先后问题——兼评刘屹博士〈六朝道教古灵宝经的历史学研究〉》,《中山大学学报》2020年第2期。

太极左仙公，登玉京，入金阙，礼无上虚皇"的"宿命所由因缘根本"，该经后文则明确称葛玄"求道积久，弥劫历稔，故以得仙公之位"。所谓"弥劫历稔"，实际上是指葛玄的修道历程贯穿了各种劫期。而他之所以能够成为"太极左仙公"，并非是作为"这一劫期和这一时代中的人物"勤苦修道所致。如同前面讨论的"天真皇人""老子"以及作为"上古天师君"的张道陵一样，作为汉末三国孙吴时期具体"历史人物"的葛玄，其实只是天界"太极左仙公"的一次化现，是其下世教化的一个特例。亦如同《正法华经》中释迦牟尼在世时对其弟子宣讲佛法一样，只是"每行权便，示现教化，发起群生"而已①。"新经"《太上洞玄灵宝智慧本愿大戒上品经》记载作为"五真人"之一的"高玄真人"称赞葛玄曰：

> 此子累劫念道，致太极玉名，寄慧人中，将独步玉京，超逸三界，巍巍乎太上仙公之任矣。故慈心于天人，念度于后学也。常以外身而济物，有德而弗名，玄都所铨，谅不虚矣。②

可见，葛玄是因为"累劫念道"而超越"三界"，并升入太玄都玉京山充当"太极左仙公"之任的。前引《太上洞玄灵宝本行因缘经》也称其"幸早被锡为太极左仙公，登玉京，入金阙，礼无上虚皇"，可见，古灵宝经中的"太极左仙公葛玄"属于"天上真仙"中有尊崇地位的神灵，既与作为汉末三国时期具体历史人物的葛玄有本质的区别，也与"葛氏道"早期所塑造的作为低级神灵或"地仙"的葛玄有本质的区别。

复次，《太上洞玄灵宝真一劝诫法轮妙经》专门记载太极真人徐来勒和"三圣真人"先后在天台山向葛玄降授灵宝经的事迹。其文曰：

> 太极左仙公于天台山静斋拔罪，烧香忏谢，思真念道……斋未一年，遂致感通，上圣垂降，曲盼幽房，以元正之月庚寅日夜

① 王承文《汉晋道教仪式与古灵宝经研究》，第527—539页。
② 《太上洞玄灵宝智慧本愿大戒上品经》，《道藏》第6册，第155页。

……天真并下。第一自称太上玄一第一真人郁罗翘，第二自称太上玄一第二真人光妙音，第三自称太上玄一第三真人真定光。三真并集……太上玄一真人郁罗翘告太极左仙公曰：子积劫念行……行合上仙。太上命太极真人徐来勒，保汝为三洞大法师。今复命我来为子作第一度师，子可复坐，我当告子开度法轮劝戒要诀。①

陆修静《太上洞玄灵宝授度仪》之“师告丹水文”称：

某岳先生大洞法师臣某甲告弟子某甲等：元始天尊于眇莽之中，敷演《真文》，结成妙经。劫劫济度，无有穷已，如尘沙巨亿无绝。灵文隐奥，秘于金阁，众真宗奉，诸天所仰。逮于赤乌，降授仙公，灵宝妙经，于是出世度人。②

据此可见，陆修静记载“葛仙公”在孙吴赤乌年间于天台山接受天上神真传授“元始旧经”，主要是根据《太上洞玄灵宝真一劝诫法轮妙经》。也就是说，“葛仙公”不但接受了《灵宝五篇真文》，也接受了由《灵宝五篇真文》演绎的全部“元始旧经”③。

最后，我们还有必要从东晋时期道经的文本结构谈一谈“移入三经”的性质问题。在敦煌本和《道藏》本《真一五称符上经》中，与“葛玄”直接相关的多处内容，都是以“仙公曰”的小字注文形式出现的。例如，该经卷上云：“此可经无数之劫，永无穷时。仙公曰：言天地有劫数期会，道无极时也。”又如，该经末尾“仙公曰”的一段赞美和阐释修持《道德经》能成仙的文字，虽然在《道藏》本中并非是小字形式，但这段文字是紧承其前面太上玄一真人赞颂《道德经》经德的文字而来，因而与该

---

①　《太上洞玄灵宝真一劝诫法轮妙经》，《道藏》第 6 册，第 170—171 页。

②　（南朝宋）陆修静《太上洞玄灵宝授度仪》，《道藏》第 9 册，第 852 页。

③　参见王承文《论六朝道教“葛氏道”与“元始旧经”的关系——对刘屹博士〈六朝道教古灵宝经的历史学研究〉的商榷》，《学术研究》2019 年第 12 期。

经其他地方多处"仙公曰"的小字注文,在文本性质和功能上是相同的。这些以"仙公曰"开头的注文,都可以看成是对经文的补充和发挥,与经文处于不同的文本层次。而这些注文很可能在其经作成时就已经存在,并成为"葛氏道"用以说明"葛仙公"传承"元始旧经"的一种重要方式。

另外,在《道藏》本《洞玄灵宝玉京山步虚经》的末尾,也出现了一段具有注解性质的小字。其文云:

> 太极左仙公葛真人,讳玄,字孝先,于天台山授弟子郑思远、沙门竺法兰、释道微、吴时先主孙权。后思远于马迹山中授葛洪。洪乃葛仙公之从孙,号抱朴子,著内外书典。郑君于时说仙师仙公告曰:我所授上清三洞太真道经,吾去世之日,一通付名山洞台,一通付弟子,一通付吾家门子弟,世世录传。至人若但务吾经,驰骋世业,则不堪任录传,可悉付名山五岳,不可轻传非其人也。有其人者,宜传之,勿闭天道也。①

以上不仅出现了太极左仙公葛玄,甚至还出现了三国西晋时期众多具体历史人物,如郑隐、竺法兰、释道微、孙权和葛洪等。从表面上看,该经出现这些内容似乎不符合"元始旧经"的经典神话,但从该经的文本结构来考虑,就会发现其经末出现这样一段文字其实是相当正常的。这段文字记载了包括《洞玄灵宝玉京山步虚经》在内的"元始旧经"在人间的传授谱系。而这一内容在经末是以小字形式出现的,不应当作"元始旧经"的正文来看待,而应将其看成是对来自天界的经典在人间传承时所作出的标记。类似的情形其实在更早出世的上清经中就已经大量出现。早期上清派将上清经解说成是由自然元气所生成,经由天界神真下传至人间的修道者。在这些上清经文本的末尾,往往附注

---

① 《洞玄灵宝玉京山步虚经》,《道藏》第 34 册,第 628 页。

有其经在人间传承过程的明确记载。例如,陶弘景《真诰·翼真检》追溯真经始末时就记载:

> (许荣弟)又因灵期之经,教授唱言,并写真本,又皆注经后云"某年某月某真人授许远游",人亦初无疑悟者。①

可见,在东晋后期传承的上清经中,往往在经末加上专门说明其在人间传承来历的记载。对于当时上清经的信仰者来说,决不会因为这些来自天界的上清经中出现了所谓人间"历史人物"的记载就怀疑其内容的真实性。

又如《九真中经》是东晋中期出世的上清经之一,该经《道藏》本相较于其原本已有不少内容脱落。而《云笈七签》卷五十一引《八道秘言》云:

> 太虚真人南岳赤松子曰:此经或名《九素上书》,或名《太极中真玉文》,或名《八道金策》。按《四极明科》受书,皆立誓约盟不传泄,以代歃血割发之信验也。其受赐九真太上真文白素九十尺;其受八道秘言黄老隐法,赐素丝八两;其受太上镇生五藏云腴之法,赐金纵容珠二枚,以为闭密藏之誓。若有违盟泄露,如神州四极法。晋永和七年(351)岁在辛亥十月四日丁巳夜,受刘君《九真中经八道秘言》,斋盟如法。②

以上这段出自《八道秘言》的文字应为《九真中经》原本所有。但《道藏》本已阙佚。其中"刘君"应指南岳夫人魏华存长子刘璞,东晋永和五年(349)杨羲曾从其受《灵宝五符》。从这段文字的内容来看,应该位于该经原本的末尾。而以上文字表明,《九真中经》作为来自天界的上清经典,其经末可以出现明确的人间传承记载。

---

① (梁)陶弘景《真诰》卷19《翼真检第一》,《道藏》第20册,第605页。
② (宋)张君房编,李永晟点校《云笈七签》卷51,第1121页。

总之，从以上我们所讨论的早期上清经出世情况来看，《洞玄灵宝玉京山步虚经》作为在天界传承的"元始旧经"，在其经末出现明确的人间传承记载，其实符合东晋道教经典创作的一般特征。

(五)如何在"元始旧经"的"十部妙经"体系中理解"历史人物"问题？

根据我们的研究，"元始旧经"在其出世之初就提出了"十部妙经"的概念。它把具有宇宙本源性质的《灵宝五篇真文》看成是"元始旧经"的神圣来源和教义思想的基础，同时又极力强调"元始旧经"本身属于一种"十部妙经三十六卷"的内在结构。而《太上紫微宫中金格玉书灵宝真文篇目》属于一部在"元始旧经"创作之初就存在的经目，体现的就是《真文天书经》所说的"十部妙经三十六卷"结构。敦煌本陆修静《灵宝经目》中的《元始旧经紫微金格目》，就是直接在《太上紫微宫中金格玉书灵宝真文篇目》基础上形成的。而《太上紫微宫中金格玉书灵宝真文篇目》所著录的"元始旧经"短的经名和卷数，就是其创作者准备创作的经典名称和卷数。而《元始旧经紫微金格目》所记载的长的经名，则是相关经典出世后的正式经名。以"移入三经"为例，其称：

> 《升玄步虚章》一卷，已出。卷目云《太上说太上玄都〔玉〕京山〔步虚〕经》。《法轮罪福》一卷，已出。卷目云《太上洞玄灵宝真一劝诫法轮妙经》。《自然五称文》一卷，已出。卷目云《太上洞玄灵宝大道无极自然真一五称符上经》。

这种著录方式，证明这些经典名称早在《太上紫微宫中金格玉书灵宝真文篇目》中就已经存在，而在性质上均属于由《灵宝五篇真文》所演绎的"十部妙经三十六卷"的组成部分。而这就决定了不存在陆修静为了填补"元始旧经"的空缺，而人为地将三部"新经"抽出充当"元始旧经"的可能①。

由于所谓"移入三经"本来都属于"十部妙经"的组成部分，因此我们就应当按照"十部妙经"的整体结构来理解这三部经典的内容②。既不能"依靠某种因素谁'有'谁'无'的表象"来判定其性质，也不能把其中某种因素的"有"与某种因素的"无"完全对立起来，将其看成是一种非此即彼、二者必然相互否定和相互对立的关系，进而将其上升为根本性教义思想以及"源头"和"道派"的重大差别。例如，《真一五称符上经》主要是"老子"（或"老君"）演说经文，然后出现了一批比较低级的神灵。其中既没有出现"元始天尊"，也没有出现一般"新经"都有的"太上大道君"等比较高级的神灵。而刘屹博士即按照"谁'有'谁'无'"的比较方法，得出该经创作者对这些比较高级的神灵既不知道也都不承认的结论。我们认为该经虽然没有出现元始天尊和太上大道君等，但并不意味着其作者就不知道或者根本就不承认元始天尊和太上大道君等神灵的尊崇地位。又如，按照小林正美和刘屹博士的论述，由于《洞玄灵宝玉京山步虚经》没有明确出现"元始天尊"和《灵宝五篇真文》，因此其作者最尊崇的神灵必然是"太极真人""葛玄"和"张道陵"等，其最尊崇的经典必然是《道德经》。然而，作为该经最核心内容的"步虚仪"，原本就是"元始旧经"所创立的"灵宝斋法"不可或缺的组成部分。从其最为关键的"步虚"一词的起源以及"步虚仪"核心的内容来看，其中始终都贯穿了对《灵宝五篇真文》的信仰。而这一点恰恰是"灵宝斋法"具有"大乘度人"特征并区别于"禹步"等其他道派仪式的根本原因③。

----

① 王承文《论古灵宝经"十部妙经"观念及其内在结构——兼论古灵宝经研究的方法问题》，《宗教学研究》2021年第3期。

② 这三经的大量宗教内容其实就是按照"元始旧经"的标准撰写的。相关讨论参见王承文《汉晋道教仪式与古灵宝经研究》，第552—559页。

③ 王承文《中古道教"步虚"仪的起源与古灵宝经的分类考释——以〈洞玄灵宝玉京山步虚经〉为中心的考察》，《中山大学学报》2014年第4期；收入王承文《汉晋道教仪式与古灵宝经研究》，第458—491页。

在此还要指出的是,虽然刘屹博士非常坚持《洞玄灵宝玉京山步虚经》就是一部"仙公新经",但是他认为将该经置于"元始旧经"之"十部妙经"结构中来看,该经就属于一部确定无疑的"元始旧经"。例如,他称:

> (陆修静的)《授度仪》既然征引到《升玄步虚章》,至少不会是将其作为"仙公所授"诸经来使用的。所以无论《授度仪》征引时《升玄步虚章》是否直接被视作"元始旧经",它都已经属于"'元始旧经三十六卷'中的一卷",因此,我把《授度仪》中征引到的《升玄步虚章》直接认作是"元始旧经"。①

该经既然属于"'元始旧经三十六卷'中的一卷",那么该经对于最尊崇的经典和主神,就不可能与其他"元始旧经"存在重大差别。但是,刘屹博士的这种提法,又是对他一直所坚持的小林正美重新分类法和"移入三经说"的直接否定。至于其论证逻辑为什么会出现如此明显的自我否定和自相矛盾的情况,我们将另有专门讨论。

总之,我们讨论《真一五称符上经》《洞玄灵宝玉京山步虚经》《真一劝诫法轮妙经》中的"老子""张道陵"和"葛玄"等所谓"历史人物"的神格问题,都应该将这三经置于"元始旧经"原有的"十部妙经"体系中来考察。既不能把这些所谓"历史人物"同汉晋道教神灵体系的发展演变过程割裂开来,也不能把这三经同"元始旧经"本身的"十部妙经"体系割裂开来,孤立地强调其作为具体"历史人物"的身份。

五 从"元始旧经"神灵体系的构建看"历史人物"出现的原因

(一)如何理解"元始旧经"神灵体系构建的途径和特点?

"元始旧经"所确立的以元始天尊为主神的神灵体系,建立在对汉

---

① 刘屹《六朝道教灵宝经的历史学研究》,第335页。

晋道教各派神灵进行大规模整合和改造的基础上,其中也包括大量吸收和改造已经完成了"神格化"的"历史人物"。"元始旧经"这一显著特点,对中古以来道教神灵体系的发展演变产生了极为广泛而深远的影响。但是刘屹博士讨论古灵宝经神灵体系问题时,极力强调"元始旧经"本身强烈的"排他性"及其与"新经"的根本性差别,并由此把是否出现"历史人物"确立为重新划分"元始旧经"和"新经"的标准。例如,他称:

> 这种在灵宝经中出现上清仙真的做法,在仙公所受的灵宝经里面也可经常见到,而在《真文天书经》那样的"元始旧经"中是不可想象的。因为《真文天书经》确立的"灵宝五篇真文赤书"和元始天尊的绝对神圣性地位,是有排他性的,不可能再容纳上清经的神格。①
>
> ("新经")除了继承上清经的传统外,还加入了张道陵天师道的因素,而"元始旧经"其经典来源所决定,是不可能明目张胆地借用上清和天师道因素的。②
>
> "旧经"却认为不只有这一个无限长久的时段,还有无数个这样从天地开辟到天地毁灭的轮回曾经存在……随劫化现的只是元始天尊和灵宝经法,包括太上道君、三皇五帝乃至葛仙公等与灵宝传承相关的天上和地上的神话人物,都不可能在此前的劫运中出现。③

由于其以上论断涉及古灵宝经神灵体系研究中最根本性的问题,因此我们要作专门讨论。

首先,刘屹博士坚持"新经"比"元始旧经"更早出世,"新经"因为在时间上距离早期上清经更近,所以能大量吸收上清经神灵。而"元始旧经"则因为较晚出世,特别是受其自身根本性教义思想的限制,所以根本不可能再容纳上清经的神格。他还特别强调"在《真文天书经》那

---

① 刘屹《六朝道教古灵宝经的历史学研究》,第 374 页。
② 刘屹《六朝道教古灵宝经的历史学研究》,第 283 页。
③ 刘屹《六朝道教古灵宝经的历史学研究》,第 634 页。

样的'元始旧经'中是不可想象的。因为《真文天书经》确立的'灵宝五篇真文赤书'和元始天尊的绝对神圣性地位,是有排他性的,不可能再容纳上清经的神格"。然而,实际情况则与此完全相反。"元始旧经"特别是《真文天书经》对早期上清经以及汉晋天师道等的神灵都表现了极大的包容性,将数以千百计的道教神灵都直接吸收并改造成为尊奉《灵宝五篇真文》的灵宝神灵。对此我们已有专门讨论①。

其次,刘屹博士认为"元始旧经"因为早在"龙汉元年"就已经形成,而"随劫化现的只是元始天尊和灵宝经法",所以"包括太上道君、三皇五帝乃至葛仙公等与灵宝传承相关的天上和地上的神话人物",都不可能"在此前的劫运中出现"。根据敦煌 P. 3022 号《太上洞玄灵宝真文度人本行妙经》记载,太上大道君诞生在"赤明元年",至"上皇元年"才接受元始天尊传授的《灵宝五篇真文》和"元始旧经"。按照刘屹博士的说法,在"元始旧经"的神灵体系中,唯有元始天尊才是"随劫化现"并贯穿各个"劫运"时期而且独一无二的神圣存在。然而,实际情况却是"元始旧经"把大量"与灵宝传承相关的天上和地上的神话人物"都纳入其体系中,也使其大量"在此前的劫运中出现"。在前面已有讨论的基础上,我们试举一些最有代表性的神灵来说明。

1. 五老帝君

五老帝君的原型是汉代谶纬中的五方天帝。《太上灵宝五符序》最早将其改造成为守护《灵宝五符》以及"天文玉字"《真一食五芽天文》的重要神灵。而《真文天书经》则将其重新塑造成在"劫运"之前即在《灵宝五篇真文》最初演化宇宙的过程中存在的神灵②。《太上诸天灵书度

---

① 王承文《再论"元始旧经"和"新经"出世先后问题——兼评刘屹博士〈六朝道教古灵宝经的历史学研究〉》,《中山大学学报》2020 年第 2 期。

② 《元始无老赤书玉篇真文天书经》卷上,《道藏》第 1 册,第 744—775 页。柏夷也注意到"五老帝君"参与到《灵宝五篇真文》最初创生宇宙的过程,参见[美]柏夷撰,荀朋星、孙齐译《中古道教中作为圣物的文字》,《中外论坛》2021 年第 1 期。

命妙经》记载元始天尊称："五老帝君与灵宝因缘,生死亿劫,世世相值,教化不绝。《真文》既与五老帝君,各受一通真经妙诀,安镇五方。"①而《太上洞玄灵宝真文度人本行妙经》则按照佛教"本生"模式将五老帝君的"本行"事迹加以神化②。例如,"五老帝君"中的"西方金门皓灵皇老君",其前生曾经为女身,因托胎李氏降生为男身,专门修奉《五篇真文》中的《灵宝赤书白帝真文》,后被元始天尊封为"西方金门皓灵皇老君"③。也就是说,五老帝君的存在及其与《灵宝五篇真文》的关系,贯穿了宇宙中的所有"劫运"时期。

2. 高上玉帝

高上玉帝原为早期上清派所创造的最重要神灵之一。"元始旧经"《真文天书经》开头即记载高上玉帝同太上大道君等一起到最高天界"紫微上宫"向元始天尊请受《灵宝五篇真文》。而《太上诸天灵书度命妙经》则记载,早在宇宙正式形成之前,元始天尊与高上玉帝一起在天界的"洞阳之庭""以火炼《真文》",即用火烧炼具有神圣意义的《灵宝五篇真文》,使之"莹发字形,文彩焕曜,洞暎五方",因而成为能够辨识的"灵宝天文"。可见,高上玉帝在《灵宝五篇真文》的最初演化中就具有非同寻常的地位。至"龙汉元年",元始天尊又同高上玉帝一起,将《灵宝五篇真文》演绎成"十部妙经"即全部"元始旧经"④。因此可以判定,高上玉帝的存在贯穿了从《灵宝五篇真文》的初期演化到其后的所有"劫运"。

3. 天真皇人

---

① 《太上诸天灵书度命妙经》,《道藏》第 1 册,第 802 页。
② 王承文《古灵宝经"五老帝君"与中古道教教学说的建构》,载《2006 年台湾道文化国际学术讨论会论文集》。
③ 《太上洞玄灵宝真文度人本行妙经》,《中华道藏》第 3 册,第 308—312 页。
④ 《太上诸天灵书度命妙经》,《道藏》第 1 册,第 799—801 页。对"高上玉帝"的详细研究,参见王承文《再论"元始旧经"和"新经"出世先后问题——兼评刘屹博士〈六朝道教古灵宝经的历史学研究〉》,《中山大学学报》2020 年第 2 期。

根据前面的讨论,天真皇人属于最有代表性的"与灵宝传承相关的天上和地上的神话人物"之一。在葛洪《抱朴子内篇》和《太上灵宝五符序》中,"天真皇人"原本是在峨嵋山为黄帝解读"真经"的神仙,而《诸天内音自然玉字》却直接将其改造成为在"龙汉元年"受元始天尊之命解读和传授灵宝经法的神灵。经历多次"劫运"转换,至"上皇元年"又受元始天尊之命为太上大道君等传授"大梵隐语自然天书"。

4. 元始天王

元始天王的原型为古代神话中的盘古。东晋上清派将其改造成为元始天王。而"元始旧经"《太上诸天灵书度命妙经》将其重新改造成为在"龙汉元年"协助元始天尊将《灵宝五篇真文》演绎成"十部妙经"的神灵①。根据《洞玄灵宝二十四生图经》记载,至"上皇元年",元始天王又为后圣金阙帝君解读"天书玉字二十四图",并传授其"洞玄内观玉符"②。

5. 西王母

西王母为中国上古最著名的神话女神。《太上灵宝五符序》最早记载了其与灵宝经法传授的关系。而《太上诸天灵书度命妙经》则记载,"龙汉元年",西王母从元始天王那里接受著录了全部"元始旧经"的《太上紫微宫中金格玉书灵宝真文篇目》③,《诸天内音自然玉字》又记载,"上皇元年",西王母"于南浮洞室下教",将"大梵隐语自然天书"传授给"清虚真人"王褒。以上证明"元始旧经"其实将大量"与灵宝传承相关的天上和地上的神话人物",都直接改造成为贯穿远古"劫运"各个时期的重要神灵。

6. 碧霞和郁垒

根据"元始旧经"的解说,《灵宝五篇真文》本身属于作为宇宙创造

---

① 《太上诸天灵书度命妙经》,《道藏》第 1 册,第 801 页。

② 《洞玄灵宝二十四生图经》,《道藏》第 34 册,第 337—338 页。

③ 王承文《汉晋道教仪式与古灵宝经研究》,第 602—611 页;王承文《论古灵宝经"十部妙经"观念及其内在结构——兼论古灵宝经研究的方法问题》,《宗教学研究》2021 年第 3 期。

者的"道",并因此在"元始旧经"中具有最本源、最神圣、最神秘、最尊崇的性质。然而,根据相关研究,《灵宝五篇真文》中至少有41处涉及到汉晋时代各种各样的神灵①,而碧霞和郁垒作为民间信奉的两位俗神也位列其中。例如,《灵宝五篇真文》之"东方真文"的译文为:"东方九炁,始皇青天。碧霞郁垒,中有老人。总校图箓,摄怃降仙。"其中碧霞属于与泰山有关的道教女神。虽然至宋真宗才将其敕封为碧霞元君,但汉代泰山神女即已著名。汉代人雕刻神女玉像,在泰山极顶修建玉女池以奉祀。两晋史料亦多有记载②。而郁垒则属于汉代两个最著名的门神之一,最早见于古本《山海经》。汉代王充《论衡》记载:

> 《山海经》又曰:"沧海之中,有度朔之山,上有大桃木,其屈蟠三千里,其枝间东北曰鬼门,万鬼所出入也。上有二神人,一曰神荼,一曰郁垒,主阅领万鬼。恶害之鬼,执以苇索,而以食虎。于是黄帝乃作礼以时驱之,立大桃人,门户画神荼、郁垒与虎,悬苇索以御。"③

以上记载不见于今本《山海经》中。汉代应劭《风俗通义》亦称:"《黄帝书》:'上古之时,有〔神〕荼与郁垒昆弟二人,性能执鬼,度朔山上立桃树下,简阅百鬼,无道理,妄为人祸害,荼与郁垒缚以苇索,执以食虎。'于是县官常以腊除夕,饰桃人,垂苇茭,画虎于门,皆追效于前事,冀以卫凶也。"④由此可见,作为汉晋民间俗神中最具有典型意

① 参见詹姆迪·塞尔曼著,詹石窗、徐益明译《道教的宇宙之符〈灵宝真文〉的内容与结构的分析》,《宗教学研究》1986年第2期。
② (清)顾炎武著、黄汝成集释,栾保群、吕宗力校点《日知录》卷25,上海:上海古籍出版社,2006年,第1047—1048页;参见詹姆迪·塞尔曼著,詹石窗、徐益明译《道教的宇宙之符〈灵宝真文〉的内容与结构的分析》,《宗教学研究》1986年第2期。
③ 黄晖撰《论衡校释》卷二二《订鬼》,北京:中华书局1990年,第938—939页。
④ (汉)应劭撰、王利器校注《风俗通义校注》卷8,北京:中华书局,1981年,第367页。

义的碧霞和郁垒,不但被直接纳入作为宇宙本源也是最神圣的《灵宝五篇真文》中,而且还与《灵宝五篇真文》一起贯穿了所有远古"劫运"的各个时期①。因此,刘屹博士所断言的"随劫化现的只是元始天尊和灵宝经法",并不真正符合"元始旧经"的实际情况。

复次,"元始旧经"也将大量已经完成"神格化"的"历史人物"纳入其神灵体系中。小林正美认为,"元始旧经"的宗教内容均形成于"上皇元年"以前。而刘屹博士则认为其形成于"龙汉元年"。他们二者都非常强调"元始旧经"属于亿万年以前"劫运"时期的产物,并判定其创作者就是按照这种"时间观念"或"时间逻辑"写成的。然而,根据我们前面的讨论,其实际情况也并非如此。

(1)老子。原是春秋时期一个具体的"历史人物",自汉代以来被神化成具有至高无上地位的尊神"老君"或"太上老君",而在《真文天书经》等"元始旧经"中,则被改造为在"元始天尊"之下尊奉《灵宝五篇真文》的神灵。

(2)黄帝。作为"历史人物"的"黄帝",在《太上灵宝五符序》中,对于"灵宝五符"以及"天文玉字"《天皇真一之经》的传授具有至关重要的作用。而在《真文天书经》中,则被改造成为《灵宝五篇真文》和"元始旧经"从天界向人间传授最重要的环节。

(3)大禹。作为"历史人物"的大禹,在《太上灵宝五符序》中,对于"灵宝五符"和《天皇真一之经》的传授亦具有举足轻重的作用。然而在《诸天内音自然玉字》中,却被重新塑造成为在"上皇元年",接受"清虚真人王褒"所传"诸天内音自然玉字",并将其"封于南浮洞室石磧之中"。

(4)王褒。作为西汉时期的"历史人物",东晋上清派将其尊奉为"清虚真人"。而《诸天内音自然玉字》则对其神格作了重新塑造,在"上皇元年",王褒从西王母那里接受了"诸天内音自然玉字",其后又将其

———————————
① 王承文《敦煌古灵宝经与晋唐道教》,第 722 页。

传授给"大禹"。

（5）张道陵。本为东汉末的一位具体"历史人物"，然而汉晋道教将其尊奉为"天师"或"天师君"，实际上就是天师道所尊崇的最重要的天界神灵之一。至晚在东晋中期已被上清派尊奉为"正一真人三天法师"。而《真文天书经》等则将其重新塑造为"上古天师君"，与其他众多天师道神灵一起尊奉《灵宝五篇真文》。

（6）葛玄。原为汉末三国时期的一位"历史人物"。在葛玄时代直到东晋末年以前，"葛氏道"将葛玄尊奉为具有神仙方士色彩的"葛仙公"。但是随着东晋末年古灵宝经的兴起，"葛氏道"则重新将其神化为"弥劫历稔"，"累劫念道"，并超越"三界"，升入太玄都玉京山充任"太极左仙公"的神灵。这里需要补充的一个问题是："葛氏道"为什么不直接将葛玄塑造成一位在某个具体"劫运"时期就已出现的天界神灵呢？我们认为这在很大程度上缘于早期上清派的巨大压力。因为从东晋中期上清派到南朝中期的陶弘景，一直都对"葛氏道"高度神化葛玄持非常严厉的批判态度①。但是，与我们所讨论的"老子""黄帝""大禹""王褒""张道陵"等所谓"历史人物"进入"元始旧经"一样，在"元始旧经"的创作者看来，作为"太极左仙公"的葛玄本身属于"劫运"时期的神灵，应该是一种不言自明的事实。

《真文天书经》和"元始旧经"中还有数以千计的原本属于汉晋道教各派包括民间社会的神灵，其中不少就源于"历史人物"。从宗教逻辑上来说，一旦他们进入"元始旧经"，实际上就已经转变成为"劫运"时期的古灵宝经神灵。而按照"元始旧经"的教义思想，汉晋时期大量道教神灵在诞生年代上不仅是"此次开天辟地以来"的"历史人物"或神灵，而且是在"龙汉劫"以来的久远"劫运"过程中累世修奉灵宝经法方得成

---

① 王承文《敦煌古灵宝经与晋唐道教》，第 324—326 页；《汉晋道教仪式与古灵宝经研究》，第 528—538 页。

就的。古灵宝经创作者对其中一些极为重要的神灵如天真皇人、五老帝君、葛仙公等的"本行"经历作了专门塑造,在神学意义上圆满地兼容了这些神真或神仙人物此前的事迹。至于那些在古灵宝经中出现却并无专门描述的道教神灵,其神格特点也应该放在古灵宝经整体的教义思想语境中来理解。

至南北朝隋唐时期,大量道教神灵的神格继续沿着古灵宝经固有的教义思想得到丰富和发展。例如,南朝《太上洞玄灵宝业报因缘经》中就出现了太极真人徐来勒自"赤明劫"诞生为道士以来,不断轮回转生修道成就的经历。又如南朝后期成书的《太上灵宝升玄内教经》,其中多卷就是以太上大道君与天师张道陵的对话展开的,至于作为汉末天师道教首的张道陵为何能够直接接受居于大罗天太玄都的太上大道君的教法,显然与古灵宝经中张道陵已经被重新塑造成"上古天师君"这样的灵宝经神灵有直接关系①。法国道教学者马伯乐提出:"道教的神仙谱系一直在'形成中',因为不同时代的道书总在添加新神,或为那些前后左右难以自圆其说的旧神补充新的细节。"②应该说,在道教史上,"元始旧经"在为"旧神补充新的细节"方面表现得最为突出。而"元始旧经"和"新经"对于其所尊崇的神灵并不存在根本性差别。"元始天尊"等远古"劫运"时期的神灵完全可以与这些已经完成"神格化"的"历史人物"融合在一起。

最后,我们要强调的是,"元始旧经"也不存在远古"劫运"时期的神灵世界与现实人间世界的截然对立。"元始旧经"除了出现大量"历史人物"和"人间事物"之外,其经典叙述还大量存在将天界和人间相互混融交错的现象。例如我们的讨论证明,在《五炼生尸妙经》中,作为远古"劫运"时期的"天皇真人"完全可以直接讲述汉晋时期的人间事务。而

---

① 王承文《汉晋道教仪式与古灵宝经研究》,第 538—544 页。
② [法]马伯乐著,胡锐译《马伯乐道教学术论著》,第 140 页。

《三元品戒功德轻重经》中的"元始天尊"可以直接讲授人间"学者及百姓子"所遵守的戒律条文。至于《太上洞玄灵宝八威召龙妙经》中"元始天尊"说法,不但明确地提到晋成帝事迹,而且也提到了其接受《太上洞玄灵宝八威召龙妙经》和《洞玄灵宝丹水飞术运度小劫妙经》两部晚出"元始旧经"的经过。这些都证明了"元始旧经"作为"人间宗教"的本质及其特征。因此,在所谓"移入三经"中,出现"葛仙公"或"葛氏道"在家族中的传承,并不意味着与"元始旧经"教义思想的背离。反之,如果把有无出现"历史人物"和"人间世界"的内容直接当作重新划分古灵宝经的标准,很明显并不符合古灵宝经的实际情况。

(二)如何理解"元始旧经"中大量出现所谓"历史人物"的根本原因?

"元始旧经"内部存在大量与其自身的经典神话看似矛盾的现象,我们认为恰恰就是由其作为宗教的本质所决定的。那么,我们应该如何理解"元始旧经"中的这种现象呢? 在此我们有必要引用恩格斯的著名论断:"宗教一旦形成,总要包含某些传统的材料。"[1]"元始旧经"的创作者虽然将其经典的最初形成追溯到亿万万年以前的"龙汉劫"初期,但是真正独创的神灵其实为数极少,因此其神灵体系的构造不得不大量依靠对汉晋道教各种神灵的广泛吸收和重新改造。

德国哲学家卡西尔也有一系列关于宗教逻辑及其本质的著名论断。他称宗教"给予我们一个远远超出我们人类经验范围的超验世界的诺言和希望,而它本身却始终停留在人间,而且是太人间化了"[2]。他又指出,"宗教的反对者总是谴责宗教的愚昧和不可理解性。但是一

① 恩格斯《路德维希·费尔巴哈和德国古典哲学的终结》,《马克思恩格斯选集》第4卷,北京:人民出版社,1972年,第253页。
② [德]恩斯特·卡西尔著,甘阳译《人论》,上海:上海译文出版社,1985年,第93页。

当我们考虑到宗教的真正目的,这种责备就成了对它的最高褒奖。宗教不可能是清晰的和理性的","它所默示的论据,不可能作任何理性的解释","宗教绝不打算阐明人的神秘,而是巩固和加深这种神秘","宗教绝不是什么关于上帝和人以及两者的相互关系的'理论'";"因此可以说,宗教是一种荒谬的逻辑;因为只有这样它才能把握这种荒谬,把握这种内在的矛盾,把握人的幻想中的本质"①。因此,对于"元始旧经"中这种看似矛盾的现象,我们就应当按照宗教本身的逻辑和方法来理解和研究,而不能用纯理性的所谓"历史学"的逻辑和方法来加以批判和否定。否则,就会如刘屹博士自己所专门批判的,其思维始终只能在古灵宝经出世的经典神话里面"转圈圈"。

而小林正美和刘屹博士所坚持的古灵宝经重新分类法和"移入三经说",其出发点应该是试图依据"元始旧经"自身的经典神话,为"元始旧经"和"新经"的划分重新制定出一种他们自认为更加"清晰的和理性的"分类标准,并因此对陆修静在敦煌本《灵宝经目》中有关古灵宝经分类作了大量批判和修改。但其结果却是既忽视了"元始旧经"本身大量存在"历史人物"和"人间事务"的事实,也造成了学术界对古灵宝经基本认知的长期混乱。

六 结论

在近四十年来的国际古灵宝经研究领域中,出自陆修静和小林正美的两种根本不同分类法的长期并存,造成了国际学术界主要观点的重大分野以及对古灵宝经基本认知的混乱。刘屹博士在小林正美重新分类法和"移入三经说"的基础上,提出要根据"元始旧经"自身的经典神话,把有无出现"历史人物"作为重新划分古灵宝经的标准,从而对敦煌本陆

---

① [德]恩斯特·卡西尔著,甘阳译《人论》,第 17 页。

修静《灵宝经目》的分类作了进一步批判和否定。而他也正是在此基础上，重新构建了一整套具有重大颠覆性和批判性的古灵宝经研究体系。

我们的讨论证明，“元始旧经”出现“历史人物”并非“移入三经”所特有的现象，而是在“元始旧经”中普遍存在。至于其所列举的作为“太上老君”的老子、作为“正一真人三天法师”的张道陵，以及作为“太极左仙公”的葛玄等所谓“历史人物”，其实均属于在汉晋时代已经完成“神格化”的道教神灵。而“元始旧经”将这些“历史人物”纳入其神灵系统，完全符合“元始旧经”神灵体系构造的实际情况。而我们的讨论也从另一方面证明，敦煌本陆修静《灵宝经目》对古灵宝经的著录和分类，其实直接建立在古灵宝经本身的教义思想的基础上，也完全符合古灵宝经的实际情况。因此，如果研究者试图以自己所设定的标准，去否定或者强行改变敦煌本《灵宝经目》原有的著录和分类，那么就会从根本上影响古灵宝经研究的正常发展。至于这两种不同分类法的长期并存究竟如何极为严重地影响了古灵宝经研究的正常发展，我们将另作专门讨论。

第六章　论古灵宝经的分类法和研究方法问题(上)

——兼评刘屹博士《六朝道教古灵宝经的历史学研究》

一　引言

古灵宝经对中古以来道教发展演变有极为重要而深远的影响,长期以来一直是国际道教学术界研究的重点之一。近二十多年来,国内古灵宝经研究也经历了从几乎无人问津,到目前堪称热门的发展过程。然而,国内外道教学术界特别是所有古灵宝经研究者都一致认为,当前古灵宝经研究已经处于一种混乱失序状态。而其最突出的表现就是,虽然各种研究论著在不断出现,但是其主要核心观点却大相径庭,而且还越来越南辕北辙。例如,近年来刘屹博士积十年之功完成的巨著——《六朝道教古灵宝经的历史学研究》,入选"国家哲学社会科学成果文库",他公开称其研究"从始至终都是与众不同的独此一家"①;"没有人承认我的这一论证属实";"至今也没有人肯定我这项看似很不起眼工作对灵

---

① 刘屹《六朝道教古灵宝经的历史学研究》,第 117 页。

宝经研究的贡献”；“从 2008 年我首次提出‘新经’早于‘旧经’的可能性至今，学界一直只有我一个人公开坚持这一‘独唱’”①。

造成当前这种混乱局面最根本的原因，源于长期以来国际学术界对古灵宝经一直存在两种完全不同的分类法和研究方法，从而导致相关研究者对古灵宝经的基本认知以及研究的基础和起点就存在重大差别。然而，这一问题之所以长期存在，恰恰是因为这一问题牵涉到古灵宝经的学术史以及古灵宝经研究的所有方面，因此其本身就属于一个极其复杂、困难同时也令人望而却步的问题。迄今为止，国内外学术界还未见有人对此进行过专门讨论。鉴于当前这种混乱失序的局面已经严重损害了古灵宝经研究的正常发展，我们认为有必要对古灵宝经分类以及研究方法等重要问题进行认真总结和深刻反思。

二 关于小林正美的古灵宝经重新分类法和“移入三经说”

1974 年，大渊忍尔从敦煌遗书中发现并恢复了长久佚失的陆修静《灵宝经目》②。敦煌本《灵宝经目》首先是《元始旧经紫微金格目》，共著录“元始旧经”29 部，其中 19 部“已出”，10 部“未出”；接着又著录“葛仙公所受教戒诀要及说行业新经”，简称为“新经”，共 11 部。此后数十年以来，国内外绝大多数研究者都根据陆修静原有的分类，将古灵宝经划分为“元始旧经”和“新经”两部分。而坚持这种分类法的研究者，一般都认为六朝时期以江南葛氏家族为核心的道教团体“葛氏道”，就是所有古灵宝经的创作者，并将这批古灵宝经视为一个独立并具有内在

---

① 刘屹《六朝道教古灵宝经的历史学研究》，第 292、299、322 页。

② Ofuchi Ninji, "On Ku Ling-Pao Ching," *Acta Asiatica*, 27(1974). 译文见刘波译、王承文校《论古灵宝经》，载陈鼓应主编《道家文化研究》第 13 辑“敦煌道教文献专辑”，第 485—506 页。

联系的经典体系进行各种专题研究。不过,坚持这种分类方法的研究者,对于古灵宝经为什么必然是一种具有内在逻辑关系的经典体系,以及这种经典体系究竟是怎样构成的等重要问题,长期以来都缺乏专门研究和明确说明①。

小林正美对古灵宝经研究有比较突出的贡献,然而,他提出的一系列具有重大争议的命题,也在国际学术界产生了复杂而持久的影响。其中最有代表性的就是古灵宝经重新分类法问题。1982 年,他正式提出要对敦煌本陆修静《灵宝经目》所著录的古灵宝经进行重新分类。其论点的核心,就是强调古灵宝经本身并不构成一个完整的经典体系,其内部实际上存在着各种重大差异。首先,他强调其创作者及其所属"道派"存在重大差异。他认为"元始旧经"为"葛氏道"所创作,而"仙公新经"(即"新经")则为"天师道三洞派"所创作。其次,他强调这两批经典在根本性教义思想上存在重大差异。主要表现在三个方面:一是主神观念的差异。他认为"元始旧经"最尊崇的主神是元始天尊,而"仙公新经"最尊崇的是"太极真人"和"葛仙公"(即葛玄)等。二是在"三洞经书"观念方面存在差异。他认为"元始旧经"还没有形成具有整合道教色彩的"三洞经书"观念,而"仙公新经"却有明确的"三洞经书"观念。三是最尊崇经典的差异。他认为"元始旧经"最尊崇的经典是《灵宝五篇真文》,而"仙公新经"最尊崇的则是《道德经》。最后,他在此基础上提出了著名的"移入三经说"。他认为现存敦煌本《灵宝经目》之《元始旧经紫微金格目》所著录的三部"元始旧经",即《洞玄灵宝玉京山步虚经》《太上无极大道自然真一五称符上经》和《太上洞玄灵宝真一劝诫法轮妙经》,原本均属于"仙公新经",是陆修静在 471 年编纂《三洞经书目录》时为了填补"元始旧经"的空缺,特地从"仙公新经"中抽出而补充进来的②。

---

① 参见王承文《论古灵宝经"十部妙经"观念及其内在结构——兼论古灵宝经的研究方法问题》上、下篇,《宗教学研究》2021 年第 3 期、第 4 期。

② [日]小林正美著,李庆译《六朝道教史研究》,第 125—179 页。

近数十年来，小林正美提出的古灵宝经重新分类法以及"移入三经说"，应该说在国际学术界产生了很大的影响。然而，随着古灵宝经研究的深入以及各种问题的凸显，这种分类法以及研究方法本身的局限也越来越明显，并突出地表现在以下几个方面。

第一，目前没有任何确切的资料能够证明"元始旧经"和"新经"分别出自"葛氏道"和"天师道三洞派"两个根本不同的道派。也没有任何确切的资料能够证明晋宋之际道教内部确实存在一个"天师道三洞派"①。需要特别指出的是，与中古其他道派或经系相比，古灵宝经本身体现了极其鲜明的整合和兼融汉晋道教各派的特点，并试图在此基础上构建一种"超九流，越百氏"②的经教体系。因此，无论是"元始旧经"还是"新经"，其实都包含有对汉晋天师道教法的直接吸收和改造③。例如，《元始五老赤书玉篇真文天书经》作为"元始旧经"中出世最早也最重要的经典，不但明确提出要把"正一盟威太上无为大道"即天师道改造成为尊奉《灵宝五篇真文》的宗教，而且还将"太上老君""太上丈人""千二百君""上古天师君（即张道陵）"等一大批最有代表性的

---

① 对"天师道三洞派"这一提法的质疑，参见神冢淑子《六朝道经中的因果报应说与初期江南佛教》，陈永源主编《道教与文化学术研讨会论文集》，台北："国立"历史博物馆，2001 年，第 181－202 页；黎志添《从葛玄神仙形象看中古世纪道教与地方神仙传说》，《中国文化研究所学报》新 10 期，2001 年，第 491－510 页。按：小林正美提出"天师道三洞派"这一命题，在极大程度上是以"新经"中有"三洞经书"思想而"元始旧经"中没有"三洞经书"作为最主要前提的。然而根据研究，"元始旧经"中"三洞经书"思想远比"新经"更加系统和完整。参见王承文《敦煌本〈灵宝经目〉与古灵宝经的分类及内在关系考释之二——以"三洞经书"观念为中心》，《敦煌学辑刊》2013 年第 2 期；收入王承文《汉晋道教仪式与古灵宝经研究》，第 431－457 页。

② （唐）道宣《广弘明集》卷 8《辩惑篇·明典真伪》引，《大正新修大藏经》第 52 册，第 141 页。

③ 王承文《敦煌古灵宝经与晋唐道教》，第 321－447 页；王承文《汉晋道教仪式与古灵宝经研究》，第 149－222 页。

天师道尊神,直接改造成为在"元始天尊"之下尊奉《灵宝五篇真文》的神灵①。又如,"新经"《太极真人敷灵宝斋戒威仪诸经要诀》中天师道色彩比较突出。然而,经过研究后发现,该经堪称是用"元始旧经"所构建的灵宝斋法吸收和改造天师道斋法仪式的典范②。另外,无论是"元始旧经"还是"新经",其实都有多部经典与天师道完全无关。因此,不能因为某几部"元始旧经"和"新经"中存在天师道色彩的差异,就直接判定这两批经典在"源头"和"道派"上存在重大差别。

第二,小林正美提出的"元始旧经"和"新经"在根本性教义思想上存在的各种"重大差异",其实都不能真正成立。一是在主神观念方面,敦煌本《灵宝经目》著录的"新经"《太上洞玄灵宝真文要解上经》,小林正美也认为其中的"元始"和《灵宝五篇真文》就是指"元始旧经"所尊崇的主神"元始天尊"和《灵宝五篇真文》。而这一点恰恰证明了"新经"所尊崇的最高主神应该就是元始天尊,不可能是太极真人、葛仙公等。至于多部"新经"(包括其"移入三经说"所指的三部"元始旧经")之所以未明确出现元始天尊,我们认为是一种宗教叙事的需要造成的,不能简单地判定为这些经典的作者完全不知道或者根本就不承认元始天尊作为主神的地位③。二是在"三洞经书"观念方面,根据我们的研究,"元始旧经"和"新经"其实都有非常明确的"三洞经书"观念。而且"元始旧经"的"三洞经书"观念要远比"新经"更加系统和更加完整④。三是在

---

① 《元始五老赤书玉篇真文天书经》卷下,《道藏》第 1 册,第 795 页。参见王承文《论古灵宝经分类争议中的"历史人物"问题》,《魏晋南北朝隋唐史资料》第 46 辑。

② 王承文《汉晋道教仪式与古灵宝经研究》,第 380—387、476—477 页。

③ 王承文《论古灵宝经"十部妙经"观念及其内在结构——兼论古灵宝经的研究方法问题》上篇、下篇,《宗教学研究》2021 年第 3 期、第 4 期。

④ 王承文《敦煌本〈灵宝经目〉与古灵宝经的分类及内在关系考释之二——以"三洞经书"观念为中心》,《敦煌学辑刊》2013 年第 2 期;王承文《汉晋道教仪式与古灵宝经研究》,第 431—457 页。

最尊崇的经典方面，古灵宝经中的《灵宝五篇真文》和《道德经》并不构成一种非此即彼、相互否定的关系。至少有三部"新经"中明确出现了对《灵宝五篇真文》的尊崇。至于那些没有出现《灵宝五篇真文》的"新经"，也不能判定其创作者不知道或者根本就不承认《灵宝五篇真文》的尊崇地位。因为敦煌本"新经"《太上太极太虚上真人演太上灵宝威仪洞玄真一自然经诀上卷》能够证明，《灵宝五篇真文》和《道德经》完全可以出现在同一部"新经"中，而且《灵宝五篇真文》的地位要远远高于《道德经》①。因此，小林正美强调的"元始旧经"和"新经"之间的所谓"重大差异"，在极大程度上就是"依靠某种因素谁'有'谁'无'的表象"②而决定的。

　　第三，"元始旧经"提出并反复强调的"十部妙经"观念，证明了其本身就属于一种以《灵宝五篇真文》为核心，并且具有极为深刻的内在逻辑性和关联性的经典体系。南朝陆修静、宋文明以及隋唐宋大量道教义理著作的论述也充分地证明了这一点③。小林正美虽然也关注和讨论了《灵宝五篇真文》以及"十部妙经"问题，但基本上限于一般性文献梳理，未能从"元始旧经"本身的"十部妙经"体系中认识相关经典内容的差异。其结果就是只要相关经典中没有出现"元始天尊"和《灵宝五篇真文》，他就判定其作者根本就不尊崇"元始天尊"和《灵宝五篇真文》。因此其古灵宝经重新分类法以及"移入三经说"，在本质上就是"依靠某种因素谁'有'谁'无'的表象"而判定的。而这种研究方法的本质，就是将古灵宝经中"某种因素"的"有"与"某种因素"的"无"，看成是

---

　　①　王承文《敦煌本〈灵宝经目〉与古灵宝经的分类及内在关系考释——以〈灵宝赤书五篇真文〉和〈道德经〉的关系为中心》，《敦煌学辑刊》2012年第3期；王承文《汉晋道教仪式与古灵宝经研究》，第370—457页。

　　②　刘屹《六朝道教古灵宝经的历史学研究》，第425页。

　　③　王承文《论古灵宝经"十部妙经"观念及其内在结构——兼论古灵宝经的研究方法问题》上、下篇，《宗教学研究》2021年第3期、第4期。

一种绝对的非此即彼、二者必然相互对立和相互否定的关系，进而将其上升为根本性教义思想的差别以及"源头"和"派系"的差别。但是这种非黑即白、二元对立的认识方法并不符合古灵宝经的实际情况。

我们可以把东晋中后期出世的一批早期上清经作为参照。这批上清经本身并未透露出其创作者丹阳许氏家族的任何信息，其经典内容也存在各种各样的差别。至于其对最高神灵"高上虚皇君"以及最核心经典《上清大洞真经三十九章》的尊崇，也并未出现在每一部上清经中。如果先将这一批早期上清经看成是一批各自独立的经典，然后再"依靠某种因素谁'有'谁'无'的表象"来判定的话，显然可以判别出各部经典在最高神灵以及最尊崇的经典等各方面都存在重大差异。然而，长期以来，国际学术界均把早期上清经看成是主要由许氏家族所创作并具有内在逻辑关系的经典，也形成了相应的共识：一是在每一部上清经中出现的阶位最高的神灵，并不意味着就是其创作者最尊奉的主神；二是在某些上清经中没有出现《上清大洞真经三十九章》，也决不意味着其作者就不知道或者根本就不尊崇《上清大洞真经三十九章》；更不会把这些表面的差异，直接当作是早期上清经内部在根本性教义思想以及"源头"和"派系"上存在重大差别的证明。然而令人感到遗憾的是，近数十年以来，这些在早期上清经以及中古其他道派的研究中普遍适用的原则和方法，却在古灵宝经研究领域显得异常困难。

第四，我们认为小林正美的重新分类法和"移入三经说"，实际上开启了一种公开批判和否定陆修静对古灵宝经所作分类的学风。众所周知，无论是从历史学还是宗教文献学来说，敦煌本陆修静《灵宝经目》文本的极端重要性都是毋庸置疑的。然而，小林正美将陆修静明确著录为"元始旧经"的三部经典判定为"仙公新经"；将陆修静明确著录为"新经"的经典，例如《太上洞玄灵宝真文要解上经》，却又判定为"元始旧经"。这种做法既严重削弱了敦煌本《灵宝经目》对于古灵宝经研究的基础性意义,也必然导致一系列重大争论的产生。例如,按照陆修静原有的分类法,《洞玄灵宝玉京山步虚经》《太上无极大道自然真一五称符上经》和《太上洞玄灵宝真一劝诚法轮妙经》三经本来就属于"元始旧经",而这三经以及其他经典都非常明确地记载"葛氏道"传授了"元始旧经"和"新经"。因此,这两批经典之间根本就不存在教义思想上的重大差别,更不存在所谓"源头"和"派系"的差别。但是,如果按照小林正美的重新分类法和"移入三经说",则无论是古灵宝经的"源头"和"道派",还是根本性的教义思想等等,都存在着各种各样的重大差异。

又如,按照陆修静原有分类法,《太上洞玄灵宝真文要解上经》原本为"新经"。而该经能够充分证明,"新经"最尊崇的经典和最高神灵与"元始旧经"其实完全一样,都是指《灵宝五篇真文》和"元始天尊"。然而,小林正美直接否定陆修静对该经性质的认定,公开将该经判定为"元始旧经"。然后在此基础上,一方面强调所有"新经"都不尊崇"元始天尊"和《灵宝五篇真文》;另一方面则坚持认为"新经"与"元始旧经"在"道派"和教义思想上都存在根本性的差别。这种公开改变敦煌本《灵宝经目》中相关经典性质的做法,必然会造成对"元始旧经"和"新经"教义思想等基本认知的重大差别。而这种做法也就意味着研究者完全可以根据自己的主观判断,去公开改变敦煌本《灵宝经目》中相关经典的性质。很显然,这种做法既不符合历史学和文献学研究的原则,也无法解释陆修静为什么不将《太上洞玄灵宝真文要解上经》这部小林正美认为原本属于"元始旧经"的经典抽出去充当"元始旧经",而是将小林正美认为根本就不属于"元始旧经"的三部"新经"抽出去充当"元始旧经"。毋庸讳言,受到小林正美这种做法的影响,一部分研究者不是去深入探究陆修静所作分类背后更加深层的理念和逻辑,而是继续"依靠某种因素谁'有'谁'无'的表象",进一步公开批判和改变陆修静在敦煌本《灵宝经目》中对多部经典性质的判定,并在此基础上提出各种各样具有重大争议的议题。

第五,我们认为小林正美提出的重新分类法和"移入三经说",实际上也开启了一种人为地割裂和肢解古灵宝经文本的风气。例如,《洞玄灵宝自然九天生神章》在敦煌本《灵宝经目》中被著录为"元始旧经"。然而,小林正美认为该经中既出现了作为"元始系"标志的"元始天尊",也出现了作为"仙公系"标志的"太极真人"及其《太极真人颂》,故而判定该经是由较晚出现的"天师道三洞派"将一部较早出现的"元始系"灵宝经中加入"仙公系"内容后所导致的结果①,并公开将该经分割成由两个不同"道派"分别创作的两部分,而该经也因此被其重新判定为"元始·仙公系"②。深受这种做法的直接影响,一部分研究者判定《元始五老赤书玉篇真文天书经》《洞玄灵宝玉京山步虚经》《太上洞玄灵宝真文度人本行妙经》等经典,也是在不同时期分别由不同道派的道士多次添加和改造而成的。至于添加和改造的时间,则从东晋末年一直延续到唐朝。还有研究者强调"古灵宝经本身并不是一个体系完整而一贯的经典群,彼此充满了矛盾和不一致性。不仅古灵宝经全体如此,具体到一部道教经典,也很可能不是一个完整而一贯的整体"。也就是说,不仅古灵宝经在整体上"充满了矛盾和不一致性",而且每一部经典内部也因为是由不同时期的不同作者或"道派"创作完成的,所以无法构成"一个完整而一贯的整体"。这种相当偏颇而且极端的研究方法和结论,却被赞誉为"对古灵宝经认知的一个新基点"③。近年还有研究者提出,陶弘景《真诰》所记载的东晋末年"葛巢甫造构《灵宝》,风教大行",其中就包括当时的佛教徒也参与了古灵宝经的创作。可见,当前学术界确实存在一种将古灵宝经研究作彻底颠覆和解构的倾向。

总之,小林正美所提出的古灵宝经重新分类法和"移入三经说",既在国际学术界产生了广泛影响,也受到了普遍质疑。究其根本原

① [日]小林正美著,李庆译:《六朝道教史研究》,第 173、222—223 页。
② [日]小林正美著,李庆译:《六朝道教史研究》,第 205—228 页。
③ 刘屹《六朝道教古灵宝经的历史学研究》,第 123 页。

因，还是在于其人为而且极大地改变了敦煌本陆修静《灵宝经目》原有的分类和结构。而近四十年来的学术研究也充分证明，这两种根本不同的分类法的同时并存，就等于在古灵宝经研究领域搭建了两个具有巨大差异的基础平台。由于二者必选其一，因此相关研究者开展研究的基础和起点就存在重大差别。还要特别指出的是，这两种不同也相互矛盾的分类法实际上也代表了两种根本不同的研究取向，因为陆修静原有分类法指向的是古灵宝经作为一个经典体系的整体性和统一性，而小林正美重新分类法和"移入三经说"强调的却是古灵宝经内部的各种矛盾和差异性。因此，学术界用这两种分类法研究的必然结果，就是学术观点的重大分野以及对古灵宝经基本认知的严重混乱。

最后还要指出的是，这两种完全不同也相互矛盾的分类法的长期并存，在当代学术研究中应该属于一种很不正常的现象。一方面，我们看到坚持陆修静原有分类法的研究者，因为无法回答或者有意回避小林正美重新分类法和"移入三经说"所提出的各种挑战，其研究结论始终都显得底气不足；另一方面，我们又看到某些坚持小林正美重新分类法的研究者，则愤愤不平于自己的研究成果未能得到国内外主流学术界应有的重视和公正对待。随着各种矛盾和问题的长期积累，时至今日，实际上连正常的学术对话和学术批评都已经无法在同一个频道上进行。然而，有一点则是完全可以肯定的，即任何一种真正的科学研究，都应当以获得唯一公认的答案为标准。目前这样两种差别极大又截然对立的分类法，必然只有其中一种才符合古灵宝经的实际情况，也只有一种才是能够真正成立的。因此，对于所有古灵宝经研究者来说，究竟是统一坚持敦煌本陆修静《灵宝经目》中对古灵宝经原有的分类法，还是全都遵照小林正美的重新分类法以及"移入三经说"，已经到了必须从根本上加以彻底解决的时候。否则，当前这样旷日持久的学术争论以及严重混乱失序的局面必然还将长期延续下去。

三 关于刘屹博士与小林正美重新分类法和"移入三经说"的关系

根据刘屹博士自己的介绍,他"从 2007 年底开始,不经意间介入"①古灵宝经研究,并于 2008 年发表其第一篇论文②。在其最初也最具有关键意义的古灵宝经分类法的选择上,他选择了小林正美的重新分类法和"移入三经说",而这也就决定了其研究自始至终都与国内外绝大多数研究者存在显著差别。近年来,随着学术界对小林正美相关研究的质疑和批评的兴起,刘屹博士也一度成为最主要的批评者之一。然而,对于小林正美的重新分类法和"移入三经说",刘屹博士虽然也提出过某些质疑,但更多的还是为这种观点的合理性提出新的解释。因此,刘屹博士堪称是小林正美这一核心观点最主要的坚持者和辩护者。特别是其新书所有主要核心观点的形成,其实都与此密不可分。至于他们二者在古灵宝经分类法以及研究方法等方面的关系,我们需要作专门讨论。

(一)刘屹博士对小林正美古灵宝经研究的评论

对于小林正美在古灵宝经研究中的贡献,刘屹博士作出了一定的正面评价,并将他与大渊忍尔、柏夷并称为国际道教灵宝经研究中的"三家两派"之一③。我们认为这样的评价是基本符合事实的。

然而,对于小林正美的主要核心观点与国际主流学术界的重大差异,刘屹博士却作了前所未有的公开批判。他称小林正美的观点"与其

---

① 刘屹《六朝道教古灵宝经的历史学研究》,第 12 页。
② 刘屹《"元始系"与"仙公系"灵宝经的先后问题——以"古灵宝经"中的"天尊"和"元始天尊"为中心》,《敦煌学》第 27 辑,第 275—291 页。
③ 刘屹《六朝道教古灵宝经的历史学研究》,第 50 页。

他道教学者的认知存在巨大的差距。我认为产生这种认识差异的责任，主要在小林"①。他公开提出："我甚至认为，关于灵宝经的基本问题至今纠缠不清，小林应该承担一定'学术史的责任'。"②对于小林正美的研究方法、论证过程以及大量研究结论，刘屹博士称"小林正美论证过程中明显存在诸多误读、误解、跳跃思维、循环论证和不符逻辑之处"③；"这样的一个很不稳固，甚至明显摇摇欲坠的结论，却成为他此后三十年间所有进一步研究的基础"④；"用这种完全出于主观想象的、伸缩性极大的推论来解决一部文献的定年问题，就历史学的研究方法而言，简直是不可想象的！……我有时甚至会为这些古代道教文献感到不平：为何对它们的定年就可以如此率性随意？！"⑤他认为小林正美研究的特点以及大量结论，就是"先摇摇晃晃地立下一个基点，其后所有的论证都从这一基点出发再去推衍。因此，只要看到他的基点是不可靠的，其后的论证大多是不可信的"⑥；"现在看来，他这样做所得出的大部分结论，都是经不起推敲的"⑦；"他的这些论证和结论，是经不起重复检验的"，"他的这些观点确实就是不可靠的，也必将只能成为他个人的自说自话"⑧。刘屹博士还专门从学术规范方面对小林正美作了严厉批判，称其研究"表明他缺乏学术规范的意识和约束。不遵守学术规范而做出的研究，很难有可靠的品质保证"⑨；"如果道教学界任由这种无序失范的研究大行其道，整体的道教研究学术环境就不会有质

---

① 刘屹《六朝道教古灵宝经的历史学研究》，第88页。
② 刘屹《六朝道教古灵宝经的历史学研究》，第92页。
③ 刘屹《六朝道教古灵宝经的历史学研究》，第80页。
④ 刘屹《六朝道教古灵宝经的历史学研究》，第89页。
⑤ 刘屹《六朝道教古灵宝经的历史学研究》，第84页。
⑥ 刘屹《六朝道教古灵宝经的历史学研究》，第86页。
⑦ 刘屹《六朝道教古灵宝经的历史学研究》，第87页。
⑧ 刘屹《六朝道教古灵宝经的历史学研究》，第92页。
⑨ 刘屹《六朝道教古灵宝经的历史学研究》，第96页。

的改善"①;"一个规范的、专业化程度高的研究领域,也绝不应该放任这种明显有违学术规范和学术精神的行为"②。其书中与此相同或类似的批评还有很多。至于小林正美针对学术界相关质疑所作的申述,刘屹博士则公开批判为"空口无凭甚至是强词夺理了"③。

很显然,以上这些提法和做法,大都已经基本脱离了就事论事的学术批评,这在中外学术史上都是十分罕见的。至于学术批评是否应该用这种方式来进行,我们对此持一定的保留态度。

(二)刘屹博士对小林正美重新分类法和"移入三经说"的质疑和坚持

对于小林正美的重新分类法和"移入三经说",刘屹博士表现了既有质疑但又坚持的矛盾态度。

首先,他对小林正美的重新分类法和"移入三经说"在国际学术界被接受的程度作了专门评论。他称:

> 目前学界绝大多数学者是按照敦煌本目录所反映的陆修静当年的分类,即"元始旧经"和"仙公新经"之分,只有小林认为敦煌本目录是陆氏改动灵宝经固有的分类后的产物,所以小林对灵宝经分类做了改进,即区分为"仙公系"和"元始系"。④

> (小林正美)这一意见并未得到学界的认可。除了个别日本学者遵从了小林的这一新分法外,几乎所有灵宝经研究的学者,在讨论到'旧经'和'新经'之分时,所依据的都还是陆修静所做的分组。⑤

---

① 刘屹《六朝道教古灵宝经的历史学研究》,第92页。
② 刘屹《六朝道教古灵宝经的历史学研究》,第96页。
③ 刘屹《六朝道教古灵宝经的历史学研究》,第504页。
④ 刘屹《六朝道教古灵宝经的历史学研究》,第93页。
⑤ 刘屹《六朝道教古灵宝经的历史学研究》,第257页。

可见，刘屹博士认为在整个国际学术界，其实绝大多数研究者都坚持陆修静在敦煌本《灵宝经目》中对古灵宝经的分类，只有为数极少的研究者在继续坚持小林正美的重新分类法。

其次，小林正美的重新分类法是以陆修静人为地将三部"新经"抽出而充当"元始旧经"这种推测作为最主要前提的。面对国内外学术界的质疑和批评，刘屹博士从最初的完全接受，到后来也持一定怀疑的态度。他认为陆修静作为整理古灵宝经的道教宗师，不可能轻易地改变相关经典的性质。他高度肯定陆修静对古灵宝经的整理和甄别，认为"陆氏在437年工作的主旨，就是甄别灵宝经的真伪"①；"陆修静是在元始诸经出世后，最早系统地整理和甄别灵宝经真伪的道教大师。他对于灵宝经出世的说法，应该是最权威和最值得重视的"②；"显然陆氏留下的只言片语都应该值得我们充分重视"③。因此，他特别强调"这两组灵宝经无论在出世的时间，还是道法的高下方面，特别是在陆修静个人的眼中，都是有明显差别的"④。因此他认为"在《灵宝经目序》中，陆氏实际上对两个系统的灵宝经做了严格的区分"⑤。他还强调说：

> 不应该存在小林氏所认为有三卷原本属于"仙公系"，被陆修静硬生生移到"元始系"的情况。一部灵宝经如果先被贴上一个较低级的标签（"仙公新经"），再到需要的时候换上一个新的较高层级的标签（"元始旧经"），这种做法总要有充分的理由才行。陆氏的确不能随意变动"元始旧经"和"仙公新经"的标签。⑥

很显然，按照以上论证，刘屹博士实际上已经否定了小林正美重新

---

① 刘屹《六朝道教古灵宝经的历史学研究》，第206页。
② 刘屹《六朝道教古灵宝经的历史学研究》，第228页。
③ 刘屹《六朝道教古灵宝经的历史学研究》，第151页。
④ 刘屹《六朝道教古灵宝经的历史学研究》，第209页。
⑤ 刘屹《六朝道教古灵宝经的历史学研究》，第160页。
⑥ 刘屹《六朝道教古灵宝经的历史学研究》，第337—338页。

分类法和"移入三经说"存在的合理性。然而，刘屹博士为什么还要继续将小林正美重新分类法和"移入三经说"作为其所有专题研究最重要的基础和前提呢？他提出的继续坚持的最主要理由，实际上也直接来自小林正美的研究结论。

小林正美最早提出应该按照"元始系"（即"元始旧经"）和"仙公系"（即"新经"）各自"教理上的出世时间"和"时间逻辑"①来区分这批古灵宝经。小林正美强调所有"元始旧经"都具有远古"劫运"时期成书的神圣背景，其所反映的至晚也是"上皇元年"以前天庭神灵世界的内容。与此相对，所有"仙公新经"都没有远古"劫运"时期成书的神圣背景，都属于三国孙吴赤乌年间葛玄在天台山从太极真人那里接受的经典。因此，小林正美认为这两批经典在有无"劫运"时期的神圣背景以及具体形成时间上存在巨大差别。在此基础上，刘屹博士也强调这两批经典因为宗教神圣背景的差别而导致神灵系统也存在根本性差别。他特别强调"元始旧经"中决不可能出现"太上老子、太极真人和葛仙公"等"近千年以内传授所见"的"历史人物"。而在小林正美"移入三经说"所指三部"元始旧经"中，却恰恰出现了如老子、张道陵、葛玄等"历史人物"②。因此他认为：

> 小林氏发现在陆修静目录的"旧经"中，有三部原本不属于"元始旧经"，是被陆修静"移入"的。这三部中出现了老子和葛仙公，所以被小林氏又从"元始系"移归到了"仙公系"。我个人认为小林氏的这个思路是值得肯定的。在本书中会有支持这一看法的证据。③
>
> 现存的"元始旧经"却有三种经典，只有葛仙公系统的神格，而

① 见王皓月《再论〈灵宝经〉之中'元始旧经'的含义》（《世界宗教研究》2014年第2期）一文对小林正美这一核心观点所作的概括。
② 刘屹《六朝道教古灵宝经的历史学研究》，第264、224、520、441页。
③ 刘屹《六朝道教古灵宝经的历史学研究》，第77页。

无元始天尊系统的神格。这明显违背了所谓"元始旧经"都是元始
天尊所传灵宝天文的神圣观念，应该是陆修静为弥补"元始旧经"
的不足，而将原本并不属于"旧经"的经典移入"元始旧经"。①

由此可见，刘屹博士认为"移入三经说"所指三经中因为出现了老
子、张道陵、葛玄等"历史人物"，既不符合"所谓'元始旧经'都是元始天
尊所传灵宝天文的神圣观念"，也与"元始旧经"的神灵系统存在根本性
差异，因此他判定这三经在敦煌本《灵宝经目》中作为"元始旧经"出现，
就是陆修静人为改动的结果。刘屹博士将有无"历史人物"出现作为重
新划分古灵宝经最重要也是唯一的标准，在这种意义上可以看成是其
对小林正美重新分类法以及"移入三经说"的补充。

然而，根据我们的研究，"元始旧经"出现所谓"历史人物"并非小林
正美"移入三经说"所指三经中特有的现象，而是在大量"元始旧经"中
都普遍存在。这些所谓"历史人物"均属于在汉晋道教中已经完成"神
格化"的神灵，与一般具体历史人物有本质区别。"元始旧经"将这些特
定"历史人物"纳入其神灵体系中，其实完全符合其本身的教义思想。
有无出现"历史人物"，不能成为重新划分古灵宝经的标准和理由。因
此，陆修静在敦煌本《灵宝经目》中对古灵宝经的分类，其实完全符合古
灵宝经的实际情况②。

（三）如何看待刘屹博士和小林正美在古灵宝经基本问题上的主要差异？

刘屹博士虽然坚持小林正美的重新分类法和"移入三经说"，但是
对其相关结论又提出了大量质疑和批评。而且随着时间推移，他对自

① 刘屹《六朝道教古灵宝经的历史学研究》，第 224 页。
② 王承文《论古灵宝经分类争论中的"历史人物"问题》，《魏晋南北朝隋唐史资料》第 46 辑。

己的部分观点也作了调整。综合来看,他在古灵宝经基本问题上与小林正美的主要差别体现在以下这些方面。

首先,与小林正美主张"葛氏道"创作了"元始旧经"以及"天师道三洞派"创作了"新经"相反,刘屹博士提出"葛氏道"仅仅创作了一部分"新经",而"葛氏道"则与"元始旧经"的创作完全无关。他判定所有"元始旧经"都是"不知名的道教徒在 420 年左右开始造作"的①。同时他也力证历史上根本就不存在一个所谓"天师道三洞派",并批评小林正美"凭空创造出一个'天师道三洞派(或改革派)'"②。他认为其"说法不仅有违常理,而且完全是建立在他个人拟构出来的一个新概念之上"③。

其次,所有研究者包括小林正美都一致认为"元始旧经"比"新经"更早出世。但是,刘屹博士却判定所有"新经"都比"元始旧经"更早出世,而且以此为基础重新构建了一整套古灵宝经研究的框架体系。

最后,对于小林正美所提出的"元始旧经"和"新经"在教义思想方面存在"重大差异"的结论,刘屹博士则提出了自己更详尽也更具有系统性的观点。

一是关于古灵宝经最尊崇的经典。刘屹博士在前期都坚持小林正美提出的观点,即"元始旧经"最尊崇的经典是《灵宝五篇真文》,而"新经"最尊崇的经典是《道德经》④,但在后来却发生了重大转变。其中最主要的原因,就是他将所有古灵宝经都看成是各自独立的经典,然后再对各经的相关内容加以比较。他认为,"元始旧经"实际上仅有《真文天书经》和《赤书玉诀妙经》两经真正尊崇《灵宝五篇真文》,而其他绝大多数"元始旧经"则仅仅简单提及甚至根本就不提及《灵宝五篇真文》。他

---

① 刘屹《六朝道教古灵宝经的历史学研究》,第 317 页。
② 刘屹《六朝道教古灵宝经的历史学研究》,第 84 页。
③ 刘屹《六朝道教古灵宝经的历史学研究》,第 61—62 页。
④ 刘屹《"元始旧经"与"仙公新经"的先后问题——以"篇章所见"的古灵宝经为中心》,《首都师范大学学报》2009 年第 3 期。

还特别强调有一些"元始旧经"最尊崇的却是与《灵宝五篇真文》完全不同的"天文玉字"。因此，他认为《灵宝五篇真文》并不构成全部"元始旧经"的核心信仰。而"元始旧经"本身也根本就不存在所谓以《灵宝五篇真文》为核心的具有统一性的经教体系。至于"新经"，虽然他最初也认为"新经"最尊崇的经典就是《道德经》，但后来的观点发生了重大改变。由于并非每一部"新经"都出现《道德经》，或者即使出现了也并非都将其置于最尊崇的地位，因此，刘屹博士并不认同"新经"都尊崇《道德经》。例如，"新经"《太上洞玄灵宝真文要解上经》中只出现《灵宝五篇真文》而没有出现《道德经》，因此，他认为该经最尊崇的并不是《道德经》，而是一种比"元始旧经"更早而且版本完全不同的《灵宝五篇真文》。至于作为"移入三经说"之一的《太上无极大道自然真一五称符上经》，虽然该经也有对《道德经》的推崇，但是该经一度将其"五称符"比喻为宇宙本源，因此，他认为其最尊崇的就是"五称符"本身[①]。

二是关于"三洞经书"观念。小林正美强调只有"新经"才有"三洞经书"观念。目前，刘屹博士基本认同"新经"和"元始旧经"都有"三洞经书"观念。

三是关于主神观念。刘屹博士在其前期研究中，认同小林正美所提出的"元始旧经"最尊崇的主神是元始天尊，而"仙公新经"最尊崇的是太极真人和葛仙公，但是在后来发生了重大改变。其具体做法，就是通过比定出每一部"新经"中阶位最高的神灵，将其确定为其创作者最尊崇的主神。由于各"新经"中阶位最高的神灵多不相同，因此，他认为"新经"的创作者实际上创造了诸如太上大道君、元始天王、太上虚皇、太上老子、太上虚皇道君等各种各样的"最高主神"[②]。

刘屹博士以上绝大多数观点，既是对国内外学术界有关古灵宝经

---

① 刘屹《六朝道教古灵宝经的历史学研究》，第 575—576 页。

② 刘屹《六朝道教古灵宝经的历史学研究》，第 263、279、298、301、443 页。

基本认知的彻底颠覆,也与小林正美的主要核心观点存在显著差别。这里就提出了一个我们必须非常负责任地回答的问题:考虑到刘屹博士批判小林正美的激烈程度前所未有,其大量研究结论都与小林正美存在明显差别,而刘屹博士本人实际上也相当反感学术界将他的研究与小林正美相联系①,并且他特别强调自己"对灵宝经基本问题所提出的一系列重要观点,几乎没有和前人观点相重复、重叠,或含混含糊而切割不清之处","对灵宝经的立场和观点,从始至终都是与众不同的独此一家"②。那么,我们究竟应该如何看待其整个古灵宝经研究与小林正美研究之间的关系呢?

我们认为其相互关系主要体现在以下几个方面:一是从最重要的研究基础和研究起点来看,刘屹博士的所有主要学术观点,其实都是在遵从小林正美的古灵宝经重新分类法和"移入三经说"的前提下得出的。而他自己也非常明确地公称,他"所讨论的古灵宝经'出世',以及两组灵宝经的先后关系等问题",都是完全遵照小林正美的重新分类法和"移入三经说"得来的,而"不是依照敦煌本'灵宝经目录'的标准"进行的③。与此紧密相关的是,在整个国际学术界,唯有他们二人始终都对敦煌本陆修静《灵宝经目》中的古灵宝经分类持公开批判和否定的态度。二是在最根本的研究方法上,他们二人都非常重视"依靠某种因素谁'有'谁'无'的表象"④而进行各种比较研究,都将古灵宝经中"某种因素"的"有"与"某种因素"的"无",看成是一种非此即彼、二者必然相互对立和相互否定的关系,并进而将其上升为根本教义思想以及"源头"和"派系"的差别。三是在最主要的研究取向上,二人都排斥对古灵宝经的内在统一性作整体性的把握,都非常强调古灵宝经内部存在各

---

① 刘屹《六朝道教古灵宝经的历史学研究》,第 803 页。
② 刘屹《六朝道教古灵宝经的历史学研究》,第 117 页。
③ 刘屹《六朝道教古灵宝经的历史学研究》,第 303 页。
④ 刘屹《六朝道教古灵宝经的历史学研究》,第 425 页。

种各样的重大差异。至于刘屹博士在诸多问题上与小林正美的显著差别，恰恰是他用小林正美的研究方法对古灵宝经基本问题作进一步研究的结果。例如，小林正美所作的"谁'有'谁'无'"的比较研究，一般只限定在"元始旧经"和"仙公新经"之间进行比较。但刘屹博士除了在"元始旧经"和"新经"之间开展进一步的比较之外，还在"元始旧经"和"新经"内部大量进行"谁'有'谁'无'"的比较，并由此得出了一系列极具颠覆性和批判性的结论。四是与小林正美相比，刘屹博士更侧重于对近一百年来国内外古灵宝经研究进行彻底的颠覆和批判，因而其主要核心观点与国内外主流学术界的差别更加明显。至于其主要核心观点的形成及其与小林正美研究的关系，则是我们需要进一步讨论的问题。

四　关于"谁'有'谁'无'"比较与古灵宝经"源头"和"派系"的"重大差异"问题

刘屹博士在其于 2008 年发表的第一篇论文中，就非常明确地提出"元始旧经"和"新经"分别为不同"道派"所创作以及"新经"出世要早于"元始旧经"等一系列具有重大颠覆性的命题①。在其后整整十年中，其所有专题研究其实都是围绕这样一种基本思路而设计和展开的。而其所有专题研究的结果，也都反过来支持和印证了其最初判定。刘屹博士公开称：

> 灵宝经的研究进展到这个阶段，学者们已经日益认识到灵宝经内部的复杂性和矛盾性，无论是从历时性还是从共时性的角度去理解，都不能否认这些灵宝经实际上反映了不同作者的不同思

① 刘屹《"元始系"与"仙公系"灵宝经的先后问题——以"古灵宝经"中的"天尊"和"元始天尊"为中心》，《敦煌学》第 27 辑。

想观念。①

　　如果固守传统的看法，认为灵宝经是彼此间统一性远大于差异性的一个整体，这样的区分自然可有可无。但在进入到灵宝经研究的新阶段后，灵宝经内部的千差万别已经越来越清晰地跃然纸上。②

以上非常典型地反映了刘屹博士的研究方法和研究取向。一方面，他从整体上否定古灵宝经内部存在真正的统一性；另一方面，他自始至终都致力于对古灵宝经内部各种"差异性"的研究，强调只有研究"灵宝经内部的千差万别"，才能"进入灵宝经研究的新阶段"。而其最主要的方法，就是"依靠某种因素谁'有'谁'无'的表象"而进行各种比较研究。

如前所述，根据敦煌本陆修静《灵宝经目》原有的分类法，古灵宝经内部并不存在所谓"源头"和"派系"的重大差异。因为敦煌本《灵宝经目》所著录的三部"元始旧经"，即《洞玄灵宝玉京山步虚经》《太上无极大道自然真一五称符上经》《太上洞玄灵宝真一劝诫法轮妙经》以及多部"新经"，都能充分证明无论是"元始旧经"还是"新经"，均为"葛氏道"所创作。但是，由于小林正美提出了重新分类法和"移入三经说"，于是古灵宝经内部就有了"葛氏道"和"天师道三洞派"的重大区别。刘屹博士因为遵从小林正美重新分类法和"移入三经说"，进一步提出"葛氏道"仅创作了一部分"新经"，而"元始旧经"则是"不知名的道教徒在420年左右开始造作"的；又称"灵宝经最初的源头不只一个，并不是只有葛氏道的人才能造作灵宝经"；"灵宝经被归并为'新经'和'旧经'两组"，"是来自不同源头和派系的灵宝经被逐渐规范和整编后的结

---

① 刘屹《六朝道教古灵宝经的历史学研究》，第 133 页。
② 刘屹《六朝道教古灵宝经的历史学研究》，第 257 页。

果"①。由此可见，有关古灵宝经在"源头"和"派系"上存在"重大差异"等一系列问题，都是由小林正美的重新分类法所引发出来的问题。至于刘屹博士究竟是如何得出这些具有重大颠覆性的结论的，我们有必要作具体讨论。

首先，刘屹博士将敦煌本《灵宝经目》中出现了"葛玄"以及"葛氏道"传承的三部"元始旧经"（即小林正美"移入三经说"所指三经），直接排除在"元始旧经"之外。至于其强调"元始旧经"不可能出现"葛玄"和"葛氏道"传承的原因，是他认为按照"元始旧经"的经典神话，这些经典早在作为宇宙"劫运"开端的"龙汉元年"就已经形成。而"元始旧经"的作者就是完全按照这种"教理上的出世时间"和"时间逻辑"创作出来的。因此他强调，"灵宝经的一个基本原则，是不能在经文中直接出现人间实际造作者的名字"②；"在'元始旧经'，包括《灵宝赤书五篇真文》的现存内容中，实际上也找不到任何内证，说明它们一定出自葛巢甫之手"③；"'元始旧经'是没有在人间的传承谱系可寻的"，"故葛仙公所领受和葛巢甫所造的灵宝经，一定不会是'元始旧经'。无论从历史还是道教神话的角度，葛仙公乃至葛巢甫，都不应该领受和传承过'元始旧经'"④。由于在小林正美"移入三经说"所指三经中，恰恰出现了"葛玄"的名字以及"葛氏道"在家族中的传承，因此他判定这三部经典必然就是陆修静从"新经"中抽出而充当"元始旧经"的。

其次，与国内外学术界都认为"元始旧经"比"新经"更早出世完全相反，刘屹博士主张"新经"都在"元始旧经"之前出世。而其最主要的理由，是他认为由"葛氏道"所创作的经典，理所当然要首先创作出现了"葛玄"以及"葛氏道"在家族中传承的"新经"。他称："为何葛巢甫造作

---

①　刘屹《六朝道教古灵宝经的历史学研究》，第260页。

②　刘屹《六朝道教古灵宝经的历史学研究》，第41页。

③　刘屹《六朝道教古灵宝经的历史学研究》，第309页。

④　刘屹《六朝道教古灵宝经的历史学研究》，第318页。

的灵宝经却不推崇自家的葛仙公？为何葛巢甫就一定要先作'元始旧经'？"①他又称："葛巢甫在东晋末年造作出第一批灵宝经时,理应先造作推崇葛仙公的'仙公新经',而不是根本无法体现出葛氏道传承的'元始旧经'。所以,'仙公新经'较之'元始旧经',更有可能是葛巢甫在隆安末年'造构灵宝'的结果。"②

最后,刘屹博士特别强调陆修静所有论著都能证明"葛氏道"与"元始旧经"完全无关。陆修静在刘宋元嘉十四年(437)所撰《灵宝经目序》,是研究"元始旧经"和"新经"出世最重要的资料之一。然而,刘屹博士却判定陆修静在其中提到的"葛仙公在天台山所接受的灵宝经","都不是所谓的'旧经'"③。他又称：

> 在陆修静看来,葛仙公领受灵宝经之事,虽然早在"元始旧经"正式出世之前就发生了,但葛仙公所领受的一定不能是"元始旧经"……在陆修静看来,"元始旧经"三十六卷与"仙公新经"十一卷是两组不同的灵宝经,来源和性质都不同,并不存在葛氏道流传"元始旧经"的情况。④

因此,他特别强调陆修静的所有著作都证明"葛仙公所领受的一定不能是'元始旧经'","并不存在葛氏道流传'元始旧经'的情况"。

综合来看,刘屹博士所进行的相关专题研究,实际上已经形成了一种典型的循环论证。其论证过程可以概括为：一是"元始旧经"作为早在宇宙最初开端的"龙汉元年"即已形成的经典,其中决不可能出现作为"历史人物"的"葛玄"以及"葛氏道"在家族的传承。由于在小林正美的"移入三经说"所指三部"元始旧经"中,恰恰出现了"葛玄"以及"葛氏

① 刘屹《六朝道教古灵宝经的历史学研究》,第307页。
② 刘屹《六朝道教古灵宝经的历史学研究》,第312页。
③ 刘屹《六朝道教古灵宝经的历史学研究》,第643页。
④ 刘屹《敦煌道经与中古道教》,第157页。

道"在家族的传承,因此这三部经典就决不可能是真正的"元始旧经"。
而在敦煌本《灵宝经目》中,这三部经典作为"元始旧经"出现,必然就是
陆修静人为改动的结果。二是将小林正美"移入三经说"所指三经完全
排除在外,由于所剩"元始旧经"都没有再提到"葛仙公"以及"葛氏道"
在家族的传承,因此"元始旧经"必然与"葛氏道"完全无关,而且必然是
由与"葛氏道"完全不同的一批"不知名的道教徒在 420 年左右开始造
作"的。三是由于在古灵宝经中只有"新经"明确提到了"葛仙公"以及
"葛氏道"在家族中的传承,因此"葛氏道"只可能创作了"新经",而决不
可能还创作了"元始旧经"。

　　由此可见,刘屹博士实际上从一开始就已经有了一个非常明确的结
论,即正如他自己所批评的,其"论证的一切出发点,都是他先前已经得
出的结论;而其论证的一切归结点,也都是他先前已经得出过的结论"①。
而他所提出的"元始旧经"和"新经"在"源头"以及"道派"所存在的"重
大差异"问题,本质上就是"依据某种因素'谁'有'谁'无的表象"的比较
而形成的。更具体地说,就是先依据小林正美"移入三经说"将古灵宝
经作重新分类,然后再依靠这两批经典中究竟有没有出现"葛仙公"以
及"葛氏道"在家族中的传承来决定。但是,这种论证方式及其结论都
是值得商讨的。

　　首先,小林正美所提出的重新分类法和"移入三经说"的理由均不
能成立。至于刘屹博士在其基础上所提出的将有无"历史人物"出现作
为对古灵宝经重新分类的标准,实际上也不能真正成立。因为"元始旧
经"中出现所谓"历史人物",并不是这三部经典所特有的现象,而是在
大量"元始旧经"中都普遍存在。至于这"三经"中的"老子""葛仙公"等
所谓"历史人物",其实均属于已经完成"神格化"的道教神灵。因此,陆
修静在《灵宝经目》中所作的分类,其实完全符合古灵宝经的实际情况。

---

① 刘屹《六朝道教古灵宝经的历史学研究》,第 110 页。

而这三部经典恰恰证明了"葛氏道"与"元始旧经"密切相关①。还要指出的是，刘屹博士一方面称小林正美的重新分类法和"移入三经说"，"并未得到学界的认可"，仅有"个别日本学者遵从了小林的这一新分法"②，"目前学界绝大多数学者是按照敦煌本目录所反映的陆修静当年的分类"③；另一方面，对于小林正美这一备受国际学术界质疑的论点，刘屹博士又直接将其作为古灵宝经研究最重要的基础和逻辑起点。这种做法本身就是非常值得商榷的。

其次，与小林正美提出的"葛氏道"仅创作了"元始旧经"和"天师道三洞派"创作了"新经"相比较，刘屹博士的结论从表面上看与其有很大的不同，但在本质上都是"依靠某种因素谁'有'谁'无'的表象"来决定的。特别是刘屹博士所提出的两个最具有重大颠覆性的结论，其实都属于他自己所批评的"是想当然必是如此的结论"④。一是关于"元始旧经"和"新经"的作者问题。他认为，"葛氏道"只可能创作出明确标示了葛氏家族传承的灵宝经，而决不可能创作出未标示其家族传承的灵宝经。"新经"中因为有"葛玄"和"葛氏道"传承的记载，所以必然就与"葛氏道"有关；与此相反，"元始旧经"中因为没有出现"葛玄"和"葛氏道"传承的记载，所以必然就与"葛氏道"无关。因此，"元始旧经"和"新经"必然存在"源头"和"派系"的差别。二是关于"元始旧经"和"新经"出世孰前孰后的问题。他认为葛巢甫和"葛氏道"创作古灵宝经，理所当然要首先叙述乃至神化自己的家族和祖先葛玄，因而所有"新经"必然都要更早出世；而"元始旧经"则因为完全不涉及葛氏家族及其祖先，所以就必然较晚出世。然而，我们认为这些看法其实

---

① 王承文《论古灵宝经分类争论中的"历史人物"问题》，《魏晋南北朝隋唐史资料》第 46 辑。

② 刘屹《六朝道教古灵宝经的历史学研究》，第 257 页。

③ 刘屹《六朝道教古灵宝经的历史学研究》，第 93 页。

④ 刘屹《六朝道教古灵宝经的历史学研究》，第 113 页。

均属于"只经由他自己确认下来的前提和结论"①，并不真正符合中古道教史的实际情况。

众所周知，《正统道藏》所收五千多卷道教经书，其中绝大多数都是没有作者和年代的。这一点应与道教经书本身的特点有关。因为道教内部普遍都认为其道经来自天上神灵的启发和传授，所以并不强调道经属于哪一特定家族或哪一位作者个人所有。在中国道教两千年历史上，没有任何一个道派或一种经典系列的形成，一定是要从首先神化其创作者本身的祖先或其家族开始的。也没有任何一个道派或一个经系的经典，其每一部经典都必须要打上其祖先和家族的标签，才能证明其与某一特定的道派或家族有关。以比古灵宝经更早的上清经为例，其创作都与江南丹阳郡许氏家族有关。然而，在东晋中期开始问世的诸如《上清大洞真经三十九章》等数十卷上清经典中，其中都属于天界神真之间的教诫及其事迹，完全不涉及对创作者本人及其家族的叙述。众所周知，《上清大洞真经三十九章》作为早期上清派最尊崇的经典，其所倡导的存思、诵经、祝文等也成为杨羲、许氏父子以及上清派教理发展最核心的内容②。而上清经法如玉清隐书系列教法、大洞玉诀等皆以此为基础发展而成③。至于早期上清仙真传记《紫阳真人内传》和《南岳夫人内传》等，其记述上清派重要仙真的修行路径和传法谱系，都将传主最终得道的修法指向了《上清大洞真经三十九章》。南朝陶弘景编纂《真诰》，很可能就仿效了这一点。该书只是在结尾部分，才以《真

① 刘屹《六朝道教古灵宝经的历史学研究》，第 113 页。

② Isabelle Robinet, "Le Ta-tung chen-ching: Son Authenticité et sa Place dans les Texts du Shang-ching," in *Tantic and Taoist Studies*, edited by Michel Strickmann, Brussels: Institut Belge des Hautes Etudes Chinoises, 1983, pp. 398-402；麦谷邦夫《大洞真经三十九章をめぐつて》，收入吉川忠夫编《中国古道教史研究》，京都：同朋舍，1992 年，第 55—87 页。

③ Isabelle Robinet, *La révélation du Shangqing dans l'histoire du taoïsme*, tome 2, pp. 35-43, pp. 237-246.

诰叙录》和《真胄世谱》的形式,专门而具体地交代其经法在许氏家族中的传承。然而,可以肯定的是,今天的研究者一般都不会怀疑《上清大洞真经三十九章》等的创作与东晋江南许氏家族密切相关。由此可见,相关道经中究竟有没有直接出现创作者本人或其家族的信息,与这些道经的归属以及相关经典的出世先后并无必然的关联。而"元始旧经"和"新经"中所彰显的属于"葛氏道"内容,其实要远多于早期上清经以及汉唐时期任何一种道经①。

最后,陆修静所作《灵宝经目序》以及《太上洞玄灵宝授度仪》之"师告丹水文",其实都非常明确地记载葛玄接受了《灵宝五篇真文》以及由《灵宝五篇真文》演绎而成的"十部妙经"即全部"元始旧经"②。其中《太上洞玄灵宝授度仪》之"师告丹水文"称:

> 元始天尊于眇莽之中,敷演《真文》,结成妙经。劫劫济度,无有穷已,如尘沙巨亿无绝。灵文隐奥,秘于金阁,众真宗奉,诸天所仰。逮于赤乌,降授仙公,灵宝妙经,于是出世度人。③

以上论述就是直接在数部"元始旧经"的基础上形成的。所谓"元始天尊于眇莽之中,敷演《真文》,结成妙经",就是指元始天尊早在作为宇宙开端的"龙汉元年",就将《灵宝五篇真文》演绎成作为"十部妙经三十六卷"的"元始旧经"。其称"逮于赤乌,降授仙公",就是指《灵宝五篇真文》以及由《灵宝五篇真文》所演绎而成的"元始旧经",都在孙吴赤乌年间降授给了太极左仙公葛玄,于是才有"灵宝妙经,于是出世度人"。因此,葛玄和"葛氏道"与《灵宝五篇真文》以及"元始旧经"等具有不能分割

---

① 王承文《汉晋道教仪式与古灵宝经研究》,第 559—561 页。

② 参见王承文《论六朝道教"葛氏道"与"元始旧经"的关系——对刘屹博士〈六朝道教古灵宝经的历史学研究〉的商榷》,《学术研究》2019 年第 12 期;《论古灵宝经"十部妙经"观念及其内在结构——兼论古灵宝经的研究方法问题》上篇、下篇,《宗教学研究》2021 年第 3 期、第 4 期。

③ (南朝宋)陆修静《太上洞玄灵宝授度仪》,《道藏》第 9 册,第 852 页。

的关系。而且从古灵宝经和陆修静以来直至隋唐宋元明时期的道经，一直都把所有古灵宝经作为一个经典系列的整体来叙述，都强调其与"葛氏道"密切相关。因此，无论是"元始旧经"还是"新经"，均为"葛氏道"所创作。古灵宝经内部并不真正存在所谓"源头"和"派系"的差别。

总之，刘屹博士的主要贡献，是进一步破除了小林正美提出的"新经"出自"天师道三洞派"的结论，证明"新经"与"葛氏道"确实有关。然而，其提出的"葛氏道"与"元始旧经"完全无关以及"元始旧经"和"新经"分别为不同"道派"所创作的论点，既与历史资料的实际存在很大的差距，也使古灵宝经研究面临大量无法解释的问题。

五　如何看待"元始旧经"和"新经"两种文本之间的关系？

众所周知，"元始旧经"和"新经"内部存在诸多相近或完全相同的内容。而"新经"在出现这些内容时，一般会特地说明是出自某一部更早的经书。因此，我们曾经以一部分"新经"对"元始旧经"相关内容的征引，证明"元始旧经"与"新经"之间存在密切关系，同时也证明"元始旧经"一般要比"新经"更早出世[①]。

然而，由于刘屹博士坚持"新经"比"元始旧经"更早出世，并特别强调"元始旧经"与"新经"在"源头"和"道派"以及教义思想上都存在重大差别，因此他完全否定这两批经典之间存在征引与被征引的关系。虽然他也承认"确实存在一些'新经'和'旧经'在内容上有相似或相同的部分"[②]，存在

[①]　王承文《敦煌古灵宝经与晋唐道教》，第 99－107 页；王承文《汉晋道教仪式与古灵宝经研究》，第 562－600 页。另参见王承文《再论"元始旧经"和"新经"出世先后问题——兼评刘屹博士〈六朝道教古灵宝经的历史学研究〉》，《中山大学学报》2020 年第 2 期。

[②]　刘屹《六朝道教古灵宝经的历史学研究》，第 301 页。

"'新经'和'旧经'那些非常接近甚至相同的文本内容"①,"不可否认,'新经'中有部分文字似乎可能和'旧经'有某些关联"②,也承认"新经"所出现的这些内容确实属于征引而来的,但是,他极力强调"新经"从未征引或提及过任何一部"旧经"③。其最主要的结论就是:这两批经典中基本相同或者完全相同的内容,都是因为它们共同征引了陆修静在《灵宝经目序》所提到的"或自篇章所见"即一批早已亡佚的"断简残篇"才形成的④。按照其说法,"新经"的作者决不可能接触过"元始旧经",而"元始旧经"的作者也决不可能接触过"新经"。因此,既不存在任何"新经"参照或借鉴"元始旧经"的情形,也不存在任何"元始旧经"参照或借鉴"新经"的情形。这两批经典仅仅是因为都参照或征引了被陆修静称之为"或自篇章所见"的一批"断简残篇",才形成了某种非常间接的关系。我们认为这种研究方法及其结论都是非常值得商讨的。

首先,将"元始旧经"和"新经"人为地分割成两批相互孤立和相互隔绝的经典,或者完全否定"元始旧经"和"新经"之间存在征引关系,不但不符合古灵宝经的实际情况,而且于情于理都难以说通。众所周知,古灵宝经对汉晋道教各派经书以及汉译佛经等内容都尽量加以吸收和改造。根据柏夷等学者的研究,古灵宝经直接参照了三国孙吴时期支谦等翻译的佛经。例如《真一五称符经》的"十方真人"名号来自《本业经》,《赤书玉诀妙经》中阿丘曾事迹直接来源于《龙施女经》等⑤。根据

---

① 刘屹《六朝道教古灵宝经的历史学研究》,第 569—570 页。

② 刘屹《六朝道教古灵宝经的历史学研究》,第 296 页。

③ 刘屹《六朝道教古灵宝经的历史学研究》,第 292 页。

④ 刘屹《六朝道教古灵宝经的历史学研究》,第 292 页。

⑤ Stephen R. Bokenkamp, "Sources of the Ling-pao Scriptures," in M. Strickmann (ed.), *Tantric and Taoist Studies in Honor of R. A. Stein*, Vol. 2, pp. 434-486.

我们的研究，古灵宝经大量内容直接源自其对早期上清经的借用和改造①。因此，"元始旧经"应该没有任何理由不征引更早出世的相关"新经"，而"新经"也没有任何理由不征引更早出世的相关"元始旧经"。

事实上，古灵宝经内部的相互征引十分常见。例如，"新经"《太上灵宝五符序》作为古灵宝经中出世最早的经典，其大量内容就为"元始旧经"所直接吸收和参照②。又如"新经"《太极真人敷灵宝斋戒威仪诸

---

① "元始旧经"《元始五老赤书玉篇真文天书经》中对"八节斋"的长篇论述，直接出自其对《登真隐诀》所载早期上清派相关论述的改造（参见王承文《汉晋道教仪式与古灵宝经研究》，第301—310页）；而敦煌文书 P. 3022 号《太上洞玄灵宝真文度人本行妙经》开首"太上大道君"的本行事迹，则直接源自其对东晋上清经《上清高圣太上大道君洞真金元八景玉箓》中"上清高圣太上大道君"生平事迹的改造（参见王承文《灵宝"天文"信仰と古宝经教义の展开—敦煌本〈太上洞玄灵宝真文度人本行妙经〉を中心に—》，载日本京都大学人文科学研究所编《中国宗教文献研究》，第293—336页）。根据相关研究，《洞玄灵宝玉京山步虚章》称"玄师太元夫人，临授许常侍掾，太洞玄经玉京山诀，作颂三首"，第一、三两首赞颂来自《真诰》卷四《运题象》，第二首赞颂来自《真诰》卷三《运题象》；"新经"《太上洞玄灵宝真文要解上经》末尾先后出现了"东华上房ista妃歌"等，直接出自陶弘景《真诰》卷三《运题象》，而该经所称"东海青童君，常以丁日登诸东华台"等内容，也直接出自《真诰》卷九《协昌期》。

② 关于"元始旧经"对《太上洞玄灵宝五符序》的参考和引用：第一，《元始五老赤书玉篇真文天书经》卷上的"元始五老灵宝官号"，就是直接在《太上灵宝五符序》卷上"灵宝五帝官将号"基础上发展而来的；第二，《太上洞玄灵宝赤书玉诀妙经》卷下"元始灵宝五帝醮祭招真玉诀"，就是直接在《太上灵宝五符序》卷下"醮祝之仪"基础上发展而成的；第三，《太上灵宝五符序》卷下作为"天文玉字"的《皇人太上真一经》，又称"五方五芽玉文"，直接被《太上洞玄灵宝赤书玉诀妙经》卷下所吸收和发挥；第四，《太上灵宝五符序》卷下有东方、南方、中央、西方、北方五方"灵宝符命"，而《元始五老赤书玉篇真文天书经》卷上所收"五方真文符"共十个，其实就是将所有"灵宝符命"一分为二的结果（《元始五老赤书玉篇真文天书经》卷上，《道藏》第1册，第779页）；第五，《太上灵宝五符序》中原有"策板上下二符"，以及该经卷下的"九天王长安飞符""九天太玄阳生符""三天太玄阳生符""三天太玄阴生符"等，均为《元始五老赤书玉篇真文天书经》卷中所吸收。因此，《元始五老赤书玉篇真文天书经》等"元始旧经"中的"灵宝天文"和"神符"等核心内容，都是直接在《太上灵宝五符序》的基础上发展起来的。以上参见王承文《论古灵宝经"天文"和"神符"的渊源——以〈太上洞玄灵宝五符序〉的释读为中心》，载《中古时代的礼仪、宗教与制度》，上海：上海古籍出版社，2012年，第339—374页。

经要诀》,我们曾经以该经的经名和内容为例,具体而详细地讨论了其对多部"元始旧经"的大量征引。并提出从该经"最主要的内容和最核心的思想来看,其实都是在阐发'元始旧经'所确立的'灵宝斋法'","而所谓'敷灵宝斋戒威仪诸经',就是指太极真人对此前已有的'诸经',即各种灵宝经典中有关'灵宝斋戒威仪'的内容进行叙述和发挥。而这部'新经'最核心的斋法思想和斋法仪式等内容,也恰恰是在征引多部'元始旧经'的基础上形成的"①。而刘屹博士亦称:"顾名思义,《敷斋经诀》的意思就是敷释灵宝斋法,这正说明在《敷斋经诀》作成之前,'灵宝斋法'已经存在,所以才需要一部专门的经书来进一步阐释灵宝斋法。"②可见,刘屹博士不但完整地复述了我们的研究结论,而且实际上也承认这部"新经"就是在征引多部"元始旧经"基础上形成的。另外,刘屹博士在很多具体研究中,也证明"仙公新经"存在对"元始旧经"的征引。例如,在敦煌本陆修静《灵宝经目》中,《洞玄灵宝玉京山步虚经》本来为"元始旧经",但是小林正美和刘屹均将其判定为"仙公新经"。特别是刘屹博士判定该经最初仅有"十首步虚词",至于其《序》和其他所有内容都是陆修静之后的人添加的。他就公开提出,该经《序》部分有关大劫交周时三洞真经还归大罗天宫的内容",就是"根据'旧经'中《智慧罪根上品大戒经》和《诸天灵书度命经》等相关内容"而"加进去的"③。这就说明"新经"对"元始旧经"的征引本来是非常正常的事情。没有任何资料能够证明,"元始旧经"的作者要刻意地回避"新经",而"新经"的创作者要刻意地回避"元始旧经"。我们曾经列举"新经"征引

---

① 王承文《敦煌本〈灵宝经目〉与古灵宝经的分类及内在关系考释——以〈灵宝赤书五篇真文〉和〈道德经〉的关系为中心》,《敦煌学辑刊》2012年第3期;王承文《汉晋道教仪式与古灵宝经研究》,第380—386页。
② 刘屹《六朝道教古灵宝经的历史学研究》,第81页。
③ 刘屹《六朝道教古灵宝经的历史学研究》,第444页。

"元始旧经"的大量具体事实①。但令人感到遗憾的是，刘屹博士为了维护其"新经"都比"元始旧经"更早出世的核心观点，始终都以引文中出现某些细微变化或极个别引用有出入为由，以一种非常绝对化的方式，极力强调这两批经典之间根本就不存在相互参照和借鉴的任何可能。然而，这种讨论方式必然会带来一个更大的疑问：在古灵宝经创作年代，究竟是"元始旧经"和"新经"本身存在一种天然的相互排斥性，还是在当时存在某一种未知的外在的强制性力量，使这两批经典的创作始终都处在一种完全相互隔绝和隔离的状态呢？

其次，没有资料能够证明陆修静在《灵宝经目序》中所称"或自篇章所见"是指一批已佚的"断简残章"。437 年，陆修静《灵宝经目序》记载此前古灵宝经的混乱状况以及他的整理过程。其文称：

> 顷者以来，经文纷互，似非相乱。或是《旧目》所载，或自篇章所见，新、旧五十五卷。学士宗竟，鲜有甄别。余先未悉，亦是求者一人。既加寻觅，甫悟参差。②

以上"或是《旧目》所载"，是指《太上紫微宫中金格玉书灵宝真文篇目》所著录的"元始旧经"；而"或自篇章所见"，则是专指"新经"。陆修静为什么要用"或自篇章所见"来专门指代这一批"新经"呢？这是因为在陆修静编纂《灵宝经目》之前，"元始旧经"就已有《太上紫微宫中金格玉书灵宝真文篇目》这样一个专门的目录，而陆修静又在此基础上编成了《元始旧经紫微金格目》③。然而，这些"新经"的情况却完全不一样，一直处于一种分散无序的状态，并没有一个专门的目录将它们编纂在

---

①　王承文《古灵宝经"元始旧经"和"新经"出世先后考释》，《中山大学学报》2013 年第 2 期；又见王承文《汉晋道教仪式与古灵宝经研究》，第562—600 页。

②　（宋）张君房编，李永晟点校《云笈七签》卷六《三洞经教部》，第 93—94 页。

③　王承文《论古灵宝经"十部妙经"观念及其内在结构——兼论古灵宝经的研究方法问题》上、下篇，《宗教学研究》2021 年第 3 期、第 4 期。

一起。因此,陆修静将它们称之为"或自篇章所见",就是与"或是《旧目》所载"相并列的。否则,大批"新经"的存在将会无所指归。与此相似的表达方式还有很多。但是,刘屹博士对此提出了两种别出心裁的解读:其一,"陆氏当时所见的灵宝经,除了见于'旧目所载'的整篇经典之外,还有一些是属于只有'篇章所见'的断简残篇"①;其二,"所谓'篇章所见',应是指在当时各种道书中提及了一些道书的线索,但不一定实有经本"②。这两种解读都是对"篇章"含义的误解。因为汉唐时代"篇章"一词的本义都是专指篇帙完整的文章或著作③。既完全找不到一个将"篇章"用来指称某些残缺不全的"断简残篇"的例子,更找不到一个将其用来指称连"实有的经本"都不存在的例子。因此,陆修静所称"或自篇章所见"的真正含义,并不是指在"元始旧经"和"新经"之外还有单独流传的所谓"断简残篇",而是指"新经"④。

另外,如果确实如刘屹博士所断言的,陆修静所称"或自篇章所见"是指一批残缺不全的"断简残篇"的话,那么就说明至迟在437年时,这些"断简残篇"作为在"元始旧经"和"新经"之外另一种极其重要的文本,实际上还在正式流传并因此被陆修静所记载。对于这样事关重大的结论,刘屹博士可能还需要继续论证的问题包括:一是这些根本就残缺不全甚至连"实有的经本"都不存在的"断简残篇",究竟有着怎样独

---

① 刘屹《六朝道教古灵宝经的历史学研究》,第 287 页。

② 刘屹《六朝道教古灵宝经的历史学研究》,第 266 页。

③ 例如,东汉王充《论衡》卷一三《别通》称:"儒生不博览,犹为闭闇,况庸人无篇章之业,不知是非,其为闭闇,甚矣!"东晋葛洪《抱朴子外篇》卷四十《辞义》称:"何必寻木千里,乃构大厦;鬼神之言,乃著篇章乎!"又如《晋书》卷七二《葛洪传》记载葛洪"博闻深洽,江左绝伦,著述篇章,富于班马"。《梁书》卷四《简文帝纪》记载梁简文帝"读书十行俱下,九流百氏,经目必记。篇章辞赋,操笔立成。博综儒书,善言玄理"。南朝目录学家阮孝绪撰《七录序》,记载梁武帝初年诏令搜集、整理和编撰图书,"自江左篇章之盛,未有逾于当今者也"。(道宣《广弘明集》卷三《归正篇第一》)

④ 王承文《汉晋道教仪式与古灵宝经研究》,第 630—633 页。

特而极其重要的价值,使得"元始旧经"和"新经"的创作者宁愿从其中吸收相关内容,也要完全拒绝从"元始旧经"或"新经"本身去征引相关内容呢? 二是这些"残章断简"既然具有如此重大的价值,为什么却又不见于同一时期其他任何记载,并且在437年之后又突然完全失传了呢? 三是这些"残章断简"究竟是什么人创作而成的,其与葛巢甫和"葛氏道"又是什么关系呢? 如果对这些问题无法作出合理解释的话,那么将陆修静所称的"或自篇章所见"解释成"新经"征引"不一定实有经本"以及"断简残篇"的说法,就只能说是一种没有根据的臆测。

六　为什么不能依靠"谁'有'谁'无'"的比较和"层累说"的比较来研究古灵宝经出世先后问题?

(一)如何看待"谁'有'谁'无'"比较和"层累说"比较在研究古灵宝经出世先后中的局限性?

刘屹博士称其书的"结论可以概括为一句话:古灵宝经'新经'的造作应早于'旧经','新经'和'旧经'内部又各自有成书先后之分"①。为此,他专门引入了两种最主要的研究方法:一是根据"层累说"原理的比较方法;二是"依靠某种因素谁'有'谁'无'的表象"的比较方法。他还对"层累说"比较方法的合理性和重要性作了专门论述。例如,他称:

> 本书对灵宝经的基本看法之一,就是认为"新经"实际的成书时间早于这些号称最古老神圣的"旧经"。这原本也是一个并不难理解的原则:根据"层累说"的原理,一种故事或传说的演变模式,一般情况下,总是"譬如积薪,后来居上"的。越是自称起自更远古的经书,越应是相对晚出的才对;越是后出的经法,越会把自己装

---

①　刘屹《六朝道教古灵宝经的历史学研究》,第733页。

饰成比既有的一切经法都更早和更尊贵。①

　　根据 20 世纪早期"古史辨派"提出的"层累说"原理,历史记载一般都经历了从"无"到"有"以及由"简单"到"复杂"的"层累"过程。历史记载的年代越早,其记载就越简单;反之,历史记载年代越晚,则记载就越详尽。根据这一原理,所有的"无"和"简单"一般都要比"有"和"复杂"更早出现。应该说,这一研究方法在一些特定条件下有其合理性。如所周知,小林正美在《六朝道教史研究》一书中就对这种研究方法有大量运用。不过,他所使用的范围,一般都是在不同时期、不同性质以及不同来源的道经之间进行比较。例如,早期天师道和《太上灵宝五符序》属于两种完全不同的道派,但二者都使用了"三天"这一概念;又如,《三皇经》和《洞玄灵宝自然九天生神章经》分别属于两种不同道派的经典,但二者均使用了"三洞"以及"三宝君"的概念。以上这些例子确实存在不同经系或不同道派之间究竟如何相互借鉴的问题。但是,这种研究方法在国际学术界也被批评为"默证"②。因为这种研究方法没有充分考虑到由于汉魏六朝道教资料大量散佚而导致的现存史料本身的不完整性。而刘屹博士所做的按"层累说"原理的比较以及"谁'有'谁'无'"的比较,除了在"元始旧经"和"新经"两批经典之间进行之外,还在"元始旧经"和"新经"内部大量进行。一方面,他以此判定古灵宝经内部所存在的各种"重大差异";另一方面,则以此判定相关经典的出世先后。我们可以将其主要论证方法和论证模式简化如下:

　　一是甲经中无而乙经中有,则甲经必然要比乙经更早出世。例如,

① 刘屹《六朝道教古灵宝经的历史学研究》,第 264 页。
② 吴相武《〈老子想尔注〉之时代和作者考》,《道家文化研究》第 15 辑,北京:生活·读书·新知三联书店,1999 年,第 251 页;Terry Kleeman, "Reconstructing China's Religions Past: Textual Criticism and Intellectual History," *Journal of Chinese Religions*, 32(2004), pp. 29-36;孙齐《敦煌本〈老子变化经〉新探》,《中国史研究》2016 年第 1 期。

他认为"新经"中没有出现"元始天尊"，而"元始旧经"中却有"元始天尊"，因此"新经"必然要比"元始旧经"更早出世。又如，他提出"新经"虽然有"劫"的观念，但却没有出现"劫运"年号，而一部分"元始旧经"中则有"龙汉""延康""赤明""开皇""上皇"等"劫运"年号，因此"新经"必然要比"元始旧经"更早出世。他认为在"元始旧经"内部也可以通过这种比较来确定相关经典的出世先后。例如，他提出《洞玄灵宝灭度五炼生尸妙经》《洞玄灵宝智慧定志通微经》《洞玄灵宝上品戒经》等，'劫'字的用法也仅限于表示久远之义"，"它们的'劫'字用法单一"①。特别是这三经根本就没有出现一部分"元始旧经"有的"劫运"年号，因此他判定这三经在"元始旧经"中出世很早。

　　二是甲经中相关内容比较简略，而乙经则比较详细和完整，则甲经必然要比乙经更早出世。例如，"新经"《太上洞玄灵宝真文要解上经》有对《灵宝五篇真文》的专门论述，但是"元始旧经"《真文天书经》的相关论述却要更加详尽也更加"极致"，因此他认为《太上洞玄灵宝真文要解上经》必然要比《真文天书经》更早出世，而所有"新经"也因此都比"元始旧经"更早出世。他又提出根据"劫运"年号的完整程度来确定"元始旧经"相关经典的出世先后过程。例如，《真文天书经》虽然提到了"五劫"的概念，但是该经仅在其经的结尾部分才提到了"赤明"这一个"劫运"年号。因此其出世很早。他认为《洞玄灵宝二十四生图经》只提到了两个"劫运"年号。他称该经：

　　　　只提到了"上皇"和"赤明"两个年号，并说元始天尊在"赤明元年"敷述灵宝真文传世。②

他由此判定该经在创作时，其整个"元始旧经"系列还只创造出"上皇"和"赤明"两个"劫运"年号。至于其他三个"劫运"年号，则还没有创造

---

①　刘屹《六朝道教古灵宝经的历史学研究》，第526页。
②　刘屹《六朝道教古灵宝经的历史学研究》，第623页。

出来。因此,该经出世虽然比《真文天书经》晚,但是必然要比其他大部分"元始旧经"更早出世①。一直到 437 年,陆修静撰《灵宝经目序》,才完整地提出"龙汉""延康""赤明""开皇""上皇"这"五劫"的名称,至此"元始旧经"之"劫运"年号的创造才告正式完成。至于在"元始旧经"《太上诸天灵书度命妙经》和《太上洞玄灵宝智慧罪根上品大戒经》中,由于其中有"龙汉""延康""赤明""开皇""上皇""五劫"这样完整的"劫运"名号存在,因此他判定这两部经在"元始旧经"中出世最晚,其时间已经接近 471 年陆修静编纂《三洞经书目录》时②。

三是在较早出世的甲经中出现的相关内容,在较晚出世的乙经中却没有出现,则代表乙经的创作者并不知道或者根本就不认同甲经的相关内容。例如,《真文天书经》被学术界公认为是"元始旧经"中最早出世的经典,其中有对《灵宝五篇真文》的极度尊崇。而刘屹博士判定"元始旧经"《洞玄灵宝二十四生图经》中就没有出现《灵宝五篇真文》,并强调该经中"元始天尊传度的是'洞玄金书紫字玉文丹章自然灵图'。'金书紫字'显然和'赤书'不同"③。由此他直接判定这部"元始旧经"的作者根本就不承认《灵宝五篇真文》的尊崇地位,并因此与《真文天书经》的创作者在是否尊崇《灵宝五篇真文》问题上存在重大差异。

四是甲经强调相关内容的重要性,但如果在乙经中只作简略提及,或者还强调其他内容的重要性,那么就表明乙经创作者根本就不认同

---

① 《洞玄灵宝二十四生图经》开篇就提出了"五劫"的概念。而其"上部第二真炁"之《神仙五岳真形图》就称"上开龙汉劫,焕烂三景分",证明该经作者并非只知道"赤明"和"上皇"两个"劫运"年号。其"上开龙汉劫,焕烂三景分",代表"龙汉元年"宇宙世界的形成和"十部妙经"传授的开端。多部"元始旧经"对此都有详尽论述。可见一部"元始旧经"究竟是列出"五劫"的全部名称,还是只列举其中某个或某几个"劫运"名称,完全是由相关经典的具体内容决定的,与其出世先后并没有什么直接关系。

② 刘屹《六朝道教古灵宝经的历史学研究》,第 341 页。

③ 刘屹《六朝道教古灵宝经的历史学研究》,第 585 页。

甲经中相关内容的重要性。例如，《真文天书经》和《赤书玉诀妙经》强调《灵宝五篇真文》的重要性，而《度人经》虽然非常简略地提到《灵宝五篇真文》，但是用更多篇幅论述"诸天内音自然玉字"，因此刘屹博士判定《度人经》的创作者根本就不承认《灵宝五篇真文》的极端重要性①。这种例子还有很多。

　　正是通过以上这种大规模的比较研究，刘屹博士一方面揭示出古灵宝经内部所存在的各种各样的重大差异，另一方面也重新确定了"元始旧经"和"新经"的出世先后以及这两批经典内部相关经典的成书先后。而他也正是以这种研究作为基础，提出了有关古灵宝经"繁杂多源"的结论。他公开提出古灵宝经创作"出于众手、不断造作、各有尊奉"②；强调"灵宝经的经教体系杂而多端"③；"灵宝经内部的复杂性和矛盾性，无论是从历时性还是共时性的角度去理解，都不能否认这些灵宝经实际上反映了不同作者的不同思想观念"④。他判定敦煌本陆修静《灵宝经目》所著录的古灵宝经，"是来自不同源头和派系的灵宝经被逐渐规范和整编后的结果"⑤。并最终证明古灵宝经既是由一批拥有不同核心信仰和思想观念的创作者各自独立完成的经典，也是一批充斥着各种"重大差异"和内在矛盾的经典。那么，我们究竟应该如何看待这种比较方法及其在古灵宝经研究中的大量运用呢？

　　首先，我们认为刘屹博士之所以在古灵宝经内部大规模地开展"谁'有'谁'无'"的比较以及"层累说"的比较，最根本的原因在于他在做各种比较之前，实际上就已经完全否定了古灵宝经内部存在逻辑性和统

---

　　①　我们对于刘屹博士所提出的以上所有问题，都已经在本书的相关专题讨论中作了专门回答。兹不赘言。

　　②　刘屹《六朝道教古灵宝经的历史学研究》，第592—593页。

　　③　刘屹《六朝道教古灵宝经的历史学研究》，第321页。

　　④　刘屹《六朝道教古灵宝经的历史学研究》，第133页。

　　⑤　刘屹《六朝道教古灵宝经的历史学研究》，第260页。

一性，也已经判定"元始旧经"和"新经"各自属于不同时期、不同性质以及不同来源的经典，从而把相关经典中"某些因素"的"无"或"简略"，与"某些因素"的"有"或"详尽"对立起来并进行相关比较。同样的道理，他在"元始旧经"和"新经"的内部做各种比较之前，也自觉或不自觉地将全部"元始旧经"和全部"新经"看成是不同时期、不同性质以及不同来源的经典，然后再进行相关比较。例如，刘屹博士研究"新经"就是如此。一方面，他在比较"元始旧经"和"新经"之间的差异时，从各个方面极力证明葛巢甫创作了全部"新经"；另一方面，在比较"新经"内部的各种差异时，又将这批"新经"分割成各自独立的经典进行比较。其最终的结果，一是他证明"新经"内部存在各种各样的重大差异；二是他证明绝大部分"新经"的创作其实都与葛巢甫没有任何关系。因而最终又自相矛盾地彻底否定了由他自己所提出的葛巢甫创作了全部"新经"的结论。对此，我们将在后面作专门讨论。

其次，我们认为古灵宝经本身就属于一种具有高度内在逻辑性和统一性的经典体系，因此古灵宝经出世的真实过程，应该恰恰与"谁'有'谁'无'"比较和"层累说"比较的结果完全相反。因为在古灵宝经的经典体系中，其相关经典论述的内容必然既是各有侧重的，也是相互依存和相互补充的。以"元始旧经"为例，《真文天书经》最早确立了"十部妙经三十六卷"的结构体系。各种资料也能证明，"元始旧经"本身就属于一个具有内在逻辑性的经典体系①。在"十部妙经"体系中，每一部经典都有其论述的重点，也都有其不同的宗教功能和使命。而在某一部经典中作为重点而详细论述的内容，在其他经典中就必然会略讲，甚至完全不予提及，否则就变成了根本没有任何意义的重复。因此，较早出世的经典对相关问题的论述完全可能会更加详尽和完整，而较晚

---

① 王承文《论古灵宝经"十部妙经"观念及其内在结构——兼论古灵宝经的研究方法问题》上篇、下篇，《宗教学研究》2021年第3期、第4期。

出世的经典的相关论述则更为简略甚至缺乏。例如，《真文天书经》作为最早出世的"元始旧经"，对《灵宝五篇真文》的宇宙本源性作了最详尽也最具有"极致性"的论述，而其他"元始旧经"对《灵宝五篇真文》则较少提及甚至不予提及。这决不代表这些"元始旧经"的创作者就不尊崇《灵宝五篇真文》。至于比"元始旧经"较晚出世的"新经"，其主要内容都是对"元始旧经"的进一步发展和补充。对于"元始旧经"中已经详尽而完备的内容，"新经"必然就只是略讲，或者根本就不予提及。正因为如此，如果研究者只是抓住古灵宝经中某些特定的概念或内容，坚持通过"谁'有'谁'无'"的比较或"层累说"原理的比较，并以此来确定整个古灵宝经的出世过程，其可信性必然就是非常令人怀疑的①。

（二）从"新经"之"八节斋"问题看"谁'有'谁'无'"比较方法的局限性

刘屹博士特地以"新经"对"八节斋"的记载为例子，非常正式地提出在"元始旧经"和"新经"之间开展"谁'有'谁'无'"比较研究的合理性和重要性。古灵宝经的"八节斋"，是指在一年中立春、春分、立夏、夏至、立秋、秋分、立冬、冬至八个节日所进行的定期斋戒。刘屹博士称：

> 如果认为《真文天书经》为代表的"旧经"早于"新经"，就很难理解为何在"旧经"中那么重要的八节之日设斋，反而在"新经"中只字未提？……这种"新经"中"无"，而"旧经"中"有"的现象，还有很多。最简单的理解就是早先作成的"新经"尚无，晚些作出的"旧

① 例如，刘屹博士提出"《洞玄灵宝灭度五炼生尸妙经》《洞玄灵宝智慧定志通微经》《洞玄灵宝上品戒经》等，'劫'字的用法也仅限于表示久远之义"，"它们的'劫'字用法单一"。（《六朝道教古灵宝经的历史学研究》，第526页）因此，他判定《洞玄灵宝灭度五炼生尸妙经》等三经在"元始旧经"中出世比较早；但是当他讨论《洞玄灵宝灭度五炼生尸妙经》中"灵宝五方天文"的年代时，却又判定该经属于在"元始旧经"中出世最晚的经典之一。（《六朝道教古灵宝经的历史学研究》，第341页）

经"新加入。①

以上堪称是刘屹博士对"依靠某种因素谁'有'谁'无'的表象"的比较方法所作的最具有典型意义的概括和总结。他认为《真文天书经》等"元始旧经"对"八节斋"有非常完整的论述,但在全部"新经"中却完全没有相关记载,因此他判定"新经"必然是在"元始旧经"之前出世。然而,我们认为这一点恰恰证明了这种比较方法不适用于古灵宝经研究。

首先,刘屹博士所称"新经"对"八节之日设斋"完全"只字未提",应该是其对"新经"的一种很大误解。因为《太上洞玄灵宝智慧本愿大戒上品经》等就有相关记载。该经称:

> 此戒名智慧隐经道行本愿上戒宝真品,太上虚皇传太上大道君……道士运会,脱有得之,当秘而奉焉。太上仙童十人随侍视戒,营护弟子之身。时有贤儒、信道男女,兆不得闭绝于圣文矣。若本命、甲子、庚申、八节日斋而诵一遍也。②

根据其记载,在本命日、甲子日、庚申日和八节日等几种定期斋戒日期,都需要诵读"智慧隐经道行本愿上戒宝真品",因此证明了"新经"有"八节斋"等定期斋戒。

又如"新经"《上清太极隐注玉经宝诀》也记载:

> 《太上玉经隐注》曰:居家学道,当受《五千文》。月朔、半,本命日,八节日,日中、夜半时,各一遍诵之耳。若兆不能读者,请师为读之,兆当亲侍香火,一心听受经旨,志以奉行经上妙事。③

以上所谓"月朔、半",是指每月初一和月中即十五日,再加上"本命日"和"八节日"。该经虽然没有直接出现"斋戒"二字,但其实都是指古

---

① 刘屹《六朝道教古灵宝经的历史学研究》,第 425 页。
② 《太上洞玄灵宝智慧本愿大戒上品经》,《道藏》第 6 册,第 157 页。
③ 《上清太极隐注玉经宝诀》,《道藏》第 6 册,第 645 页。

灵宝经一批最重要的定期斋戒日期①。

其次，道教"八节斋"的最早渊源至少可以追溯到《礼记·月令》所代表的先秦国家祭祀礼制。汉代《老子中经》等已有详尽的"八节斋"记载。特别是《登真隐诀》所记载的东晋中期上清派已经有非常完整的"八节斋"等定期斋戒制度。《太上灵宝五符序》在古灵宝经中出世最早，其对"八节斋"也有完整记载。至于《真文天书经》对"八节斋"的详尽论述，其实也是直接在东晋上清派《登真隐诀》已有基础上形成的②。而陆修静所撰《洞玄灵宝五感文》，将"八节斋"的宗教功能概括为"学士一年八过，谢七玄及己身宿世今生之罪"，也完全是直接源于东晋上清派对"八节日"修斋的论述③。

那么，究竟应该如何看待前引两部"新经"中只是如此简略地提到"八节斋"呢？我们认为唯一合理的解释就是，"八节斋"等斋戒制度在汉晋道教各派特别是在"元始旧经"中都已有非常完整的论述，并在道教内部得到普遍遵行。而"新经"作为比"元始旧经"较晚出的经典，根本就不需要对"八节斋"本身再作重新论述。其创作者所要做的，恰恰就是在"元始旧经"等已有论述的基础上，增加诵读相关经戒的内容而已。

我们也可以作设身处地的思考和设想，就是"新经"的创作者本来就是"元始旧经"最忠实的信奉者和实践者，而"八节斋"等则均属于整个道教包括"葛氏道"内部不言自明的宗教制度。当"葛氏道"道士进行"新经"创作时，根本就不需要对"元始旧经"中本来已经非常详尽的内容再作大规模的重复性论述，其着重点必然只是对"元始旧经"中他们

---

① 王承文《汉晋道教仪式与古灵宝经研究》，第304—315。

② 王承文《古代国家祭祀与汉唐道教"八节斋"的渊源论考》上篇、下篇，《宗教学研究》2016年第2期、第3期；又见王承文《汉晋道教仪式与古灵宝经研究》，第285—317页。

③ 王承文《汉晋道教仪式与古灵宝经研究》，第312页。

认为有所缺略的内容进行新的补充和论述。我们认为这种思路,既可以为"元始旧经"中某些内容"有"或"详尽"但"新经"中却"无"或"简略"的现象作解释,也可以为"元始旧经"或"新经"内部相关经典内容的详略现象作解释。因此,我们讨论"新经"中"八节斋"等相关问题,不能人为地将其同整个古灵宝经系列以及汉晋道教"八节斋"本身的发展演变完全割裂开来,孤立地讨论其中的"八节斋"等问题。总之,我们认为"依靠某种因素谁'有'谁'无'的表象"的比较以及"层累说"原理的比较,并不符合古灵宝经形成的实际情况。

七 如何看待"元始旧经"和"新经"在教义思想上的"重大差异"问题?

(一)对"元始旧经"和"新经"在教义思想上的"重大差异"辨析

刘屹博士通过大量专题研究,证明"元始旧经"和"新经"在教义思想上存在各种"重大差异",并由此证明所有"新经"都要比"元始旧经"更早出世。但是,我们经过重新研究,认为这些结论都可以重新讨论。

首先,关于"元始旧经"和"新经"在报应观念上存在的"重大差异"问题。刘屹博士认为"新经"因为更早出世,所以其报应观念直接模仿了外来佛教,只讲个人的"三世"报应,完全没有家族报应的观念;而较后出世的"元始旧经"则既讲个人报应,也讲家族的报应。正是根据这种"谁'有'谁'无'"的比较以及"'层累说'的原理",他得出了"新经"必然要比"元始旧经"更早出世的结论。根据我们的重新研究,"新经"并非只讲个人报应,而是也用极大的篇幅来专门讲家族报应。"元始旧经"和"新经"都在直接吸收佛教个人受报思想的同时,始终坚持中国本土家族报应立场,都重视对家族祖先的救度。二者的报应观是完全相同的。在"新经"与"元始旧经"之间,并不存在一种由报应观念的先后演变所形成的历史线索，因此不能将其作为"新经"必定作成于"元始旧经"之前的内证①。

其次，关于"元始旧经"和"新经"的"时间模式"和"劫"的观念存在"重大差异"的问题。刘屹博士认为"新经"体现了中国古代传统中有始无终的时间模式和宇宙论，而"元始旧经"则因为借用印度佛教"劫"的观念，确立了佛教无始无终的时间模式和宇宙论②。我们研究认为，这两批经典在整体上其实都贯穿了中国传统的时间模式和宇宙论。至于这两批经典中"劫"的概念，其实都不同程度地体现了印度佛教"劫"的观念中"天地沦坏，天地重生"的含义。"元始旧经"有"劫运"年号，"新经"确实没有"劫运"名号。然而，这种"谁'有'谁'无'"的比较，并不能证明二者存在根本性差别。因为"元始旧经"侧重于叙述自《灵宝五篇真文》最初演化宇宙以来由"劫运"构成的历史过程，而"新经"则侧重于叙述自黄帝以来的数千年历史。很显然，在"元始旧经"已经对"劫运"学说作了充分论述的前提下，相关"新经"根本就不需要对"劫运"学说再作重复性的论述③。

复次，关于"元始旧经"和"新经"之最尊崇经典的"重大差异"问题。刘屹博士坚持认为，无论是"元始旧经"还是"新经"，只要其中没有出现《灵宝五篇真文》，或者"没有先把《灵宝赤书五篇真文》摆放在最高贵和

---

①　王承文、张晓雷《论古灵宝经的报应观》，《敦煌学辑刊》2019 年第 3 期。需要特别说明的是，南朝后期出世的《升玄内教经》以及隋唐之际出世的《太玄真一本际经》，均属于灵宝经系列的新经典，其中受佛教的影响比古灵宝经更为广泛和深刻，而其报应观念基本都是强调佛教的个人报应，也基本不提道教原有的家族报应。但是，我们显然不能以此来证明这两部灵宝新经典要比古灵宝经更早出世。

②　刘屹《六朝道教古灵宝经的历史学研究》，第 515—525 页。

③　王承文《再论"元始旧经"和"新经"出世先后问题——兼评刘屹博士〈六朝道教古灵宝经的历史学研究〉》，《中山大学学报》2020 年第 2 期。

最根本的位置,然后再展开自己的论说"①,就代表该经作者最尊崇的经典不是《灵宝五篇真文》。因此,他正是通过这种"'谁'有'谁'无"的比较,认为所有"新经"和绝大多数"元始旧经"的创作者都不承认《灵宝五篇真文》的尊崇地位。他认为"元始旧经"强调"灵宝经就是'道'的体现,具有创立天地、敷演众经的绝对本源性质";而"'新经'却显然没有遵从'旧经'确立的这种对灵宝经神圣地位的界定","在'新经'中几乎看不到'旧经'所宣扬的这一套'灵宝天文创世'神话"②。根据我们的研究,至少有三部"新经"体现了非常明确的对《灵宝五篇真文》的尊崇③。特别是"新经"《真文要解上经》,如同《真文天书经》等"元始旧经"一样,也强调《灵宝五篇真文》就是"道"的体现,具有创造天地的绝对本源性质④。至于其他多部"新经",虽然没有出现《灵宝五篇真文》,但决不代表其作者就根本不承认《灵宝五篇真文》的尊崇地位。关于在"新经"中《道德经》和《灵宝五篇真文》孰轻孰重的问题,敦煌文书 P. 2356 号"新经"《太上太极太虚上真人演太上灵宝威仪洞玄真一自然经诀上卷》称:

> 《太上灵宝洞玄天书》,道之至真,尊大无上。诸道士、沙门、百姓子男女人,欲栖名山,清静无为,永绝世务,志学仙道,长斋幽林,读《道德五千文》《洞真玄经卅九章》《消魔智慧》,举身白日升天。而无是经,终不得上仙太真之道,永享无数劫。⑤

该经作者明确称"《太上灵宝洞玄天书》,道之至真,尊大无上",是

---

① 刘屹《六朝道教古灵宝经的历史学研究》,第 586 页。

② 刘屹《六朝道教古灵宝经的历史学研究》,第 293 页。

③ 王承文《敦煌本〈灵宝经目〉与古灵宝经的分类及内在关系考释——以〈灵宝赤书五篇真文〉和〈道德经〉的关系为中心》,《敦煌学辑刊》2012 年第 3 期;又见王承文《汉晋道教仪式与古灵宝经研究》,第 373—395 页。

④ 参见王承文《再论"元始旧经"和"新经"出世先后问题——兼评刘屹博士〈六朝道教古灵宝经的历史学研究〉》,《中山大学学报》2020 年第 2 期。

⑤ 《中华道藏》第 4 册,第 97 页。

指《灵宝五篇真文》本身就是"道"的体现，具有至高无上的神圣地位。该经详细列举了老子《道德经》、上清经派最重要的经典《上清大洞三十九章经》等，甚至佛教在当时最流行的各种经典，认为这些经典比起"《太上灵宝洞玄天书》"即《灵宝五篇真文》则相差甚远。所谓"读《道德五千文》《洞真玄经卅九章》《消魔智慧》，举身白日升天。而无是经，终不得上仙太真之道，永享无数劫"，意思是说，如果没有《灵宝五篇真文》，仅靠这些经典本身，既不能使人独立地得道成仙，亦无法完成度人救世的使命。因此，该经既证明《灵宝五篇真文》和《道德经》二者完全可以在同一部"新经"中同时存在，也证明《灵宝五篇真文》的地位要远高于《道德经》。因此，小林正美和刘屹博士提出的有关"元始旧经"和"新经"对于其最尊崇经典所存在的"重大差异"，本质上就是依靠"谁'有'谁'无'"比较所导致的问题。

最后，关于"元始旧经"和"新经"中《灵宝五篇真文》版本的"重大差异"问题。"新经"《太上洞玄灵宝真文要解上经》全篇的论述，均是以《灵宝五篇真文》为核心而展开的。与"元始旧经"完全一样，该经也非常强调《灵宝五篇真文》在宇宙演化中的本源性意义。至于刘屹博士从《真文》的来源、用途、"绝对宇宙本源性"、描述性语言的简繁程度等各方面进行比较，认为《真文要解上经》没有像《真文天书经》那样，"将《灵宝五篇真文》的宇宙绝对本源性强调到极致"[1]，其做法其实属于一种非常典型的"谁'有'谁'无'"的比较。众所周知，《真文天书经》和《赤书玉诀妙经》两经已经"将《灵宝五篇真文》的宇宙绝对本源性强调到极致"。至于其他所有"元始旧经"包括"新经"，都不可能也根本就没有必要再叠床架层地去重复这些已有的内容。

---

① 对这一问题的详细讨论，参见王承文《再论"元始旧经"和"新经"出世先后问题——兼评刘屹博士〈六朝道教古灵宝经的历史学研究〉》，《中山大学学报》2020年第2期。

(二)关于"元始旧经"和"新经"中"天尊"概念的含义辨析

刘屹博士提出"元始旧经"和"新经"中"天尊"概念的含义存在重大差异，并将其作为"新经"比"元始旧经"更早出世的一个最重要的证据。由于这一问题对于其所提出的一系列重大颠覆性观点的成立与否具有决定性意义，因此我们试作专门讨论。

刘屹博士提出这一问题最主要的理由，是他在"新经"中发现了一些将"太极真人"以及某些"低级神灵"直接称为"天尊"的例子①。而"太极真人"与"元始天尊"原本属于两种完全不同的神格，因此他认为"新经"还没有形成"元始天尊"这样的主神观念。他称"'旧经'确立起元始天尊的至尊神格是毫无疑义的事实"，而由《真文天书经》等所确立的"元始天尊的绝对神圣地位，是有排他性的"②。"元始旧经"中所有"天尊"一词都是对其最高主神"元始天尊"的简称。因此，他认为"如果'新经'中真的既有可能存在'元始天尊'这样的至上神格，而诸仙真在对话中用到'天尊'一词时，却又并不特指'元始天尊'，那无疑将是自相矛盾的一种格局"③。按照其说法，如果"元始旧经"和"新经"都将"元始天尊"确定为最高主神，而"新经"却还用"天尊"一词来指代其他较低级的神灵的话，那么必然就会造成对"元始天尊"神格的极大贬低。因此，他认为古灵宝经的创作必然经历了一个从"新经"中将其他较低级的神灵尊称为"天尊"，向"元始旧经"中具有高度垄断性和排他性的"元始天尊"发展演变的过程。而"新经"也因此要比"元始旧经"更早出世④。由此可见，真正弄清这两批经典中"天尊"概念的含义，对于古灵宝经神灵体系的研究具有重要

---

① 刘屹《六朝道教古灵宝经的历史学研究》，第 278—279 页。
② 刘屹《六朝道教古灵宝经的历史学研究》，第 374 页。
③ 刘屹《六朝道教古灵宝经的历史学研究》，第 110 页。
④ 刘屹《六朝道教古灵宝经的历史学研究》，第 110—113 页。

意义。

　　"元始旧经"中"天尊"一词,除了指代"元始天尊"之外,其实同"新经"一样,也可以指代其他较低级神灵。这种情况可以分为两种。

　　第一种是"天尊"一词仅仅作为一个复合性神灵名称的组成部分。例如,《太上灵宝五符序》记载"醮祝之仪"奉请神灵称:

　　　　某年某月日,州县乡里男女生某甲,年若干岁,受道士某郡某甲《太上灵宝五符文》,依大道科法,奉请五帝君。请已清斋三日,宰鸿鹜之鸟,洁整身神,虚心伺迎上皇天尊。①

　　众所周知,《太上灵宝五符序》的成书经历了汉魏两晋时期,以上"醮祝之仪"形成的具体时间难以确定,然而可以肯定是道教最早使用"天尊"一词的例子。以上"五帝君"直接源自于汉代谶纬中的五方天帝。"上皇天尊"是指在"五帝君"之上的"天皇大帝",与"元始旧经"所创立的"元始天尊"无关。而"元始旧经"《太上洞玄灵宝赤书玉诀妙经》的"元始灵宝五帝醮祭招真玉诀",就是直接在《太上灵宝五符序》之"醮祝之仪"的基础上发展而成的。该经称:

　　　　谨依大道玄都旧典科法,清斋沐浴,香熏神室,奉请五帝君、五帝灵官真人、神仙玉女。谨以鸿鹜之鸟,香酒甘果,表于丹心,洁整身神,司迎上皇天尊。②

　　《太上洞玄灵宝赤书玉诀妙经》有非常明确的"元始天尊"主神观念。但以上"上皇天尊"一词却与"元始天尊"无关。另外,《道藏》本《太上大道三元品诚谢罪上法》属于"元始旧经"《太上洞玄灵宝三元品戒功德轻重经》已脱落的部分,其"上启"的神灵系列为:

　　　　上启:太上无极大道太上大道君、太上老君、太上丈人、无上玄

---

　　①　《太上灵宝五符序》卷下,《道藏》第 6 册,第 337 页。
　　②　《太上洞玄灵宝赤书玉诀妙经》卷下,《道藏》第 6 册,第 202 页。

老、十方无极大道道德众圣天尊……①

而"新经"《太极真人敷灵宝斋戒威仪诸经要诀》承袭了"元始旧经"神灵体系,其称:

> 上启:太上无极大道太上大道君、太上老君、太上丈人、无上玄老、十方无极大道道德众圣天尊……②

以上"十方无极大道道德众圣天尊"在"元始旧经"和"新经"中都出现,而且都与"元始天尊"无关。陆修静《太上洞玄灵宝授度仪》对此也有完全相同的记载③。这证明,"上皇天尊"和"十方无极大道道德众圣天尊"在"元始旧经"中的存在,并不影响"元始天尊"作为古灵宝经最高主神的地位。

第二种是"天尊"一词作为一种完全独立的概念,是对"元始天尊"之外其他较低级神灵的尊称。但是,这种情况其实在"元始旧经"和"新经"中都存在。"新经"《太上洞玄灵宝智慧本愿大戒上品经》开篇称:

> 太极仙公请问太极法师。仙公于天台山静斋念道,稽首礼拜,请问灵宝玄师太极太虚真人曰:弟子有幸,得侍对天尊,自以微言,弥纶万劫,洞观道源,过泰之欢,莫有谕也……近而未究人生宿世因缘本行之由,今愿天尊觉所未悟。④

据此可见,葛仙公当面将"太极法师徐来勒"尊称为"天尊"。刘屹博士将"新经"中的这种现象概括为"'天尊'常常是指低级仙真对高级仙真的敬称"⑤;是"低等级仙真在与高等级仙真对话时所使用的敬

---

① 《太上大道三元品诫谢罪上法》,《道藏》第6册,第585页。
② 《太极真人敷灵宝斋戒威仪诸经要诀》,《道藏》第9册,第867页。
③ (南朝宋)陆修静《太上洞玄灵宝授度仪》,《道藏》第9册,第842页。
④ 《太上洞玄灵宝智慧本愿大戒上品经》,《道藏》第6册,第155页。
⑤ 刘屹《六朝道教古灵宝经的历史学研究》,第288页。

称"①。但是刘屹博士可能没有注意到"元始旧经"其实也有完全相同的情形。例如《洞玄灵宝二十四生图经》大量出现了元始天尊，但该经又记载：

> 上皇元年九月二日，后圣李君出游西河，历观八门。值元始天王乘八景玉舆……同会西河之上。李君稽首请问天王：昔蒙训授天书玉字《二十四生图》，虽得其文，未究妙章，虽有图赞，而无其像，修之庵蔼，妙理难详。今遇天尊，喜庆难言。愿垂成就，极其道真。②

以上"后圣李君"原为早期上清经最重要的神灵之一——后圣金阙帝君，但是已被"元始旧经"改造成为灵宝经尊神③。其称"今遇天尊"，证明"后圣李君"也当面将"元始天王"尊称为"天尊"。而这就证明"元始旧经"并没有把"天尊"一词视为元始天尊所独有的具有垄断性和排他性的名号。因此，古灵宝经"天尊"概念的这种特例，既不能证明"元始旧经"和"新经"的主神观念存在根本性差别，也不能证明"新经"比"元始旧经"更早出世。

最后还要指出的是，刘屹博士通过比较"元始旧经"和"新经"中"天尊"一词含义的根本性差异，证明"灵宝经内部的统一性原则"根本就不存在④。然而，我们所讨论的"元始旧经"和"新经"所共有的"上皇天尊"和"十方无极大道道德众圣天尊"观念，以及"天尊"一词并不直接等同于"元始天尊"等，恰恰证明这两批"灵宝经内部的统一性原则"。

---

① 刘屹《六朝道教古灵宝经的历史学研究》，第110页。
② 《洞玄灵宝二十四生图经》，《道藏》第34册，第337－338页。
③ 王承文《再论"元始旧经"和"新经"出世先后问题——兼评刘屹博士〈六朝道教古灵宝经的历史学研究〉》，《中山大学学报》2020年第2期。
④ 刘屹《六朝道教古灵宝经的历史学研究》，第110页。

（三）关于"元始旧经"和"新经"的"最高主神"以及神灵体系的"重大差异"问题

小林正美早在四十年前就对"元始旧经"和"新经"神灵体系所存在的"重大差异"作了专门区分，刘屹博士对此则加以直接沿用并进一步发挥①。然而，我们认为这种区分与这两批经典的实际情况存在很大的差距。

首先，关于"最高主神"观念问题。小林正美和刘屹博士都强调"元始旧经"的主神是元始天尊，而"新经"的主神则不是元始天尊。根据我们的研究，"新经"中的主神观念与"元始旧经"其实完全一样，都是指元始天尊。"新经"《太上洞玄灵宝真文要解上经》提到"元始命五老上真，以《灵宝真文》封于五岳之洞"，其中的"元始"和《灵宝真文》，就是指"元始旧经"所尊崇的主神元始天尊和《灵宝五篇真文》②。《无上秘要》卷三九《授洞玄真文仪品》征引已佚"新经"《太上太极太虚上真人演太上灵宝威仪洞玄真一自然经诀上卷》，即用很大篇幅来说明《灵宝五篇真文》的传授仪式，其文曰：

> 太上灵宝无上三洞弟子姓名等上启：*虚无自然元始天尊*、*无极大道太上道君*、高上玉皇，已得道大圣众、至真诸君丈人、三十二天帝、玉虚上帝、玉帝、大帝、东华、南极、西灵、北真、玄都玉京金阙七宝玄台紫微上宫灵宝至真、明皇道君，某等宿命因缘，生值道化，玄真启拔，得入信根，先师盟授三宝神经，供养尊礼……③

该经启奏"虚无自然元始天尊、无极大道太上道君"等神灵的全部

---

① 刘屹《六朝道教古灵宝经的历史学研究》，第259、277、307页。

② 王承文《再论"元始旧经"和"新经"出世先后问题——兼评刘屹博士〈六朝道教古灵宝经的历史学研究〉》，《中山大学学报》2020年第2期。

③ 《无上秘要》卷39《授洞玄真文仪品》引，《道藏》第25册，第131页。

内容，都直接出自"元始旧经"《洞玄灵宝长夜之府九幽玉匮明真科》[1]。以上引文既证明了这部"新经"要比"元始旧经"晚出，也证明"新经"直接承袭了"元始旧经"有关"元始天尊"作为最高神灵的观念。该经中的"虚无自然元始天尊"和"无极大道太上道君"，就是"元始天尊"和"太上大道君"这一对组合[2]。而"新经"《太极真人敷灵宝斋戒威仪诸经要诀》和《太上洞玄灵宝真文要解上经》中的"十方无极太上灵宝天尊"，则与"元始旧经"完全一样，均属于古灵宝经借鉴大乘佛教"十方佛"观念之后所确立的"元始天尊"的"法身"观念，与"元始天尊"的神格具有同等意义。对此，我们都有专门讨论[3]。

　　然而，刘屹博士却坚持用"'谁'有'谁'无"的比较方法，认为无论是"元始旧经"还是"新经"，只要其中没有出现"元始天尊"，就必然意味着其创作者不知道或者根本就不承认"元始天尊"的主神地位。在此前提下，他把每一部"新经"中阶位最高的神灵都确定为该经的"最高主神"，由此判定葛巢甫和"葛氏道"创造了"太上大道君""太上虚皇""太上虚皇道君""元始天王""太上老子"等各种不同的"最高主神"。然而，这种比较的直接结果，就是陷入到不断的自我否定和自相矛盾的境地。我们认为这一点恰恰从反面证明了"新经"的"最高主神"问题，是不能依靠"谁'有'谁'无'"的比较方法来确定的。对此，我们将在后面作进一步讨论。

　　其次，关于"元始旧经"中所谓"历史人物"问题。小林正美和刘屹都坚持"老子""张道陵""葛玄"等"历史人物"不应出现在具有远古"劫运"背景的"元始旧经"中，更不可能与最神圣的《灵宝五篇真文》存在任何关系。而刘屹博士更将此作为其坚持小林正美重新分类法和"移入三经说"最主要的理由。根据我们的研究，"元始旧经"出现所谓"历史

---

① 《洞玄灵宝长夜之府九幽玉匮明真科》，《道藏》第 34 册，第 388 页。

② 王承文《汉晋道教仪式与古灵宝经研究》，第 412—41 页。

③ 王承文《古灵宝经"元始旧经"和"新经"的主神考释》，《魏晋南北朝隋唐史资料》第 27 辑；又见王承文《汉晋道教仪式与古灵宝经研究》，第 395—431 页。

人物",并非小林正美"移入三经说"所指三经中特有的现象,而是在大量"元始旧经"中都普遍存在。例如,《真文天书经》就记载作为"太上老君"的"老子"以及作为"上古天师君"的"张道陵",都与元始天尊等神灵一起在最高天界共同朝觐《灵宝五篇真文》。至于"移入三经说"所指三经中出现的"老子""张道陵""葛玄"等"历史人物",其实均属于在汉晋时代已经完成"神格化"的道教神灵。其出现在"元始旧经"中,完全符合"元始旧经"神灵体系构建的特点。因此,小林正美和刘屹将这些特殊的"历史人物"与一般具体历史人物相等同,并以此为基础对敦煌本陆修静《灵宝经目》的著录和分类加以批判和否定,其实是对"元始旧经"教义思想的一种误解①。

复次,关于"太极真人"徐来勒的神格问题。小林正美将"太极真人"徐来勒看成是"新经"中最具有标志意义的主神。刘屹博士也强调,"元始系经典则是元始天尊和太上大道君传给其他道神,恰恰不包括太极真人和葛仙公在内"②。然而,"元始旧经"《洞玄灵宝自然九天生神章经》就证明,"元始天尊"与"太极真人"及其《太极真人颂》,完全可以出现在同一部经典中③。而学术界包括刘屹博士本人也证明,历史上并不存在所谓"天师道三洞派"在该经中添加"太极真人"及其《太极真人颂》的可能④。前引《无上秘要》卷三九《授洞玄真文仪品》所引"新经"《太上太极太虚上真人演太上灵宝威仪洞玄真一自然经诀上卷》,也证明了"元始天尊"和"太上大道君"这一组合与"太极真人"和"葛仙公"完全可以出现在同一部古灵宝经中⑤。根据我们的研究,《洞玄灵宝玉

---

① 王承文《论古灵宝经分类争论中的"历史人物"问题》,《魏晋南北朝隋唐史资料》第 46 辑。

② 刘屹《六朝道教古灵宝经的历史学研究》,第 525 页。

③ 《洞玄灵宝自然九天生神章经》,《道藏》第 5 册,第 847 页。

④ 刘屹《六朝道教古灵宝经的历史学研究》,第 61—62 页。

⑤ 参见王承文《汉晋道教仪式与古灵宝经研究》,第 414 页。

京山步虚经》《太上洞玄灵宝真一劝诫法轮妙经》和《太上无极大道自然真一五称符上经》作为"元始旧经"，其中均有大量"太极真人"的记载。因此，这三经恰恰证明"元始旧经"本身就有"太极真人"这一神格。又如《太上洞玄灵宝飞行三界通微内思妙经》，属于敦煌本陆修静《灵宝经目》所著录的未出"元始旧经"之一，其出世时间应在南北朝中后期。而该经的全部内容均为"太极真人"所说①。也就是说，"元始旧经"的创作者一直都将"太极真人"视为其神灵体系中非常重要而独特的神灵之一。从南朝至隋唐新出的灵宝经系的经典，如《太上洞玄灵宝业报因缘经》《本相经》《太玄真一本际妙经》《太上决疑经》，都能证明"太极真人"属于远古"赤明劫"时期就已出世的神灵，与太上大道君一起接受了元始天尊的教法②。因此，将"太极真人"当作"元始旧经"和"新经"神灵体系存在根本性差别最主要的标志之一，并不真正符合古灵宝经的实际情况。我们的研究也证明，"元始旧经"的神灵体系既包括了大量来自上清经和天师道的神灵，也包括了源自古代宗教神话中的"五老帝君""天真皇人""西王母"，以及完成了"神格化"的所谓"历史人物"，如"老子""黄帝""大禹""王褒""张道陵"等③。反之，如果刘屹博士所提出的"新经"比"元始旧经"更早出世的观点能够真正成立的话，那么，较后出的"元始旧经"为什么偏偏却要把在"新经"中如此重要而独特的神灵——"太极真人"——完全排除在其神灵体系之外呢？

最后，我们认为"元始旧经"与"新经"的神灵体系都充分体现了兼容性、共通性和统一性。如果我们不对"元始旧经"和"新经"的神灵体系做简单的"谁'有'谁'无'"的比较，就能发现这两批经典其实共同构

---

① 《太上洞玄灵宝飞行三界通微内思妙经》，《道藏》第 24 册，第 686－691 页。

② 王承文《汉晋道教仪式与古灵宝经研究》，第 539－543 页。

③ 王承文《论古灵宝经分类争议中的"历史人物"问题》，《魏晋南北朝隋唐史资料》第 46 辑。

建了一种完整的经法传承模式。"元始旧经"将元始天尊确定为灵宝经的主神,同时又将太上大道君塑造成元始天尊的弟子。而《洞玄灵宝玉京山步虚经》等三部"元始旧经"以及多部"新经",则一方面将太极真人徐来勒塑造成太上大道君的弟子,另一方面又将太极左仙公葛玄塑造成太极真人徐来勒的弟子。因此灵宝经法经形成了元始天尊—太上大道君—太极真人—太极左仙公葛玄的传承关系。而这两批经典在本质上都是围绕这种具有神圣色彩的传承关系而展开论述的。

(四)小结

从以上讨论来看,刘屹博士之所以非常强调"元始旧经"和"新经"在教义思想上的"重大差异",主要原因包括:一是他在古灵宝经分类问题上都遵照小林正美的重新分类法和"移入三经说"。也就是说,他在做各种比较研究之前,实际上就已经判定"元始旧经"和"新经"是由不同"道派"创作而成的,并因此将其分割成两批互不相关的经典,然后再进行各种比较研究。二是他主要"依靠某种因素谁'有'谁'无'的表象"的比较方法,即将古灵宝经中"某种因素"的"有"与"某种因素"的"无",看成是一种绝对的非此即彼、二者必然完全相互否定和相互对立的关系,进而将其上升到根本教义思想的差别以及"源头"和"派系"的差别。三是其对古灵宝经文本的解读还不能说非常细致和深入。根据我们的重新研究,在其所作的所有相关专题研究中,都可以发现有很多显而易见的反证材料被有意识地"漠视和过滤掉了"[1]。例如,"新经"中本来有大量讲家族报应的资料。但他为了证明"新经"都比"元始旧经"更早出世,直接判定"新经"只讲个人报应,完全不讲家族报应。

总之,刘屹博士所列举的"元始旧经"和"新经"在教义思想上的"重大差异",更主要体现为相关经典的宗教内容有所偏重,但是既不构成

---

[1] 《六朝道教古灵宝经的历史学研究》,第 112 页。

所谓根本性教义思想的差别，更谈不上存在所谓"源头"和"派系"的差别①。至于刘屹博士对"仙公新经"的研究，我们认为更能体现其研究方法、研究取向以及研究的最终结果。对此我们将作更加专门的讨论。

---

　　①　王承文《论古灵宝经对佛教"劫"的观念的吸收和改造——以〈灵宝五篇真文〉与"劫运"的关系为中心》，《宗教学研究》2020 年第 2 期；王承文《再论"元始旧经"和"新经"出世先后问题——兼评刘屹博士〈六朝道教古灵宝经的历史学研究〉》，《中山大学学报》2020 年第 2 期；王承文、张晓雷《论古灵宝经的报应观》，《敦煌学辑刊》2019 年第 3 期。

第七章　论古灵宝经的分类法和研究方法问题(下)

——兼评刘屹博士《六朝道教古灵宝经的历史学研究》

　　我们之所以把刘屹博士对"新经"的研究作为专门讨论的对象,是因为这一部分最能体现其研究方法、研究取向以及最终结果。为了更全面而准确地掌握其基本论点,我们对其所有相关论述都做了仔细梳理,发现其主要核心观点都存在非常明显的自我否定和自相矛盾的倾向。而其最突出的表现,一是对于敦煌本陆修静《灵宝经目》中多部"新经"的性质,他都通过"'谁'有'谁'无"的比较作出具有批判性但又前后矛盾的判定;二是对于"新经"各个方面,他都先作一个总体性判定,然后又通过"'谁'有'谁'无"的比较加以否定,因此就造成了其在整体论证逻辑上的自相矛盾。我们认为,这种研究结果恰恰证明,小林正美的重新分类法和"移入三经说"人为而且极大地改变了敦煌本陆修静《灵宝经目》原有分类和结构,并不符合古灵宝经的实际情况。因此,我们认为应该彻底回归敦煌本陆修静《灵宝经目》,以其原有的分类法来研究古灵宝经。需要特别指出的是,在以下讨论中,为了避免误解或者曲解刘屹博士的本意,我们将尽可能直接引用其原文来说明。

八　关于刘屹博士对葛巢甫与全部
"仙公新经"关系的肯定

东晋末年"葛氏道"的代表人物葛巢甫与古灵宝经的关系，属于古灵宝经研究中最基础也最重要的问题之一。南朝陶弘景所编《真诰》记载，东晋末年，"葛巢甫造构《灵宝》，风教大行"①；唐代孟安排《道教义枢》记载灵宝经传承，称葛巢甫"以晋隆安（397—401）之末，传道士任延庆、徐灵期之徒，相传于世"②。这两条资料就是我们讨论葛巢甫与古灵宝经的关系以及古灵宝经出世具体时间最主要的依据。长期以来，国内外所有研究者都认为葛巢甫与"元始旧经"的创作有关。但是，刘屹博士特别强调葛巢甫只与"新经"的创作有关，并完全否定葛巢甫与"元始旧经"有任何关系。敦煌本陆修静《灵宝经目》共著录11部"新经"，而刘屹博士因为坚持小林正美的重新分类法和"移入三经说"，所以坚持认为"新经"实际上应为14部，并将其重新命名为"仙公新经"，包括以下这些经典：

> 《太上灵宝五符序》《上清太极隐注玉经宝诀》《太上洞玄灵宝真文要解上经》《太上太极太虚上真人演太上灵宝威仪洞玄真一自然经诀上卷》《太极真人敷灵宝斋戒威仪诸经要诀》《太上洞玄灵宝智慧本愿大戒上品经》《太极左仙公请问经上》《太上洞玄灵宝本行宿缘经》《太上洞玄灵宝本行因缘经》《太极左仙公神仙本起内传》《太极左仙公起居经》《洞玄灵宝玉京山步虚经》《太上无极大道自然真一五称符上经》《太上洞玄灵宝真一劝诚法轮妙经》。③

---

① （梁）陶弘景《真诰》卷19《翼真检第一》，《道藏》第20册，第604页。
② （唐）孟安排《道教义枢》卷2，《道藏》第24册，第813页。
③ 刘屹《六朝道教古灵宝经的历史学研究》，第262页。

对于葛巢甫与"仙公新经"创作在整体上的关系,刘屹博士通过大量专题研究从各个方面都作了非常肯定的论证。首先,他通过对古灵宝经中"先世"和"业报轮回"等观念的研究,提出:"'新经'的作者对'先世'一词的理解前后统一,最大的可能性是'新经'的作者是同一个人。而'旧经'的作者几乎可以肯定不是同一个人,因为对同一个词的理解就存在明显的差异。"因此,他认为:"'新经'最有可能的作者就是葛巢甫,他'造构'的灵宝经,应该是'仙公新经'部分,而非'元始旧经'或全部的灵宝经。"①他强调:"葛巢甫在东晋末年'造构'的,应该是与他的先祖葛玄有关的'仙公所传'的部分灵宝经。"②他还通过对"'灵宝'概念的演进与不同表现"的专门考察,提出:"到4世纪末葛巢甫'造构灵宝'时,其主要的作用应该是将灵宝经符与葛氏道建立起紧密的关联,而他造构出的'灵宝',就是'仙公新经'部分。"③他又称:"'新经'部分就是以葛仙公领受太上所遣天真下降而传授给他的灵宝经为线索或背景",而"葛巢甫依据这样的内容造出的'新经'应有十卷左右,即所谓'《语禀》《请问》十卷'"。④由此可见,刘屹博士强调葛巢甫与全部"仙公新经"的创作都密不可分。

其次,他通过对古灵宝经"劫"的观念进行研究,强调:"所谓葛巢甫'造构灵宝',其实就是指他造作了'仙公新经'部分。""'新经'对'劫'字的理解和使用几乎是相同的,说明这几部经是出自同一个人之手。这就暗示了'新经'中的大部分确应出自一人之手,而这个人最有可能的就是葛仙公的后代葛巢甫。"⑤他又称:"通过讨论两组灵宝经中关于'劫'字的观念和用法的异同,从中可见这几部'新经'中'劫'字的概念基本一致,而'旧经'中'劫'字的用法杂而多端,可以看出前者的作者是

① 刘屹《六朝道教古灵宝经的历史学研究》,第548页。
② 刘屹《六朝道教古灵宝经的历史学研究》,第223页。
③ 刘屹《六朝道教古灵宝经的历史学研究》,第593页。
④ 刘屹《六朝道教古灵宝经的历史学研究》,第638页。
⑤ 刘屹《六朝道教古灵宝经的历史学研究》,第528、529页。

同一个人，而后者的作者应该不止一人。"①因此，刘屹博士再次肯定并强调"仙公新经"的创作者就是葛巢甫。

复次，他通过对"新经"主神观念等问题的专门研究，提出："真正开始倡扬以元始天尊为主神的灵宝经教的人，显然应该是陆修静，而非葛巢甫。葛巢甫造构的是尚未形成元始天尊至尊神格观念的仙公诸经，'风教大行'的也应该是仙公诸经。"②"'新经'最有可能的作者就是葛巢甫。"③他称："将葛巢甫'造构灵宝，风教大行'，与陆修静对灵宝经出世情况的记录结合起来看，则葛巢甫在东晋末（400年左右）造作了'仙公所授'诸经，不知名的道教徒在420年左右开始造作'元始旧经'。这是最合情合理的解释。"④他又称："'元始旧经'三十六卷的出世，最早是在刘宋建立的420年，而葛巢甫早在390年代以降就造出了仙公所传诸经。两组灵宝经成书时间孰先孰后，不是一目了然的吗？"⑤其称葛巢甫"造作了'仙公所授'诸经"或"造出了仙公所传诸经"，都是指葛巢甫创作了全部"仙公新经"。

最后，他又通过对"新经"的整体研究，再次确认葛巢甫创作了全部"新经"。他称："葛巢甫也正是在灵宝五符传统的基础上，在隆安末造构出'新经'。"⑥"在确认'元始旧经'是从420年刘宋建立才开始出世的前提下，所谓葛巢甫隆安末年'造构灵宝，风教大行'，就只能是指葛巢甫造构了'新经'。事实上，'新经'推崇葛仙公，这只能是葛氏道中人才会这样做；'新经'中在用词、观念上都有相同或相似性，表明其中几部经的作者应该很接近，甚至可能就是同一个人——葛巢甫。"⑦他又

① 刘屹《六朝道教古灵宝经的历史学研究》，第324页。
② 刘屹《六朝道教古灵宝经的历史学研究》，第270页。
③ 刘屹《六朝道教古灵宝经的历史学研究》，第263页。
④ 刘屹《六朝道教古灵宝经的历史学研究》，第317页。
⑤ 刘屹《六朝道教古灵宝经的历史学研究》，第324页。
⑥ 刘屹《六朝道教古灵宝经的历史学研究》，第313页。
⑦ 刘屹《六朝道教古灵宝经的历史学研究》，第329—330页。

称:"我认为葛巢甫在东晋末年所造的只可能是'新经'而决不可能是
'旧经'。"①"葛巢甫造经时,他还不知道其后会有'旧经'出现,所以也
不可能自称为'新经'。只有当假托为元始天尊所传十部三十六卷灵宝
经出现,因为它们在几个劫运之前就已存在,所以被视作是'旧经',而
葛仙公此前所传的诸经,就被视为'新经'。"②其书中与此完全相同或
相近的论述还非常多。

据此可见,刘屹博士通过以上各种专题研究,已经极为牢固地确立
了一种非常明确的全然判定,即所有经由他所确认的共 14 部"仙公新
经",其真正的创作者就是东晋末年"葛氏道"的代表人物——葛巢甫,
而其创作的具体时间就是东晋之末的"隆安末年"。按照常理,所有"仙
公新经"既然为葛巢甫一人所创作,而且又在同一时间创作,那么,这批
"仙公新经"内部就必然存在非常紧密的内在逻辑关系,其在教义思想
等方面的共同特征也必然非常突出。然而,令人感到非常疑惑的是,刘
屹博士又通过大量"依靠某种因素谁'有'谁'无'的表象"的比较,一方
面证明葛巢甫与绝大多数"仙公新经"的创作完全无关,另一方面则致
力于揭示"新经"内部的各种"重大差异"。其结果不但完全否定了由他
自己提出的葛巢甫创作了全部"仙公新经"的结论,而且也使其所有论
证都最终陷入到自我否定和自相矛盾的境地。

九 关于刘屹博士对多部"仙公新经"性质 及其与葛巢甫关系的彻底否定

(一)关于《太上灵宝五符序》的性质

在敦煌本陆修静《灵宝经目》中,该经被著录为"新经"。长期以来,

---

① 刘屹《六朝道教古灵宝经的历史学研究》,第 641 页。
② 刘屹《六朝道教古灵宝经的历史学研究》,第 643 页。

国内外学术界从未有人怀疑过该经作为"新经"的性质，也从未有人怀疑过该经的创作和传承都与"葛氏道"密切相关。然而，刘屹博士一方面在对"新经"作总体论述时，认为该经属于"新经"，并与葛巢甫和"葛氏道"的传承有关；另一方面，他又在很多专题研究中，直接判定该经既不属于"新经"，也与葛巢甫和"葛氏道"完全无关。例如，他就公开称："《太上灵宝五符序》根本不属于'仙公所授'之列"，即不属于"仙公新经。"而其最主要的原因，是他认为该经中"没有葛仙公领受'灵宝五符'的传说"①。他强调该经的"传承脉络中也没有葛仙公，它本不该被归为仙公系经典"②；又称该经"其实并不是严格意义上的'仙公新经'，里面虽然提及了葛仙公，但并没有'灵宝五符'经过葛仙公和葛氏道传承下来的意思"③。他又提出："十一卷'仙公新经'，至少有两部经典是不应该属于新经的。"而这两部经典，一部是指《太上灵宝五符序》，另一部是指《灵宝真文要解上经》。他判定这两经"原本并不是出自葛巢甫或葛氏道之手的仙公新经"④；他认为直到陆修静在 471 年编纂目录时，"才把《太上灵宝五符序》归入'仙公新经'"⑤；又称"在 471 年，陆氏把本不该属于仙公所受的《太上洞玄灵宝五符序》加入'仙公新经'中，仙公诸经总共才十一卷"⑥。刘屹博士之所以如此公开而又坚决地把《太上灵宝五符序》直接排除在"仙公新经"之外，并直接判定该经与葛巢甫和"葛氏道"完全无关，其提出的最主要实际上也是唯一的理由，就是该经的"传承脉络中也没有葛仙公"。

由此可见，刘屹博士把"依靠某种因素谁'有'谁'无'的表象"的比

---

① 刘屹《六朝道教古灵宝经的历史学研究》，第 314 页。
② 刘屹《六朝道教古灵宝经的历史学研究》，第 322 页。
③ 刘屹《六朝道教古灵宝经的历史学研究》，第 531 页。
④ 刘屹《敦煌道经与中古道教》，第 165－167 页。
⑤ 刘屹《六朝道教古灵宝经的历史学研究》，第 323 页。
⑥ 刘屹《六朝道教古灵宝经的历史学研究》，第 237 页。

较方法,直接运用到对"新经"的具体研究中。他强调所有"新经"都只有在"传承脉络中"出现了"葛仙公",才能证明其"出自葛巢甫或葛氏道之手",也才能称得上是真正的"新经"。然而,这种做法一方面与他自己所提出的"仙公新经"都与葛巢甫和"葛氏道"有关的大量论断存在直接矛盾;另一方面,其公开否定《太上灵宝五符序》作为"新经"的性质,包括其提出的判定"新经"能否成立的标准,很显然仅仅属于他自己个人的主观判定。但是,这种做法既不符合古灵宝经原有分类以及陆修静在《灵宝经目》中对古灵宝经所作分类的本意,也很难被学术界所接受。而他的这种做法,也存在于对其他多部"新经"的讨论中。

(二)关于《太上无极大道自然真一五称符上经》的性质

敦煌本陆修静《灵宝经目》将该经著录为"元始旧经"。但小林正美依据其重新分类法和"移入三经说",判定该经原本属于"新经"。刘屹博士则对该经的性质提出了两种截然相反的观点。一方面,他坚持小林正美的重新分类法和"移入三经说",特别是在涉及古灵宝经主神观念等问题的讨论时,都非常坚持该经属于"仙公新经"。例如,他称"《真一五称符》是以老君(老子)为主角,只是以葛仙公的名义对老子的教法加以按语",因此该经"具有不符合元始系而符合仙公系经典神格的特点"[1]。另一方面,他在更多的场合却公开判定该经既不属于"仙公新经",也不属于"元始旧经",而且与葛巢甫和"葛氏道"并无任何关系。而其最主要的理由包括:(1)他强调:"《真一五称符上经》则连太上老子传授葛仙公的系谱也没有。"[2]因此他坚持必须有"传授葛仙公的系谱"才能证明其真正属于"仙公新经"。(2)他称:"《真文要解上经》与《真一自然五称符上经》,一个讲元始天王,一个只讲太上老子,都是既不符合

① 刘屹《六朝道教古灵宝经的历史学研究》,第 525 页。
② 刘屹《六朝道教古灵宝经的历史学研究》,第 260 页。

'元始系'，也不符合'仙公系'。它们的成书时间或许不晚，但被陆修静接纳进灵宝经系统之中则并不是很早。"①可见，同样是从主神观念来判断，他又提出该经既不符合"元始旧经"，也不符合"仙公新经"。而且该经"被陆修静接纳进灵宝经系统之中"也是很晚的事情。（3）他称："目前所存的《真文要解上经》《自然真一五称符》等，从内容上看，既不属于'元始旧经'，也不该属于'仙公新经'，但却都被陆修静安排在现在所看到的经目位置上。"②由此可见，刘屹博士对于陆修静将这两部所谓"仙公新经"著录进《灵宝经目》的做法，本身也是持反对意见的。（4）他称："《五称符上经》现在属于'元始旧经'之列，但小林正美怀疑它原本是'仙公系'经典，后来被移入'元始系'。我认为《五称符上经》原本并不是按照'旧经'的模式去造作的，它的作成应该早于'元始旧经'，但不一定原来属于'仙公系'。"③（5）他称："《五称符上经》的源头在'五胜符'，而非葛氏家传的灵宝五符。况且《五称符上经》原本并不是葛氏道所传的经典。"④

　　总之，刘屹博士的最终结论是，该经既非"元始旧经"，亦非"仙公新经"，也与葛巢甫和"葛氏道"无任何关系。而且刘屹博士公开提出，该经被著录进敦煌本《灵宝经目》，主要是陆修静曲解了"新经"含义所导致的一种错误结果。

（三）关于《太上洞玄灵宝真文要解上经》的性质

　　敦煌本陆修静《灵宝经目》明确将该经著录为"新经"。而小林正美却因为该经中有"元始"即"元始天尊"和《灵宝五篇真文》信仰，所以判定该经原本属于"元始旧经"。刘屹博士在整整十年中，对于该经的性

---

① 刘屹《六朝道教古灵宝经的历史学研究》，第263页。
② 刘屹《六朝道教古灵宝经的历史学研究》，第332页。
③ 刘屹《六朝道教古灵宝经的历史学研究》，第577页。
④ 刘屹《六朝道教古灵宝经的历史学研究》，第578页。

质和归属多次作出自我否定的论述。他先是批评小林正美有关该经属于"元始旧经"的观点,并判定该经原本就是"仙公新经";其后又认为该经既非"元始旧经",亦非"仙公新经"①。即使在这本具有总结性的著作中,其主要观点也完全是自相矛盾的。其对该经性质和归属的判定,至少可以划分为三种不同的类型。

第一,关于该经属于"新经"并与葛巢甫有关的论述。例如:

(1)他称:"被小林氏认为现在属于'仙公系'、却完全不涉及葛仙公的《太上洞玄灵宝真文要解上经》,也只有元始天王传太上大道君的传授关系。元始天王是在元始天尊神格确立之前,来自上清经的一个神格,这也没有超出其他'仙公诸经'不知有元始天尊的主神认知程度。所以,此经还是可以列入'新经'。"②因此,他从主神观念出发将该经判定为"新经"。

(2)他又称:"我认为《真文要解上经》在437年时,就已被陆修静判作属于'仙公所授'之列。"③其所称"属于'仙公所授'之列",就是指它本身属于"仙公新经"。

(3)陆修静所作《太上洞玄灵宝授度仪》对于"元始旧经"和"新经"都有征引。刘屹博士为了证明"新经"都比"元始旧经"更早出世,称"根据我的归类,《授度仪》征引的'仙公系'经典","共六种六卷仙公所传诸经"。而《太上洞玄灵宝真文要解上经》即为其中之一种④。他所说的"六种六卷仙公所传诸经",就是指葛巢甫亲自创作的几部"新经"。因此,他公开判定该经属于葛巢甫亲自撰成的几部"新经"之一。

(4)他称:"《真文要解上经》既然在471年被陆修静列入'仙公新经',也就意味着它不可能曾在437年被陆氏当作'元始旧经'来看。"⑤

① 王承文《汉晋道教仪式与古灵宝经研究》,第557—559页。
② 刘屹《六朝道教古灵宝经的历史学研究》,第303页。
③ 刘屹《六朝道教古灵宝经的历史学研究》,第240页。
④ 刘屹《六朝道教古灵宝经的历史学研究》,第242页。
⑤ 刘屹《六朝道教古灵宝经的历史学研究》,第336页。

也就是说，无论是在437年还是471年，陆修静其实都是将该经作为"仙公新经"来看待的。因此他判定该经原本就属于"仙公新经"。

第二，关于该经既不属于"新经"也与葛巢甫无关的论述。例如：

（1）他提出："十一卷'仙公新经'，至少有两部经典是不应该属于新经的。"①至于其所称两部经典，就是特指《太上灵宝五符序》和《太上洞玄灵宝真文要解上经》。

（2）他称："《五符序》和《真文要解上经》这两部原本很可能不属于仙公系的经典"②。

（3）他称该经属于"一部并非严格意义上的'新经'"③。

（4）刘屹博士特别强调他自己与小林正美"对《真文要解上经》共同的看法是：此经原本并不属于'仙公新经'，这或许是共同树立了推进此经研究的一个重要前提"④。

（5）他称《真文要解上经》在敦煌本《灵宝经目》中"所处的分类位置，应看作是陆修静471年整理灵宝经时所作的人为处置，未必说明此经的原本属性"⑤。这种说法，一方面与他此前所称"我认为《真文要解上经》在437年时，就已被陆修静判作属于'仙公所授'之列"⑥的说法自相矛盾；另一方面，对于敦煌本《灵宝经目》将《真文要解上经》著录为"新经"，他却批判是陆修静在471年"所作的人为处置"结果，因此并不能真正"说明该经的原本属性"。

第三，关于该经既不属于"元始旧经"，也不属于"新经"，而且与葛巢甫和"葛氏道"完全无关的论述。例如：

---

① 刘屹《敦煌道经与中古道教》，第165—167页。
② 刘屹《六朝道教古灵宝经的历史学研究》，第528页。
③ 刘屹《六朝道教古灵宝经的历史学研究》，第334页。
④ 刘屹《六朝道教古灵宝经的历史学研究》，第368页。
⑤ 刘屹《六朝道教古灵宝经的历史学研究》，第370页。
⑥ 刘屹《六朝道教古灵宝经的历史学研究》，第240页。

(1)他称该经"既不属于仙公新经,也不属于元始旧经",原因是该经中只出现"元始天王"而没有出现"元始天尊",因此"不符合元始旧经"。同时又因为"此经根本没有出现葛仙公,这成为此经与其他仙公新经第二个明显的不同"。因此,他判定该经"原本并不是出自葛巢甫或葛氏道之手的仙公新经"①。可见,他判定该经既非"新经"又与葛巢甫无关,最根本的原因还是在其所做的"'谁'有'谁'无"的比较中,该经没有在"传承脉络中"出现"葛仙公"。

(2)他称:"现存的灵宝经,除了'元始天尊所传'与'葛仙公所传'之外,还存在其他的传授系统。如《真文要解上经》是讲元始天王传授太上大道君和五老。""就是说,灵宝经中神格体系和神系传授,实际上并不能简单归为'元始天尊所传'和'葛仙公所传'两个体系。这很可能说明灵宝经最初的源头不只一个,并不是只有葛氏道的人才能造作灵宝经。"②因此,他特别强调古灵宝经不能如陆修静那样只划分为"元始旧经"和"新经"两种类型,而应该划分为更多的类别。

(3)他称:"《真文要解上经》的成书至少应早于420年出世的《真文天书经》。从《真文要解上经》的神格与内容来看,它既不属于典型的'元始旧经',也不属于典型的'仙公新经'。应该是陆修静在无法将其列入'元始旧经'三十六卷时,才将其归入'仙公新经'的。"③

(4)他又称:

> 目前所存的《真文要解上经》《自然真一五称符》等,从内容上看,既不属于"元始旧经",也不该属于"仙公新经",但却都被陆修静安排在现在所看到的经目位置上。所以,陆修静对某些灵宝经做出的若非"元始旧经"则一定属于"仙公新经"的判断,实际上未

---

① 刘屹《敦煌道经与中古道教》,第165—167页。
② 刘屹《六朝道教古灵宝经的历史学研究》,第260页。
③ 刘屹《六朝道教古灵宝经的历史学研究》,第240页。

必完全符合这部经典造作时的背景和其原初的宗旨。这些灵宝
经，尤其是"新经"部分，并不是带着"新经"的标签而被造作出来
的。所谓"仙公新经"和"元始旧经"之分，应该只是陆修静471年
时才作出的判别。①

以上论述包含三层意思：一是他判定《真文要解上经》《自然真一五
称符》等经在性质上"既不属于'元始旧经'，也不该属于'仙公新经'"；
二是他认为陆修静将古灵宝经划分为"元始旧经"和"仙公新经"两种，
并不真正符合这些经典"造作时的背景和其原初的宗旨"；三是他强调
437年陆修静根本就还没有形成"元始旧经"和"新经"这样分类的观
念，而是直到471年才形成"仙公新经"和"元始旧经"的判别。然而，这
种论述与他前面的相关结论是相矛盾的。因为他明确称："我认为《真
文要解上经》在437年时，就已被陆修静判作属于'仙公所授'之列。"②
他又认为437年，"在《灵宝经目序》中，陆氏实际上对两个系统的灵宝
经做了严格的区分"③。很显然，只有在437年"元始旧经"和"新经"的
分类已经完全形成之后，才可能出现"《真文要解上经》在437年时，就
已被陆修静判作属于'仙公所授'之列"的情形。对于《太上洞玄灵宝真
文要解上经》究竟是否属于"新经"，还是既不是"新经"也不是"元始旧
经"，葛巢甫和"葛氏道"与该经的创作究竟有没有关系，刘屹博士给出
的答案自始至终都是不断自我否定和自相矛盾的。

（四）关于《太上洞玄灵宝真一劝诫法轮妙经》与葛巢甫的关系

敦煌本陆修静《灵宝经目》将其著录为"元始旧经"，但小林正美判

---

① 刘屹《六朝道教古灵宝经的历史学研究》，第331—332页。
② 刘屹《六朝道教古灵宝经的历史学研究》，第240页。
③ 刘屹《六朝道教古灵宝经的历史学研究》，第160页。

定该经属于其"移入三经说"之一的"仙公新经"。刘屹博士虽然在大量场合都坚持小林正美的重新分类法和"移入三经说",但是对于该经究竟是不是葛巢甫所创作以及该经在什么时间出世等问题,提出了至少三种不同的观点。

第一,他认为该经就是葛巢甫在"隆安之末"亲自创作的几部"新经"之一,并为此作了大量论证。例如:

(1)他称:

> 有理由相信葛巢甫"造构灵宝",就是造构了《太上洞玄灵宝智慧本愿大戒上品经》、《太极左仙公请问经》上下卷、《仙人请问本行因缘众圣难》、《太极左仙公起居经》、《太极左仙公神仙本起内传》、《太上洞玄灵宝真一劝诫法轮妙经》等七部以葛仙公成仙为背景和线索的"新经"。之所以说上举几部"仙公所传"灵宝经具有葛氏道的特点,是因为在这些经中都出现了葛仙公要将此经传给后世门徒的说法,有的还出现了从葛玄到葛洪的传承谱系。除了葛氏道之外,没有其他道派会尊奉这样的传承系统。而葛巢甫就是葛氏道在东晋中后期的代表人物,他又是被陶弘景指明曾经"造构灵宝"之人,所以完全有理由推测:这几部具有鲜明葛氏道特征的灵宝经,最有可能是葛巢甫在隆安末年造作的。[①]

据此可见,他非常肯定该经就是"葛巢甫在隆安末年造作的"七部"新经"之一。

(2)他又称"葛巢甫在隆安末年的'造构灵宝',至少造出了'仙公所说行业新经'部分,共七卷",并将《太上洞玄灵宝真一劝诫法轮妙经》确定为其中之一[②]。

(3)他在其所制定的《古灵宝经出世历程图示》中,特地将该经与其

---

① 刘屹《六朝道教古灵宝经的历史学研究》,第323页。
② 刘屹《六朝道教古灵宝经的历史学研究》,第333页。

他五部"新经"的出世时间,确定在"390 年代至 406 年"之间。并强调这六部(此处非七部)"新经"就是"葛巢甫隆安末造构灵宝"的内容①。

第二,刘屹博士不但完全否定该经为葛巢甫所创作,而且强调该经在 437 年时根本就还没有出世。例如:

(1)他讨论陆修静 437 年所作《太上洞玄灵宝授度仪》对"元始旧经"和"新经"的征引问题,称:

> 有着葛仙公授受背景的《法轮罪福经》,显然在 437 年还未出现,否则就很难理解,为何此经明明是以太极真人传授葛仙公为背景,这么明显的师徒授受内容却没有被陆氏的《授度仪》所征引。②

因此,他判定该经在 437 年其实根本就还没有出世。很显然,这一结论与他自己有关该经属于葛巢甫在"隆安之末"所亲自创作的七部"新经"之一的大量论断是针锋相对的。

(2) 他又称:"在 437 年,没有迹象表明陆氏已经知晓或认可《真一劝诫法轮妙经》。"③也就是说,在 437 年陆修静编纂《灵宝经目》时,还不确定该经究竟是否真正存在。为什么作出这样的判定呢? 因为按照刘屹博士的论证逻辑,只要是在陆修静撰《太上洞玄灵宝授度仪》中没有征引到的"元始旧经",就代表在当时还没有创作出来。这里牵涉到究竟是否可以把陆修静《太上洞玄灵宝授度仪》的征引,直接当作判定相关古灵宝经是否出世唯一证据的问题。对此我们将另作讨论。

第三,刘屹博士又提出,该经虽然在 437 年之前已经作成,但是与葛巢甫并无任何关系,而且陆修静在 437 年整理灵宝经时并不接受它,直到 471 年陆修静才转变态度并接受它。他也为此作了大量论证。例如:

(1)他称:"虽然从经文内容上看,《真一劝诫法轮妙经》无疑最应该

---

① 刘屹《六朝道教古灵宝经的历史学研究》,第 341 页。
② 刘屹《六朝道教古灵宝经的历史学研究》,第 242 页。
③ 刘屹《六朝道教古灵宝经的历史学研究》,第 334 页。

属于'行业新经';但陆氏《授度仪》明明也是讲师徒授受仪式,却丝毫没有提及《真一劝诫法轮妙经》,反而征引了《真文要解上经》这样一部并非严格意义上的'新经'。故不排除《真一劝诫法轮经》虽已作成,但在437年还没有被陆氏所接受。"①然而没有任何资料能够证明陆修静对该经的态度,经历了所谓从开始的排斥到后来接受的转变。

(2)他又称:

> 《真一劝诫法轮妙经》或许可以看作是相对晚出的葛氏道造作的"行业新经",也可能作出的时间不晚,但在437年时,还不为陆修静所知。陆氏知晓并承认此经可靠,应是在437年以后的事情。而他一接受和认可此经,就是将其列入"旧经"的。②

以上包含三层含义:一是其所谓"相对晚出的葛氏道造作的'行业新经'",其实就是指该经与葛巢甫的创作并无关系。而这样的说法与其所称"葛巢甫'造构灵宝',就是造构了《太上洞玄灵宝真一劝诫法轮妙经》等七部以葛仙公成仙为背景和线索的'新经'"的观点,在根本逻辑上是自相矛盾的。二是其称该经"作出的时间不晚,但在437年时,还不为陆修静所知"。也就是说,陆修静在437年对古灵宝经的搜集和整理本身都是有严重缺陷的,因为连《真一劝诫法轮妙经》这样具有重大影响的经典都被遗漏掉了。三是"陆氏知晓并承认此经可靠,应是在437年以后的事情。而他一接受和认可此经,就是将其列入'旧经'的"。因此他断言"有个别灵宝经的作成时间,与其被陆氏所接纳而进入灵宝经目录的时间,很可能会出现滞后或错位"③。这些观点很显然都属于没有任何根据的臆测。而且其提出的以上三种不同的观点,本身就完全是自相矛盾的。

---

① 刘屹《六朝道教古灵宝经的历史学研究》,第334页。
② 刘屹《六朝道教古灵宝经的历史学研究》,第262页。
③ 刘屹《六朝道教古灵宝经的历史学研究》,第334页。

（五）关于《洞玄灵宝玉京山步虚经》的性质

敦煌本陆修静《灵宝经目》将该经著录为"元始旧经"。但小林正美却判定它属于其"移入三经说"之一的"新经"。刘屹博士虽然是小林正美重新分类法和"移入三经说"最主要的坚持者和辩护者，但是对该经的性质和归属问题又提出了至少三种不同的观点。

第一，刘屹博士非常坚定地拥护小林正美的核心观点，判定该经原本就属于"仙公新经"。他又认为该经与"葛氏道"有关，同时判定该经就是陆修静为了填补"元始旧经"的空缺而将其移作"元始旧经"的①。综合来看，他在两种情况下特别强调该经作为"仙公新经"的性质：一是在所有涉及古灵宝经主神观念的讨论时，他都非常强调该经原本就是一部"新经"。例如，他将敦煌本《灵宝经目》所著录的古灵宝经重新划分为"奉元始天尊为主神的诸经"和"不奉元始天尊为主神的诸经"两种类型，并强调该经原本就属于"十四部仙公新经"之一②。二是他特别强调"葛氏道"必然也只能创作出反映了"葛氏道"在家族中传承的"新经"，而不可能创作出没有反映"葛氏道"在家族中传承的"元始旧经"。由于该经中"出现了葛氏道的传承谱系"，他判定该经"是出自葛氏道之手"③的"仙公新经"。

第二，他又判定该经原本就属于"元始旧经"，而且完全否定其作为一部"仙公新经"被陆修静抽出而充当"元始旧经"的任何可能性。为此他也作了大量论证。例如：

（1）他称：

考虑到步虚的仪式和步虚词的唱诵，早在 410 年代"教戒诀

---

① 刘屹《六朝道教古灵宝经的历史学研究》，第 77、224 页。
② 刘屹《六朝道教古灵宝经的历史学研究》，第 261—262 页。
③ 刘屹《六朝道教古灵宝经的历史学研究》，第 263 页。

要"所反映的道教仪式中就已普遍存在,由最初的十首步虚词,应该很早就发展出《太上说玄都玉京山经》这样的经本。面对使用率和普及率如此之高的步虚章和步虚仪式,陆氏当然是要首先将这样的经本纳入自己认可和推崇的"元始旧经"之中。《授度仪》既然征引到《升玄步虚章》,至少不会是将其作为"仙公所授"诸经来使用的。所以无论《授度仪》征引时《升玄步虚章》是否直接被视作"元始旧经",它都已经属于"元始旧经"三十六卷中的一卷。……因此,我把《授度仪》中征引到的《升玄步虚章》直接认作是"元始旧经"。①

由此可见,他认为437年陆修静撰《太上洞玄灵宝授度仪》时,就已经非常明确地将该经确定为"'元始旧经'三十六卷中的一卷"。他称该经"更可能是从一形成经本开始就被陆修静作为'旧经'来看的。这样就不存在从'仙公系'移入'元始系'的问题"②。但是这种观点,既是对其所坚持的小林正美"移入三经说"的直接否定,也是对他自己所提出的该经本来为"仙公新经"观点的直接否定。

(2)陆修静《太上洞玄灵宝授度仪》有对"元始旧经"和"新经"的征引,刘屹博士为了证明"新经"都是比"元始旧经"更早出世,特别是为了"新经"和"元始旧经"两种经典篇卷数目计算的合理性,"把《授度仪》中征引到的《升玄步虚章》直接认作是'元始旧经'"。又称:"《授度仪》中的《升玄步虚章》,也应被视作是'元始旧经'。这样,《授度仪》引用的'元始旧经',总共是九卷。"③他更明确地称:

我认为可以确认《授度仪》引用到的"旧经"包括:《真文天书经》二卷、《赤书玉诀妙经》一卷、《明真科》一卷、《金箓简文》一卷、

---

① 刘屹《六朝道教古灵宝经的历史学研究》,第335页。
② 刘屹《六朝道教古灵宝经的历史学研究》,第447页。
③ 刘屹《六朝道教古灵宝经的历史学研究》,第241页。

《黄箓简文》一卷、《二十四生图经》一卷、《诸天内音自然玉字》一卷、《升玄步虚章》一卷等。①

由此可见，他判定《升玄步虚章》即《洞玄灵宝玉京山步虚经》，其实与《真文天书经》《赤书玉诀妙经》《明真科》等完全一样，就是一部确定无疑的"元始旧经"。

（3）他又称：

> 我想陆氏至少不会在437年时将这部经归入"仙公所授"之列。因为在471年的目录中，《升玄步虚章》是明确属于"元始旧经"的；如果437年曾明确标示其原本不属于"元始旧经"，那么在471年又将其归入"元始旧经"的做法，就要承担遭受质疑的风险。我认为从471年的结果来反观437年的情况，《升玄步虚章》只能是在需要标识其归属的那一刻起，就作为"元始旧经"来看待的。②

以上论述包含两层意思：一是该经从一开始其实就属于"元始旧经"。因此根本就不存在如小林正美所说的该经原本为"新经"而被陆修静抽出充当"元始旧经"的可能。二是陆修静在437年所作《灵宝经目》对灵宝经的著录和分类，与其在471年所作《三洞经书目录》中对灵宝经的著录和分类，应该是完全一样的。因为如果不这样，陆修静必然"就要承担遭受质疑的风险"。因此，《升玄步虚章》一直都是"作为'元始旧经'来看待的"。然而，令人非常疑惑的是，刘屹博士在其书中却用极大的篇幅证明，陆修静在437年编撰《灵宝经目》时还没有真正形成以"元始旧经"和"新经"分类的观念。他认为陆修静437年《灵宝经目》对灵宝经的著录和分类，与471年《三洞经书经目》对古灵宝经的著录和分类是有根本性差别的。对此我们将在后面作进一步讨论。

---

① 刘屹《六朝道教古灵宝经的历史学研究》，第477页。
② 刘屹《六朝道教古灵宝经的历史学研究》，第335页。

第三,刘屹博士在更多场合又判定该经既非"新经"亦非"元始旧经"。而且他还特别强调该经与葛巢甫和"葛氏道"并无任何关系。为此他也同样作了大量论证。例如:

(1)他称:

> 本书在强调此经性质上不属于"旧经"的同时,却又将其放在"旧经个案研究"之中,原因就在于它的正式成书与"新经"出自葛氏道之手的背景有明显不同,并且"新经"已是其成书时取用的资源,它的成书并未对"新经"产生什么实质性的影响。而在"新经"与"旧经"两组相对的概念中,我们只能暂且依据陆修静将其归为"旧经"的意见来做处理。①

以上是说,该经虽然在性质上被判定不属于"元始旧经",但是又不得不将其作为"元始旧经"来对待。究其原因,一是因为陆修静已经将其归入"元始旧经";二是因为该经的"正式成书与'新经'出自葛氏道之手的背景有明显不同"。其意是指该经既与真正的"新经"存在明显不同,而且也与"葛氏道"无关。但是,由于在目前还无法提出更好也更恰当分类的情况下,只能"暂且"将其归入"元始旧经"。

(2)他称:"由于《太上说玄都玉京山经》并不奉元始天尊,不是真正意义上的'元始旧经'。它虽然以太上大道君为主神,却又基本不涉葛仙公授受的背景,因而也不是严格意义上的'仙公新经'。"②在前面,我们列举了他从主神观念出发,得出了该经必然属于"新经"而决不可能属于"元始旧经"的结论。但是在此,同样也是从主神观念出发,他却得出了该经既"不是真正意义上的'元始旧经'"也"不是严格意义上的'仙公新经'"的研究结论。

(3)他称:"陆修静在世时,完整的《道藏》本《洞玄灵宝玉京山步虚

---

① 刘屹《六朝道教古灵宝经的历史学研究》,第446页。
② 刘屹《六朝道教古灵宝经的历史学研究》,第241页。

经》还没有形成。因此，437年陆修静作《授度仪》时，征引的并不是完整的《洞玄灵宝玉京山步虚经》，而是征引了只有十首步虚词的《升玄步虚章》。"①也就是说，这部所谓的"仙公新经"，不但在葛巢甫"造构灵宝"时还没有出世，而且在陆修静在世时亦未正式形成。因而可以肯定该经的创作与葛巢甫完全无关。

（4）他称："在敦煌本'灵宝经目录'所载的'紫微金格目'中，其最初名叫'升玄步虚章'，在六朝时以《太上说太上玄都玉京山经》传世。所谓'升玄步虚章'，最初就是十首步虚词。步虚词之后的有太极真人、张天师等五真人和葛仙公出现的赞、颂、咒等，都是陆氏之后的道士加进去的。"②他认为在陆修静时代，该经一直都仅有"十首步虚词"。直到唐代，作为《道藏》本的《洞玄灵宝玉京山步虚经》共八个部分才得以最后完成③。

（5）对于该经究竟属于"元始旧经"还是"新经"这一重大问题，他又称：

　　这部经的归属就有些尴尬，它既不属于"元始旧经"，也不属于"仙公新经"。因而所谓"移入三经"，除了《真一劝诚法轮妙经》明显属于"仙公系"之外，其他两部未必是由葛氏道所造作的。④

如前所述，刘屹博士一直都是小林正美的重新分类法和"移入三经说"最主要的坚持者和辩护者。而且他所提出的整个古灵宝经研究体系，都是以此作为最重要的基础和前提建立起来的。至此，刘屹博士却又明确称该经"既不属于'元始旧经'，也不属于'仙公新经'"。而且否定了《洞玄灵宝玉京山步虚经》和《真一五称符上经》与葛巢甫和"葛氏

① 刘屹《六朝道教古灵宝经的历史学研究》，第241页。
② 刘屹《六朝道教古灵宝经的历史学研究》，第240页。
③ 刘屹《六朝道教古灵宝经的历史学研究》，第444页。
④ 刘屹《六朝道教古灵宝经的历史学研究》，第446页。

道"有关。如此,实际上又从根本上否定了小林正美的重新分类法和
"移入三经说",也否定了他自己的研究基础和前提。当然,他自己也承
认其整个论证陷入了一种"尴尬"的境地。

  对于该经的形成时间,刘屹博士也提出了两种截然相反的观点。
一方面,他特别强调该经在最初出世时以及在陆修静时代都只有"十首
步虚词"。至于占该经绝大部分的其他内容,他判定都是陆修静以后的
人不断添加而成的,并由此将该经的主神确定为"太上虚皇道君"或"太
上大道君"。另一方面,他又强调"在 420 年'元始旧经'开始大行之后,
就不太会有人还专门造出以太上大道君为主神的灵宝经",而只可能以
元始天尊为主神。正是这种论证逻辑上的自相矛盾,促使他又公开推
翻自己的结论。他称:"从这个角度来说,《太上说玄都玉京山经》更有
可能是在 420 年以前就造作出来的。"①可见,他又认为该经从一开始
其实就是作为一部完整的经典出现的。而该经也根本就不存在被陆修
静之后的人继续添加的可能。刘屹博士对于该经性质以及出世时间等
问题的判定出现如此巨大的反差,主要与其"谁'有'谁'无'"的比较方
法直接相关。对此我们将在后面作进一步讨论。

(六)小结

  综合来看,刘屹博士在其书中围绕葛巢甫与"仙公新经"创作的关
系问题,实际上同时进行着两种根本逻辑完全相反的论证。一方面,他
通过各种专题研究,强调所有"仙公新经"的创作都与葛巢甫有关;另一
方面,他同样通过各种专题研究,又彻底否定葛巢甫以及"葛氏道"与上
述多部"仙公新经"有关。在此还要特别指出的是,他在此基础上进而
否定葛巢甫与属于"葛仙公所受教戒诀要"的三部"新经"(即《灵宝威仪
洞玄真一自然经诀》《太极真人敷灵宝斋戒威仪诸经要诀》《上清太极隐

---

  ① 刘屹《六朝道教古灵宝经的历史学研究》,第 446 页。

注玉经宝诀》)的创作有关①。而在剩余的作为"葛仙公说行业"的七部"新经"（《太上洞玄灵宝智慧本愿大戒上品经》《太极左仙公请问经》上下卷、《仙人请问本行因缘众圣难》《太极左仙公起居经》《太极左仙公神仙本起内传》《太上洞玄灵宝真一劝诫法轮妙经》）中，又因为这些"仙公新经"的说法背景、对象、时间和地点等存在显著差别，刘屹博士判断"并非完全出自同一人之手"②。因此，他的最终结论其实是没有一部"仙公新经"能够确定与葛巢甫真正有关。对此，我们将在后面作进一步讨论。

　　由此可见，刘屹博士对于古灵宝经的分类以及相关"新经"的性质等极为严格亦极为重要问题的讨论，其结论既是非常"轻忽和随意"的，也是反复"横跳"的。按照常理，一部古灵宝经的性质等问题，其可靠的结论应该只有一个。正如刘屹博士自己批评小林正美所说的："不应该因为更换了参照的背景就得出完全不同的结论。真正经得起考验的结论，应该是无论怎样变换参照系，都可以从不同的角度验证同一个结论才对。"③在学术研究中，一个研究者后来发表的论著改变先前观点也是可以理解的。然而，刘屹博士在这本以颠覆和批判著称并具有总结性的著作中，其各种自我否定和自相矛盾的结论却在其中反复交错出现。而且其每一种完全相反的论证都理直气壮，没有丝毫违和之感。这在整个国内外道教学术史上都可以说是非常罕见的。而其对大批古灵宝经性质的判定反复变化和自相矛盾，又不可避免地使其建立在此基础上的各种专题研究陷入到论证逻辑的严重混乱中。刘屹博士一方面强调他自己的研究都"思路清晰，观点可靠，证据确凿"④；另一方面又公开批评前人"对研究对象的概念和定义采取轻忽和随意的态度，实

---

① 刘屹《六朝道教古灵宝经的历史学研究》，第 263 页。
② 刘屹《六朝道教古灵宝经的历史学研究》，第 380 页。
③ 刘屹《六朝道教古灵宝经的历史学研究》，第 83 页。
④ 刘屹《六朝道教古灵宝经的历史学研究》，第 805 页。

际上都在加重这一领域研究的混乱","目前在灵宝经的研究领域中,存在着不少因概念界定不明引发的无谓争议"①。对于所有未接受其颠覆性观点的研究者,他则公开批判为"固执于偏见"②,并称:"一些学者对待学术争议的态度:他们不习惯那些与自己不同意见的存在——也许只是不愿意承认自己曾经的认识有误而已。"③但是,具体到葛巢甫与"新经"创作的关系,具体到《真文要解上经》《洞玄灵宝玉京山步虚经》等"新经"的性质这些极其重要的问题,学术界究竟应该接受他的哪一种判定和结论呢? 由于刘屹博士对于陆修静所作的多部古灵宝经性质的判定都持批判和否定的态度,因此我们有必要讨论究竟应该如何看待敦煌本陆修静《灵宝经目》对古灵宝经的著录和分类的问题。

十　我们应该如何看待敦煌本陆修静《灵宝经目》对古灵宝经的著录和分类?

(一)如何看待刘屹博士对敦煌本陆修静《灵宝经目》分类的批判和否定?

众所周知,敦煌本陆修静《灵宝经目》是我们研究古灵宝经出世和分类问题最重要的依据。近数十年来国内外研究也证明,究竟如何看待敦煌本陆修静《灵宝经目》对相关经典性质的判定,对于当前古灵宝经所有问题的研究都具有十分重要的意义。我们看到刘屹博士对于陆修静在《灵宝经目》中对古灵宝经的著录和分类,表现了既高度肯定但是又公开批判和否定这样一种矛盾的态度。他在需要用陆修静论著来证明自身观点时,就非常强调陆修静对灵宝经整理和分类的重要性以及权威性。例如,他强调:"这两组灵宝经无论在出世的时间,还是道法

① 刘屹《六朝道教古灵宝经的历史学研究》,第 256 页。
② 刘屹《六朝道教古灵宝经的历史学研究》,第 327 页。
③ 刘屹《六朝道教古灵宝经的历史学研究》,第 299 页。

的高下方面,特别是在陆修静个人的眼中,都是有明显差别的。"①"在《灵宝经目序》中,陆氏实际上对两个系统的灵宝经做了严格的区分。"②"陆氏在437年工作的主旨,就是甄别灵宝经的真伪。"③"陆修静是在元始诸经出世后,最早系统地整理和甄别灵宝经真伪的道教大师。他对于灵宝经出世的说法,应该是最权威和最值得重视的。"④"显然陆氏留下的只言片语都应该值得我们充分重视。"⑤可见,他非常强调应该遵照和尊重陆修静在敦煌本《灵宝经目》中所作的分类。然而,当其研究结论与陆修静所作分类相冲突时,他又对陆修静的分类作公开的批判和否定。因此可以说,他在其书中同时进行着两种逻辑完全相反的论证。

首先,他公开批判陆修静在敦煌本《灵宝经目》中所作的分类,认为其分类不能真实地反映古灵宝经内部所存在的各种"差异性"。因此,他特别强调应该要从根本上突破陆修静所作的分类。例如,他称:"在灵宝经只能分成'元始系'和'仙公系'这两部分的前提下,这样的差异性认知就根本无从谈起。因此,我认为很有必要突破陆修静所规定的'元始旧经'和'仙公新经'两组。"⑥他提出"无论是传统的'元始旧经'和'仙公新经'之分,还是小林的'元始系'和'仙公系'之分,实际上都掩盖了很多灵宝经内部明显的差异性",因此"对灵宝经是不能简单地做'二分法'的"⑦。他又称:

目前所存的《真文要解上经》《自然真一五称符》等,从内容上

---

① 刘屹《六朝道教古灵宝经的历史学研究》,第209页。
② 刘屹《六朝道教古灵宝经的历史学研究》,第160页。
③ 刘屹《六朝道教古灵宝经的历史学研究》,第206页。
④ 刘屹《六朝道教古灵宝经的历史学研究》,第228页。
⑤ 刘屹《六朝道教古灵宝经的历史学研究》,第151页。
⑥ 刘屹《六朝道教古灵宝经的历史学研究》,第259页。
⑦ 刘屹《六朝道教古灵宝经的历史学研究》,第263页。

看，既不属于"元始旧经"，也不该属于"仙公新经"，但却都被陆修静安排在现在所看到的经目位置上。所以，陆修静对某些灵宝经做出的若非"元始旧经"则一定属于"仙公新经"的判断，实际上未必完全符合这部经典造作时的背景和其原初的宗旨。①

也就是说，陆修静所作的"元始旧经"和"新经"分类，既不能真实地反映出古灵宝经内部的"差异性"，也不真正符合《真文要解上经》《自然真一五称符》等经典"造作时的背景"和"原初的宗旨"。因此他特别强调"需要对陆氏的分组保持高度的警惕"②。而且他宣称：

> 目前已经完全不是仅凭陆修静的"新""旧"之分，或仅仅根据小林的论断来讨论灵宝经内部先后问题的时代了。③

以上论断堪称既振聋发聩又惊世骇俗，因为针对目前古灵宝经两种分类法并存的局面，刘屹博士一方面称小林正美的重新分类法"并未得到学界的认可。除了个别日本学者遵从了小林的这一新分法外，几乎所有灵宝经研究的学者，在讨论到'旧经'和'新经'之分时，所依据的都还是陆修静所做的分组"④，"目前学界绝大多数学者是按照敦煌本目录所反映的陆修静当年的分类，即'元始旧经'和'仙公新经'之分"⑤；另一方面，他又公开称目前既不是按照敦煌本陆修静《灵宝经目》将古灵宝经划分为"元始旧经"和"新经"的时代了，也不是按照小林正美重新分类法来研究的时代了。那目前究竟是一个什么时代呢？难道已经到了所有研究者都可以根据自己的需要重新制定古灵宝经划分标准的时代了吗？刘屹博士一方面称"陆修静是在元始诸经出世后，最

<hr/>

① 刘屹《六朝道教古灵宝经的历史学研究》，第332页。
② 刘屹《六朝道教古灵宝经的历史学研究》，第264页。
③ 刘屹《六朝道教古灵宝经的历史学研究》，第151页。
④ 刘屹《六朝道教古灵宝经的历史学研究》，第257页。
⑤ 刘屹《六朝道教古灵宝经的历史学研究》，第93页。

早系统地整理和甄别灵宝经真伪的道教大师。他对于灵宝经出世的说法，应该是最权威和最值得重视的"，"在《灵宝经目序》中，陆氏实际上对两个系统的灵宝经做了严格的区分"，"显然陆氏（指陆修静）留下的只言片语都应该值得我们充分重视"；另一方面又公开称"需要对陆氏的分组保持高度的警惕"，极力证明陆修静在敦煌本《灵宝经目》中误解并擅自篡改了多部古灵宝经的性质，并主张要彻底突破陆修静所作分类的束缚，因此其整个论证逻辑也是自相矛盾的。

其次，刘屹博士除了坚持小林正美的重新分类法和"移入三经说"之外，又直接仿效小林正美公开改变敦煌本《灵宝经目》中相关经典性质的做法。他力图要证明这样几点：一是敦煌本陆修静《灵宝经目》所著录的"新经"《太上灵宝五符序》和《太上洞玄灵宝真文要解上经》等，根本就不属于真正的"新经"。因为按照他自己制定的标准，只有明确地将"葛仙公"纳入"此经的传承脉络中"，才能算得上是真正的"新经"。而这两部经典之所以在《灵宝经目》中作为"新经"出现，他认为也完全是陆修静错误地理解"新经"含义的结果。二是小林正美"移入三经说"所指《洞玄灵宝玉京山步虚经》和《真一五称符上经》两经，再加上《太上洞玄灵宝真文要解上经》，刘屹博士判定此三经既不属于由"不知名的道教徒"所创作的"元始旧经"，亦不属于由"葛氏道"所创作的"仙公新经"，而是属于一种目前根本还无法确定类型的经典。也就是说，在敦煌本《灵宝经目》中，陆修静不但对这些经典性质的判定是错误的，而且其用"元始旧经"和"新经"来划分古灵宝经这种做法本身也是错误的。按照常理，对于古灵宝经应该怎样分类，对于究竟哪些经典真正属于"元始旧经"、哪些属于"新经"，陆修静作为最早整理古灵宝经的道教宗师，应该远远比 1600 年后作为今天研究者的我们更加清楚。然而，刘屹博士却公开批判和否定陆修静对相关古灵宝经的分类，并将多部古灵宝经直接排除在"元始旧经"和"新经"之外。这种做法恐怕是所有古灵宝经研究者都难以接受的。

如果说四十年前小林正美提出古灵宝经重新分类法和"移入三经说",由于其人为地改变敦煌本陆修静《灵宝经目》原有的分类和结构,因此成为各种重大学术纷争最主要的根源的话,那么,刘屹博士的研究则使这一文本的基础性意义遭到进一步削弱。当我们把他的相关学术观点罗列出来后就能清楚地发现,长期以来,我们与他之所以在古灵宝经所有主要问题上都无法达成共识,最根本的原因,就在于我们自始至终都坚持陆修静在敦煌本《灵宝经目》中所作的分类,并将其尊奉为最重要也是唯一的标准,而且对这一立场坚如磐石。与此完全相反,刘屹博士自始至终都在坚持小林正美的标准以及他自己所制定的标准,并公开批判、否定乃至取代陆修静的判定标准。但是,这种做法的后果是十分严重的。

(二)如何看待刘屹博士对小林正美重新分类法和"移入三经说"之肯定与否定的矛盾?

国内外学术界一般都认为,敦煌本《灵宝经目》既是陆修静在437年对古灵宝经所作的著录和分类,也是471年他在《三洞经书目录》中对灵宝经的著录和分类。而这就意味着敦煌本《灵宝经目》所著录的"已出"经典,在437年以前均已出世。但是,小林正美最早提出敦煌本《灵宝经目》不是437年的目录,而是471年《三洞经书目录》中的经目。他认为大量古灵宝经都是在437年以后才出世的。刘屹博士直接沿用了小林正美的这一观点,认为有大量"元始旧经"都是在437年之后才创作出来的。然而,对于陆修静在敦煌本《灵宝经目》中所作的"元始旧经"和"新经"分类,究竟是在437年就已形成的分类,还是471年才形成的分类,刘屹博士也作了大量异常曲折复杂但又自相矛盾的论证。为什么他特别重视对这一问题的讨论呢?因为如果敦煌本《灵宝经目》反映的是陆修静在437年所作的著录和分类的话,那么就意味着没有"移入三经说"存在的可能,也就意味着"元始旧经"和"新经"不存在"源头"和"道派"以及教义思想的重大差别，还意味着研究者应该按照陆修静对古灵宝经的分类来研究古灵宝经。

为了证明小林正美"移入三经说"等的合理性，刘屹博士用极大的篇幅极力证明敦煌本《灵宝经目》是陆修静在 471 年所作的目录和分类，而决不可能是 437 年的目录和分类。由于其相关论证极多，我们在此仅撷取其中一些具有代表性的论述来说明。

（1）他称："几乎所有的灵宝经研究者都认为：陆修静从 437 年开始，就已经把灵宝经分成'元始旧经'和'仙公新经'这两组了。""我认为敦煌本目录中'元始旧经'和'仙公新经'这样的两分法，应该是陆修静到 471 年时才明确起来的一种灵宝经内部分组意识。应该反思这种习以为常的看法，即当我们面对一部灵宝经时，一定要为其在'元始旧经'和'仙公新经'之间做出非此即彼的选择。那种认为一部灵宝经如果不是'元始旧经'就一定只能是'仙公新经'的观念，很可能只是 471 年时的陆修静希望人们相信的一种观念。很可能有些灵宝经在造作之初，并没有被认定是'元始旧经'或'仙公新经'；只是到了 471 年时，陆修静才为其贴上了'仙公新经'或'元始旧经'的标签而已。"①

（2）他称："灵宝经内部'仙公新经'和'元始旧经'的区分，很可能只是到陆修静 471 年目录时才作出的一种界定。"②

（3）他称："灵宝经不是'旧经'就是'新经'的这种两分法，在 437 年是不可能产生的。因为'新经'和'旧经'之分，无法涵盖陆氏在《灵宝经目序》中所提及的多次灵宝经在人间的降授。"③

（4）他称陆修静在 437 年撰《灵宝经目序》，"当时并没有把全部已知的灵宝经分为'元始旧经'和'仙公新经'两部分的意识"，"所谓'新经''旧经'之分，本是到 471 年时才正式明朗化的，而不是在灵宝经逐

---

① 刘屹《六朝道教古灵宝经的历史学研究》，第 328 页。
② 刘屹《六朝道教古灵宝经的历史学研究》，第 322 页。
③ 刘屹《六朝道教古灵宝经的历史学研究》，第 270 页。

步造作的过程、在灵宝经的作者头脑中一直都存在的一种分际。因此，我们在看待灵宝经内部的先后关系时，应尽量少受陆氏'元始旧经'和'仙公新经'标签的干扰"①。

（5）他称："敦煌本'灵宝经目录'所载的'元始旧经'中，至少有《升玄步虚章》《自然五称文》《法轮罪福章》这三种，都明显不以元始天尊传授为背景，甚至还出现了葛仙公的授受。""所以，从敦煌本'灵宝经目录'所看到的'元始旧经'和'仙公所授'发生混杂的情况，不应该是'437年目'的反映，而应该是'471年目'的结果。"因此，他称："在《灵宝经目序》中，'旧目'所载和仙公所传部分，还没有被当作一个完整的经教体系来看待，而且当时只有'元始旧经'，还没有'仙公新经'的概念。"②

（6）他称"敦煌本'灵宝经目录'反映的是陆修静471年的《三洞经书目录》中关于灵宝经的著录情况"③，因此他特别强调"应该把陆氏471年对'元始旧经'和'仙公新经'的分组情况，看成是其晚年对灵宝经进行收尾工作时的结果"④。

（7）他称："《升玄步虚章》等三经'移入'的情况，就是道教中人用部分现成的、未必属于'元始旧经'经本来填补'未出'空缺的做法。"⑤

（8）他称："不能用471年的'元始旧经'和'仙公新经'分组，套用到437年去看当时灵宝经的状况。471年时，32卷灵宝经，若非属于'元始旧经'就必定属于'仙公新经'的概念，才在陆氏心目中树立起来。陆氏因为需要补充《紫微金格目》上所缺经典，才会把《真一劝诫法轮妙经》《真一五称符上经》这两卷明显不该属于'元始旧经'的经典，也安置

① 刘屹《六朝道教古灵宝经的历史学研究》，第322、323页。
② 刘屹《六朝道教古灵宝经的历史学研究》，第209页。
③ 刘屹《六朝道教古灵宝经的历史学研究》，第210页。
④ 刘屹《六朝道教古灵宝经的历史学研究》，第274页。
⑤ 刘屹《六朝道教古灵宝经的历史学研究》，第317页。

在'元始旧经'中。"①他又称："《自然五称文》一卷、《法轮罪福经》一卷一直到471年才"被归入'旧经'。"②他判定《升玄步虚章》《自然五称文》《法轮罪福经》三经被陆修静确定为"元始旧经"是其在471年编《三洞经书目录》的结果。

（9）他又称：

> 因此，我们看到"新经""旧经"分明别列的敦煌本"灵宝经目录"，以及纳入《升玄步虚章》《法轮罪福经》《自然五称符》这三部明显不该属于"旧经"的《紫微金格目》，只能是陆氏471年工作的成果。③

很显然，刘屹博士通过以上大量论证确立的主要观点包括：一是敦煌本陆修静《灵宝经目》必定是471年的目录和分类，而决不可能是437年的目录和分类④；二是陆修静将古灵宝经划分为"元始旧经"和"新经"，决不可能是437年所确定的分类，而是直到471年才最后形成的分类；三是他特别强调《升玄步虚章》《自然五称文》《法轮罪福经》这三经被陆修静确定为"元始旧经"，决不可能是陆修静在437年编纂《灵宝经目》的结果，而必定是其在471年编纂《三洞经书目录》的结果。因此，他认为小林正美所提出的"移入三经说"所指三经，确实就是陆修静在471年将此三部"仙公新经"移作"元始旧经"的结果。

然而，令人十分疑惑和遗憾的是，我们又看到刘屹博士对他自己以上观点进行系统性的批驳和否定。也就是说，他在其书中又同时进行着两种根本逻辑完全相反的论证。其最主要观点包括：一是他认为敦煌本《灵宝经目》中古灵宝经分类，其实就是陆修静在437年所确立的

---

① 刘屹《六朝道教古灵宝经的历史学研究》，第337页。
② 刘屹《六朝道教古灵宝经的历史学研究》，第481页。
③ 刘屹《六朝道教古灵宝经的历史学研究》，第271页。
④ 刘屹《六朝道教古灵宝经的历史学研究》，第224页。

分类,决不可能是 471 年才作的分类。二是他强调《升玄步虚章》《法轮罪福经》《自然五称符》三经其实早在 437 年就已经被陆修静确定为"元始旧经",而决不可能是迟至 471 年才将其确定为"元始旧经"的。三是他特别强调《升玄步虚章》《法轮罪福经》《自然五称符》三经本来就是"元始旧经",因此根本就不存在所谓陆修静将其从"仙公新经"移作"元始旧经"的可能性。也就是说,小林正美所提出的"移入三经说"根本不能成立。四是敦煌本《灵宝经目》实际上就是陆修静在 437 年编成的目录,而决不可能是 471 年才编成的目录。

由于他的相关论证非常详尽,因此我们在此仅撷取其中最有代表性的部分来说明。

(1)他称:"在《灵宝经目序》中,陆氏实际上对两个系统的灵宝经作了严格的区分。"①也就是说,陆修静早在 437 年编撰《灵宝经目序》和《灵宝经目》时,实际上就已经对"两个系统的灵宝经"即"元始旧经"和"新经"作了"严格的区分"。然而,他在前面却称"灵宝经内部'仙公新经'和'元始旧经'的区分,很可能只是到陆修静 471 年目录时才作出的一种界定"②。

(2)他称:

> 更准确地说,在 437 年已经确实存在的《升玄步虚章》,纵然其时归属上不明确,但其实它已经占据了 471 年"元始旧经"中的一席之地。况且也没有证据表明陆氏在《授度仪》中征引《升玄步虚章》时,没有将其视作"旧经"之一。因此,我把《授度仪》中征引到的《升玄步虚章》直接认作是"元始旧经"。同样的理由,《真文要解上经》既然在 471 年被陆修静列入"仙公新经",也就意味着它不可能曾在 437 年被陆氏当作"元始旧经"来看。这也再次表明,陆氏

① 刘屹《六朝道教古灵宝经的历史学研究》,第 160 页。
② 刘屹《六朝道教古灵宝经的历史学研究》,第 322 页。

对于"元始旧经"和"仙公新经"的分组依据，很可能与我们考察这些经典实际造作的背景不是完全吻合的。①

以上主要包含两层含义：一是作为"移入三经说"之一的《洞玄灵宝玉京山步虚经》，其实早在 437 年时就已经被陆修静确定为"元始旧经"。因此根本就不存在如小林正美以及刘屹博士自己所坚持的观点，即直至 471 年陆修静才特地将该经从"新经"中抽出，以填补"元始旧经"的空缺。而《真文要解上经》也早在 437 年就已经被陆修静判定为"仙公新经"，决不是直到 471 年才被陆修静判定为"仙公新经"的。因此，陆修静早在 437 年就是按照"元始旧经"和"新经"对古灵宝经进行分类的。二是其称"陆氏对'元始旧经'和'仙公新经'的分组依据，很可能与我们考察这些经典实际造作的背景不是完全吻合的"，则是说陆修静所作的"元始旧经"和"新经"分类的真正依据，实际上与小林正美和刘屹所坚持的分类标准存在很大的差异。也可以这样说，小林正美和刘屹二人都试图以自己设定的标准，去取代陆修静原有的分类标准。

（3）他证明《洞玄灵宝玉京山步虚经》本来就属于"元始旧经"，也完全否定其作为一部"仙公新经"被陆修静抽出而充当"元始旧经"的可能性。他称：

> 考虑到步虚仪式和步虚词的唱诵，早在 410 年代"教戒诀要"所反映的道教仪式中就已普遍存在，由最初的十首步虚词，应该很早就发展出《太上说玄都玉京山经》这样的经本。面对使用率和普及率如此之高的步虚章和步虚仪式，陆氏当然是要首先将这样的经本纳入自己认可和推崇的"元始旧经"之中。《授度仪》既然征引到《升玄步虚章》，至少不会是将其作为"仙公所授"诸经来使用的。所以无论《授度仪》征引时《升玄步虚章》是否直接被视作"元始旧

---

① 刘屹《六朝道教古灵宝经的历史学研究》，第 335—336 页。

经"，它都已经属于"元始旧经"三十六卷中的一卷。……因此，我把《授度仪》中征引到的《升玄步虚章》直接认作是"元始旧经"。①

由此可见，他判定陆修静在 437 年撰《太上洞玄灵宝授度仪》，根本就不是将《升玄步虚章》作为"仙公新经"征引的，而是将其作为"'元始旧经'三十六卷中的一卷"来征引的。即《升玄步虚章》本来就是"'元始旧经'三十六卷"的组成部分。

（4）他称："实际上很可能《升玄步虚章》正式成为一卷本时，'新经'的造作已经完成，它更可能是从一形成经本开始就被陆修静作为'旧经'来看的。这样就不存在从'仙公系'移入'元始系'的问题。"②因此，他认为《升玄步虚章》其实从一开始就是"元始旧经"，也根本就不存在该经作为"新经"而被移作"元始旧经"可能。

（5）他又称："我认为从 471 年的结果来反观 437 年的情况，《升玄步虚章》只能是在需要标识其归属的那一刻起，就作为'元始旧经'来看待的。"③也就是说，《洞玄灵宝玉京山步虚经》早在 437 年就已经是"元始旧经"。因此，根本就不存在直到 471 年才被陆修静认定为"元始旧经"的可能。

（6）他称："我认为可以确认《授度仪》引用到的'旧经'包括：《真文天书经》二卷、《赤书玉诀妙经》一卷、《明真科》一卷、《金箓简文》一卷、《黄箓简文》一卷、《二十四生图经》一卷、《诸天内音自然玉字》一卷、《升玄步虚章》一卷等。"④因此他证明陆修静《太上洞玄灵宝授度仪》征引的《洞玄灵宝玉京山步虚经》，从一开始就是"元始旧经"。然而，这样做的结果等于从根本上否定了小林正美提出的"移入三经说"的合理性。

（7）刘屹博士紧接着又继续否定了小林正美"移入三经说"所指三

---

① 刘屹《六朝道教灵宝经的历史学研究》，第 335 页。
② 刘屹《六朝道教灵宝经的历史学研究》，第 447 页。
③ 刘屹《六朝道教灵宝经的历史学研究》，第 335 页。
④ 刘屹《六朝道教灵宝经的历史学研究》，第 477 页。

经作为"仙公新经"而被移作"元始旧经"的可能性。他称：

> 不应该存在小林氏所认为有三卷原本属于"仙公系"，被陆修
> 静硬生生移到"元始系"的情况。一部灵宝经如果先被贴上的一个
> 较低级的标签（"仙公新经"），再到需要的时候换上一个新的较高
> 层级的标签（"元始旧经"），这种做法总要有充分的理由才行。陆
> 氏的确不能随意变动"元始旧经"和"仙公新经"的标签。①

因此，他又判定《升玄步虚章》《法轮罪福经》《自然五称符》三经原
本就属于"元始旧经"。也根本就不存在陆修静将作为"仙公新经"的这
三部经典直接移作"元始旧经"的可能性。

（8）刘屹博士在其书的后半部分，一方面承认自己长期都是按照
小林正美的重新分类法和"移入三经说"来研究古灵宝经的，另一方
面又公开声明他自己经过反复思考后并不真正认同这种观点。
他称：

> 我现在认为它们从一开始被陆修静所认可，就是作为"旧经"
> 来看的。因而也就不存在从"仙公系移入元始系"的问题。②

其称"我现在认为它们从一开始就被陆修静所认可，就是作为'旧
经'来看的"，是指 437 年陆修静整理古灵宝经时，就已经将《洞玄灵宝
玉京山步虚经》《真一五称符上经》和《真一劝诚法轮妙经》三经确定为
"元始旧经"。因此他判定根本就不存在陆修静在 471 年将这三部经典
"从'仙公系移入元始系'的问题"。

由此可见，如何看待小林正美的重新分类法和"移入三经说"，刘屹
博士实际上提出了两种截然相反的观点。一方面，我们看到刘屹博士
将小林正美重新分类法和"移入三经说"作为一种确定无疑的结论，大

---

① 刘屹《六朝道教古灵宝经的历史学研究》，第 337—338 页。
② 刘屹《六朝道教古灵宝经的历史学研究》，第 527 页。

量运用到其所有主要专题研究中,并已经在学术界形成了相当大的影响;另一方面,他又在相关专题研究中不断地批判和否定小林正美的重新分类法和"移入三经说",并最终确定这三部经典从一开始就是"元始旧经",因此根本就不存在所谓陆修静在471年将这三部经典"从'仙公系移入元始系'的问题"。一个研究者在最根本的学术立场上竟然出现如此巨大的反差和矛盾,这在道教学术史上是十分罕见的。而这种研究结果,我们认为除了证明小林正美的重新分类法和"移入三经说"本身具有难以克服的局限之外,实际上也在提醒所有古灵宝经研究者:在当前因为两种分类法长期并存从而导致古灵宝经研究严重混乱失序的情况下,究竟是继续遵照小林正美的重新分类法和"移入三经说"来研究古灵宝经,还是应该彻底回归敦煌本陆修静《灵宝经目》原有的分类法呢?

(三)如何看待刘屹博士对陆修静分类法所作批判和否定所导致的结果?

如前所述,敦煌本陆修静《灵宝经目》原有分类法与小林正美的重新分类法以及"移入三经说",既属于两种具有根本差异的分类法,也是导致近数十年以来国际古灵宝经研究各种分歧和争论不断产生的主要根源。我们看到刘屹博士在对古灵宝经各种基本问题进行颠覆和批判的时候,就直接采用了小林正美的重新分类法和"移入三经说"。例如,他从一开始就依据小林正美重新分类法和"移入三经说",将出现了"葛仙公"和"葛氏道"记载的《洞玄灵宝玉京山步虚经》《太上无极大道自然真一五称符上经》和《太上洞玄灵宝真一劝诫法轮妙经》三部"元始旧经",直接排除在"元始旧经"之外。然后再特别强调"元始旧经"与"葛氏道"完全无关,并以此为基础强调"新经"必然要比"元始旧经"更早出世。而他自己也公开称其"所讨论的古灵宝经'出世',以及两组灵宝经的先后关系等问题",都是遵照小林正美的重新分类法和"移入三经说"，而"不是依照敦煌本'灵宝经目录'的标准"进行的①。但是，他最后又对小林正美的"移入三经说"加以批判和否定，这样就等于从根本上否定了他自己的古灵宝经研究基础和前提。因为如果小林正美"移入三经说"不能成立的话，那么就意味着应该按照敦煌本陆修静《灵宝经目》原有的分类法来研究古灵宝经，就意味着古灵宝经内部不存在所谓根本性教义思想以及"源头"和"派系"的"重大差异"，也就意味着并不存在"仙公新经"比"元始旧经"更早出世的可能了。

刘屹博士对多部古灵宝经性质所作的各种自相矛盾的判定，也必然会直接影响古灵宝经一系列重大问题的研究。以"新经"《太上洞玄灵宝真文要解上经》为例。一是当我们依据敦煌本《灵宝经目》对该经的著录，来讨论"新经"的教义思想及其与"元始旧经"的关系等问题时，他就依据小林正美的重新分类法，坚决否定其作为"新经"的性质；二是当我们以该经讨论古灵宝经的主神观念时，他又坚称该经中的主神是"元始天王"而决非"元始天尊"，并极力强调该经作为"新经"的性质，并以此来证明"新经"还没有形成"元始天尊"的主神观念；三是当他需要证明由他自己所提出的判定"新经"的标准，即"新经"必须体现"葛仙公"以及"葛氏道"在家族的传承时，他却又强调该经既非"元始旧经"也非"仙公新经"，而且与葛巢甫和"葛氏道"并无任何关系。

又以《洞玄灵宝玉京山步虚经》为例。一是当我们依据敦煌本陆修静《灵宝经目》对该经的著录，用以讨论"元始旧经"与"葛氏道"的关系时，他就坚决否定该经是"元始旧经"，并极力证明"元始旧经"与"葛氏道"无关。二是为了使其提出的"元始旧经"在437年"出者三分"的观点能够成立，他又用极大的篇幅重新论证该经本来就属于"元始旧经"，并强调根本就不存在小林正美所提出的"移入三经说"的可能②。当

---

① 刘屹《六朝道教古灵宝经的历史学研究》，第303页。

② 刘屹《六朝道教古灵宝经的历史学研究》，第335—336、477页。

然，他自己也承认这种论证及其结论都非常勉强①。三是当他讨论"仙公新经"与"元始旧经"在主神观念上所存在的重大差别时，又言之凿凿地将其判定为"仙公新经"。四是在讨论该经与葛巢甫和"葛氏道"的关系等问题时，他却又判定该经既不属于"元始旧经"也不属于"新经"。

然而，一般研究者都必然会产生一个很大的疑问，即陆修静作为最早整理古灵宝经的道教宗师，既然在其精心编定的《灵宝经目》中，已经非常明确地判定相关经典的性质和归属，那么，作为道教文献和历史研究者的刘屹博士，为什么却要公开而且如此执着地批判和否定陆修静所作的判定呢？为什么他即使在承认了"新经"《真文要解上经》最尊崇的经典是《灵宝五篇真文》之后，却仍然要极力证明其《灵宝五篇真文》与"元始旧经"属于两种完全不同的版本呢？究其根本原因，就是刘屹博士在小林正美重新分类法和"移入三经说"的基础上，又进一步设定了一套与陆修静根本不同的判断标准。如果承认敦煌本陆修静《灵宝经目》对这两经性质的判定，就等于承认葛巢甫和"葛氏道"与《灵宝五篇真文》以及"元始旧经"有关，也就等于承认"葛氏道"既创作了"元始旧经"也创作了"新经"，也就等于承认这两批经典根本就不存在所谓"源头"和"道派"以及教义思想的重大差别。而这样就等于承认"元始旧经"一般都是在"新经"之前出世的。然而，这样就会从根本上彻底动摇刘屹博士自己所构建的一整套古灵宝经研究体系。

综合来看，刘屹博士在古灵宝经研究中实际上有三种根本不同的分类法在混合交错使用。一是小林正美的重新分类法和"移入三经说"，二是由他自己所制定的分类法，三是敦煌本陆修静《灵宝经目》原

---

① 关于陆修静《灵宝经目序》所称"元始旧经"其"出者三分"与《太上洞玄灵宝授度仪》征引"元始旧经"的关系，虽然刘屹博士用了极大篇幅讨论并引入了非常繁复曲折的数学计算公式，但他自己也称"依照这些算法，将会需要更多的证明，遇到更多需要曲折解释的地方，甚至有的方案根本就推算不下去"。（《六朝道教古灵宝经的历史学研究》，第337页）

有分类法。而这种做法最直接的后果之一，就是把古灵宝经分类这样一个极其严格也极其关键和重要的问题，变成了一个十分灵活而方便的事情。究竟在哪些场合坚持或批判陆修静原有的分类法，在哪些场合又坚持或批判小林正美的重新分类法以及"移入三经说"，在哪些场合则按照他自己所提出的分类法，完全是根据其研究的不同需要而决定的。毋庸讳言，刘屹博士所提出的大量具有重大颠覆性和批判性的观点，其实就是这样在不断公开改换相关经典性质的基础上建立起来的。而用这种方式和方法来研究古灵宝经，几乎没有一个问题不需要被彻底颠覆和批判，也几乎没有一个问题不能够被彻底颠覆和批判。而且正如他自己所说的，其所有"关于灵宝经的看法"，都能"形成一个从各个层面上可以互相支撑的体系"①。可以这样说，近十多年来，不是刘屹博士与学术界在几乎所有问题上都难以达成共识，而是他一直都与自己难以达成共识。至于刘屹博士公开称与我们的学术争论"有太多的失焦和错位"②，是"两种学术规范和研究方法的异同"③，"根本上是灵宝经研究中两种基本格局之间的争论"④，其最根本的原因恰恰就在于此。

　　需要特别指出的是，刘屹博士自己其实就对这种研究方式和方法提出过严厉批判。他称这种做法"只可能是为了把既有的史料，作出符合其前一篇文章得出结论的一种削足适履的解释。这无疑是一种很危险的论证方法"⑤；"论证不都是建立在对基本材料的充分解读之上，甚至存在根据自己观点的需要，而不惜剪裁、曲解基本材料的情况"⑥；

---

① 刘屹《六朝道教古灵宝经的历史学研究》，第113页。
② 刘屹《六朝道教古灵宝经的历史学研究》，第115页。
③ 刘屹《六朝道教古灵宝经的历史学研究》，第117页。
④ 刘屹《六朝道教古灵宝经的历史学研究》，第116页。
⑤ 刘屹《六朝道教古灵宝经的历史学研究》，第40页。
⑥ 刘屹《六朝道教古灵宝经的历史学研究》，第59页。

"如果仔细对比他前后文章对同一问题,甚或同一条材料的分析和表述,不难看出其中颇有自相矛盾、前后不一致之处","是通过对材料进行削足适履的解读,以求让材料来符合自己先前已经得出的那些结论。因此就难免要顾此失彼,或者对那些明显不利于他的质疑和证据,采取视而不见的态度",而其"结果就是,这样勉为其难、难以自圆其说的论证,将永远在学术史上留着痕迹"[①]。刘屹博士对人对己所采取的这种公开的"双重标准",不能不说令人感到十分遗憾。

(四)小结

近四十年来,国内外极少数研究者对于敦煌本陆修静《灵宝经目》分类法,采取合则用、不合则弃的态度,这就是古灵宝经研究各种矛盾和乱象丛生的主要根源。特别是近十多年来围绕古灵宝经基本问题的各种争论,表面上看起来十分热闹,但是都不是在陆修静对古灵宝经所作整理和分类基础上进行的争论,而是相关研究者人为制造出来的问题和争论。因为相关争论既没有共同依凭的基础,也没有双方都认同的判断标准,这种争论就决不可能使古灵宝经基本问题变得越来越清晰和完善,而只会是越来越复杂和混乱。总之,今天的研究者究竟是依据历史资料的本来面目来研究古灵宝经,还是根据研究者自己的主观判定,通过大量修改历史资料来进行研究,这些在学术研究中本应属于不言自明的通识,在当前的古灵宝经研究中却恰恰成了一个非常困难而又必须要面对的问题。

十一 我们应该如何看待"仙公新经"内部 "重大差异"问题?

如果把小林正美和刘屹博士对"新经"的研究作比较,就能看出小

---

① 刘屹《六朝道教古灵宝经的历史学研究》,第112页。

林正美更倾向于对"新经"的教义思想及其特点作整体上的概括。例如，他认为"新经"最尊崇的经典是《道德经》，但是有多部"新经"其实并没有出现《道德经》；又如，他认为"新经"最尊崇的神灵是太极真人和葛仙公，但是有多部"新经"也没有出现这些神灵。因此，小林正美应该是在作综合比较之后再对"新经"作整体上的概括。如前所述，刘屹博士一方面强调葛巢甫创作了全部"仙公新经"，并且特别强调全部"仙公新经"在"内容上同质性较高"①。为此他还专门提出，"按照敦煌本P.2256佚名的'灵宝经义疏'所言"，"在当时总共三十二卷灵宝经中，至少有十一卷都用了葛仙公的名义：或是他从更高仙阶的神真那里领受的教戒和诀要，或是他向阶位更低的地仙道士讲说的教义经书"②。这种论断很明显也是强调"新经"本身具有十分突出的共同特征。另一方面，刘屹博士却又在"仙公新经"内部大量开展"依靠某种因素谁'有'谁'无'的表象"的比较，并以此来强调"新经"内部存在各种"重大差异"③。根据其大量专题研究，"新经"内部所存在的"重大差异"至少表现在以下几个方面。

（一）关于"仙公新经"三种类型及其创作者和所属"派系"的"重大差异"问题

刘屹博士虽然从总体上强调葛巢甫与全部"仙公新经"的创作有关，但是又从各个具体方面极力证明葛巢甫包括"葛氏道"与大量"新经"的创作无关。在敦煌本陆修静《灵宝经目》中，"新经"的原初含义为"葛仙公所受教戒诀要及说行业新经"。因此，"新经"在内容上大体可以划分为葛仙公"所受教戒诀要"与葛仙公"说行业"两部分④。但刘屹

---

① 刘屹《六朝道教古灵宝经的历史学研究》，第339页。
② 刘屹《六朝道教古灵宝经的历史学研究》，第511页。
③ 刘屹《六朝道教古灵宝经的历史学研究》，第259页。
④ 王承文《汉晋道教仪式与古灵宝经研究》，第626—627页。

博士将由他所确定的共十四部"仙公新经"划分为三种类型。第一种是"以葛仙公授受为背景的几卷'行业新经'"。包括:《智慧本愿大戒上品》、《太极左仙公请问经》上下卷、《本行因缘经》、《太极左仙公神仙本起经》、《太极左仙公起居经》。第二种是"《真一自然经诀》《敷斋经诀》《上清玉经宝诀》等属于与'行业新经'有别的几卷'诀要'"。第三种是"几卷既不尊崇葛仙公,也不尊崇元始天尊的灵宝经。如《太上灵宝五符序》讲自己的继承是从帝喾、大禹那里来的;《真文要解上经》与《真一自然五称符上经》,一个讲元始天王,一个只讲太上老子,都是既不符合'元始系',也不符合'仙公系'。它们的成书时间或许不晚,但被陆修静接纳进灵宝经系统之中则并不是很早"①。在此基础上,刘屹博士通过大量"谁'有'谁'无'"的比较,极力证明这三种"仙公新经"在创作者以及所属"派系"等各个方面都存在重大差异。

首先,他提出属于"'行业新经'的七卷,专以葛仙公成仙为背景的,最有可能是出自葛巢甫之手,造作于隆安末的可能性最大"②。他称:"有理由相信葛巢甫'造构灵宝',就是造构了《太上洞玄灵宝智慧本愿大戒上品经》、《太极左仙公请问经》上下卷、《仙人请问本行因缘众圣难》、《太极左仙公起居经》、《太极左仙公神仙本起内传》、《太上洞玄灵宝真一劝诫法轮妙经》等七部以葛仙公成仙为背景和线索的'新经'。""这几部具有鲜明葛氏道特征的灵宝经,最有可能是葛巢甫在隆安末年造作的。"③他又称:"关于葛巢甫'造构'出全部灵宝经的说法,已经越来越经不起推敲。我认为,葛巢甫只在东晋末年造作了'仙公新经'中

---

① 刘屹《六朝道教古灵宝经的历史学研究》,第262—263页。
② 刘屹《六朝道教古灵宝经的历史学研究》,第331页。
③ 刘屹《六朝道教古灵宝经的历史学研究》,第331页。然而如前所述,他紧接着又判定其中的《太上洞玄灵宝真一劝诫法轮妙经》根本就不是葛巢甫所创作。(见《六朝道教古灵宝经的历史学研究》,第242页)

几部直接与葛仙公的传承有关的灵宝经。"①也就是说，他认为这七卷"行业新经"均作成于"隆安之末"，其创作者就是"葛氏道"的代表人物葛巢甫。

其次，他认为作为"教戒诀要"的三种"新经"，即《灵宝威仪洞玄真一自然经诀》《太极真人敷灵宝斋戒威仪诸经要诀》《上清太极隐注玉经宝诀》，其成书都要晚于"隆安之末"，并判定其作者都不是葛巢甫。他提出："'教戒诀要'的三卷，则是解说'行业新经'中提及的仪式和概念，因而稍晚于葛巢甫。"②他称："《真一自然经诀》《敷斋经诀》《上清玉经宝诀》等属于与'行业新经'有别的几卷'诀要'是为解说此前几卷经书，或对实际操作中的仪式做出解说"，"很难判断这几卷'教戒诀要'是否出自葛巢甫之手"③。他又称："新经"中的"三卷'教戒诀要'，都应在410 年代作成，其作者未必再能确认是葛巢甫。"④

复次，对于《太上灵宝五符序》《太上洞玄灵宝真文要解上经》与《真一自然五称符上经》三部经典，他判定"既不符合'元始系'，也不符合'仙公系'"。其成书时间非常早，而且与葛巢甫和"葛氏道"根本就没有任何关系。如前所述，其最主要的原因是刘屹博士为"新经"重新制定了一种新的判定标准，即强调只有在"传承脉络中"出现了"葛仙公"的"新经"，才能称得上是真正的"新经"。而《太上灵宝五符序》《太上洞玄灵宝真文要解上经》《太上无极大道自然真一五称符上经》三经，都没有在"传承脉络中"出现"葛仙公"。因此这三经既不属于由"不知名的道教徒在 420 年左右开始造作"⑤的经典即"元始旧经"，亦不属于由"葛

① 刘屹《六朝道教古灵宝经的历史学研究》，第 469 页。
② 刘屹《六朝道教古灵宝经的历史学研究》，第 331 页。
③ 刘屹《六朝道教古灵宝经的历史学研究》，第 263 页。
④ 刘屹《六朝道教古灵宝经的历史学研究》，第 331 页。
⑤ 刘屹《六朝道教古灵宝经的历史学研究》，第 317 页。

氏道"所创作的"新经",而是属于目前还无法确定作者和"派系"归属的经典①。他还提出,《洞玄灵宝玉京山步虚经》的"归属就有些尴尬,它既不属于'元始旧经',也不属于'仙公新经'"②。因此,总共十四部"仙公新经"在创作者以及"源头"和"派系"等方面也存在重大差异。正是通过大量与此类似的研究,他强调"灵宝经最初的源头不只一个,并不是只有葛氏道的人才能造作灵宝经"③。

最后,刘屹博士又在其确定的由葛巢甫亲自创作的"葛仙公说行业"的七部"新经"内部,进一步展开"谁'有'谁'无'"的比较。他提出这七部经典本身也存在说法背景、对象、时间和地点等的显著差别。因此,他判定它们也并非由葛巢甫一人所创作。他称这七部经典"有的经典直接以葛玄接受太极真人等仙真的降授为背景,有的则是太极真人单独传授给葛玄经法,有的是葛玄成仙之后对低级仙人的传法。而关于葛玄接受仙真降授的时间和地点,也有不一致之处,显示出这些经典也许并非完全出自同一人之手"④。他的最终结论是,没有一部"新经"能够真正确定与葛巢甫有关。众所周知,在汉魏两晋南北朝时期,无论是汉译佛经还是本土道经,在同一批经典乃至同一部经典中,都普遍存在着说法背景、对象、时间和地点等的差别。而在同一部古灵宝经中,也普遍存在着这些差别。因此,如果把这些都算作"新经"内部存在各种重要差别的证据的话,那么古灵宝经研究很可能就无法进行下去了。因为这种做法既不符合道经本身的实际,也没有什么真正的学术意义。但刘屹博士公开提出,鉴于"新经"内部的各种矛盾和差异,其对"新经"的进一步分类还将继续下去。

如前所述,葛巢甫与古灵宝经创作的关系,属于古灵宝经研究中最

---

①　刘屹《六朝道教古灵宝经的历史学研究》,第446页。
②　刘屹《六朝道教古灵宝经的历史学研究》,第446页。
③　刘屹《六朝道教古灵宝经的历史学研究》,第260页。
④　刘屹《六朝道教古灵宝经的历史学研究》,第380页。

基础也最关键的问题之一。刘屹博士不止一次公开批判所有前人都始终未能说清葛巢甫与古灵宝经创作的关系。至此，我们可以把刘屹博士对葛巢甫与古灵宝经创作关系的研究作一总结。其整个论证过程及其最主要观点可以做这样的划分：一是关于葛巢甫与全部"元始旧经"和全部"新经"创作的关系。他极力强调葛巢甫只创作了由刘屹博士本人所确定的全部共十四部"仙公新经"，也极力证明葛巢甫与全部"元始旧经"的创作并无任何关系。二是他极力强调葛巢甫其实只创作了"七部以葛仙公成仙为背景和线索的'新经'"①。至于其他所有"仙公新经"，则均与葛巢甫没有任何关系。而且他还证明其中多部经典既非"元始旧经"亦非"新经"，因而与"葛氏道"也没有任何关系。三是他又再次证明这七部"新经"中的《太上洞玄灵宝真一劝诫法轮妙经》其实也与葛巢甫完全无关。因为陆修静于 437 年所撰《太上洞玄灵宝授度仪》能证明，"有着葛仙公授受背景的《法轮罪福经》，显然在 437 年还未出现"②。四是再次进一步证明其七部"新经"中所剩余的六部，其内部也存在各种各样的重要差异，并且"这些经典也许并非完全出自同一人之手"。因而其研究的最终结果：一是他证明其实没有一部"新经"能够确定与葛巢甫的创作真正有关；二是彻底否定了由他自己所提出的葛巢甫创作了全部"仙公新经"或者只创作了其中七部"新经"的结论。至于出现这种自我否定和自相矛盾的根本原因，就在于刘屹博士自始至终都把揭示古灵宝经内部的"差异性"当成其研究的根本目标。而在研究方法上则将"依靠某种因素谁'有'谁'无'的表象"的比较贯穿到底，因而就不可避免地出现这种不断自我否定和自相矛盾的结果。

（二）关于"仙公新经"在出世时间上的"重大差异"问题

如前所述，陶弘景《真诰》和孟安排《道教义枢》中的两条记载，是我

---

① 刘屹《六朝道教古灵宝经的历史学研究》，第 331 页。
② 刘屹《六朝道教古灵宝经的历史学研究》，第 242 页。

们确定古灵宝经出世时间最主要的依据。国内外学术界一般都认为葛巢甫在东晋"隆安之末"创作的是"元始旧经"。刘屹博士却反其道而行之,特别强调"所谓葛巢甫隆安末年'造构灵宝,风教大行',就只能是指葛巢甫造构了'新经'"①;"所谓葛巢甫'造构灵宝',其实就是指他造作了'仙公新经'部分"②;"按我的看法,仙公系统灵宝经是葛巢甫为代表的葛氏道人在隆安末年造作的"③。其相同的论断还非常多。很显然,按照刘屹博士自己的判定,所有十四部"仙公新经"都应该是葛巢甫在东晋"隆安之末"撰成的。然而,他在大量专题研究中,却又证明葛巢甫与大多数"新经"创作根本无关,而且还强调这一批"新经"的出世时间也存在各种重大差异。

(1)他特别强调:"包括《太上灵宝五符序》《太上洞玄灵宝真文要解上经》《太上洞玄灵宝大道无极自然真一五称符上经》三部经,应该在葛巢甫'造构灵宝'之前就已作成(约在 320－390 年代间)。"④也就是说,所谓"造构灵宝"即"仙公新经"创作的开端,绝对不是在"隆安之末",而是早在"隆安之末"以前很久就已经开始。而且他又证明,这些经典的创作与葛巢甫和"葛氏道"并无任何关系。

(2)他提出:"'元始旧经'三十六卷的出世,最早是在刘宋建立的 420 年,而葛巢甫早在 390 年代以降就造出了仙公所传诸经。"⑤在此,他又将葛巢甫"造出了仙公所传诸经"即所谓"仙公新经"的时间,确定在"390 年代以降"。即葛巢甫"造构灵宝"并非在"隆安之末",而是应该要提前到"390 年代"。

(3)他提出:"葛巢甫在隆安末年的'造构灵宝'(390－400 年代),

---

① 刘屹《六朝道教古灵宝经的历史学研究》,第 329 页。
② 刘屹《六朝道教古灵宝经的历史学研究》,第 529 页。
③ 刘屹《六朝道教古灵宝经的历史学研究》,第 387 页。
④ 刘屹《六朝道教古灵宝经的历史学研究》,第 333 页。
⑤ 刘屹《六朝道教古灵宝经的历史学研究》,第 324 页。

至少造出了'仙公说行业新经'部分,共七卷。即《太上消魔宝身安志智慧本愿大戒上品经》一卷……《真一劝诚法轮妙经》一卷。"①他接着提出《太上玉经太极隐注宝诀》等三部"新经",其出世是在410年前后②。而且他又通过专题研究证明,这三部晚出的"新经"与葛巢甫根本无关。

　　(4)他提出:"这批'新经'的作成时间,合理的推测应该是在隆安末到晋宋禅代之间(即401到420年之间)。这十卷'新经'内部,也有必要做一区分,至少应分为'行业新经'和'教戒诀要'两部分。'行业新经'的七卷,专以葛仙公成仙为背景的,最有可能是出自葛巢甫之手,造作于隆安末的可能性最大;'教戒诀要'的三卷,则是解说'行业新经'中提及的仪式和概念,因而稍晚于葛巢甫。……'新经'中总共只有三卷'教戒诀要',故很可能这三卷'教戒诀要',都应在410年代作成,其作者未必再能确认是葛巢甫。""这样,400年左右,葛巢甫先造作了七卷'行业新经;410年代,葛氏道后学又造了三卷'教戒诀要',构成了437年陆氏所言的'仙公所授'十卷。"③然而,这样的论证既与其"仙公新经"都由葛巢甫作成的结论相矛盾,也与其"葛巢甫早在390年代以降就造出了仙公所传诸经"的结论相矛盾。

　　(5)关于《太极真人敷灵宝斋戒威仪诸经要诀》成书时间。他在其书中同时提出了两种完全不同的出世时间:第一种是其提出"《敷斋经诀》的成书时间,应在葛巢甫'造构灵宝'之后(约公元400年左右)和'元始旧经'证实'出世'(约420年)之前的东晋末年"④。而在其制作的"三十二卷灵宝经出世历程的时间表"中⑤,他更明确地将其出世时间确定在410年。第二种是他又提出《敷斋经诀》属于'新经'中的'教

　①　刘屹《六朝道教古灵宝经的历史学研究》,第333页。
　②　刘屹《六朝道教古灵宝经的历史学研究》,第341页。
　③　刘屹《六朝道教古灵宝经的历史学研究》,第330—331页。
　④　刘屹《六朝道教古灵宝经的历史学研究》,第616页。
　⑤　刘屹《六朝道教古灵宝经的历史学研究》,第341页。

戒诀要’之一,它不应出于葛巢甫所造的‘行业新经’之后”①。这样的表述造成了比较大的混乱,一方面因为他一直都在反复强调作为“教戒诀要”的“新经”都要比作为“行业新经”的“新经”晚出;另一方面他所说的“葛巢甫所造的‘行业新经’”,就是指葛巢甫在“隆安之末”创作七部“行业新经”。而其称“它不应出于葛巢甫所造的‘行业新经’之后”,也就是说该经出世实际上应该早于“隆安之末”。由此可见,其提出的该经的两种出世时间是相互矛盾的。

(6)关于《太上洞玄灵宝真一劝诫法轮妙经》的成书时间。刘屹博士提出了四种完全不同的出世时间:一是他非常强调该经就是葛巢甫在“隆安之末”亲自创作的七部“新经”之一②。而其制作的《古灵宝经出世历程图示》有“葛巢甫隆安末造构灵宝”,包括六部(而非七部)“新经”,该经即为其中之一③。二是他提出“《真一劝诫法轮妙经》或许可以看作是相对晚出的葛氏道造作的‘行业新经’”④,并与葛巢甫无关。三是他又强调该经在437年陆修静撰成《太上洞玄灵宝授度仪》时,根本就还没有出世⑤。四是他又提出该经虽然在437年之前已经作成,但是不为陆修静所接受,直到471年陆修静才肯接受⑥。

(7)关于《洞玄灵宝玉京山步虚经》的成书时间。一方面他完全认同小林正美的“移入三经说”,并将其判定为“仙公新经”。同时又反复强调该经在陆修静在世时“只有十首步虚词”⑦,而其他部分均为陆修静之后陆续添加而成的,直到唐朝才得以最后完成。另一方面,由于他

---

① 刘屹《六朝道教古灵宝经的历史学研究》,第616页注二。
② 刘屹《六朝道教古灵宝经的历史学研究》,第331、333、341页。
③ 刘屹《六朝道教古灵宝经的历史学研究》,第341页。
④ 刘屹《六朝道教古灵宝经的历史学研究》,第262页。
⑤ 刘屹《六朝道教古灵宝经的历史学研究》,第242页。
⑥ 刘屹《六朝道教古灵宝经的历史学研究》,第262页。
⑦ 刘屹《六朝道教古灵宝经的历史学研究》,第240—241页。

对该经形成时间的确定与他对该经"最高主神"的确定之间存在直接矛盾，因此他又提出"《太上说玄都玉京山经》更有可能是在 420 年以前就造作出来的"①。

　　总之，刘屹博士通过对各"新经"出世时间的具体讨论，既从根本上否定了由他自己所提出的"新经"都是葛巢甫在东晋"隆安之末"撰成的整体结论，也在多部"新经"出世具体时间的讨论中陷入了自我否定和自相矛盾的境地。

（三）关于"仙公新经"最尊崇经典的"重大差异"问题

　　小林正美提出"新经"最尊崇的经典是《道德经》。刘屹博士最初也坚持这一观点。但其后他因为采用"依靠某种因素谁'有'谁'无'的表象"的比较，对所有"新经"作逐一比定，确认"新经"创作者并不存在对某一特定经典的尊崇。一是他认为《太上洞玄灵宝真文要解上经》根本就没有提到《道德经》，而是只推崇《灵宝五篇真文》，因此其作者最尊崇的经典就是《灵宝五篇真文》。但是，他为了强调"元始旧经"和"新经"存在根本性教义思想的差别，接着又极力证明该经中的《灵宝五篇真文》，与"元始旧经"中的版本完全不同而且时间也更早②。二是《太上无极大道自然真一五称符上经》虽然也有对《道德经》的推崇，但是其中却出现了一处将"真一五称符"直接比附为宇宙本源的例子，因此他认为该经最尊崇的其实就是"真一五称符"本身③。三是数部"新经"中出现了对《道德经》的推崇，因此其最尊崇的经典就是《道德经》。四是数部"新经"中既没有出现《道德经》，也没有出现《灵宝五篇真文》，按照其论证逻辑即代表对二者均不尊崇。因此他证明"新经"在其最尊崇的经典上也存在重大差异。但是，这种"依靠某种因素

①　刘屹《六朝道教古灵宝经的历史学研究》，第 446 页。
②　刘屹《六朝道教古灵宝经的历史学研究》，第 371—374 页。
③　刘屹《六朝道教古灵宝经的历史学研究》，第 575—576 页。

谁'有'谁'无'的表象"的比较,对于"新经"中既出现了《灵宝五篇真文》也出现了《道德经》的情况,就无法作出合理的解释。例如,敦煌文书P.2356号"新经"《太上太极太虚上真人演太上灵宝威仪洞玄真一自然经诀上卷》称:

> 《太上灵宝洞玄天书》,道之至真,尊大无上。诸道士、沙门、百姓子男女人,欲栖名山,清静无为,永绝世务,志学仙道,长斋幽林,读《道德五千文》《洞真玄经卅九章》《消魔智慧》,举身白日升天。而无是经,终不得上仙太真之道,永享无数劫。

该经作者详细列举了老子《道德经》、上清经派最重要的经典《上清大洞三十九章》等,甚至还包括佛教在当时最流行的相关经典,认为这些经典比起《太上灵宝洞玄天书》"即《灵宝五篇真文》则相差甚远。所谓"读《道德五千文》《洞真玄经卅九章》《消魔智慧》,举身白日升天。而无是经,终不得上仙太真之道,永享无数劫",意思是说,如果没有《灵宝五篇真文》,仅靠这些经典本身,既不能使人独立地得道成仙,亦无法完成度人救世的使命。因此,该经证明《灵宝五篇真文》和《道德经》二者完全可以在同一部"新经"中同时存在,而且《灵宝五篇真文》的地位要远高于《道德经》。目前至少有三部"新经"中明确出现了对《灵宝五篇真文》的高度尊崇,证明了那些即使没有出现《灵宝五篇真文》的"新经",也决不代表其作者不知道或者根本就不承认《灵宝五篇真文》的尊崇地位①。

刘屹博士一方面极力强调"仙公新经"均为"葛氏道"特别是葛巢甫所创作,另一方面又极力证明这批"仙公新经"最尊崇的经典存在重大差别。以刘屹博士最坚持的葛巢甫只创作了七部"葛仙公说行业"的"新经"为例,其中只有《太上消魔宝身安志智慧本愿大戒》和《太极左仙公请问经》卷上和卷下三部"新经"中出现了对《道德经》的尊崇。而《太

---

① 王承文《汉晋道教仪式与古灵宝经研究》,第369—395页。

极左仙公起居经》《太极左仙公神仙本起内传》已佚，无法确定。至于《仙人请问本行因缘众圣难》和《太上洞玄灵宝真一劝诫法轮妙经》两经，则完全没有出现对《道德经》的尊崇。如果按照其论证逻辑，葛巢甫只有在创作《太上消魔宝身安志智慧本愿大戒》和《太极左仙公请问经》卷上和卷下三部"新经"时，才有对《道德经》的尊崇和信仰；而其在创作《仙人请问本行因缘众圣难》和《太上洞玄灵宝真一劝诫法轮妙经》时，则没有《道德经》信仰，甚至对《道德经》的尊崇持反对态度。显而易见，这种"依靠某种因素谁'有'谁'无'的表象"的比较而形成的"重大差异"，只会使其论证不断陷入自我否定和自相矛盾的境地。

（四）关于"仙公新经"之"最高主神"的"重大差异"问题

小林正美将"太极真人"和"葛仙公"确定为全部"仙公新经"都尊崇的主神。但是刘屹博士则"依靠某种因素谁'有'谁'无'的表象"的比较，将每一部"新经"中阶位最高的神灵都确定为"最高主神"。于是"仙公新经"就出现了一大批各自不同的"最高主神"。

1. 关于"太上大道君"

他判定"仙公新经"的"最高主神"就是太上大道君，并为此作了大量论证。例如：（1）他通过对《太上洞玄灵宝智慧本愿大戒上品经》等"新经"中所有神灵阶位的比定，提出"'仙公新经'的作者似乎并不知道有元始天尊的至高神格，反而以太上道君为最高主神"[①]。（2）他称："'仙公系'的主神只是太上道君，而无元始天尊。"[②]"'新经'以太上大道君为主神，似乎并不知道'旧经'的主神元始天尊。"[③]（3）他称："在'仙公新经'中，最高的道神只是太上大道君，还没有元始天尊这样的神格。""早出的'新经'以太上大道君为主神，晚出的'旧经'又在太上大道君之上，

---

① 刘屹《六朝道教古灵宝经的历史学研究》，第 222 页。
② 刘屹《六朝道教古灵宝经的历史学研究》，第 277 页。
③ 刘屹《六朝道教古灵宝经的历史学研究》，第 298 页。

加了元始天尊作为更高的主神，这样就合情合理了。"①"全部的'仙公新经'似乎根本不知道有个比太上道君更高的元始天尊。"②(4)他称："仙公所传诸经的最高神是太上大道君，他派遣太极真人下降传授葛仙公。""先出的'新经'造作时，还没有元始天尊这样的神格观念，只是以太上大道君为最高主神，葛仙公是太上大道君的徒孙。这里很有元始天尊'后来居上'的味道。"③其书中与此相同的论述还有很多。

很显然，以上刘屹博士所作的都是一种全然判定。即全部"仙公新经"的"最高主神"就是太上大道君。然而，令人感到十分疑惑的是，刘屹博士却又"依靠某种因素谁'有'谁'无'的表象"的比较，用极大篇幅来重新证明葛巢甫和"葛氏道"在创作"仙公新经"时，决不是将太上大道君尊奉为"最高主神"，而是将其他各种神灵尊奉为"最高主神"。

2. 关于"太上虚皇"或"无上虚皇"

"新经"《太上洞玄灵宝本行因缘经》(敦煌本作《仙人请问本行因缘众圣难》)提到，葛玄"始学道，昔被锡为太极左仙公，便应登太上玉京，入金阙，礼无上虚皇"④。刘屹博士即据此提出"葛仙公所奉的最高主神是'无上虚皇'，而非'元始天尊'"，并特别强调"'新经'将'太上虚皇'作为最高主神"⑤。很显然，这种做法又直接否定了由他自己所提出的"仙公新经"都"只是以太上大道君为最高主神，葛仙公是太上大道君的徒孙"⑥的说法。为什么他判定该经最高主神决不是"太上大道君"而必定是"无上虚皇"呢？一是该经中确实没有明确出现"太上大道君"，所以他"依靠某种因素谁'有'谁'无'的表象"的比较，判定该经创作者

---

① 刘屹《六朝道教古灵宝经的历史学研究》，第 301 页。

② 刘屹《六朝道教古灵宝经的历史学研究》，第 223 页。

③ 刘屹《六朝道教古灵宝经的历史学研究》，第 325 页。

④ 《太上洞玄灵宝本行因缘经》，《道藏》第 24 册，第 671 页。

⑤ 刘屹《六朝道教古灵宝经的历史学研究》，第 279 页。

⑥ 刘屹《六朝道教古灵宝经的历史学研究》，第 325 页。

不知道或者根本就不认同"太上大道君"拥有"新经"之"最高主神"的地位。二是他通过对该经中所有神灵阶位的比定，确定"无上虚皇"就是其中阶位最高的神灵。又如《太上洞玄灵宝真一劝诫法轮妙经》在敦煌本《灵宝经目》中本为"元始旧经"，但刘屹博士却将该经判定为"仙公新经"，该经记载其经法传授称"太上虚皇昔传太上大道君，道君传太微天帝君"①。按照其论证逻辑，该经虽然出现了"太上大道君"，但是该经真正的"最高主神"必然就是"太上虚皇"。

　　3. 关于"太上老子"

　　敦煌本《太上无极大道自然真一五称符上经》记载该经均为"老子"所说，而《道藏》本则记载为"老君"所说，显示"老子"和"老君"二者可通。刘屹博士对该经"最高主神"等问题的讨论，堪称是"依靠某种因素谁'有'谁'无'的表象"的比较的典型。他称，由于该经"没有元始天尊的神格意识，而是老子传授的灵宝五称符"，"在目前的灵宝经中，只有这部《自然五称符经》是老子所传"②，因此他判定"《道藏》本《五称符上经》是以'老君'为说经主神，而敦煌本《灵宝真一五称经》则是以'老子'为说经主神"③。需要特地说明的是，该经不但没有出现"元始天尊"，而且也没有出现刘屹博士所称的"仙公新经"主神如"太上大道君""太上虚皇"和"太上虚皇道君"等这些地位尊崇的神灵。而且除"老君"之外，其出现的大多属于一些比较低级的神灵。然而，按照刘屹博士的论证逻辑，该经既然没有出现"元始天尊""太上大道君""太上虚皇"和"太上虚皇道君"等尊神，就意味着其创作者不知道或者根本就不承认这些尊神的存在。因此，刘屹博士判定该经的"最高主神"就是"太上老子"④。很显然，刘屹博士至此已经完全否定也彻底抛弃了由他自己所提出的《太上无极大道自

①　《太上洞玄灵宝真一劝诫法轮妙经》，《道藏》第 6 册，第 172 页。
②　刘屹《六朝道教古灵宝经的历史学研究》，第 243 页。
③　刘屹《六朝道教古灵宝经的历史学研究》，第 575 页。
④　刘屹《六朝道教古灵宝经的历史学研究》，第 263、264 页。

然真一五称符上经》等十四部"仙公新经"均为葛巢甫所创作的各种论断，所以他才坚称该经的创作者根本就不知道也决不承认其他"仙公新经"中"太上大道君"等神灵存在的合理性。如此也就意味着该经创作者所尊崇的主要神灵，除了"太上老子"之外，就是一些比较低级的神灵了。

4. 关于"元始天王"

《太上洞玄灵宝真文要解上经》中既大量出现了"太上大道君"，也出现了"虚皇道君"。特别是该经提到"元始命五老上真，以《灵宝真文》封于五岳之洞，以安神镇灵"。我们证明，其"元始"和《灵宝真文》就是"元始旧经"所尊崇的"元始天尊"和《灵宝五篇真文》①。然而，由于该经两次提到"元始天王"将相关经法传授给"太上道君"，于是刘屹博士就特别强调该经的主神既不是"太上大道君"，也不是"元始天尊"，更不是"虚皇道君"，而是"元始天王"②。因此，他坚持认为《真文要解上经》以'元始天王'为主神③。但是，在他所确认的总共十四部"仙公新经"中，实际上仅有《真文要解上经》出现了"元始天王"，其他"新经"都完全没有提及。但是，刘屹博士又将"元始天王"确定为"仙公新经"所尊奉的"最高主神"。按照刘屹博士的论证逻辑，该经创作者决不认同将"太上道君""太上虚皇""太上虚皇道君"等尊奉为"新经"之"最高主神"的说法。

5. 关于"太上虚皇道君"

《洞玄灵宝玉京山步虚经》序言中提到："无上大罗天，太上无极虚皇天尊之治也。"④而《无上秘要》所引《太上玉京山经》则为"太上无极虚皇大道君，治在玉京山七宝树"⑤。刘屹博士据此提出"'仙公新经'

① 王承文《再论"元始旧经"和"新经"出世先后问题——兼评刘屹博士〈六朝道教古灵宝经的历史学研究〉》，《中山大学学报》2020 年第 2 期。
② 刘屹《六朝道教古灵宝经的历史学研究》，第 263 页。
③ 刘屹《六朝道教古灵宝经的历史学研究》，第 370 页。
④ 《洞玄灵宝玉京山步虚经》，《道藏》第 34 册，第 625 页。
⑤ 《无上秘要》卷 23《真灵治所品》，《道藏》第 25 册，第 63 页。

原本并不以'元始天尊'为主神,而是以'太上虚皇道君'为主神"①。他又称,陆修静"《授度仪》中征引到了《升玄步虚章》的十首步虚词,可证当时此经已存在。但《升玄步虚章》并不是严格意义上的'元始旧经',只是仪式上唱诵的十首歌辞"②;"《升玄步虚章》最初就是以十首步虚词为主干,这十首步虚词是歌咏太上,即太上大道君的","在将步虚词作成《玉京山步虚经》时,在前面加上了以太上大道君为主神和描绘玉京山仙境等内容,成了最早的《玉京山经》。此时该经是以太上大道君为主神,而没有出现元始天尊的神格"③。根据其研究,该经的"最高主神"就是"太上虚皇道君"或"太上大道君"。

至于其他多部"仙公新经",因为其神灵记载相当复杂,刘屹博士仅仅依靠"谁'有'谁'无'"的比较,根本就难以辨识出究竟谁才是"最高主神"。但是,按照刘屹博士的论证逻辑,这些"仙公新经"就变成了根本就没有真正的"最高主神"了。刘屹博士正是通过以上一系列研究,既证明"仙公新经"的"最高主神"观念存在"重大差异",也证明"仙公新经"还没有像"元始旧经"那样形成统一的最高主神——元始天尊。而这一点又进一步强化了他所提出的最核心观点,即所有"仙公新经"都要比"元始旧经"更早出世。那么,我们究竟应该如何看待他的这些具有重大颠覆性的观点及其研究方法呢?

我们认为,在这一批"新经"中决不可能同时存在各种不同的"最高主神"。刘屹博士对其学术观点的执着和坚持应该得到尊重。但是,我们仍然相信有一点应该可以与他达成共识:一个道经创作者、一个道教团体或者一个道派,在同一个时期内只可能尊奉一位"最高主神"。在古灵宝经神灵体系中,元始天尊、太上大道君、太上虚皇、元始天王、太上虚皇道君、太

---

①　刘屹《六朝道教古灵宝经的历史学研究》,第 443 页。

②　刘屹《六朝道教古灵宝经的历史学研究》,第 335 页。

③　刘屹《六朝道教古灵宝经的历史学研究》,第 240－241 页。

上老子等,均属于各自独立的神格。然而,刘屹博士却"依靠某种因素谁'有'谁'无'的表象"的比较,一方面将以上除元始天尊之外的每一位神灵都确定为"最高主神",另一方面又使这些"最高主神"之间形成了一种极其典型的非此即彼和相互否定的关系。例如,将"太上大道君"尊崇为最高主神的"仙公新经",其创作者必然就不承认其他"仙公新经"将"太上虚皇""太上虚皇道君""太上老子""元始天王"尊崇为最高主神。反之,将"太上虚皇"尊崇为最高主神的"仙公新经",其创作者必然也不承认将"太上道君""太上虚皇道君""元始天王""太上老子"作为最高主神。其余可以以此类推。

正因为如此,无论是按照刘屹博士所提出的葛巢甫创作了全部"仙公新经"的观点,还是按照其提出的葛巢甫只创作了其中七部"葛仙公说行业"的"新经"观点,其"仙公新经"内部的"最高主神"观念都是相互矛盾和相互否定的。例如,前引刘屹博士称:"有理由相信葛巢甫'造构灵宝',就是造构了《太上洞玄灵宝智慧本愿大戒上品经》《太极左仙公请问经》上下卷、《仙人请问本行因缘众圣难》《太极左仙公起居经》《太极左仙公神仙本起内传》《太上洞玄灵宝真一劝诫法轮妙经》等七部以葛仙公成仙为背景和线索的'新经'。""这几部具有鲜明葛氏道特征的灵宝经,最有可能是葛巢甫在隆安末年造作的。"①。然而,以上七部"新经"的"最高主神"观念也是互不兼容的。因为刘屹博士一方面强调《太上洞玄灵宝智慧上品大戒》是"以太上道君为最高主神"②,另一方面又提出《仙人请问本行因缘众圣难》以及《太上洞玄灵宝真一劝诫法轮妙经》的"最高主神"是"无上虚皇"③。因此,如果刘屹博士所提出的"仙公新经"拥有不同"最高主神"的观点能够成立的话,那么从创作者角度来看,就意味着葛巢甫或"葛氏道"几乎每创作一部"仙公新经",其"最高主神"就要发生一次重大转变;从信仰者角度来看,就意味着这批"仙公新经"

---

① 刘屹《六朝道教古灵宝经的历史学研究》,第331页。
② 刘屹《六朝道教古灵宝经的历史学研究》,第222页。
③ 刘屹《六朝道教古灵宝经的历史学研究》,第279页。

虽然均属于"葛氏道"及其周边道士所共同尊奉的经典，但其道士仅仅在诵读《太上洞玄灵宝智慧上品大戒》时，就将其中阶位最高的神灵"太上道君"奉为"最高主神"，而在诵读《仙人请问本行因缘众圣难》时，却又否定"太上道君"的主神地位，将其中位阶最高的"无上虚皇"尊奉为"最高主神"。其余皆以此类推。又如，《真一五称符上经》只出现了作为"主神"的"老君"，按照其论证逻辑，道士诵读该经时，只尊崇其中作为"主神"的"老君"，却根本就不承认"太上大道君""太上虚皇""太上虚皇道君"等的存在。很显然，这种研究方法及其结论，无论是对于宗教研究者还是对于宗教信仰者来说，都是难以接受的，因为于情于理都难以说通。

我们的讨论证明，如果"依靠某种因素谁'有'谁'无'的表象"的比较，并将每一部"新经"中阶位最高的神灵都当作其创作者最尊崇的"最高神灵"，那么就不可避免地陷入到这种非此即彼、不断自我否定和自相矛盾的境地。由此可见，研究"新经"的"最高主神"问题，不能人为地将相关"新经"同其他"新经"以及整个古灵宝经系列割裂开来，孤立地讨论其中的"最高主神"问题。正是在此情况下，我们一直认为元始天尊就是"元始旧经"和"新经"共同尊奉的"最高主神"①。

（五）依靠"谁'有'谁'无'"比较方法研究"仙公新经"内部差异的结果

以上围绕刘屹博士对"仙公新经"的研究方法问题作了比较详细的讨论。我们认为这种研究主要带来了两个结果。

首先是直接导致其论证的基本逻辑出现大量自我否定和自相矛盾的情况。刘屹博士从极力强调葛巢甫在"隆安之末"创作了全部十四部"仙公新经"以及"仙公新经"在"内容上同质性较高"②开始，在"仙公新

---

① 王承文《汉晋道教仪式与古灵宝经研究》，第395—431页。

② 刘屹《六朝道教古灵宝经的历史学研究》，第339页。

经"内部开展了大规模的"依靠某种因素谁'有'谁'无'的表象"的比较。而这种研究方法的本质,就是把"仙公新经"中"某种因素"的"有"与"某种因素"的"无",看成是一种必然的非此即彼、相互对立和相互否定的关系。其结果就是他证明这一批"仙公新经"在经典性质、创作者及其所属"派系"、创作时间、其最尊崇的经典和"最高主神"等各个方面都存在重大差异,也证明这批"仙公新经"决不可能是葛巢甫一人或"葛氏道"一个"道派"所创作,而是由一批拥有不同核心信仰的创作者以及不同的"派系"分别在不同时期各自独立完成的。这种研究的结果又反过来进一步印证了刘屹博士所提出的观点,即"这些灵宝经实际上反映了不同作者的不同思想观念"[1];"灵宝经最初的源头不只一个,并不是只有葛氏道的人才能造作灵宝经"[2];古灵宝经"内部的复杂性和矛盾性,无论是从历时性还是共时性的角度去理解,都不能否认这些灵宝经实际上反映了不同作者的不同思想观念"[3]。很显然,经过这样的研究,所有人包括刘屹博士自己都决不会再相信葛巢甫在东晋隆安末年真正创作过古灵宝经,也决不会再相信历史上的"葛氏道"曾经作为一个"道派"以及古灵宝经曾经作为一个具有独立性的"经系"真实存在过。

其次,这种"依靠某种因素谁'有'谁'无'的表象"的比较,必然会导致古灵宝经作为一种宗教信仰体系的高度"碎片化"。历史资料证明,古灵宝经本身就属于一种完整的经典体系。例如,"元始旧经"的"十部妙经"观念,就把所有"元始旧经"看成是由《灵宝五篇真文》所演绎的"十部妙经"的组成部分,并为此制定有专门的传授和修奉仪式[4]。而较晚出世的"新经",则是对"元始旧经"的补充和发展。陆修静在敦煌

---

① 刘屹《六朝道教古灵宝经的历史学研究》,第 133 页。
② 刘屹《六朝道教古灵宝经的历史学研究》,第 260 页。
③ 刘屹《六朝道教古灵宝经的历史学研究》,第 133 页。
④ 王承文《论古灵宝经"十部妙经"观念及其内在结构——兼论古灵宝经的研究方法问题》上篇、下篇,《宗教学研究》2021 年第 3 期、第 4 期。

本《灵宝经目》中对"元始旧经"和"新经"的著录和分类，以及他在《太上洞玄灵宝授度仪》等著作中对这两批经典的系统征引，都能证明"元始旧经"和"新经"本身属于一个完整的整体，也能证明二者均属于"葛氏道"及其追随者共同尊奉的经典。而古灵宝经作为一种宗教信仰，其本身应该是完整的和统一的。但是，由于刘屹博士把揭示古灵宝经内部的"重大差异"当作其研究的根本目标，并把"依靠某种因素谁'有'谁'无'的表象"的比较当作最主要的研究方法，其最终结果就是对古灵宝经基本认知的彻底瓦解以及古灵宝经作为一种信仰体系的支离破碎。

十二 从《洞玄灵宝玉京山步虚经》的"最高神灵" 问题再看"谁'有'谁'无'"比较方法的局限性

近十多年来，我们与刘屹博士围绕"新经"的"最高主神"等问题有过多次争论。应该说，这种争论基本上都停留在对相关经典之具体记载的解读以及就事论事的层面上。在此，我们试以《洞玄灵宝玉京山步虚经》为例，讨论有关"最高主神"的研究方法问题。

在敦煌本陆修静《灵宝经目》中，《洞玄灵宝玉京山步虚经》被著录为"元始旧经"。按照"元始旧经"的经教学说，元始天尊等神灵依据《灵宝五篇真文》演绎出"十部妙经三十六卷"，而该经即属于由《灵宝五篇真文》所演绎的"十部妙经"的组成部分①，该经最主要的内容就是论述"灵宝步虚仪"。"步虚"的起源可能与早期上清经有某些关系②。但

---

① 王承文《论古灵宝经"十部妙经"观念及其内在结构——兼论古灵宝经的研究方法问题》上、下篇，《宗教学研究》2021 年第 3 期、第 4 期。

② Kristofer Schipper，"A Study of Buxu(步虚)：Taoist Liturgical Hymn and Dance,"载曹本冶、罗炳良编《国际道教科仪及音乐研讨会文集》，香港，1989 年，第 110—120 页。[美]柏夷撰，罗争鸣译《灵宝经"步虚章"的研究》，《古典文献研究》第 21 辑上卷，南京：凤凰出版社，2018 年，第 126—141 页。

是，根据我们的研究，古灵宝经对此其实有重大改造和发展，因为无论是灵宝步虚仪的形成，还是其最核心的内容，乃至"步虚"这一概念的最初形成，所体现的都是对《灵宝五篇真文》的高度尊崇和信仰。而"灵宝步虚仪"本身亦属于由"元始旧经"构建的"灵宝斋法"不可或缺的组成部分。因此，该经虽然没有直接出现元始天尊和《灵宝五篇真文》，但决不代表其作者就不知道或者根本就不承认元始天尊和《灵宝五篇真文》的尊崇地位。至于该经《序》所记载的"玄都玉京山七宝玄台"为"太上无极虚皇大道君之所治"①，并不意味着"太上无极虚皇大道君"即太上大道君就是该经的"最高主神"。因为多部"元始旧经"都非常明确地记载，是元始天尊亲自任命太上大道君在大罗天太玄都玉京山紫微宫治理天庭世界的。因此，其相关记载体现的仍然是将元始天尊尊奉为主神的观念。对此我们已经有专门讨论②。而且我们认为，如果把该经相关内容置于"元始旧经"之"十部妙经"体系中来理解的话，那么该经最尊崇的经典以及"最高主神"等，与"元始旧经"并不存在什么"重大差异"。

然而，由于小林正美和刘屹博士二者都坚持"依靠某种因素谁'有'谁'无'的表象"的比较来研究古灵宝经，而该经没有明确出现《灵宝五篇真文》和元始天尊，所以他们就判定该经原本属于"仙公新经"，是陆修静为了填补"元始旧经"的空缺而将其移作"元始旧经"的。而该经亦因此成为"移入三经说"所指三经之一。在前面，我们讨论了刘屹博士对于该经的性质和分类问题所提出的各种不同观点。但我们认为，其

---

① 《道藏》本《洞玄灵宝玉京山步虚经》原来记载为"上有玉京金阙七宝玄台紫微上宫"，"为无上大罗天太上无极虚皇天尊之治也"。（《道藏》第34册，第625页）相关讨论参见王承文《汉晋道教仪式与古灵宝经研究》，第485—489页。

② 王承文《中古道教"步虚"仪的起源与古灵宝经的分类考释——以〈洞玄灵宝玉京山步虚经〉为中心的考察》，《中山大学学报》2014年第4期；又见王承文《汉晋道教仪式与古灵宝经研究》，第458—503页。

对该经之"最高主神"以及文本形成过程等问题的研究结论包括方法等，也存在需要进一步商讨的情况。

首先，刘屹博士反复强调该经作为一部"仙公新经"，其最初文本其实仅仅有"十首步虚词"存在。他非常明确地称："陆修静在世时，完整的《道藏》本《洞玄灵宝玉京山步虚经》还没有形成。因此，437 年陆修静作《授度仪》时，征引的并不是完整的《洞玄灵宝玉京山步虚经》，而是征引了只有十首步虚词的《升玄步虚章》。"①也就是说，该经除了"十首步虚词"之外，其他所有内容，也包括"十首步虚词"之前专门叙述其神圣来源的《序》，全都是由后人逐步添加进来的。至于其添加的时间和过程，他称：

> 在敦煌本"灵宝经目录"所载的"紫微金格目"中，其最初名叫"升玄步虚章"，在六朝时以《太上说太上玄都玉京山经》传世。所谓"升玄步虚章"，最初就是十首步虚词。步虚词之后的有太极真人、张天师等五真人和葛仙公出现的赞、颂、咒等，都是陆氏之后的道士加进去的。②

因此，他认为在整个陆修静生活的时代，该经一直都只有"十首步虚词"存在，而所有其他内容"都是陆氏之后的道士加进去的"。而且一直到唐代，作为《道藏》本的《洞玄灵宝玉京山步虚经》共八个部分才得以最后完成③。为此他还提出了该经各个部分被逐步添加的具体时间表。而其最主要的依据，就是不同历史时期相关典籍对该经的征引。例如，唐代释道宣《广弘明集》引用了"见于《道藏》本《玉京山步虚经》后半部分的'礼经三首'之第二首"，因此，刘屹博士即据此判定"在唐前期，'步虚吟'以后的部分，已经被加入《玉京山经》了"。他又称："有上

---

① 刘屹《六朝道教古灵宝经的历史学研究》，第 240—241 页。
② 刘屹《六朝道教古灵宝经的历史学研究》，第 240 页。
③ 刘屹《六朝道教古灵宝经的历史学研究》，第 441 页。

清传统的'颂'和葛仙公内容的部分,更应该在《序疏》之后、《广弘明集》之前的南北朝后期至唐初被加入。"①不过,我们认为这种研究方法虽然表面上看起来是"一分材料说一分话",却很难有什么真正的说服力。究其主要原因,一是在东晋末年古灵宝经的创作时代,根本不可能有这样一种仅仅有孤零零"十首步虚词"的古灵宝经文本存在。而且在多达五千多卷的整部《正统道藏》中,我们也完全找不到这样一种道经文本的例子。二是我们认为不能完全依靠南北朝隋唐时期教内外典籍的征引,来确定古灵宝经文本在历史上的变化情况。因为古灵宝经文本在历史上被其他典籍所征引的内容,毕竟只占其原本的极少部分。很显然,我们不能据此判定古灵宝经中那些从未被征引而且占绝大部分的内容,其文本的真实性都是要从根本上加以怀疑的。

其次,刘屹博士提出的该经文本形成过程的观点与其对该经"最高主神"的判定形成了非常直接的矛盾。刘屹博士既然判定该经除"十首步虚词"之外的其他部分,都是在陆修静之后才形成的,那么该经"最高主神"就不可能是太上大道君或太上无极虚皇大道君。因为刘屹博士自己就多次特别强调,从陆修静时代开始,"元始天尊成为中古经教道教的主神已经是势不可挡的趋势"②;"在 420 年'元始旧经'开始大行之后,就不太会有人还专门造出以太上大道君为主神的灵宝经"③;"因为 420 年开始,至高无上的'元始旧经'就已开始问世,完全没有体现出元始天尊崇拜的'新经',在更高和更新的道教神格出现以后,没有必要再按照葛氏道的传统去造作新的经典了"④;"因为元始天尊和'旧经'的权威性,很难想象在树立起元始天尊主神地位之后,还会有不尊奉元

---

① 刘屹《六朝道教古灵宝经的历史学研究》,第 444 页。
② 刘屹《六朝道教古灵宝经的历史学研究》,第 307 页。
③ 刘屹《六朝道教古灵宝经的历史学研究》,第 446 页。
④ 刘屹《六朝道教古灵宝经的历史学研究》,第 330 页。

始天尊的灵宝经出现"①。按照以上刘屹博士自己的论证,至迟从"420年开始",古灵宝经就已经完全确立了元始天尊作为"最高主神"的观念。然而,刘屹博士却又自相矛盾地提出:

> 在将步虚词作成《玉京山步虚经》时,在前面加上了以太上大道君为主神和描绘玉京山仙境等内容,成了最早的《玉京山经》。此时该经是以太上大道君为主神,而没有出现元始天尊的神格。②

其以上论断所面临的主要问题是:刘屹博士既然如此强调420年之后古灵宝经的创作决不可能还将除元始天尊之外的神灵尊奉为"最高主神",那么该经为什么不在这些由"陆氏之后的道士加进去"的部分,正式将元始天尊确立为"最高主神",而是仍然把刘屹博士认为属于"葛氏道"的"最高主神"太上大道君或太上虚皇道君继续尊奉为该经的"最高主神"呢?因此,如果刘屹博士有关该经之《序》"是陆氏之后的道士加进去的"观点能够成立的话,那么我们认为唯一合理的解释就是,该经《序》的创作者根本就不是将"太上大道君"作为"最高主神"来塑造的。根据我们的研究,多部"元始旧经"都明确记载,元始天尊亲自任命太上道君在最高天界——大罗天太玄都玉京山紫微宫七宝玄台——治理天庭世界。因此太上道君受命治理天庭,并不意味着就是该经创作者所尊崇的"最高神灵"③。

复次,我们看到刘屹博士自己其实也发现了其整个论证逻辑的前后矛盾,并因此提出了大量自我怀疑和自我否定的问题。其一,他称:"在471年,当时《玉京山步虚经》还是以太上大道君为主神,陆氏为何要将其列入'元始旧经'?"④其提出自我怀疑的原因,是因为按照其既

---

① 刘屹《六朝道教古灵宝经的历史学研究》,第264页。
② 刘屹《六朝道教古灵宝经的历史学研究》,第240—241页。
③ 王承文《汉晋道教仪式与古灵宝经研究》,第494—492页。
④ 刘屹《六朝道教古灵宝经的历史学研究》,第444页。

有的论证逻辑，根本就无法对此作出合理的解释。其二，他称："如果文中列举六朝本《玉京山经》是以'虚皇太上道君'为主神的说法可以成立，《玉京山经》为何没从一开始就以'元始天尊'为主神？"①其三，他对于该经本身作为"仙公新经"的性质亦产生了怀疑。他称："由于《太上说玄都玉京山经》并不奉元始天尊，不是真正意义上的'元始旧经'。它虽然以太上大道君为主神，却又基本不涉葛仙公授受的背景，因而也不是严格意义上的'仙公新经'。"②其四，他在一些专题中判定该经属于"新经"，但在另外一些专题中却又判定该经属于"元始旧经"。最后他只能公开称："这部经的归属就有些尴尬，它既不属于'元始旧经'，也不属于'仙公新经'。"③很显然，这样的判定又完全颠覆了他自己的大量研究结论。其五，对于该经究竟是471年才被陆修静从"仙公新经"移作"元始旧经"的，还是从437年即一开始就是"元始旧经"的问题，如前所述，他也提出了两种完全不同也自相矛盾的观点。一方面，他提出该经直到471年才被陆修静从"仙公新经"移作"元始旧经"④；另一方面，他又认为437年陆修静所撰《太上洞玄灵宝授度仪》能够证明，该经从一开始就"已经属于'元始旧经'三十六卷中的一卷"。例如，他称：

> 《授度仪》既然征引到《升玄步虚章》，至少不会是将其作为"仙公所授"诸经来使用的。所以无论《授度仪》征引时《升玄步虚章》是否直接被视作"元始旧经"，它都已经属于"元始旧经"三十六卷中的一卷。……因此，我把《授度仪》中征引到的《升玄步虚章》直接认作是"元始旧经"。⑤

而且他还特别强调，该经"从一开始被陆修静所认可，就是作为'旧经'

① 刘屹《六朝道教古灵宝经的历史学研究》，第447页。
② 刘屹《六朝道教古灵宝经的历史学研究》，第241页。
③ 刘屹《六朝道教古灵宝经的历史学研究》，第446页。
④ 刘屹《六朝道教古灵宝经的历史学研究》，第209页。
⑤ 刘屹《六朝道教古灵宝经的历史学研究》，第335页。

来看的。因而也就不存在从'仙公系移入元始系'的问题"①。该经既然从一开始就是一部正式的"元始旧经"，那么该经最尊崇的主神必然就是"元始天尊"，其最尊崇的经典必然就是《灵宝五篇真文》。

在此我们不得不指出的是，一个研究者讨论这样一个非常具体的问题，如果其结论竟然都存在如此多具有根本性的自我怀疑和自我否定的话，那么能否说明其整个研究的基础、研究方法和研究的方向等等，其实都是非常令人怀疑的呢？

再次，刘屹博士对于该经文本形成过程问题也公开提出了自我否定的结论。正是因为其论证出现诸多自相矛盾的情况，因此他又提出："从最初的十首步虚词，到为这部'古灵宝经'加上神圣来源的'序'，最晚在471年，也不排除在437年就已完成。"②因此，他又认为该经中将"太上大道君"确定为"最高主神"的《序》，并不是"陆氏之后的道士加进去的"。而是"最晚在471年"，甚至是"在437年就已完成"。他强调这两个时间点，实际上是在暗示就是陆修静添加了这个《序》。然而，即使把这个《序》的写成提前到437年，也仍然无法解释其《序》的创作者为什么不直接将"元始天尊"确定为该经的"最高主神"，而是仍然要将"太上大道君"确立为该经的"最高主神"。因为刘屹博士特别强调陆修静一直都将"元始天尊"尊奉为"最高神灵"。还要特别补充的是，刘屹博士又提出，该经"《序》部分有关大劫交周时三洞真经还归大罗天宫的内容"，就是直接"根据'旧经'中《智慧罪根上品大戒经》和《诸天灵书度命经》等相关内容"而"加进去的"③。也就是说，该经对"十首步虚词"之外相关内容的添加，也直接依据了几部"元始旧经"。但是如此就更加令人疑惑，因为这个《序》既然撰成在"元始天尊"已完全被确定为"最高

---

① 刘屹《六朝道教古灵宝经的历史学研究》，第527页。
② 刘屹《六朝道教古灵宝经的历史学研究》，第447页。
③ 刘屹《六朝道教古灵宝经的历史学研究》，第444页。

主神"的时代,而且该序又直接征引几部"元始旧经"的内容作了新的添加,但是该《序》的作者为什么偏偏坚持要把"太上大道君"确定为"最高主神",而仍然拒绝承认"元始天尊"作为"最高主神"的地位呢? 正是在以上所有方面都难以自圆其说的情况下,刘屹博士最后又提出:

> 从这个角度来说,《太上说玄都玉京山经》更有可能是在 420年以前就造作出来的。①

也就是说,他最终认为该经从一开始其实就是作为一部完整的经典出世的,因此也根本就不存在所谓该经最初仅有"十首步虚词"而其他内容都是"陆氏之后的道士加进去"的任何可能了。然而,其所作论证出现如此巨大翻转的直接结果:一是从根本上推翻了他自己围绕该经所作的几乎所有论证;二是他实际上又将该经最初仅仅有"十首步虚词"这一研究结论,当作一种确定无疑的最为关键的证据之一,大量运用在其书的各种专题研究中;三是这样的最终结论又使他自己面临诸多新的困境。例如,刘屹博士极力强调"元始旧经"与"葛氏道"无关,并判定"元始旧经"是"不知名的道教徒在 420 年左右开始造作的"②。而且还特别强调《智慧罪根上品大戒经》和《诸天灵书度命经》因为有最完整的"劫运"学说,因此在"元始旧经"中成书最晚,更明确称这两经是在471 年陆修静编《三洞经书目》之前不久才出世的③。如果刘屹博士提出的"《太上说玄都玉京山经》更有可能是在 420 年以前就造作出来的"的结论能够成立的话,那么,这部"420 年以前就造作出来的"经典,如何才能征引到接近 471 年才成书的《智慧罪根上品大戒经》和《诸天灵书度命经》两部"元始旧经"呢?

最后,我们不得不指出的是,虽然刘屹博士对该经的研究确实用力

---

① 刘屹《六朝道教古灵宝经的历史学研究》,第 446 页。
② 刘屹《六朝道教古灵宝经的历史学研究》,第 317 页。
③ 刘屹《六朝道教古灵宝经的历史学研究》,第 341 页。

很勤,但是为什么连他自己都认为其整个论证过程非常方枘圆凿、顾此失彼乃至完全自相矛盾呢？我们认为最根本的原因,一是小林正美和刘屹博士所坚持的古灵宝经重新分类法和"移入三经说",包括刘屹博士提出的把是否出现"历史人物"作为重新划分古灵宝经标准的做法,并不符合古灵宝经的实际情况①。正是他们二人都将《洞玄灵宝玉京山步虚经》从敦煌本陆修静《灵宝经目》著录的"元始旧经",人为地改变成为所谓"仙公新经",使得所有相关问题的讨论都已经发生了根本性的变化。也正是各种论证都自相矛盾的结果,促使刘屹博士又公开提出437年陆修静撰《太上洞玄灵宝授度仪》,证明《洞玄灵宝玉京山步虚经》"已经属于'元始旧经'","因此,我把《授度仪》中征引到的《升玄步虚章》直接认作是'元始旧经'"②。即把该经重新确定为"'元始旧经'三十六卷中的一卷"。二是他们二人都将该经从"元始旧经"系列乃至整个古灵宝经系列中专门分割出来,然后再"依靠某种因素谁'有'谁'无'的表象"的比较,孤立地讨论其中的"最高主神"等问题。而这样的研究,就不可避免地陷入到非此即彼、不断自我否定和自相矛盾的境地。从表面上看,这种"依靠某种因素谁'有'谁'无'的表象"的比较方法,的确体现了如刘屹博士所称的要"把简单的问题复杂化"③的追求。例如,古灵宝经的"最高主神"就从原来的元始天尊变成了多个完全不同的"最高主神"。但是从本质上看,这种方法恰恰是"把复杂的问题简单化"了。因为"新经"的"最高主神"等问题,是需要对全部古灵宝经进行综合考察和深入研究之后才能确定的。

　　我们把以上对该经的讨论概括为三点:一是研究者不能人为地改变该经的"元始旧经"性质。二是不能把该经与"元始旧经"或"新经"系

---

　　①　王承文《论古灵宝经分类争议中的"历史人物"问题》,《魏晋南北朝隋唐史资料》第46辑。

　　②　刘屹《六朝道教古灵宝经的历史学研究》,第335页。

　　③　刘屹《六朝道教古灵宝经的历史学研究》,第734页。

列割裂开来,孤立地讨论其中的"最高主神"或最尊崇的经典等问题。三是如果人为地改变该经的性质,并"依靠某种因素谁'有'谁'无'的表象"来进行比较研究,就必然会陷入到这样没完没了的自我否定和自相矛盾的境地。

十三　后论

敦煌本陆修静《灵宝经目》对古灵宝经的著录和分类,既体现了古灵宝经作为一种经典体系的框架结构,也反映了其本身所具有的高度内在逻辑性和统一性,并因此对中古道教具有统一性的经教体系的形成和发展产生了极为广泛而深远的影响。但是,小林正美所提出的古灵宝经重新分类法和"移入三经说",不但从根本上改变了敦煌本陆修静《灵宝经目》原有的结构和分类,而且还开启了一种影响很大的研究方法和研究取向,就是把古灵宝经判定为是一批由不同"道派"或者具有不同核心信仰的道士们创作而成的经典,并"依靠某种因素谁'有'谁'无'的表象"而进行比较,来强调这批经典内部的各种重大差异。近四十年来国际古灵宝经研究的发展充分证明,这两种根本不同的分类法和研究方法的同时并存,就犹如在古灵宝经研究领域构筑了一道巨大的分水岭,造成了学术界对古灵宝经基本认知的重大分野以及各种旷日持久的学术争论。

近十多年来,刘屹博士既坚持小林正美的重新分类法和"移入三经说",又提出把是否出现"历史人物"作为重新划分"元始旧经"和"新经"的主要标准,从而补充和强化了小林正美这一核心观点。在此基础上,他除了在"元始旧经"和"新经"之间进行"谁'有'谁'无'"的比较之外,更强调在"元始旧经"和"新经"内部开展"谁'有'谁'无'"的比较。一方面,他以此重新确立"元始旧经"和"新经"两批经典的出世先后,以及"元始旧经"和"新经"各自经典的出世先后;另一方面,又以此揭示古灵宝经在"源头"和"派系"以及根本性教义思想等方面的重大差异。

而依靠这种方法研究最直接的结果，首先是大量对于国内外研究者来说原本属于常识性的问题，在他那里却成了需要从根本上加以怀疑和颠覆的问题。例如，"葛氏道"创作了"元始旧经"和"新经"，这在古灵宝经内部和陆修静以来的道教都有大量并且具有连续性的记载，但刘屹博士却对之给予全面怀疑和彻底否定；反之，"很多在他那里几乎是想当然必是如此的结论"①，对于所有古灵宝经研究者来说，却恰恰是必须要加以认真证明的问题。例如，他提出葛巢甫和"葛氏道"创作灵宝经，必然也只能创作出现了"葛仙公"以及反映"葛氏道"在家族中传承的"新经"，而没有亦决不可能创作出根本就没有出现"葛仙公"以及"葛氏道"在家族传承的"元始旧经"。因此，"新经"必然要比"元始旧经"更早出世。而刘屹博士也据此判定，从陆修静的相关著作开始，道教所有关于"葛氏道"创作了"元始旧经"的记载都是后人凭空杜撰的。

其次是他证明不仅在"元始旧经"与"新经"之间存在各种各样的重大差异，而且在"元始旧经"和"新经"内部也存在各种各样的重大差异。他强调古灵宝经创作的特点就是"出于众手、不断造作、各有尊奉"②；"经教体系杂而多端"③；"内部的复杂性和矛盾性，无论是从历时性还是共时性的角度去理解，都不能否认这些灵宝经实际上反映了不同作者的不同思想观念"④。至于敦煌本《灵宝经目》所著录的古灵宝经，他认为是陆修静对"来自不同源头和派系的灵宝经被逐渐规范和整编后的结果"；"灵宝经最初的源头不只一个，并不是只有葛氏道的人才能造作灵宝经"；陆修静最主要的作用，"就在于把晋宋之际繁杂多源的灵宝

---

① 刘屹《六朝道教古灵宝经的历史学研究》，第113页。
② 刘屹《六朝道教古灵宝经的历史学研究》，第592—593页。
③ 刘屹《六朝道教古灵宝经的历史学研究》，第321页。
④ 刘屹《六朝道教古灵宝经的历史学研究》，第133页。

经逐步规整化"①。而他又以此为基础,对近一百多年来国内外古灵宝经研究的基本框架、基本方法、基本认知和基本理念等,都进行了最彻底的颠覆与批判。

最后,正是由于相关研究的基本前提和基本方法都与国内外学术界主流存在重大差别,导致其对古灵宝经的所有研究结论都与国内外学术界存在显著差别。他公开称,其研究"从始至终都是与众不同的独此一家"②;"没有人承认我的这一论证属实"③;"至今也没有人肯定我这项看似很不起眼工作对灵宝经研究的贡献"④;"从 2008 年我首次提出'新经'早于'旧经'的可能性至今,学界一直只有我一个人公开坚持这一'独唱'"⑤。

我们的研究证明,敦煌本陆修静《灵宝经目》的著录和分类符合古灵宝经本身的实际情况。同时也证明,如果今天的研究者试图以自己制定的分类标准去强行改变敦煌本陆修静《灵宝经目》中原有的著录和分类,那么就必然会造成古灵宝经研究异常复杂和严重混乱的局面。因此,我们认为所有研究者都应该彻底回归敦煌本陆修静《灵宝经目》,都应该以其原有的分类法来认知和研究古灵宝经。而这也正是我们对此力求做到正本清源的意旨所在。

————————

① 刘屹《六朝道教古灵宝经的历史学研究》,第 260 页。
② 刘屹《六朝道教古灵宝经的历史学研究》,第 117 页。
③ 刘屹《六朝道教古灵宝经的历史学研究》,第 292 页。
④ 刘屹《六朝道教古灵宝经的历史学研究》,第 299 页。
⑤ 刘屹《六朝道教古灵宝经的历史学研究》,第 322 页。

第八章 论如何开展古灵宝经的学术创新和学术批评

一 引言

古灵宝经是近半个世纪以来国际道教研究最为集中的领域之一。而"元始旧经"和"新经"两批经典的出世先后则是近十多年来古灵宝经研究中争论最多的问题。2018年,刘屹博士将其历时十年所发表的论文结集整理成《六朝道教古灵宝经的历史学研究》一书。按照其说法,他撰写此书的主要目的,就是要证明国内外道教学术界长期坚持的"元始旧经"在"新经"之前出世的观点在根本上是错误的。他认为"新经"都在"元始旧经"之前出世。需要特别指出的是,他的新说决非只是将这两批经典孰前孰后出世换个说法而已,而是对长期以来国内外古灵宝经研究所形成的基本认知、基本框架、基本方法、基本理念等各方面都进行彻底颠覆和批判。其书在获得各种殊誉的同时,也在学术界引发了巨大震撼和争议。究其根本原因,在于古灵宝经研究迄今已延续一百多年,特别是近半个世纪以来,已经形成了相当成熟而稳定的基本认知、基本框架、基本方法和基本理念等。因此可以说，如果其主要核心观点能够成立的话，那么就意味着现有整个古灵宝经研究基本框架体系的彻底坍塌和学术史的重新改写。其书对于当前学术界提出的主要问题包括：一是国内外古灵宝经研究发展到今天，为什么会出现这种极具颠覆性和批判性的研究？二是其重新构建古灵宝经研究体系的主要依据是什么，其核心观点和主要依据能否真正成立？三是我们究竟应该如何看待这种极具颠覆性和批判性的研究？

在本书的各种专题讨论中，我们对此已经提出了相关看法，而本章则将继续提出相关看法。此外，我认为还有一个我自己必须非常认真回答的问题：我为什么要如此专门而系统地对此提出自己的看法呢？而对此的回答，我认为既应当是对当前的整个学术界负责任的，也应当是对未来的学术史负责任的。

二 应该如何看待刘屹博士极具颠覆性
和批判性的研究？

近十多年来，刘屹博士的古灵宝经研究既表现了极其鲜明的特点，也体现了极高的自我追求。我们先看看他本人是如何看待学术界以及他自己的古灵宝经研究的。他公开称：

> 不难看出，即便是大渊忍尔、小林正美和柏夷这三位在灵宝经研究方面最顶尖的学者，他们的论证也不都是建立在对基本材料的充分解读之上，甚至存在根据自己观点的需要，而不惜剪裁、曲解基本材料的情况。……不少重要结论背后，都可以追查出在很不牢靠的基础上再做进一步推论的痕迹。……如果说他们在这场"论辩"中都有"三分实证，七分推论"之嫌，或许有点夸张和不敬。①

————————

① 刘屹《六朝道教古灵宝经的历史学研究》，第 59 页。

正因为我看到前辈学者的研究中往往是"三分实证,七分推
论",所以我格外重视自己提出的每个结论,都要有确凿的证据;在
没有足够材料支撑的情况下,我会严格限定自己的结论或推论适
用的范围。①

据此可见,刘屹博士一方面对大渊忍尔、小林正美和柏夷三位国际
"最顶尖的学者"的研究都提出了严厉的批评;另一方面则强调他自己
正是鉴于他们"三分实证,七分推论"的做法导致的很严重的后果,因此
他"格外重视"自己研究结论的严谨性和可靠性。他还特别强调自己的
研究属于"七分实证,一分推论,一分留有余地"②。因此与三位国际
"最顶尖的学者"的研究相比,要更为严谨也更为可靠。他又称:"自
1980年代以来,因为几位主要研究者之间对于灵宝经的一系列基本问
题的看法不一,后来的学者大都很难跳脱前辈学者无意中留下的认识
误区,导致灵宝经的研究很长时间处于凝滞化的状态。"他公开称自己
的研究"为道教研究的后学开辟了一条可以越出前辈认知藩篱的灵宝
经研究新途径"③。其书中涉及对他自己的评价还有很多。一般来说,
一个研究者提出的学术观点能否真正成立,其对学术的发展究竟具有
多大价值,本应该由学术界来作出客观评判。一句法律谚语说得好:
"任何人不能做自己的法官。"但令人感到非同寻常也不可思议的是,刘
屹博士却在其书中对自己的研究作出了很高的评价。

刘屹博士之所以公开作这样的自我评价,最主要的原因之一,是他
认为自己对古灵宝经研究的杰出贡献,长期以来受到了国内外学术界
很大的漠视,特别是一直没有得到应有的公平和公正的评价。例如,他
公开称其研究"从始至终都是与众不同的独此一家"④;"从2008年我

①　刘屹《六朝道教古灵宝经的历史学研究》,第114页。
②　刘屹《六朝道教古灵宝经的历史学研究》,第59页。
③　刘屹《六朝道教古灵宝经的历史学研究》,第339页。
④　刘屹《六朝道教古灵宝经的历史学研究》,第117页。

首次提出'新经'早于'旧经'的可能性至今,学界一直只有我一个人公开坚持这一'独唱'"①。他颇为抱怨地称"没有人承认我的这一论证属实"②;"也没有人肯定我这项看似很不起眼工作对灵宝经研究的贡献"③。在其书的后记中,他更直接称:"在无法取得共识的情况下,我还是选择自己主动退出'争议',希望今后能够不再为此赘言。"并称自己"已经从最初的心志满满,到不断地感到气馁和无奈,乃至最终亟欲脱身而去"④。

按照常理,一个研究者提出的学术观点,如果长期得不到学术界同行的认同,那么就应该多从自身找原因。然而根据刘屹博士的说法,他其实也对自己的研究做过非常认真的反思,但反思的结果,却是他非常肯定其研究方法和研究结论都不存在任何问题。例如,他在其书结语中就明确称:"到目前为止,并没有任何可靠的论证能够指出我在基本文献释读方面的错误。"⑤并特别强调,其所有研究都做到了"思路清晰,观点可靠,证据确凿"⑥。因此,他判定整个学术界对待其研究的态度决不是一种正常的现象。他公开称:"我们的一些学者对待学术争议的态度:他们不习惯那些与自己不同意见的存在——也许只是不愿意承认自己曾经的认识有误而已。"⑦可见,他将主要原因归结为相关研究者出于私心,都不愿承认自己的错误。对于公开坚持不同观点的研究者,他则公开地批判为"固执于偏见"⑧。

刘屹博士还专门分析了造成这种局面的具体原因。一是他认为

---

① 刘屹《六朝道教古灵宝经的历史学研究》,第 322 页。

② 刘屹《六朝道教古灵宝经的历史学研究》,第 292 页。

③ 刘屹《六朝道教古灵宝经的历史学研究》,第 299 页。

④ 刘屹《六朝道教古灵宝经的历史学研究》,第 802、805 页。

⑤ 刘屹《六朝道教古灵宝经的历史学研究》,第 734 页。

⑥ 刘屹《六朝道教古灵宝经的历史学研究》,第 805 页。

⑦ 刘屹《六朝道教古灵宝经的历史学研究》,第 299 页。

⑧ 刘屹《六朝道教古灵宝经的历史学研究》,第 327 页。

"目前学界围绕古灵宝经基本问题研究的争议,根源就在于对相关基本文献的研读不够准确和深入。其实有些争议,现在看起来完全是因学者的误读所引起的'伪问题'"①。他强调相关研究者"对研究对象的概念和定义采取轻忽和随意的态度,实际上都在加重这一领域研究的混乱","目前在灵宝经的研究领域中,存在着不少因概念界定不明引发的无谓争议"②。二是他认为国内外所有道教研究者都"无意中被道教的神话历史所蒙蔽,而忽略从内容上追寻两组道经作成历史的必要途径"③。2018 年 12 月 5 日,刘屹博士在著名学术网站"中华古籍网"上,对此作了更加专门的介绍和分析:

> 国际道教学界有关灵宝经的研究,已长达近半个世纪,但在一些基本问题上,一些重要学者之间仍不能取得一致意见。主要原因是国外学者阅读中文原始材料有天然的弱势。此前中国学者参与程度较低,而参与其中的部分中国学者,仍然摆脱不了对国外权威学者的盲从和盲信。《六朝道教古灵宝经的历史学研究》充分发挥了中国学者研读基本文献的优长,针对国际道教学界围绕古灵宝经的一系列争论,提出中国学者自己的看法,可算是中国学者对国际道教学界灵宝经研究长期争议问题的一个正式回应。本书是一部严谨、规范、诚实、厚重的著作,除具体解决古灵宝经出世历程等问题,还有维护中国学者在国际道教研究领域话语权的作用。而本书解决古灵宝经研究这一学术难题的经验和启示,将不仅有益于古灵宝经研究,甚至道教研究,更不失为当下中国学术研究,如何真正理解和吸收国外学者研究成果,推进自身研究进展的典

---

① 刘屹《六朝道教古灵宝经的历史学研究》,第 733 页。
② 刘屹《六朝道教古灵宝经的历史学研究》,第 256 页。
③ 刘屹《六朝道教古灵宝经的历史学研究》,第 299 页。

型范例。①

由此可见，刘屹博士对整个国内外学术界的古灵宝经研究都持公开批判、贬低和极为负面的评价。他认为近半个世纪以来国内外学术界对于古灵宝经基本问题存在分歧的根本原因，一是"国外学者阅读中文原始材料有天然的弱势"，即国外学者真正读懂中文原始材料的能力先天性偏弱；二是参与研究的国内研究者始终"摆脱不了对国外权威学者的盲从和盲信"，因此既非常缺乏判断力也缺乏"原创性"。而刘屹博士认为自己之所以能够取得如此骄人的重大成就，一是恰恰"充分发挥了中国学者研读基本文献的优长"；二是恰恰彻底摆脱了国内研究者长期以来"对国外权威学者的盲从和盲信"，并"自觉地维护中国学者在国际道教研究领域话语权"。因此，他的这部著作不仅是"一部严谨、规范、诚实、厚重的著作"，而且能成为"当下的中国学术研究，如何真正理解和吸收国外学者研究成果，推进自身研究进展的典型范例"。正因为如此，他的古灵宝经研究"曲高和寡"，恰恰证明其本身就属于一种非常难得的"例外"。在其书后记中，他更直接称自己的古灵宝经研究因为做得过于超前乃至遥遥领先，在学术前沿"走得太快，走得太远"②，以至于整个国内外学术界都无法跟上其开拓奋进的步伐。

不能不说，我们在刘屹博士对他自己所做研究的全部评价中，既完全看不到其作为一个年轻研究者对于学术研究应有的谦逊和警醒，也完全看不到其对于国内外同行研究者基本的尊重，看到的只是其大量而公开的自我标榜以及"睥睨天下，唯我独尊"的肆意张扬。

其书除了获得入选"国家哲学社会科学成果文库"等各种殊誉，并理所当然地代表了当前中国国家人文社会科学研究的最高水平之外，

---

① 需要说明的是，笔者通过北京一位学者向刘屹博士转告意见，因此，在该学术网站上的最新版本中，刘屹博士已经removed了其中具有公开批判性的表述。

② 刘屹《六朝道教古灵宝经的历史学研究》，第 802 页。

还有评论者认为其书既是近数十年来国际古灵宝经研究最有原创性也最有颠覆性的重大成果，也是中国学者和"中国学派"开始真正引领国际道教学术潮流的显著标志①。例如，曾晓红的书评《对古灵宝经的全新认识》就称：

> 国际道教学界的研究者们，如中国学者陈国符、王卡、王承文、吕鹏志、谢世维等，日本学者福井康顺、大渊忍尔、小林正美、神冢淑子，美国学者司马虚（Michel Strickmann）、柏夷（Stephen Bokenkamp）等，全都认为"仙公新经"的出世要比"元始旧经"晚。并据此发表专论，成果丰硕。对此提出颠覆性意见并另辟蹊径，形成具有独创性系统理论的，则是刘屹教授……全书一破一立，以颠覆古灵宝经的"新旧""先后"等学术定式为切入点，创新性地提出了古灵宝经造作时间的全新理论，进而展开了古灵宝经相关课题的宏大历史叙事。值得称道的是，著者充分发挥了中国学者研读原始文献的母语优势，从基本文献的句读做起，解决了国外学者长期悬而未决的释读难题，彻底颠覆了以往国内外学者对灵宝经形成历程的认知，提供了一个关于古灵宝经出世历程的全新图景，研讨并提示出一系列新的有意义的学术论题。

书评作者通过大量列举中外道教研究者的名字，极力强调其书所具有的重大颠覆性和创新性，以及在国际古灵宝经学术史上的里程碑意义。

众所周知，任何一种人文学科的研究都决不可能成为一种完美无缺的研究。然而，刘屹博士在其整体研究结论都与国内外学术界存在巨大差别的情况下，却仍然坚持认为自己的整个研究并不存在任何缺点，并进而判定整个学术界都对其怀有很大的"偏见"。这里确实牵涉

---

① 曹凌《评刘屹〈六朝道教古灵宝经的历史学研究〉》，《道教研究学报》第 10 期，2019 年；曾晓红《对古灵宝经的全新认识》，《中华读书报》2018 年 4 月 25 日第 19 版。

到一个学者究竟应该如何看待自己研究的问题。当前围绕"元始旧经"和"新经"出世先后等基本问题的情况是：一边是刘屹博士一系列极具颠覆性和批判性的学术观点，另一边则是除他之外国内外所有研究者几乎都基本一致的观点。当然，一种学术观点能否真正成立，并不是依靠其被接受的人数的多少来决定的。古代即有"千人之诺诺，不如一士之谔谔"(《史记·商君列传》)的说法。但是有一点却又是完全可以肯定的，即这样两种极端对立的观点不可能同时成立，其中必然只有一种观点真正符合古灵宝经的实际情况。然而，令人感到十分遗憾的是，迄今为止，国内外学术界还没有人能够说明这些最具关键性的问题：一是刘屹博士极具颠覆性和批判性的研究体系究竟是怎样建立而成的，又为什么会与国内外主流学术界形成如此巨大的差别？二是其核心证据能否真正成立，特别是其最主要的研究方法是否真正符合古灵宝经的实际情况？产生以上这些问题的根本原因，一是长期以来古灵宝经一系列基本问题并没有真正得到充分的研究和彻底的解决；二是在整个国内外古灵宝经学术界，还没有真正建立起一种科学而健全的学术评价机制，对学术研究的总结与学术研究的现状还存在很大的差距。很显然，目前这种状态非常不利于古灵宝经研究的正常发展。

三　刘屹博士所作极具颠覆性和批判性研究的原因及其结果

(一)刘屹博士坚持对古灵宝经作颠覆性和批判性研究的根本原因

刘屹博士的古灵宝经研究之所以长期与国内外主流学术界存在重大差别，其最根本的原因，就在于他依据了完全不同的古灵宝经分类法。近数十年以来，国际道教学界对古灵宝经一直存在两种根本不同的分类法：一种是敦煌本陆修静《灵宝经目》原有的分类法。

1974 年,大渊忍尔恢复了长久佚失的敦煌本陆修静《灵宝经目》。其后,国内外绝大多数研究者都坚持陆修静对古灵宝经所作的"元始旧经"和"新经"的分类,都认为六朝江南"葛氏道"创作了全部古灵宝经,也都把古灵宝经当作一种具有内在逻辑性和关联性的经典体系进行研究。而另一种则是小林正美提出的重新分类法和"移入三经说"。1982 年,小林正美正式提出要对古灵宝经进行重新分类。他认为现存敦煌本《灵宝经目》所著录的三部"元始旧经"(即《洞玄灵宝玉京山步虚经》《太上无极大道自然真一五称符上经》《太上洞玄灵宝真一劝诫法轮妙经》),原本均属于"新经",是陆修静为了填补"元始旧经"的空缺,人为地将它们从"新经"中抽出而补充进"元始旧经"的。其论点的核心,就是强调古灵宝经的创作者及其所属"道派"以及根本性教义思想等各方面都存在重大差异。其最主要的方法,就是"依靠某种因素谁'有'谁'无'的表象"①而进行比较,即把古灵宝经中"某种因素"的"有"与"某种因素"的"无",看成是一种非此即彼、二者必然相互对立和相互否定的关系。而其最主要的表现,就是一部古灵宝经中有"某种因素",即判定其创作者必然认同"某种因素";反之,一部经中没有"某种因素",就代表其创作者必然不认同"某种因素"。并进而将古灵宝经中这种"有"与"无"的差别,上升为根本性教义思想的差别以及"源头"和"派系"的差别。这种分类方法和研究方法所关注的始终是古灵宝经内部的各种重大差异。

很显然,这样两种极端对立的分类法,既代表了对古灵宝经两种完全不同的基本认知和研究起点,也代表了两种完全不同的研究方法和研究取向。而近数十年的学术发展也充分证明,用这两种根本不同的分类法来研究古灵宝经,所有主要问题都会得出完全相反的结论。例如,根据敦煌本陆修静《灵宝经目》原有的著录,《洞玄灵宝玉京山步虚

---

① 刘屹《六朝道教古灵宝经的历史学研究》,第 425 页。

经》《太上无极大道自然真一五称符上经》《太上洞玄灵宝真一劝诫法轮妙经》三经原本就属于"元始旧经"。而这三经中有"葛仙公"和"葛氏道"的明确记载，因此能够证明"葛氏道"必然与"元始旧经"的创作密切相关。但是与此相反，根据小林正美的重新分类法和"移入三经说"，这三部经典原本属于不同道派所创作的"新经"，因此他首先就将这三经完全排除在"元始旧经"之外，然后再特别强调"元始旧经"中根本就没有"葛仙公"和"葛氏道"的任何记载，并由此判定"元始旧经"与"新经"创作者及所属"道派"还包括教义思想等各个方面都存在"重大差别"。对于这两种不同分类法在国际学术界的接受状况，刘屹博士评价称：

> 目前学界绝大多数学者是按照敦煌本目录所反映的陆修静当年的分类，即"元始旧经"和"仙公新经"之分，只有小林认为敦煌本目录是陆氏改动灵宝经固有的分类后的产物，所以小林对灵宝经分类做了改进，即区分为"仙公系"和"元始系"。①

> （小林正美）这一意见并未得到学界的认可。除了个别日本学者遵从了小林的这一新分法外，几乎所有灵宝经研究的学者，在讨论到"旧经"和"新经"之分时，所依据的都还是陆修静所做的分组。②

可见，在整个国际学术界，小林正美的重新分类法和"移入三经说"仅有极少数研究者在遵从和使用。然而，需要特别指出的是，虽然国际学术界绝大多数研究者都坚持陆修静在敦煌本《灵宝经目》中所作的分类，但是长期以来，整个国际学术界却既没有人能够证明为什么必须要按照陆修静原有分类法来研究古灵宝经，也没有人能够证明为什么不能按照小林正美的重新分类法和"移入三经说"来研究古灵宝经。因此，小林正美的这一核心观点仍然从多方面对国际古灵宝经研究产生

---

① 刘屹《六朝道教古灵宝经的历史学研究》，第 93 页。
② 刘屹《六朝道教古灵宝经的历史学研究》，第 257 页。

了广泛而深刻的影响。也有不少研究者因为混淆这两种分类法之间的根本性差别，从而使很多问题的讨论陷入到永远说不清也道不明的境地。可以这样说，正是这两种分类法的长期并存，造成了当前国际古灵宝经研究的严重撕裂和混乱。

近十多年来，刘屹博士堪称是小林正美这一核心观点最主要的坚持者和辩护者。一方面他把是否出现"历史人物"作为最主要的标准，对小林正美的重新分类法和"移入三经说"的合理性作了重新论证；另一方面则直接把小林正美这一核心观点作为最主要的依据，对古灵宝经所有主要问题都进行极具颠覆性和批判性的研究。而他自己也明确地公开称，他"所讨论的古灵宝经'出世'，以及两组灵宝经的先后关系等问题"，都是完全遵照小林正美的重新分类法和"移入三经说"进行的，而"不是依照敦煌本'灵宝经目录'的标准"进行的①。例如，他以小林正美这一核心观点作为基础和前提，强调所有"元始旧经"中都没有出现"葛仙公"和"葛氏道"的任何记载，只有"仙公新经"中才出现"葛仙公"和"葛氏道"的相关记载。在此基础上，他再"依靠某种因素谁'有'谁'无'的表象"的比较，强调只有"仙公新经"的创作与"葛氏道"有关，而"元始旧经"的创作则与"葛氏道"完全无关，并进而强调"元始旧经"和"新经"在创作者及其所属道派以及教义思想等各方面都存在重大差异。在研究取向上，他公开把揭示古灵宝经内部各种重大差异当成其最主要的目标②。而其最主要的方法，也是"依靠某种因素谁'有'谁'无'的表象"的比较。他不但在"元始旧经"和"新经"之间进行比较，而且也在"元始旧经"和"新经"内部大量进行这种比较，从而证明古灵宝经内部存在各种各样的重大差异。因此，刘屹博士的古灵宝经研究之所以长期以来与国内外主流学术界格格不入，从根本上来说，就是因为

---

① 刘屹《六朝道教古灵宝经的历史学研究》，第 303 页。
② 刘屹《六朝道教古灵宝经的历史学研究》，第 259 页。

其所依据的古灵宝经分类法与国内外绝大多数研究者完全不同。也可以这样说，多年以来，刘屹博士一直试图以其建立在小林正美重新分类法及其研究方法基础上的一整套体系，去彻底颠覆和完全取代国内外主流学术界建立在敦煌本陆修静《灵宝经目》原有分类基础上的一整套体系。而这就是我们与刘屹博士多年来争论的最主要的真相。如果不能理解这一点，那么就无法对刘屹博士的整个古灵宝经研究体系作出客观而准确的评价。

那么，小林正美的重新分类法和"移入三经说"究竟能否真正成为古灵宝经研究的基础和前提呢？根据我们的研究，小林正美这一核心观点三个最主要的依据，即"元始旧经"和"新经"在最尊崇的经典、最尊崇的主神以及有无"三洞经书"观念等方面所存在的重大差别，其实都不能真正成立。特别是其做法人为而且极大地改变了敦煌本陆修静《灵宝经目》原有的分类和结构。而其"依靠某种因素谁'有'谁'无'的表象"所进行的各种比较，实际上是把很多复杂的问题简单化和绝对化了。因为古灵宝经本身就属于一种具有内在联系的经典体系，其不同经典在宗教内容上的"谁'有'谁'无'"，本身属于一种非常正常的现象。其所反映的恰恰是古灵宝经内部的一种相互依存和相互补充的关系①。至于刘屹博士提出的把是否出现"历史人物"作为重新划分古灵宝经的主要标准，实际上也不能真正成立。因为"元始旧经"中出现所谓"历史人物"，并非只是"移入三经说"所指三经特有的现象，而是在大量"元始旧经"中都普遍存在。至于这些所谓的"历史人物"，其实均属于在汉晋时代已经完成"神格化"的道教神灵，与一般具体的"历史人物"存在本质的区别。因此，有无"历史人物"的出现不能成为重新划分古灵宝经的标准和理由②。而大量事实也充分证明，我们应该严格按

---

① 王承文《汉晋道教仪式与古灵宝经研究》，第 369—457 页。

② 王承文《论古灵宝经分类争议中的"历史人物"问题》，《魏晋南北朝隋唐史资料》第 46 辑。

照敦煌本陆修静《灵宝经目》原有的分类法来研究古灵宝经,否则就会带来异常复杂和严重混乱的结果。

(二)刘屹博士坚持小林正美的重新分类法及其研究方法的最终结果

首先,刘屹博士坚持用小林正美的重新分类法及其方法来研究古灵宝经,一方面导致现有古灵宝经研究的所有主要问题都被彻底颠覆,另一方面却又使他自己完全陷入到自我否定和自相矛盾的境地。对此,我们试举一批最具有代表性的问题来说明。

一是关于古灵宝经的创作者问题。自从南朝初年陆修静整理古灵宝经以来,道教经书都记载古灵宝经的创作与六朝江南道教团体"葛氏道"有关。陶弘景所编《真诰》记载东晋末年葛巢甫"造构《灵宝》,风教大行",学术界一般都认为与"元始旧经"的创作有关。但刘屹博士对此予以完全否定,并且非常正式地提出了多种完全不同的研究结论:其一,他极力证明葛巢甫与"元始旧经"的创作没有任何关系,而只与由他所确定的全部十四部"仙公新经"的创作有关。他提出"元始旧经"都是"不知名的道教徒在 420 年左右开始造作的"①;而"'新经'最有可能的作者就是葛巢甫,他'造构'的灵宝经,应该是'仙公新经'部分,而非'元始旧经'或全部的灵宝经"②;他强调"'新经'部分就是以葛仙公领受太上所遣天真下降而传授给他的灵宝经为线索或背景",而"葛巢甫依据这样的内容造出的'新经'应有十卷左右,即所谓'《语禀》《请问》十卷'"③。其二,他极力证明葛巢甫只创作了全部十四部"仙公新经"中的七部(即《太上洞玄灵宝智慧本愿大戒上品经》、《太极左仙公请问经》上下卷、《仙人请问本行因缘众圣难》、《太极左仙公起居经》、《太极左仙

---

① 刘屹《六朝道教古灵宝经的历史学研究》,第 317 页。
② 刘屹《六朝道教古灵宝经的历史学研究》,第 548 页。
③ 刘屹《六朝道教古灵宝经的历史学研究》,第 638 页。

公神仙本起内传》、《太上洞玄灵宝真一劝诫法轮妙经》），并证明葛巢甫与其他七部"仙公新经"没有任何关系①。其三，他又重新证明葛巢甫只创作了七部"新经"中的六部，而与其中的《太上洞玄灵宝真一劝诫法轮妙经》没有任何关系②。其四，他最后又证明这所剩六部"仙公新经"中其实没有一部的创作能够真正确定与葛巢甫有关③。对于"葛氏道"与"仙公新经"关系的讨论也如此。一方面他极力证明"葛氏道"只创作了全部十四部"仙公新经"，与"元始旧经"的创作没有任何关系；另一方面却又重新证明十四部"仙公新经"中的《太上灵宝五符序》《太上无极大道自然真一五称符上经》《太上洞玄灵宝真文要解上经》《洞玄灵宝玉京山步虚经》等经的创作，既与"葛氏道"没有任何关系，这些经典也根本就不是真正的"仙公新经"④。很显然，经过这样的研究，古灵宝经的创作者问题就彻底变成了一个永远也说不清道不明的问题了。

二是关于古灵宝经的创作时间问题。国内外学术界一般都认为东晋"隆安（397—401）之末"葛巢甫和"葛氏道"创作了"元始旧经"，而"新经"的出世则稍晚。但是在437年陆修静撰《灵宝经目序》之前，这两批经典均已出世。刘屹博士却提出了完全相反的观点。他认为全部"元始旧经"都是"不知名的道教徒在420年左右开始造作的"⑤。至于"仙公新经"的出世，一方面他极力证明全部十四部"仙公新经"均为葛巢甫在东晋"隆安之末"所创作。例如，他强调"所谓葛巢甫隆安末年'造构灵宝，风教大行'，就只能是指葛巢甫造构了'新经'"⑥；"所谓葛巢甫

---

① 刘屹《六朝道教古灵宝经的历史学研究》，第262—263、331、469页。
② 刘屹《六朝道教古灵宝经的历史学研究》，第242页。
③ 刘屹《六朝道教古灵宝经的历史学研究》，第380页。
④ 刘屹《六朝道教古灵宝经的历史学研究》，第446页。对于刘屹博士围绕这一问题提出的学术观点，更为详细的列举和讨论，参见本书第七章。
⑤ 刘屹《六朝道教古灵宝经的历史学研究》，第317页。
⑥ 刘屹《六朝道教古灵宝经的历史学研究》，第329页。

'造构灵宝',其实就是指他造作了'仙公新经'部分"①;"按我的看法,仙公系统灵宝经是葛巢甫为代表的葛氏道人在隆安末年造作的"②。另一方面,他却又重新证明绝大多"仙公新经"都不是在"隆安之末"创作的,而是经历了从远在"隆安之末"以前直至唐朝的漫长过程,而且其创作者也远不止葛巢甫一人或"葛氏道"一个道派。例如,他极力证明十四部"仙公新经"中的《太上无极大道自然真一五称符上经》《太上洞玄灵宝真文要解上经》和《太上灵宝五符序》等经的创作,不但远在"隆安之末"以前,而且与葛巢甫乃至"葛氏道"没有任何关系。他又证明多部"仙公新经"的创作是在"隆安之末"以后,而且也与葛巢甫无关。又如,以他所认为的"仙公新经"《洞玄灵宝玉京山步虚经》为例,他就得出两种完全不同的结论。一种是他极力证明该经在最初即东晋"隆安之末"仅仅有孤零零的"十首颂"存在,直到唐代该经文本的创作才最后完成;另一种是他又提出完整的"《太上说玄都玉京山经》更有可能是在420年以前就造作出来的"③。经过这样的研究,古灵宝经出世的时间问题可以说没有人能够说得清了。

三是关于敦煌本陆修静《灵宝经目》中"元始旧经"和"新经"分类形成的年代问题。这一问题既直接关系到敦煌本陆修静《灵宝经目》的形成究竟是在437年还是在471年,也直接关系到该经目所著录的"已出"古灵宝经究竟是437年之前已经成书还是直到471年才最后成书等重大问题。我们可以看到刘屹博士对此也进行了两种根本逻辑完全相反的论证。一方面,他极力证明敦煌本《灵宝经目》就是陆修静在471年对古灵宝经所作的著录和分类,而决不可能是其在437年所做的著录和分类。因此,敦煌本《灵宝经目》所著录的大量古灵宝经直到

①　刘屹《六朝道教古灵宝经的历史学研究》,第529页。
②　刘屹《六朝道教古灵宝经的历史学研究》,第387页。
③　刘屹《六朝道教古灵宝经的历史学研究》,第446页。

471 年前才最后成书。另一方面,他却又极力证明敦煌本《灵宝经目》只能是陆修静在 437 年所作的著录和分类,而决不可能是其在 471 年所做的著录和分类。因此,敦煌本《灵宝经目》所著录的古灵宝经也必然在 437 年前已经出世①。而他以这两种截然相反的结论为基础而展开的其他专题研究,最后的结论也必然完全是相互矛盾的。

四是关于小林正美对古灵宝经的重新分类法和"移入三经说"究竟能否成立的问题。这一问题直接关系到刘屹博士的古灵宝经研究的基础和前提。然而,他也得出了两种完全不同的结论。一方面,他高度肯定小林正美的重新分类法和"移入三经说"的合理性。例如,他就称:

> 小林氏发现在陆修静目录的"旧经"中,有三部原本不属于"元始旧经",是被陆修静"移入"的。这三部中出现了老子和葛仙公,所以被小林氏又从"元始系"移归到了"仙公系"。我个人认为小林氏的这个思路是值得肯定的。在本书中会有支持这一看法的证据。②
>
> 现存的"元始旧经"却有三种经典,只有葛仙公系统的神格,而无元始天尊系统的神格。这明显违背了所谓"元始旧经"都是元始天尊所传灵宝天文的神圣观念,应该是陆修静为弥补"元始旧经"的不足,而将原本并不属于"旧经"的经典移入"元始旧经"。③
>
> "移入三经"具有不符合元始系而符合仙公系经典神格的特点。我的这些论述,可以看成是对小林氏既有观点的深化。④

而刘屹博士正是以此作为基础和前提,对古灵宝经所有主要问题都进

① 参见本书第七章。
② 刘屹《六朝道教古灵宝经的历史学研究》,第 77 页。
③ 刘屹《六朝道教古灵宝经的历史学研究》,第 224 页。
④ 刘屹《六朝道教古灵宝经的历史学研究》,第 525 页。

行了极具颠覆性和批判性的研究。另一方面,由于小林正美这一核心论点带来了很多难以解释的问题,所以他又重新否定小林正美的重新分类法和"移入三经说"的合理性①。例如,他公开称:"不应该存在小林氏所认为有三卷原本属于'仙公系',被陆修静硬生生移到'元始系'的情况。""陆氏(即陆修静)的确不能随意变动'元始旧经'和'仙公新经'的标签。"②他又称:"我现在认为它们(即'移入三经说'所指三经)从一开始被陆修静所认可,就是作为'(元始)旧经'来看的。因而也就不存在从'仙公系移入元始系'的问题。"③可见他又公开反对小林正美古灵宝经重新分类法和"移入三经说"。但是刘屹博士可能没有意识到,他对小林正美这一核心观点的否定,实际上已经从根本上否定了他自己的古灵宝经研究的基础和前提。

　　五是关于古灵宝经多部重要经典的性质问题。如所周知,对相关古灵宝经性质的判定,不仅对于古灵宝经分类问题的讨论至关重要,而且对于"元始旧经"和"新经"教义思想的讨论也极其重要。但是,刘屹博士对此也作出了大量自我否定和自相矛盾的判定。例如:(1)关于《太上无极大道自然真一五称符上经》。该经在敦煌本陆修静《灵宝经目》中属于"元始旧经"。但是,他一方面坚持小林正美的重新分类法和"移入三经说",在所有涉及对"元始旧经"和"新经"两批经典之间各种差异的比较时,他都极力强调该经属于"仙公新经",并与葛巢甫和"葛氏道"的创作有关;另一方面,在所有涉及"仙公新经"内部各种差异的比较时,他却又公开判定该经既不属于"仙公新经",也不属于"元始旧经",而且与葛巢甫和"葛氏道"毫无关系。(2)关于《太上洞玄灵宝真文要解上经》。该经在敦煌本陆修静《灵宝经目》中原本为"新经",小林正美却将其判定为"元始旧经"。刘屹博士对此则提出了几种完全相反的

---

① 更详尽的讨论,参见本书第七章。
② 刘屹《六朝道教古灵宝经的历史学研究》,第 337 页。
③ 刘屹《六朝道教古灵宝经的历史学研究》,第 527 页。

观点。一方面,在所有涉及"元始旧经"与"新经"之间差异的比较时,他都特别强调该经属于"仙公新经",而且与葛巢甫和"葛氏道"的创作有关;另一方面,在所有涉及对"新经"内部重大差异的比较时,他却又强调该经既不属于"元始旧经",也不属于"新经",而且与葛巢甫和"葛氏道"的创作没有任何关系。(3)关于《洞玄灵宝玉京山步虚经》。该经在敦煌本陆修静《灵宝经目》中原本属于"元始旧经",但小林正美判定该经属于"仙公新经"。刘屹博士则提出了至少三种不同的观点:其一,在所有涉及"元始旧经"和"新经"之间差异的比较时,他都赞成小林正美的核心观点,判定该经原本就属于"仙公新经",也判定该经与"葛氏道"的创作有关。其二,在所有涉及"元始旧经"出世卷数以及"十部妙经三十六卷"等问题讨论时,他又判定该经原本就属于"元始旧经",并且完全否定其作为"仙公新经"被陆修静抽出而充当"元始旧经"的可能性。其三,在所有涉及对"仙公新经"内部各种重大差异的比较时,他却又判定该经既非"仙公新经",亦非"元始旧经",而且与葛巢甫和"葛氏道"并无任何关系①。很显然,在对以上多部古灵宝经性质的判定存在如此多的自我否定和自相矛盾的情况下,其对"元始旧经"和"新经"在教义思想的讨论,就很难说还有多少真正的可信度了。

六是关于《灵宝五篇真文》在古灵宝经中究竟有没有"绝对宇宙本源性"的问题。古灵宝经将《灵宝五篇真文》尊奉为创造宇宙的"道",因此《灵宝五篇真文》具有"宇宙本源性",而《灵宝五篇真文》也因此成为古灵宝经教义思想的基础和核心。但是刘屹博士对此的立场也是自我否定和自相矛盾的。其一,在所有讨论"葛氏道"与《灵宝五篇真文》以及"元始旧经"的关系时,他都特别强调"元始旧经"中的《灵宝五篇真文》具有"道"的性质和"绝对宇宙本源性",并以此说明"葛氏道"决不可

---

① 参见本书第七章。

能与《灵宝五篇真文》和"元始旧经"的创作和传授存在任何关系①；其二，他为了否定《灵宝五篇真文》在古灵宝经中的核心地位以及"元始旧经"内部存在具有统一性的经教体系，又从各个方面全面否定《灵宝五篇真文》具有"道"的性质和"绝对宇宙本源性"②；其三，为了证明"元始旧经"和"新经"在教义思想上存在重大差异，他又极力强调"元始旧经"《真文天书经》的《灵宝五篇真文》和"新经"《真文要解上经》中的《灵宝五篇真文》，属于两种完全不同的版本。他强调《真文天书经》中的《灵宝五篇真文》具有"道"的性质和"绝对宇宙本源性"。而《真文要解上经》中的《灵宝五篇真文》则不具有"道"的性质和"绝对宇宙本源性"③。并依据"层累说"的比较方法证明，所有"仙公新经"都比"元始旧经"更早出世④。

七是关于《灵宝五篇真文》和"元始旧经"在南朝刘宋以前是否已经降授人间的问题。这一问题直接关系到"元始旧经"的创作和传授是否与"葛氏道"有关。我们看到，刘屹博士一方面特别强调在三国孙吴葛仙公（葛玄）以前，《灵宝五篇真文》和"元始旧经"都已经"经由帝喾、大禹这样的古圣贤王传布人间"⑤，由此他认为可以确定，"元始旧经"的创作和传授完全可能与"葛氏道"有关。另一方面，他又用极大篇幅反复强调在南朝刘宋王朝建立以前，《灵宝五篇真文》以及"元始旧经"一直都隐藏在天宫，根本就不可能传授人间。例如，他明确称："'元始旧经'却从上皇元年以后一直在天宫保存着，在刘宋建立之前，没有在人

① 刘屹《六朝道教古灵宝经的历史学研究》，第 303、312、441 页。
② 刘屹《六朝道教古灵宝经的历史学研究》，第 412—431 页。
③ 刘屹《六朝道教古灵宝经的历史学研究》，第 285、293 页。对刘屹围绕这一问题提出的学术观点进行的归纳，参见本书第四章。
④ 参见本书第五章。
⑤ 刘屹《六朝道教古灵宝经的历史学研究》，第 474 页。

间传承的脉序。"①"按照陆修静在《灵宝经目序》中所讲的灵宝经源流，三十六卷元始旧经，从上皇元年以后就一直被隐藏在天宫，在刘宋建立之前，人间是没有'五篇真文'或'元始旧经'行世的。"②因此，他认为葛玄和"葛氏道"决不可能与《灵宝五篇真文》和"元始旧经"的创作以及传授存在任何关系③。但是，《真文天书经》作为"元始旧经"中出世最早也最重要的经典，其实已经清楚地记载《灵宝五篇真文》以及作为"十部妙经三十六卷"的"元始旧经"早在传说中的"黄帝"时代就已传授人间，以"度得道之人"④。

八是关于《灵宝五篇真文》在经教思想上是否与"元始旧经"存在源流关系的问题。"元始旧经"《真文天书经》和《诸天灵书度命妙经》等都提出"元始天尊"等依据《灵宝五篇真文》"敷演"了作为"十部妙经三十六卷"的"元始旧经"，因此《灵宝五篇真文》与"元始旧经"之间存在经教思想上的源流关系。刘屹博士一方面也认为《灵宝五篇真文》具有"敷演众经"的神圣功能，是"元始旧经"之"十部三十六卷"的来源和核心，并认为"元始旧经"构成了一个完整的经教体系⑤；另一方面，他却又极力否定《灵宝五篇真文》是"元始旧经"的来源和核心，并依靠"谁'有'谁'无'"的比较方法，证明"元始旧经"内部在根本性教义思想问题等各方面都存在"重大差异"。其主要的比较包括：（1）相关"元始旧经"有没有直接出现《灵宝五篇真文》；（2）相关"元始旧经"有没有"先把《灵宝赤书五篇真文》摆放在最高和最根本的位置，然后再展开自己的论说"；（3）相关"元始旧经"虽然出现了《灵宝五篇真文》，但有没有提到其他的"天

---

① 刘屹《六朝道教古灵宝经的历史学研究》，第312页。
② 刘屹《六朝道教古灵宝经的历史学研究》，第372页。
③ 参见本书第一章。
④ 《元始五老赤书玉篇真文天书经》卷下，《道藏》第1册，第799页。
⑤ 《六朝道教古灵宝经的历史学研究》，第303、312、441页。对其观点的归纳和评述，参见本书第二章。

文玉字"①；(4)相关"元始旧经"有没有出现"劫运"年号，等等。刘屹博士将这些宗教内容的差别都看成是"元始旧经"内部教义思想存在重大差异的证明，从而证明《灵宝五篇真文》与"元始旧经"在经教思想上并不存在源流关系。

九是关于"仙公新经"的根本性教义思想是否存在重大差异的问题。刘屹博士一方面极力证明全部十四部"仙公新经"都是葛巢甫在东晋"隆安末年"所创作的，而且强调在"内容上同质性较高"②；另一方面，他却又"依靠某种因素谁'有'谁'无'的表象"的比较，证明"仙公新经"的创作时间和创作者存在重大差异，而其创作者对于最尊崇的"最高主神"，存在太上大道君、元始天王、高上老子、虚皇道君等的重大差异，对于其最尊崇的经典则存在《道德经》《灵宝五篇真文》与《五称符》等的重大差异。而他也正是因为发现并证明了"仙公新经"内部存在如此多的"重大差异"，所以又转而重新证明"仙公新经"的创作者决非只有葛巢甫一人或"葛氏道"一个"道派"，而是由一批拥有根本不同的核心信仰的创作者和不同的"道派"各自创作完成的③。

十是关于古灵宝经所尊崇的"最高主神"问题。国内外学术界都认为元始天尊就是古灵宝经所尊奉的主神。但是近十多年以来，刘屹博士对此做了大量具有重大颠覆性和批判性的研究，应该说这也是他自认为最有发现和最有创新的地方。他坚持认为元始天尊只是"元始旧经"所尊奉的主神，而决不是"仙公新经"所尊崇的主神。他通过各种专题研究确定太上大道君才是"仙公新经"所共同尊奉的"最高主神"。例如，他提出："'仙公新经'的作者并不知道有元始天尊的至高神格，反而以太上道君为最高主神。"④他称："'仙公系'的主神只是太上道君，而

① 刘屹《六朝道教古灵宝经的历史学研究》，第586页。
② 刘屹《六朝道教古灵宝经的历史学研究》，第339页。
③ 参见本书第七章。
④ 刘屹《六朝道教古灵宝经的历史学研究》，第222页。

无元始天尊。"①他又称:"'新经'以太上大道君为主神,并不知道'旧经'的主神元始天尊。"②"在'仙公新经'中,最高的道神只是太上大道君,还没有元始天尊这样的神格。""早出的'新经'以太上大道君为主神,晚出的'旧经'又在太上大道君之上,加了元始天尊作为更高的主神,这样就合情合理了。"③"全部的'仙公新经'根本就不知道有个比太上道君更高的元始天尊。"④他称"仙公所传诸经的最高神是太上大道君,他派遣太极真人下降传授葛仙公","先出的'新经'造作时,还没有元始天尊这样的神格观念,只是以太上大道君为最高主神,葛仙公是太上大道君的徒孙。这里很有元始天尊'后来居上'的味道"⑤。而刘屹博士正是通过大量专题研究非常牢固地确定了其最基本也是最核心的观点:"仙公新经"还没有像"元始旧经"那样形成统一的最高主神——元始天尊,全部"仙公新经"的"最高主神"都是太上大道君,故而全部"仙公新经"都必然要比"元始旧经"更早出世。

然而,令人感到十分疑惑的是,他在此基础上却又用极大的篇幅重新证明大量"仙公新经"的"最高主神"其实并不是太上大道君。其具体做法就是依靠"谁'有'谁'无'"的比较,将每一部"仙公新经"中他认为阶位最高的神灵确定为"最高主神"。因此,"仙公新经"就出现了太上大道君、太上虚皇、元始天王、太上虚皇道君、太上老子等一大批各自不同的"最高主神"。例如"新经"《太上洞玄灵宝本行因缘经》提到葛玄"始学道,昔被锡为太极左仙公,便应登太上玉京,入金阙,礼无上虚皇"⑥,刘屹博士便据此判定该经的最高主神决非太上大道君,他认为

---

① 刘屹《六朝道教古灵宝经的历史学研究》,第 277 页。
② 刘屹《六朝道教古灵宝经的历史学研究》,第 298 页。
③ 刘屹《六朝道教古灵宝经的历史学研究》,第 301 页。
④ 刘屹《六朝道教古灵宝经的历史学研究》,第 223 页。
⑤ 刘屹《六朝道教古灵宝经的历史学研究》,第 325 页。
⑥ 《太上洞玄灵宝本行因缘经》,《道藏》第 24 册,第 671 页。

"葛仙公所奉的最高主神是'无上虚皇',而非"元始天尊'",并特别强调
"'新经'将'太上虚皇'作为最高主神"①。《太上无极大道自然真一五
称符上经》是刘屹博士所确定的"仙公新经"之一。由于该经中没有出
现"太上大道君",所以他判定该经决不是把"太上大道君"尊奉为主神。
该经的《道藏》本记载其全经为"老君"所说,敦煌本则记载为"老子"所
说,而他即因此判定"《道藏》本《五称符上经》是以'老君'为说经主神,
而敦煌本《灵宝真一五称经》则是以'老子'为说经主神"②。特别是"新
经"《太上洞玄灵宝真文要解上经》,他围绕该经的主神问题同我展开了
长达十多年的激烈争论。该经虽然大量出现了"太上大道君",但是因
为该经两次提到"元始天王"将相关经法传授给"太上道君",于是他就
特别强调该经的"最高主神"决不是"太上大道君",而是"元始天王"③。
他坚持认为"《真文要解上经》以'元始天王'为主神"④。刘屹博士正是
通过这样的大量研究,最终证明"仙公新经"的"最高主神"决非"太上大
道君",而是存在各种各样的"重大差异"⑤。

总而言之,如果将其书围绕古灵宝经"最高主神"问题所展开的各
种专题讨论综合起来看,就会发现其整个论证的基本逻辑以及最终结
论都存在着从根本上自我否定和自相矛盾的情况。

十一是关于陆修静对古灵宝经的整理和分类对于古灵宝经研究的
价值问题。如所周知,道教宗师陆修静对古灵宝经的整理及其论断,是
我们研究古灵宝经最重要的资料。然而,刘屹博士对此却形成了两种
自我否定也完全自相矛盾的判定和论述。一方面,当他需要用陆修静
的著作和论断来证明自己的观点时,他就非常强调陆修静对灵宝经整

①　刘屹《六朝道教古灵宝经的历史学研究》,第 279 页。
②　刘屹《六朝道教古灵宝经的历史学研究》,第 575 页。
③　刘屹《六朝道教古灵宝经的历史学研究》,第 263 页。
④　刘屹《六朝道教古灵宝经的历史学研究》,第 370 页。
⑤　参见本书第七章。

理和分类的重要性以及权威性。例如,他强调:"这两组灵宝经无论在出世的时间,还是道法的高下方面,特别是在陆修静个人的眼中,都是有明显差别的。"①"在《灵宝经目序》中,陆氏实际上对两个系统的灵宝经做了严格的区分。"②"陆氏在 437 年工作的主旨,就是甄别灵宝经的真伪。"③"陆修静是在元始诸经出世后,最早系统地整理和甄别灵宝经真伪的道教大师。他对于灵宝经出世的说法,应该是最权威和最值得重视的。"④"显然陆氏留下的只言片语都应该值得我们充分重视。"⑤可见,他非常强调应该遵照和尊重陆修静在敦煌本《灵宝经目》中所作的分类。另一方面,一旦他与陆修静的著作及其所作的论断相矛盾,他又公开对陆修静的整理和分类加以彻底批判和否定。他称:"我认为很有必要突破陆修静所规定的'元始旧经'和'仙公新经'的分组。"⑥他提出"无论是传统的'元始旧经'和'仙公新经'之分,还是小林的'元始系'和'仙公系'之分,实际上都掩盖了很多灵宝经内部明显的差异性",因此"对灵宝经是不能简单地做'二分法'的"⑦。他特别强调"需要对陆氏的分组保持高度的警惕"⑧,而且还公开宣称:"目前已经完全不是仅凭陆修静的'新''旧'之分,或仅仅根据小林的论断来讨论灵宝经内部先后问题的时代了。"⑨由此他判定陆修静在编纂敦煌本《灵宝经目》时,既严重误解而且也擅自篡改了多部古灵宝经的性质,并极力主张要彻底突破陆修静所作分类的束缚。

---

① 刘屹《六朝道教古灵宝经的历史学研究》,第 209 页。
② 刘屹《六朝道教古灵宝经的历史学研究》,第 160 页。
③ 刘屹《六朝道教古灵宝经的历史学研究》,第 206 页。
④ 刘屹《六朝道教古灵宝经的历史学研究》,第 228 页。
⑤ 刘屹《六朝道教古灵宝经的历史学研究》,第 151 页。
⑥ 刘屹《六朝道教古灵宝经的历史学研究》,第 259 页。
⑦ 刘屹《六朝道教古灵宝经的历史学研究》,第 263 页。
⑧ 刘屹《六朝道教古灵宝经的历史学研究》,第 264 页。
⑨ 刘屹《六朝道教古灵宝经的历史学研究》,第 151 页。

十二是关于古灵宝经文本在历史上究竟是否存在重大变化的问题。刘屹博士对此提出了两种截然相反的观点。一方面,他强调,古灵宝经文本在东晋末年成书以后就决不可能发生什么变动和变化。他强调,古灵宝经"一旦出世后,文本内容上一般不会轻易变动"①;"灵宝经毕竟是经过陆修静几十年间不断甄别,才确立起来的一个神圣经典集成。至少在南朝宋、齐时代,文本上的变化不能太过随心所欲"②;"通常情况下,唐初与六朝的'古灵宝经'在文本和文字上的变化其实是很小的"③。因此,他特别强调应该充分尊重现存古灵宝经文本的原真性、稳定性和可靠性。而他也由此对国内外相关学术观点展开针锋相对的严厉批判。另一方面,他却又强调古灵宝经文本从其出世以来其实一直都在发生重大变化,因此并不真正具有原真性、稳定性和可靠性。例如,有研究者提出"古灵宝经本身并不是一个体系完整而一贯的经典群,彼此充满了矛盾和不一致性。不仅古灵宝经全体如此,具体到一部道教经典,也很可能不是一个完整而一贯的整体"。也就是说,古灵宝经经典都是由不同时期的不同作者或"道派"各自创作然后拼凑在一起的。具体到每一部经典,同样也是由不同时期的不同作者或"道派"各自创作而成的,也无法构成"一个完整而一贯的整体"。因此古灵宝经文本根本就没有所谓原真性、稳定性和可靠性可言,而是一直都处在剧烈的变动和变化中。

对于这种彻底肢解古灵宝经文本同时也相当极端的研究方法和结论,刘屹博士却又公开地极力称赞这是"对古灵宝经认知的一个新基点"④。特别是一旦涉及到具体的古灵宝经文本,刘屹博士就极力强调其在历史上发生了重大变化。例如,他认为《洞玄灵宝玉京山步虚经》

① 刘屹《六朝道教古灵宝经的历史学研究》,第 211 页。
② 刘屹《六朝道教古灵宝经的历史学研究》,第 471 页。
③ 刘屹《六朝道教古灵宝经的历史学研究》,第 492 页。
④ 刘屹《六朝道教古灵宝经的历史学研究》,第 123 页。

的文本就发生过巨大变化。他提出："在敦煌本'灵宝经目录'所载的'紫微金格目'中,其最初名叫'升玄步虚章',在六朝时以《太上说太上玄都玉京山经》传世。所谓'升玄步虚章',最初就是十首步虚词。步虚词之后的有太极真人、张天师等五真人和葛仙公出现的赞、颂、咒等,都是陆氏之后的道士加进去的。"①他认为在整个陆修静(406—471)时代,该经其实一直都只有孤零零的"十首步虚词"单独存在。而在陆修静以后,道教中人则不断添加。直到隋唐之际到先天元年之前,作为《道藏》本的《洞玄灵宝玉京山步虚经》共八个部分才得以最后完成②。又如,他判定"元始旧经"《太上洞玄灵宝真文度人本行妙经》的文本也存在重大变化。他强调该经存在"晋宋时代旧本"和"南朝中后期本子"两种完全不同的版本,而"敦煌本所据至少是南朝中后期的本子,而非晋宋时代旧本"③。他提出《洞玄本行经》最初的版本实际上只有"太上大道君"一位神灵的本生故事;敦煌本则因为已经包含了作为"五老帝君"之一的"东方安宝华林青灵始老帝君"的传记,所以敦煌本所依据的必然是"发展和增益了南朝中后期的本子";而《洞玄本行经》中"五老帝君"等天神事迹,是"取用了先出的两部灵宝经的部分素材,又有所发展和增益"而成的。因此其研究的最终结论就是,《洞玄本行经》作为一部"元始旧经",其最初的文本仅仅有"太上大道君"一位神灵的本生故事,而其篇幅也仅有 570 字左右。至于占该经绝大部分篇幅的"五老帝君"以及一系列神灵的本生故事,则都是在南朝中后期直至唐代逐步添加而成的④。而他也因此严厉批评前人没有注意到古灵宝经文本在历史上的重大变化。由此可见,其研究过程和结论不但存在明显的自我

---

① 刘屹《六朝道教古灵宝经的历史学研究》,第 240 页。
② 刘屹《六朝道教古灵宝经的历史学研究》,第 444 页。
③ 刘屹《敦煌道经与中古道教》,第 212—123 页。
④ 王承文《敦煌古灵宝经〈洞玄本行经〉版本结构论考》,《敦煌学辑刊》2018 年第 2 期。

否定和自相矛盾的现象,而且其对人对己乃至对于与其关系不同的研究者,亦毫不掩饰其学术评价中的"双重标准"。

十三是关于北宋初期张君房所编《云笈七签》与古灵宝经经教学说的关系。北宋张君房所编《云笈七签》对待以《灵宝五篇真文》为核心的古灵宝经经教学说的态度,无疑在极大程度上反映了古灵宝经在北宋时期及以后道教中的地位和影响。然而,我们看到刘屹博士实际上也提出了两种截然相反亦完全自相矛盾的观点。一方面,他通过对《云笈七签》中《灵宝略纪》的讨论,非常郑重其事地提出:"'古灵宝经'特别强调的灵宝经来自劫运之前就已存在的道炁凝化成天文大字的观念,至此也不再被突出。这是北宋初道教与六朝道教对待灵宝经教传统的一个重大区别。"[1]而他也由此郑重提出"唐宋道教传统逐渐远离六朝灵宝经教"[2]等一系列重大命题。也正是以此为基础,刘屹博士公开批判国内外学术界过分夸大了古灵宝经对中古以来道教发展的影响。另一方面,他却同样通过相关专题研究,非常郑重其事地提出,《云笈七签》"从总体上看,北宋初年仍然在延续着六朝隋唐所奠定的灵宝传统",并为此特别强调"及至《云笈七签》的编成,中古道教重视经教的传统仍然被保留着"[3]。因此,他又重新极力强调古灵宝经对北宋初及以后道教发展产生了重大而深远的影响。

其书中这样的例子我们还可以大量举证下去。可以说,刘屹博士对于古灵宝经所有主要问题,都提出了两种或两种以上既截然相反也自我否定和自相矛盾的观点。至于究竟哪一种才真正代表其学术立场,不但学术界对此无法确定,而且连他自己应该也说不清楚了。然而我们坚信,任何一种真正具有科学意义的学术研究,都决不可能对同一个问题得出基本逻辑完全相反的结论。那么,其研究为什么会出现这

---

①　刘屹《六朝道教古灵宝经的历史学研究》,第 633 页。
②　刘屹《六朝道教古灵宝经的历史学研究》,第 142 页。
③　刘屹《六朝道教古灵宝经的历史学研究》,第 644 页。

样十分反常的结果呢？我们认为最根本的原因，就在于他自始至终都把揭示古灵宝经内部的各种重大"差异"当作其整个研究的根本目标，同时又把"依靠某种因素谁'有'谁'无'的表象"的比较当作其最主要的研究方法。一方面，他在"元始旧经"和"新经"之间进行"谁'有'谁'无'"的比较，从而形成了大量非此即彼的结论；另一方面，他又在"元始旧经"和"新经"内部大量进行各种"谁'有'谁'无'"的比较，于是再次或多次形成各种非此即彼的结论。而其第二次或更多次比较所形成的结论，往往就是对前面各种比较所形成结论的直接否定。从表面上看，这种"谁'有'谁'无'"的比较方法，使研究者不断能有新的重要"发现"和"突破"，但实际上却不自觉地走向了不断的自我否定和自相矛盾。其最终结果就是，不但国内外学术界长期以来所形成的各种共识都被其彻底颠覆，而且连他自己的各种研究结论也被彻底颠覆了。最近十多年以来，刘屹博士正是以其无与伦比的坚持和雄辩能力，真正做到了把古灵宝经所有基本问题都彻底颠覆，其中大量问题还远不止一次彻底颠覆。特别是其每做一次彻底颠覆，都能找到各种非常充足的理由和证据。其研究也因为有非凡的创新性和突破性而获得了巨大的学术名声。但我们都可以扪心自问：经过这样大规模的自我否定和自相矛盾的研究，学术界对古灵宝经基本问题的认知究竟是更加清晰明确了，还是因此陷入了更大更严重的混乱中呢？对古灵宝经的整体研究究竟是向前大大推进了，还是向后大大倒退了呢？

正因为如此，我们认为评论这本著作，其实并不需要多么高深的专业水准，而是仅仅从其大量论证的基本逻辑就可以作出判定。然而，需要特别指出的是，刘屹博士察人之失，堪称目光如炬，而其指责批评别人之严厉和苛刻的程度，在国内外学术界都是非常罕见的①。例如，他

① 例如，其对小林正美的古灵宝经研究所作的前所未有的激烈批判就能证明。见本书第六章。

在未能举出任何具体证据或者根本就不需要任何具体证据的情况下，就公开批评相关研究者，称"如果仔细对比他前后文章对同一问题，甚或同一条材料的分析和表述，不难看出其中颇有自相矛盾、前后不一致之处"，其研究"是通过对材料进行削足适履的解读，以求让材料来符合自己先前已经得出的那些结论。因此就难免要顾此失彼，或者对那些明显不利于他的质疑和证据，就采取视而不见的态度"，其"结果就是，这样勉为其难、难以自圆其说的论证，将永远在学术史上留着痕迹"①。然而，他对于自己在古灵宝经这些最根本的问题上存在如此大量而且堪称是触目惊心的自我否定和自相矛盾的情况却完全视而不见，而且他还非常自负地宣称："到目前为止，并没有任何可靠的论证能够指出我在基本文献释读方面的错误。"②并特别强调自己的所有研究，都完全做到了"思路清晰，观点可靠，证据确凿"③。其实，只要他能真正怀着一个研究者应有的对学术的责任感和敬畏之心，将其完整的书稿认真地通读过一遍，这些随处可见亦触目惊心的学术"硬伤"，应该会很容易被发现。正因为如此，我们认为造成以上结果的根本原因，并不能简单地归结为是其作为一个研究者某一种"从来没有意识到"的"认识中的盲点或误区"④，而更应当看成是其对待"学术规范"和"学术批评"一种十分"轻忽和随意"的结果。

　　需要指出的是，刘屹博士还特别提出，在当前国内道教研究成员中，他与我是为数极少的中国古代史专业出身的研究者，而他与我之所以围绕古灵宝经基本问题产生如此大量而且严重的分歧，他则公开以一种非常具有自我优越感的口吻称，是因为他与我各自所处的"学术环

①　刘屹《六朝道教古灵宝经的历史学研究》，第 112 页。
②　刘屹《六朝道教古灵宝经的历史学研究》，第 734 页。
③　刘屹《六朝道教古灵宝经的历史学研究》，第 805 页。
④　刘屹《六朝道教古灵宝经的历史学研究》，第 802 页。

境"和所经历的"学术训练"很不相同①。但是,我们对此不能不提出疑问:难道这个世界上竟然还存在对大量同样的学术问题却可以堂堂正正地做出自我否定和自相矛盾回答的"学术环境"和"学术训练"吗?

其次,这种极具颠覆性和批判性的研究造成了古灵宝经作为一种宗教信仰体系的高度"碎片化"。众所周知,古灵宝经在历史上尤其以对汉晋道教各派教义思想的整合而著称,并因此对其后道教一千多年的发展演变产生了极为广泛而深远的影响。而古灵宝经之所以能够发挥这样的作用,在极大程度上是因为"元始旧经"在其创作之初,就确立了"十部妙经"观念及其内在结构。其最核心的内容就是,元始天尊等神灵依据《灵宝五篇真文》演绎了作为"十部妙经"的"元始旧经"。因此,《灵宝五篇真文》构成了"元始旧经"乃至所有古灵宝经的核心。而"元始旧经"的整个创作过程以及敦煌本陆修静《灵宝经目》对古灵宝经的著录都充分证明,古灵宝经本身是一个具有深刻内在逻辑性和关联性的经典体系②。然而,由于刘屹博士把揭示古灵宝经内部的各种"差异"当成其整个研究的根本目标③,同时又把"依靠某种因素谁'有'谁'无'的表象"的比较当作最主要的研究方法,因此其对古灵宝经所有主要问题的研究都得出了与中外学术界完全不同的结论。根据其研究,所有"元始旧经"的创作都与葛巢甫和"葛氏道"无关,都是"不知名的道教徒在 420 年左右开始造作的"④。而他又按照他自己所制定的判别标准,即《灵宝五篇真文》在"元始旧经"中是否出现、出现的具体位置、其相关论述所占篇幅的多少、其内容与《灵宝五篇真文》关系的疏密程度,以及相关经典中是否出

---

① 刘屹《六朝道教古灵宝经的历史学研究》,第 116—117 页。

② 王承文《论古灵宝经"十部妙经"观念及其内在结构——兼论古灵宝经的研究方法问题》上、下篇,《宗教学研究》2021 年第 3 期、第 4 期。

③ 刘屹《六朝道教古灵宝经的历史学研究》,第 259 页。

④ 刘屹《六朝道教古灵宝经的历史学研究》,第 317 页。

现了其他"天文玉字"等等，最后证明仅有《真文天书经》和《赤书玉诀妙经》两经把《灵宝五篇真文》作为最根本的信仰①。而绝大多数"元始旧经"根本就不尊奉《灵宝五篇真文》。由于《真文天书经》明确提到了两卷本的《赤书玉诀妙经》，而现存《赤书玉诀妙经》的全部内容就是对《灵宝五篇真文》的解说，因此国内外学术界都认为《真文天书经》与《赤书玉诀妙经》是两部关系密切也是"元始旧经"中出世最早的经典，其创作者应为同一人。但是，刘屹博士又提出《真文天书经》和《赤书玉诀妙经》两经之间也存在重大差异。例如，他公开提出："'玉诀二卷'虽然也是解说'五篇真文'的，但恐怕不能看作是天上仙真的作品，里面有大量指导人间道士如何在仪式中使用'五篇真文'的内容。"因此，他判定《赤书玉诀妙经》根本就不属于《真文天书经》所提出的"十部妙经三十六卷"的组成部分②，而该经与《真文天书经》的创作者也决不可能是同一个人。

又如，《度人经》《太上灵宝诸天内音自然玉字》和《太上洞玄灵宝空洞灵章》三部"元始旧经"中既出现了《灵宝五篇真文》，也出现了"诸天内音自然玉字"。但是《度人经》非常明确地将《灵宝五篇真文》尊奉为创造宇宙的最根本的"道"，并特别强调其"诸天内音自然玉字"在经教神学意义上本身从属于《灵宝五篇真文》③。然而，刘屹博士一方面强调"诸天内音自然玉字"属于与《灵宝五篇真文》完全不同的信仰系统，并以此证明"元始旧经"内部并不存在一种以《灵宝五篇真文》为核心的经教体系；另一方面，又依靠"谁'有'谁'无'"的比较，公开提出《度人经》《太上灵宝诸天内音自然玉字》和《太上洞玄灵宝空洞灵章》三经在

---

① 刘屹《六朝道教古灵宝经的历史学研究》，第 586—588 页。
② 刘屹《六朝道教古灵宝经的历史学研究》，第 272 页。
③ 王承文《论古灵宝经几种"天文玉字"之间的关系》，《宗教学研究》2024 年第 1 期。

创作者、创作时间以及教义思想等多方面也存在重大差异①。因此,他证明所有"元始旧经"都是由具有不同核心信仰的创作者各自独立完成并拼凑在一起的。其对"仙公新经"的研究也如此。一方面,他在整体上极力强调葛巢甫创作了全部十四部"仙公新经";另一方面,却又极力证明这十四部"仙公新经"在经典性质、创作者及其所属"派系"、创作时间、其最尊崇的经典和"最高主神"等方面都存在重大差异②。因此,他最终证明葛巢甫并没有创作全部十四部"仙公新经","仙公新经"实际上也是由具有不同核心信仰和道派背景的创作者在不同时间各自独立完成并拼凑在一起的。

根据我们的研究,小林正美和刘屹博士所提出的古灵宝经内部的各种"重大差异",在本质上都属于相关经典宗教内容的差异。因为数十部古灵宝经的创作,决不可能在文本结构上做到完全整齐划一,而其每一部经典的宗教内容也决不可能做到面面俱到或应有尽有。否则,这种仅仅存在于主观想象中的通过层层叠加而形成的"大而全"的文本,必然都要大量重复其他经典中已有的内容。在两千年道教史上,从来没有哪一个道派的经典是这样创作出来的。其相关经典中"某种因素"的"有"与"某种因素"的"无",所反映的恰恰是古灵宝经文本在宗教内容上的一种相互依存和相互补充的关系。但是,这种"依靠某种因素谁'有'谁'无'的表象"的比较,却预先把古灵宝经判定为一批相互孤立和相互隔绝的经典,然后再比较其相互差异。因此其整体性研究结论就是,古灵宝经的创作"出于众手、不断造作、各有尊奉"③;其"经教体系杂而多端"④;其"内部的复杂性和矛盾性,无论是从历时性还是共时性的角度去理解,都不能否认这些灵宝

---

① 刘屹《六朝道教古灵宝经的历史学研究》,第 473—475 页。
② 参见本书第七章。
③ 刘屹《六朝道教古灵宝经的历史学研究》,第 592—593 页。
④ 刘屹《六朝道教古灵宝经的历史学研究》,第 321 页。

经实际上反映了不同作者的不同思想观念"①;"灵宝经最初的源头不
只一个,并不是只有葛氏道的人才能造作灵宝经"。至于敦煌本陆修静
《灵宝经目》所著录的古灵宝经,他认为是对"来自不同源头和派系的灵
宝经被逐渐规范和整编后的结果";而陆修静的主要作用,"就在于把晋
宋之际繁杂多源的灵宝经逐步规整化"②。而他证明创作古灵宝经的
决非只有"葛氏道"一个道派,而是还有各种不同的道派,也根本就不存
在以《灵宝五篇真文》为核心的经教体系。经过这种研究,古灵宝经作
为一个经典体系即走向支离破碎,而近百年来国内外学术界对古灵宝
经的基本认知也就荡然无存了。

　　复次,这种刻意撇开和完全否定古灵宝经本身的内在联系而专门
致力于其内部重大差异的研究,并不真正符合历史学研究的根本要求。
需要指出的是,刘屹博士一再强调自己是用"历史学"的方法来研究古
灵宝经。然而,我们认为真正的历史学研究,应该是在面对一个个具体
史事时,深入探究并理清它们背后的相互联系,从而揭示出历史发展的
趋势和规律。如果把古灵宝经的出世看作是东晋末年出现的一种特定
的历史现象来研究的话,那么最重要的,应该是在古灵宝经内部找出历
史的规律性认识,找出历史的前进的方向,并看到历史的本质,而不能
被某些历史的表面现象所迷惑。在此我们引用一位历史学者的观点:

　　　　历史联系的观点,即把握历史事实的全部总和,从全部总和
　　的认识中联系具体的事实。用今天的话说,就是建立宏观与微
　　观的联系。任何一个个别事实都可以建立某种观点,如果这个
　　个别事实不与历史的全部总和相联系,那样的个别事实是没有
　　价值的。我们不拒绝"碎片化",也就是历史细节,只要这种"碎
　　片化"或者历史细节与全部事实的总和相联系,就是好的,否则,

----

① 刘屹《六朝道教古灵宝经的历史学研究》,第133页。
② 刘屹《六朝道教古灵宝经的历史学研究》,第260页。

这种碎片化的东西真好像断了绳索的一串铜钱一样，洒在地下，让人看不出所以然来；像断了线的风筝一样，渺然飘去，无所踪迹。①

刘屹博士始终关注并极力强调的都是古灵宝经内部所存在的各种重大差异。根据其研究，古灵宝经本身所蕴含的各种矛盾和差异，实际上要远远大于古灵宝经与天师道和上清经等其他道派或经系之间的矛盾和差异。古灵宝经不但从未发挥过任何整合或统一汉晋道教各派的宗教功能，反而还大量制造了各种新的差异、矛盾、分裂和对立。正因为如此，在他的古灵宝经研究中，既找不到历史的任何内在联系以及规律性认识，也找不出历史的前进的方向。

如前所述，刘屹博士公开称其目的就是要"为道教研究的后学去开辟一条可以越出前辈认知藩篱的灵宝经研究新途径"②。但是对此我们不得不提出疑问：这种对前人研究进行大规模的彻底颠覆和批判然而其本身却又充满了大量自我否定和自相矛盾的研究，究竟是对古灵宝经学术研究的一种极大的推动，还是一种很明显也很严重的戕害呢？这种通过彻底否定古灵宝经内部的逻辑性和关联性从而导致对其认知完全支离破碎的研究，将使"道教研究的后学"究竟以什么为基础来进行研究，或者说究竟应该从哪里起步呢？正因为如此，我们认为这种研究不管从表面上看起来是多么精彩华丽，不管究竟表现出了多么与众不同的"大格局"，也不管收获了多少一般人难以企及的各种殊誉，都无法掩盖其书中大量论证所存在的基本逻辑的重大混乱，也无法掩盖其研究方法以及研究结论所存在的根本性缺陷。

然而，这样一本大量违背学术研究的基本常识同时在研究方法和研究结论上存在根本性缺陷的书，却能够获得入选"国家哲学社会科学

---

① 张海鹏《唯物史观与近代历史人物的评价》，《史学理论研究》2020 年第 6 期。
② 刘屹《六朝道教古灵宝经的历史学研究》，第 339 页。

成果文库"等各种殊荣,堂而皇之地代表当前中国国家人文社会科学研究的最高水平,并因此成为当下大量年轻研究者争相追捧膜拜和仿效的榜样,我们认为这才是真正令学术界所有研究者都应该要警醒和深思的问题!

最后,这种极具颠覆性和批判性的研究在学术界也带来了极大的示范效应。一些研究者把对古灵宝经学术传统的彻底颠覆和批判当成了研究目标,所有问题都要从根本上推倒重来。似乎只有将颠覆和批判进行得越彻底,才越能体现学术研究的"原创性"和"大格局"。于是不少研究变成了为了怀疑而怀疑,为了颠覆而颠覆。从表面上看,近年来古灵宝经的"新问题""新发现"和"新突破"层出不穷,但是有大量研究在本质上其实都属于"依靠某种因素谁'有'谁'无'的表象"而进行的各种比较。如前所述,更有研究者公开宣称"古灵宝经本身并不是一个体系完整而一贯的经典群,彼此充满了矛盾和不一致性。不仅古灵宝经全体如此,具体到一部道教经典,也很可能不是一个完整而一贯的整体"①。也就是说,不仅古灵宝经在整体上"充满了矛盾和不一致性",而且每一部经典也因为是由不同时期的不同作者或"道派"创作完成的,因此无法构成"一个完整而一贯的整体",主张对所有古灵宝经文本进行更加彻底的分割和解构。可以这样说,在整个道教研究中,还没有哪一个领域像当前古灵宝经这样,在所有主要问题上都存在重大分歧和尖锐对立。正因为乱象丛生,所以其他领域的研究者都在抱怨"灵宝经的研究越来越纷乱了,越来越让人感到无所适从"②。郝光明先生就批评称:"时至今日,不少关于灵宝道教的研究还在现代概念扭曲的历史画面中徘徊。"③对于当前部分研究者公开割裂古灵宝经系列以及依靠某些孤证对古灵宝经研究进行大规模颠覆和批判的做法,他也公开

① 刘屹《六朝道教古灵宝经的历史学研究》,第 123 页。
② 刘屹《六朝道教古灵宝经的历史学研究》,第 805 页。
③ 郝光明《从道术之教到普度之教》,《中国道教》2019 年第 1 期。

提出了自己的批评意见：

> 一些学人沉溺在"以孤证造新说"的风气之中，往往只依据个
> 别孤立的事实就去拼接出各种具有总结性意义的结论。他们的结
> 论往往是新颖而奇特的，且常常带着强烈的颠覆色彩。其实，这些
> 总结性的结论是单纯外部时考察无法做出的。学术的目标是求
> 真，而不是标新立异。这种以孤证趋奇骛新的做派，虽然从短期内
> 看制造了很多学术话题，似乎推动了学术的繁荣，但从一个比较长
> 远的视域来看，这种做法往往在后来者与道教之间人为设置了一
> 道道难以逾越的沟壑。这是一种华而不实的学风。事实上，任何
> 文献材料孤立地看都没有太大的意义。只有将其置于适宜的整体
> 语境中，不脱离具体的文化情境与相应的思想世界，我们才能避免
> 穿凿附会的臆断与断章取义的瞽说。①

而这种局面发展的结果，必然就是古灵宝经研究的进一步"碎片化""空
洞化"和"虚无化"。而这种研究也将因为越来越失去其应有的学术认
识意义而没有未来。

在国内外的道教研究中，古灵宝经被认为是"国际化"程度最高的
一个研究领域。但是，我们认为国内古灵宝经研究要真正走向国际化，
并不是简单地依靠对国外研究文献越来越广泛的征引，也不是依靠对
近百年以来的学术传统作更加彻底的颠覆和批判。因为对国外研究文
献的广泛征引，并不能直接等同或者替代真正的学术创新；学术史上真
正的学术创新，也从来都不是通过对学术传统的彻底颠覆和批判而产
生的。为此，我们特别强调学术研究应该要坚持守正创新。所谓"守
正"，就是要坚守正道，就是要在恪守学术传统正道的基础上拓新发展。
守正是创新的基础和前提，只有在守正的基础上创新，才不会迷失方

---

① 郝光明《寻根浚源的新探索——评王承文〈汉晋道教仪式与古灵宝经研究〉》，《道教学刊》2019 年第 2 辑，北京：社会科学文献出版社，2019 年，第 221 页。

向,才不会犯颠覆性的错误。我们认为,如果把学术创新偏狭地理解成就是对学术传统进行简单粗暴而鲁莽灭裂的颠覆和批判,就是把一切都要推倒而另起炉灶,那一定是对学术创新的一种极大误解。正因为如此,我们认为目前灵宝经学术界最需要的,恰恰应该是真正尊重和回归近百年以来的学术传统,应该是真正尊重和回归到古灵宝经的文本以及经教思想的本源和本义,然后在此基础上对各种专题作更加深入的研究,同时还要对古灵宝经的研究方法等问题进行认真总结和深刻反思。也唯有如此,中国国内的古灵宝经研究才能走出当前的困境,也才能真正赢得国际道教学术界的尊重和认同。

四　我们究竟应该如何开展真正的学术批评?

如所周知,刘屹博士的早期道教研究历来以彻底的颠覆和批判而著称,并形成了其特有的研究取向和研究模式。虽然他自称"从 2007年底开始,不经意间介入"①了古灵宝经研究,但是从总体来看,他的古灵宝经研究仍然可以看成是其对早期道教史作全面颠覆和彻底批判的组成部分②。需要特地说明的是,由于我本人是国内学术界较早涉足

---

①　刘屹《六朝道教古灵宝经的历史学研究》,第 12 页。

②　近二十多年来,刘屹博士对早期道教史最具有重大颠覆性和批判性的研究有二:其一是他对早期道教形成史的研究,以其《敬天与崇道》一书为主。他提出作为"道"的人格化的至上神即"太上老君"神格的形成,就是道教作为一种宗教正式形成的标志。敦煌本《老子想尔注》《大道家令诫》等早期天师道经典中出现了作为"道"的人格化的至上神"太上老君"。国内外学术界一般都认为敦煌本《老子想尔注》和《大道家令诫》成书于汉末和三国时期。而东汉张衡的《灵宪》以及三国曹魏时期嵇康的《释私论》等教外文献也证明,汉代"老子"已成为"道"的人格化的至上神灵。(参见王承文《汉晋道教仪式与古灵宝经研究》,第 667－672 页)但是,小林正美将敦煌本《老子想尔注》《大道家令诫》的出世时间以及作为宗教的"道教"形成的时间都确定在南朝中期。而刘屹博士也判定这两书成书于南(转下页)

古灵宝经的研究者之一,因此近十多年来,刘屹博士自始至终都把我当成最主要的颠覆和批判对象。而他则公开把这种大规模的颠覆和批判,看成是其真正"遵照学术规范"和"符合学术精神"的体现。对此他也有极高的自我评价。例如,2015 年他在台湾发表的《学道省思二十年》中,就相当自负地公开称:"可惜在我所处的学术圈子里,一直少有人能和我展开遵照学术规范和符合学术精神的学术讨论。"①而在这本书中,他公开提出自己的古灵宝经研究始终都"在努力实践着学术规范的基本要求"②,并特别强调自己"对待别人提出的批评意见",从来都

———————

(接上页)朝中期,并因此将"道教"正式形成的时间也确定在南朝中期。他认为从东汉末年到南朝中期以前的"道教"都不能称为真正的道教。其二是他对东晋南朝江南天师道来源和性质的研究。众所周知,众多前辈学者特别是唐长孺先生对此有极为专门而深入的研究(见其《钱塘杜治与三吴天师道的演变》,《魏晋南北朝隋唐史资料》第 12 期,1993 年)。然而,刘屹博士公开提出东晋南朝江南地区的所谓"天师道",并不是汉末三国西晋时期巴蜀、汉中以及北方中原天师道一系的延续和发展,而是一种源自中国东部沿海地区的宗教信仰。他判定东晋南北朝早期上清经、古灵宝经以及南北天师道经典中大量记载的早期天师道历史都是后人附会而成的。而其最主要的理由,就是现存为数极少的汉末三国时期成书的史料,例如《后汉书》《三国志》以及三国魏人鱼豢《魏略》等资料中都没有相关记载。因此,他既从根本上否定了汉末三国时期早期天师道与六朝江南天师道之间存在渊源关系,也从根本上否定了早期天师道在中国道教史上的地位。然而,需要特别指出的是,陈国符先生《南北朝天师道考长编》一文(收入其《道藏源流考》,北京:中华书局,1963 年,第 308—369 页),对汉魏两晋南北朝天师道资料做了迄今为止最为详尽最为系统的整理,但是其中没有任何资料或制度可以追溯到所谓汉晋时期"东部的传统"。因此以上这种具有重大颠覆性和批判性的研究方法及其结论,在本质上其实就是"依靠某种因素谁'有'谁'无'的表象"对历史资料及相关记载进行比较而形成的。而其全部古灵宝经研究从根本上来说其实也直接延续了这种研究方法。由于其立论和立场实在太偏蔽,所以以上两种具有重大颠覆性的新说,固然在学术界引起了一时震动,但迄今为止并未见有任何研究者承认和接受。

① 刘屹《汉唐道教的历史与文献研究——刘屹自选集》之《序言·省思学道二十年》,台北:博扬文化事业有限公司,2015 年,第 4 页。

② 刘屹《六朝道教古灵宝经的历史学研究》,第 108 页。

是"闻过则喜,喜莫如是"①。而且公开声明:"我很乐意,也非常欢迎能够有同行对我的观点提出有实质意义的商榷。"②以上这些表述,应该说都体现了一种极为虚怀若谷、从善如流的学术风范。

然而,令人感到十分意外和疑惑的是,同样在这本书中,刘屹博士却又把自己当成了这种学术争论和学术批评最大的"受害者"。一方面,他把我对于他的各种颠覆和批判所作的纯粹学术性的答复,都看成是对其学术权威性的挑战;另一方面,则用大量篇幅对我进行了盛气凌人的批判和指责,而且毫不掩饰其愤懑情绪。多年来,刘屹博士可能已经习惯了以颠覆和批判为导向的研究模式,其言辞之尖刻凌厉,其气势之咄咄逼人,在国内外学术界都十分罕见。其锋芒所指,差不多所有人都选择退避三舍或息事宁人。而我却选择了作专门回应。因此在一定意义上可以说,刘屹博士将其古灵宝经研究未能得到国内外学术界高度且普遍的赞赏,直接归结为是我对他的颠覆和批判所作的回应。于是这种学术争论就呈现了一种奇特的情形:一方面是刘屹博士以"遵照学术规范"和"符合学术精神"为名,对他人的各种研究都不遗余力地进行彻底颠覆和批判;另一方面,他却又不能容忍其所作的彻底颠覆和批判受到任何质疑和挑战。不过,这种只允许自己批评别人的所谓"学术批评",岂不是一种非常典型的"双重标准"? 而其声称自己"很乐意,也非常欢迎能够有同行"对其观点提出商榷,岂不成了现代版的"叶公好龙"? 由于其批判和指责主要集中在我没有像他那样非常严格地"遵照学术规范"和"符合学术精神"上,因此我不得不对此作专门回应。

其最主要的批评之一,是指责我的所有回应,"是在没有完全掌握我论证的观点和论据的情况下,就匆匆对我的观点做出反驳",因而是

① 刘屹《六朝道教古灵宝经的历史学研究》,第16页。
② 刘屹《六朝道教古灵宝经的历史学研究》,第108页。

"缺乏耐心"①。其本意其实就是我不应该对他的颠覆和批判作出回应，至少不应该那么快就作出回应。但是，这种指责并不太公允。因为其一系列指名道姓的专门的批判性论文，最早发表在 2008 年②。而我首次作出回应则是 2013 年，即第六年了③。按照其说法，我应该要等到他将所有相关论著都发表完毕，并了解其全部学术观点之后，才能有资格作出回应。很显然，这种要求本身并不符合学术的正常发展。此外，他称对我"只是一两处商榷"，而我对他的批评却作出了过多的回应。这种说法也不符合事实。一是其指名道姓的批判远不止"一两处"，而是一直都在继续；二是其大量批判性论著虽然没有公开指名道姓，但是所有本领域内的研究者都知道，就是专门直接针对我所作的颠覆和批判。例如，我坚持古灵宝经将《灵宝五篇真文》尊崇为"道"和宇宙的创造者，因此《灵宝五篇真文》在古灵宝经中具有宇宙本源性。但是，刘屹博士通过各种专题研究，极力批驳和否定《灵宝五篇真文》具有宇宙本源性。我提出"元始旧经"构成了以《灵宝五篇真文》为核心的具有统一性的经教体系。但是，他却极力证明《灵宝五篇真文》既不能构成"元始旧经"的核心，且"元始旧经"内部也根本就不存在具有统一性的经教体系。我提出"新经"《太上洞玄灵宝真文要解上经》和敦煌本《洞玄真一自然经诀上》，证明"新经"创作者具有明确的《灵宝五篇真文》信仰，但是他一方面极力强调"新经"创作者都不尊崇《灵宝五篇真文》，另一方面又证明"新经"中的《灵宝五篇真文》是一种比"元始旧经"更早出世也完全不同的《灵宝五篇真文》。最后他接着证明《太上洞玄灵宝真文要解上经》既不是真正的"元始旧经"，也不是真正的"新经"。

---

① 刘屹《六朝道教古灵宝经的历史学研究》，第 108 页。

② 刘屹《"元始系"与"仙公系"灵宝经的先后问题——以"古灵宝经"中的"天尊"和"元始天尊"为中心》，《敦煌学》第 27 辑，第 275—291 页。

③ 王承文《古灵宝经"元始旧经"和"新经"出世先后考释——兼对刘屹博士系列质疑的答复》，《中山大学学报》2013 年第 2 期。

可以这样说,对于我的所有主要学术观点,他都针锋相对地提出彻底颠覆性的批驳,即使对他自己的观点作出大量自我否定从而导致自相矛盾也在所不惜。按照其说法,由于他没有公开指名道姓,已经给我留足了面子,我不但不应该对此作专门回应,而且还应该心怀感激。但是,我认为真正的学术批评,就应该将被批评者及其学术观点和主要证据都列举出来,然后再摆出自己的证据逐条地展开批评。反之,那种只专门针对具体学术观点却又不提作者名字的"指桑骂槐"式的批驳,恰恰是对被批评者的很不尊重,而且对于学术争论的解决也不可能产生任何实际效果。

至于我对其批评和商榷所作的专门回应,其实仅有 2013 年发表的一篇论文。至于其他论文,则是针对小林正美提出的古灵宝经重新分类法和"移入三经说"的讨论。由于刘屹博士一直都是小林正美这一核心观点最主要的坚持者和辩护者,因此就不可避免地将其论点和论据也捎带进来了,但是没有想到刘屹博士作为一位把颠覆和批判当作家常便饭的研究者,竟然会有如此强烈的反应。刘屹博士一直都极力主张要开展学术批评,那么什么才是真正的学术批评呢? 李剑鸣先生对此有专门的论述:

> 自律的学术共同体,其形成和维持同某些"心灵的习性"和"做事的方式"密切相关,而且也离不开自由、平等和民主的社会政治环境……没有什么学术权威是不可质疑的,没有什么学术观点是不可挑战的,也不存在对学界前辈的恭顺和屈从。学术是自由而开放的领地,任何垄断和霸权都不为共同体所接受;学术评价也是自由、平等的对话,尖锐的观点对立,激烈的学术争论,通常不涉及个人恩怨和私人感情。①

---

① 李剑鸣《自律的学术共同体与合理的学术评价》,《清华大学学报》2014 年第 4 期,第 75 页。

由此可见,"学术是自由而开放的领地,任何垄断和霸权都不为共同体所接受","学术评价也是自由、平等的对话"。正因为如此,我们认为批评者不能一方面以一副"大义凛然"的面孔对他人的学术观点进行大规模的彻底颠覆和批判,另一方面却又要求被批评者对此保持沉默,或者被批评者究竟在什么时候回应以及作出多少回应,事先都要经过批评者的批准和许可,否则就是错误的。很显然,这样的做法不属于真正的学术批评。

其最主要的批评之二,是指责我并未读完其全部论著,也未掌握其全部学术观点。应该说,我在2016年初向出版社提交《汉晋道教仪式与古灵宝经研究》书稿之前,确实没有读完其发表的全部论文。但是原因是多方面的。

一是从2008年刘屹博士正式发起这场学术争论开始,我就认为这种争论并没有太大的意义。正如刘屹博士自己所说:"从2008年我首次提出'新经'早于'旧经'的可能性至今,学界一直只有我一个人公开坚持这一'独唱'。"①也就是说,在整个国内外学术界,其实迄今为止一直都只有刘屹博士一人公开坚持"新经"比"元始旧经"更早出世。而我之所以成为其最主要的颠覆和批判对象,并不是因为我的研究有何重要性或代表性,而仅仅是因为我在1998年明确提出过"元始旧经"比"新经"更早出世这一论点②。因此,这种争论对于双方的意义有着本质的差别。对于刘屹博士来说,他是试图通过彻底颠覆这一近百年以来国内外所有研究者都有的共识,以重新构建一整套完全属于他自己的研究体系,并名垂青史;对于我来说,却是要耗费巨大的时间和精力,来证明一个除了刘屹博士一人之外整个国内外学术界都根本没有任何异议的共识。正因为如此,此前我对这一问题的讨论不

① 刘屹《六朝道教古灵宝经的历史学研究》,第322页。
② 王承文《敦煌本〈太极左仙公请问经〉考论》,陈鼓应主编《道家文化研究》第13辑"敦煌道教文献专辑",第165-172页。

能说尽了全力。当然,我现在认为这场争论可能在某种意义上推动了古灵宝经研究的深入,而我的这本新书对此也尽了全力。

二是他指责我没有针对他后期发表的论文所提出的更具有说服力的新证据进行讨论。准确地说,我对于其后期发表的论文并非都没有关注过,而是发现其后期的所有研究,其实都没有超出其在2008年第一篇论文所确定的基本框架和结论。例如,刘屹博士从一开始就直接在小林正美的重新分类法和"移入三经说"的基础上,提出一种非常明确的判定和结论,即古灵宝经创作者必然首先要叙述乃至神化自己的家族和祖先葛玄,因此所有涉及"葛仙公"和"葛氏道"家族传承的"仙公新经"都必然要更早出世。至于"元始旧经"则因为根本不涉及"葛仙公"和"葛氏道"在家族的传承,因此必然要晚出,而且也必然都与"葛氏道"没有任何关系。可以看出其后整整十年的研究,其实就是把这样一个最初的臆测从各方面加以证实而已。正如他所批评的,都是在"做知晓结局后的追溯"。亦如他所公开批判的:"可以看到他论证的一切出发点,都是他先前已经得出的结论;而其论证的一切归结点,也都是他先前已经得出过的结论。"[①]至于他提出的各种"新证据",例如"元始旧经"和"新经"中拥有完全不同的"劫"的观念、不同的"天尊"观念、不同版本的《灵宝五篇真文》等,我们经过重新研究,可以证明这些都是为了自圆其说而对史料进行牵强附会解读的结果。其中最具有典型意义的,是他通过对这两批古灵宝经报应观念的比较,提出"新经"因受佛教的影响,只讲个人的"三世"报应,并完全否定家族报应的观念;而"元始旧经"则既讲个人的报应,也讲家族的报应。于是他根据"某种因素谁'有'谁'无'的表象"的比较以及"'层累说'的原理"比较,认为这种结果证明了"新经"必然要比"元始旧经"更早出世。而他也将此作为其古灵宝经研究最具有"发覆性"的重大成果之一。然而,根据我们的研究,

①　刘屹《六朝道教古灵宝经的历史学研究》,第110页。

"新经"其实并非只讲个人报应,而是也用极大的篇幅来专门讲家族报应。"元始旧经"和"新经"都在直接吸收佛教个人受报思想的同时,始终坚持中国本土家族报应立场,都重视对家族祖先的救度。因此二者的报应观念是完全相同的。在重新研究这一问题的过程中,我们甚至不太相信刘屹博士作为一个颇负盛名的道教文献研究者,却完全没有看到这些显而易见的材料①。在本书中,为了尽量保证相关研究的客观性和公正性,我们对其书中提出的所有证据,都采取决不回避也决不遗漏的态度,尽可能作专门而深入的讨论。

　　三是由于双方争论的基础和前提自始至终都存在巨大差距。如前所述,古灵宝经两种不同分类法的长期并存,是导致近四十年来国内外学术界各种争论最根本的原因。我与国内外绝大多数研究者一样,自始至终都坚持以敦煌本陆修静《灵宝经目》原有的分类法来研究古灵宝经,并强调从整体上把握古灵宝经的内在逻辑性和关联性。但是,刘屹博士却公开将这种做法直接批判为只是延续了"国外权威学者对灵宝经研究的基本立场"②。而他则从一开始就选定了小林正美的重新分类法和"移入三经说"。虽然他也承认这种分类法广受质疑和批评,在整个国际学术界仅有极少的一两位研究者在坚持和遵从,但是他却直接以此为基础对古灵宝经研究进行彻底的颠覆和批判。更令人觉得不可思议的是,刘屹博士又回头对小林正美的这种分类法的合理性进行公开批判和否定,而且其对小林正美的古灵宝经研究进行批判的激烈和尖锐程度也是前所未有的③。很显然,刘屹博士把自己的这种做法,看成是他自己真正摆脱了"对国外权威学者的盲从和盲信"的体现。正是由于双方所依据的研究基础和前提就存在重大差距,因此长期无法在一个频道上展开正常的讨论和争论。而这也正是其所称

---

① 王承文、张晓雷《论古灵宝经的报应观》,《敦煌学辑刊》2019 年第 3 期。
② 刘屹《六朝道教古灵宝经的历史学研究》,第 116 页。
③ 参见本书第六章。

相关争论"有太多的失焦和错位"①的根本原因。而解决这一问题的关键,就是要彻底证明究竟哪一种分类法才真正符合古灵宝经的实际情况,哪一种分类法不符合古灵宝经的实际情况。但是,要从根本上解决这一问题极其困难,因此我在很长时间中都难以对此下定决心。但是,鉴于古灵宝经所有问题的研究始终都无法绕开这一最基础也最关键的问题,因此,我在《汉晋道教仪式与古灵宝经研究》一书中,用极大篇幅证明小林正美的重新分类法的主要论据都不能真正成立。而在本书中,我再次用大量篇幅证明,刘屹博士提出的把是否出现"历史人物"作为重新划分古灵宝经的主要标准也不能真正成立。因此,敦煌本陆修静《灵宝经目》对古灵宝经的著录和分类符合实际情况,我们都应该用敦煌本陆修静《灵宝经目》原有分类法来研究古灵宝经。

　　四是缘于刘屹博士很多具有关键性的研究结论都存在反复变化和自相矛盾的情形。如前所述,他对同一个问题往往提出两种或两种以上逻辑相反的结论。例如,"新经"《太上洞玄灵宝真文要解上经》究竟属于"新经"还是"元始旧经",对于研究"元始旧经"和"新经"的教义思想具有极其重要的意义。他先是批评小林正美有关该经属于"元始旧经"的观点,并强调该经原本就属于"仙公新经";其后又判定该经既非"元始旧经"亦非"仙公新经"。因此我特意提醒其在对他人的研究进行颠覆和批判的同时,不宜在该经性质问题上立场反复变化②。但是,我们可以看到他完全不能接受这种提醒。其后续研究反而进一步提出两种完全不同也自相矛盾的结论:一是提出该经必然属于葛巢甫所创作的"仙公新经"之一;二是提出该经既不属于"元始旧经"也不属于"仙公新经",更与葛巢甫和"葛氏道"完全无关。至于《太上无极大道自然真一五称符上经》和《洞玄灵宝玉京山步虚经》等多部经典的

----

①　刘屹《六朝道教古灵宝经的历史学研究》,第 115 页。
②　王承文《汉晋道教仪式与古灵宝经研究》,第 557—559 页。

性质和归属也同样如此。因此,其书中大量具有重大颠覆性和批判性的研究结论,就是直接在这种反复变化和自相矛盾的学术立场上形成的。正因为如此,作为一个批评者,不能要求被批评者必须随其学术立场的每一次重大变化而重新作出新的论证;而作为一个被批评者,实际上也无法对这些本身就自相矛盾的观点作出回答。又如,我们一直都坚持《灵宝五篇真文》具有"道"的性质并具有宇宙本源性,因此《灵宝五篇真文》是"元始旧经"教义思想的基础。如前所述,刘屹博士围绕这一关键问题,其学术立场就发生了从肯定到否定再到肯定三次根本性的大反转。在此要指出的是,其根本立场的每一次转变,其实都是专门针对我的学术观点从不同方面所展开的直接批驳。这种做法就是十分典型的为了批评而批评,为了颠覆而颠覆,因此与真正的学术研究和学术讨论无关。而他的这种根本性学术立场的反复变化,也确实让人不知道应该从哪里着手展开讨论。

其最主要的批评之三,是他自始至终都认为自己所构建的一整套古灵宝经研究体系本身并不存在任何问题。至于我对于其一系列颠覆和批判所作的回应,他则公开指责为只是抓住其"论证中的某些细枝末节进行理直气壮的批判"①。他特别强调自己"关于灵宝经的看法,已经形成一个从各个层面上可以互相支撑的体系";"我不认为他在其系列文章中对我极小部分观点的并不成功的反驳,足以让我反思自己的整套论证体系,以及由此得出的整体性结论"②。因此我所作的所有回应,他坚称"并没有给我先前的立论带来任何实质性的撼动。

①　刘屹《六朝道教古灵宝经的历史学研究》,第 299 页。

②　刘屹《六朝道教古灵宝经的历史学研究》,第 113 页。刘屹对于来自学术界的批评和质疑形成了其特有的回应模式,即批判所有质疑者都没有真正读懂其学术观点,都只是抓住其连环证据中的某一孤立的证据,因而对他的研究根本就不构成什么真正的挑战。(参见刘屹《中国道教史研究入门》,上海:复旦大学出版社,2017年,第 96—98 页;刘屹《敦煌本"灵宝经目录"新见问题释疑》,《宗教学研究》2020 年第 4 期)据我所知,刘屹博士其实从未接受过别人与其不同的学术观点。

因为他并没有针对我之所以立论的核心环节和逻辑关系、所使用材料的可靠性等问题,展开针锋相对的有效辩驳"①。为此他还特别声明,他之所以自始至终都坚持他自己的观点,"简单说,绝不是因为我固执己见,而是因为我不认为他是在充分消化和完全理解我的论点和论据的情况下,有的放矢地与我进行商榷"②。又称我对他的所有回应,"几乎从来没有能够正面回应我立论时提出的关键环节与核心问题"③。因此,他认为我与他之间的争论,既没有达到他"所理解的'学术论辩'"④,也没有能够形成"一场有质量的'学术对话'"⑤。他甚至自我标榜:"我在努力把灵宝经基本问题的研究推进到 2010 年代的国际学术前沿。"⑥至于我对他的彻底颠覆和批判所作的回应,他则批判为"无论从主观上还是客观上,都是要将灵宝经的主题研究,拉回到中国学者刚刚进入这一领域的 1990 年代末的层面上去"⑦。由此可见,他自始至终都把自己看成是国际古灵宝经研究最前沿的开拓者和代表者,认为他

---

① 刘屹《六朝道教古灵宝经的历史学研究》,第 115 页。
② 刘屹《六朝道教古灵宝经的历史学研究》,第 115 页。
③ 刘屹《六朝道教古灵宝经的历史学研究》,第 112—113 页。
④ 刘屹《六朝道教古灵宝经的历史学研究》,第 113 页。
⑤ 刘屹《六朝道教古灵宝经的历史学研究》,第 108 页。
⑥ 刘屹《六朝道教古灵宝经的历史学研究》,第 115 页。
⑦ 刘屹《六朝道教古灵宝经的历史学研究》,第 115 页。而刘屹博士自己就称,"从 2008 年我首次提出'新经'早于'旧经'的可能性至今,学界一直只有我一个人公开坚持这一'独唱'"(第 322 页);"至今没有一个人承认我的这一论证属实"(第 292 页);"至今也没有人肯定我这项看似很不起眼工作对灵宝经研究的贡献"(第 299 页)。说明其古灵宝经研究其实并未真正得到国内外同行的认同,因而其研究恐怕也就不能说代表了"国际学术前沿"。刘屹的《省思学道二十年》一文还专门提到,他连续四次参加在德国汉堡召开的有许多欧美权威学者的国际道教会议,而他的"文章或观点往往引起激烈的批评,甚至招致的批评是:刘屹根本不懂道教"(见刘屹《汉唐道教的历史与文献研究——刘屹自选集》之《序言·省思学道二十年》)。我们很赞赏刘屹博士的坦诚,但是作为一个中国的道教研究者,去国外专门参加中国道教学术会议,却被欧美权威道教学者批评为"根本不懂道教",恐怕也说明其研究并不能说就必定真正代表了"2010 年代的国际学术前沿"。

自己的研究就代表了国际古灵宝经研究的发展方向,并以一种"舍我其谁"和自认"高人一等"的姿态,通过公开贬低他人来抬高自身。而这些也就恰恰证明,如果在古灵宝经研究领域不能建立起一种正常的学术批评和学术评价机制,那么就会使相关研究所存在的根本性问题一直被忽视和被掩盖,也会使相关研究者长期陷入一种自我认知的错位中。

当然,我对他的这种批判和指责也作了认真反思,很可能是我所采取的这种尽可能平和而善意的表达方式造成了某些误解。不得不说,我确实在很长时间内不想那么"针锋相对"地展开"辩驳"。例如,他信誓旦旦地判定"葛氏道"只能首先创作出反映了其家族传承的"新经",而决不可能首先创作出根本就不能反映其家族传承的"元始旧经"。因此"新经"必然要比"元始旧经"更早出世,而且"葛氏道"也决不可能与"元始旧经"有任何关系。对于他提出的这一最具有重大颠覆性和批判性的结论,我提出的问题是:

> 应该说,刘屹博士多年来的道经研究,既体现了极高的学术追求,也体现很高的智慧……我们认为这些问题或许都还可以换一种思路来考虑。……因为道教内部普遍认为道经来自天上神灵的启发和传授。因此,并不特别强调道经属于哪一个家族或哪一位作者个人所有。①

我相信所有人都可以看得出这样两点:一是我提出问题的方式是尽可能善意的、平和的;二是我所提出的问题本身又是具有根本性的。因为在学术史上从未有人这样提出问题和得出结论。在两千年道教史上,从未见过有哪一个道派或经系,其经典的创作一定是从神化创作者自己的家族祖先开始的。例如,汉代《太平经》作为最早的道经,其中就完全没有出现创作者个人及其家族的信息。国内外学术界一般都认为

---

① 王承文《汉晋道教仪式与古灵宝经研究》,第 561 页。

敦煌本《老子想尔注》与汉末"三张"创建天师道有关，但其中根本就没有出现"三张"本人及其家族的传承；东晋中期出世的《上清大洞真经三十九章》等大批早期上清经，其中就完全没有出现对江南许氏家族来源的介绍，但东晋以来的道教资料以及近现代所有研究者，都一致认为这些经典的创作与江南许氏家族密不可分。即使在较晚出世的全真道经典中，也没有首先创作出反映其创教者家族传承的经书。敦煌本陆修静《灵宝经目》著录的三部"元始旧经"本来有"葛仙公"和"葛氏道"家族传承的记载。但是刘屹博士却又以小林正美的重新分类法和"移入三经说"为基础和前提，先将这三部经典完全排除在"元始旧经"之外，然后再判定"元始旧经"根本就没有相关记载。然而，这样一个既不符合道经创作实际情况也纯粹属于其所批评的"想当然必是如此的结论"①，却成为他彻底颠覆国内外学术界近百年共识的一个最重要的依据。很显然，我所提出的问题，恰恰属于其创立新说最需要回答的问题。然而，刘屹博士却自始至终都回避问题的本质，并且反过来指责我只是抓住其"个别非常枝节"的问题作文章。他认为我之所以不接受他对我的全面颠覆和彻底批判，并心悦诚服地主动为他高声喝彩叫好，就是因为我的"固执"或"固执于偏见"②。而他也认为正是由于我不能做到"针锋相对"地进行"有效辩驳"，因此我对于他的哪怕"极小部分观点"的"反驳"也很"不成功"。以上充分说明，我所采用的这种尽量隐忍和自认为尽可能善意平和的讨论方式，对于刘屹博士这样一位不能不说相当自我而又十分强势和强硬的研究者来说，并无任何实际意义。

---

① 刘屹《六朝道教古灵宝经的历史学研究》，第 113 页。
② 刘屹《六朝道教古灵宝经的历史学研究》，第 327 页。

五　后论

由此我们又回到本章开头所提到的撰写本书的初衷,即围绕古灵宝经基本问题的争论,我为什么要专门花费如此巨大的时间和精力来提出系统性的看法呢? 一是因为当前围绕古灵宝经"元始旧经"和"新经"出世先后等基本问题的讨论,虽然有"尖锐的观点对立"和"激烈的学术争论",但是可以判定"不涉及个人恩怨和私人感情"①。因此既不是什么"口舌之争"或"意气之争",更谈不上是"名利之争"或"地位之争"。正如刘屹博士所说的,"根本上是灵宝经研究中两种基本格局之间的争论"②,体现出"两种学术规范和研究方法的异同"③。因此,是基于两种根本不同的研究基础、研究方法、研究取向和研究理念而展开的争论。在一定意义上可以说,既是学术性的根本原则之争,也是未来古灵宝经研究的发展方向之争。二是由于此前的争论多局限于对具体材料的解读和对具体问题的阐释,并未涉及到对产生这种重大分歧和争论根本原因的分析,更没有涉及到对具有根本性意义的研究方法的讨论。然而这种争论的结果,不但迄今为止未能在其中任何一个具体问题上达成共识,而且还使古灵宝经基本问题的讨论在整体上陷入了更大也更严重的混乱失序中。在当前的情况下,如果我选择对此"视而不见",或者采取"高姿态",或者只是选择对其中某几个具体问题展开讨论,而不是对所有具有根本性分歧的问题都提出真正具有实质意义的回答,那么,这场旷日持久的学术争论就会沦为永远无解的"罗生门"。而这种结果,既是对公共学术资源的巨大浪费,也是对学术界所

---

① 李剑鸣《自律的学术共同体与合理的学术评价》,《清华大学学报》2014 年第 4 期。

② 刘屹《六朝道教古灵宝经的历史学研究》,第 116 页。

③ 刘屹《六朝道教古灵宝经的历史学研究》,第 117 页。

有研究者以及对学术研究本身的极不尊重，同时还是对刘屹博士本人的极不尊重。正因为如此，我希望在对古灵宝经基本问题作更加系统也更加深入研究的基础上，通过真正具有实质意义的直接交锋以达到更好的交流。当然，也正如刘屹博士所提出的："希望现在的读者和将来的学术史，不应只看到我们两人在此展开'论争'的表象，而应从更高的层面上对于我们今日关于灵宝经基本问题的看法差异作出评判。"①

　　我作为国内学术界一位较早进入古灵宝经领域的研究者，既见证了近三十年来国内古灵宝经研究的长足发展，也见证了当前古灵宝经研究所面临的巨大困难。我在决定写这本书之前，确实有过很长时间的彷徨和犹豫，甚至一度怀有很深的忧虑。因为所有道教研究者都一致认为，当前古灵宝经研究已经陷入一种十分严重的混乱失序的状态。各种矛盾和问题由于长期积累，在很大意义上可以说已经积重难返，或者说木已成舟。而要从根本上理清和还原基本的历史事实，除了要面对相关研究本身的困难之外，还要考虑到这种以尽可能正本清源为目标的研究，不可避免地要开展相关学术争论和学术批评。而这种做法本身就难免招来某些非议。但是，面对当前如此严重混乱失序的局面，我相信每一位有责任心的研究者都应该感到痛心，都应该思考过如何使古灵宝经研究走出当前的困境。我作为一位专业的历史研究者，特别是作为近三十年来古灵宝经研究最直接的参与者之一，更应该为古灵宝经基本问题的正本清源做出自己的努力。而这也正是我将本书命名为《六朝道教古灵宝经的基础研究》的主要原因。学术本为天下之公器，至于关乎自己个人的毁誉和得失，我唯有用《孟子》的一句名言来回答并自勉："自反而缩，虽千万人，吾往矣。"

---

① 刘屹《六朝道教古灵宝经的历史学研究》，第 116 页。